"粤港澳大湾区人地关系机制以及环境适应能力提升策略研究"（2020GDASYL-20200102002）

"粤港澳大湾区转型与创新发展研究"（2020GDASYL-20200201001）

"粤港澳大湾区国际科创中心与区域创新体系研究"（2021GDASYL-20210401001）

粤港澳大湾区发展报告

2022

大湾区科技创新建设与发展研究

粤港澳大湾区战略研究院　编著

科学出版社

北　京

内 容 简 介

本书是粤港澳大湾区战略研究院（简称战略院）衔接《2020 粤港澳大湾区发展报告——大湾区发展的挑战与机遇》，聚焦大湾区创新发展的若干关键问题的全新著作。全书汇聚了战略院过去一年多关于大湾区创新发展议题的系列研究。内容涵盖了新形势下大湾区创新发展的最新研判、国际经验借鉴、湾区协同发展、国际科技创新中心建设的战略与路径等多方面内容。聚焦"创新"这一关键词，希望通过对粤港澳大湾区创新发展的系统梳理，提供更多来自粤港澳大湾区创新发展的实证与理论分析，并为决策者提供政策咨询与规划建议。

本书可供区域战略、产业创新等相关领域的本科生、研究生和学者参阅。

审图号：GS 京（2023）1969 号

图书在版编目（CIP）数据

粤港澳大湾区发展报告.2022：大湾区科技创新建设与发展研究/粤港澳大湾区战略研究院编著.—北京：科学出版社，2023.11
ISBN 978-7-03-075309-0

Ⅰ.①粤… Ⅱ.①粤… Ⅲ.①城市群–区域经济发展–研究报告–广东、香港、澳门–2022 Ⅳ.①F127.65

中国国家版本馆 CIP 数据核字（2023）第 078050 号

责任编辑：杨逢渤／责任校对：樊雅琼
责任印制：徐晓晨／封面设计：无极书装

科 学 出 版 社 出版
北京东黄城根北街 16 号
邮政编码：100717
http://www.sciencep.com

河北鑫玉鸿程印刷有限公司 印刷
科学出版社发行 各地新华书店经销
*
2023 年 11 月第 一 版　开本：787×1092　1/16
2023 年 11 月第一次印刷　印张：20 1/2
字数：480 000
定价：268.00 元
（如有印装质量问题，我社负责调换）

《粤港澳大湾区发展报告2022——大湾区科技创新建设与发展研究》撰写委员会

主　　编　　廖　兵　刘　毅

副 主 编　　陈为民　颜国荣　周舟宇

编　　委　　张文涛　张虹鸥　赵作权

　　　　　　冷　民　李　宏　李宏荣

执行编委　　吴康敏　邓　虹

前　言

新的全球化经济形势与地缘政治的局势变化给全球经济增长带来了巨大的不确定性，伴随着全球生产率增长的放缓与其他不断变化的新挑战，"创新"成为新时代全球经济韧性的核心。为了应对新形势与新挑战，中央提出了"构建国内国际双循环相互促进的新发展格局"，推动我国开放型经济向更高层次发展的重大战略部署。在中华民族伟大复兴战略全局和世界百年未有之大变局深度联动的新时期，"创新"发展是中国进一步推进高质量发展的关键。

《粤港澳大湾区发展规划纲要》（以下简称《纲要》）于 2019 年发布，在《纲要》发布之初，大湾区的重要战略定位之一便是打造具有全球影响力的国际科技创新中心，旨在瞄准世界科技和产业发展前沿，发挥粤港澳科技研发与产业创新优势，加快形成以创新为主要动力和支撑的经济体系，全面深度融入全球生产网络同时推动产业往高附加值的价值链顶端移动，建成全球科技创新高地和新兴产业重要策源地。"创新"也是粤港澳大湾区打造世界级城市群的核心。

粤港澳大湾区战略研究院成立于 2019 年，由广东省科学院与中国科学院科技战略咨询研究院共建。战略院聚焦科技政策与战略、区域发展规划、新旧动能转换等湾区发展关键问题。2020 年 10 月，战略院发布了首部关于粤港澳大湾区建设发展的综合性、实证性研究著作《2020 粤港澳大湾区发展报告——大湾区发展的挑战与机遇》，全面审视了大湾区发展形势与未来方向。2021 年以来，战略院进一步聚焦大湾区的创新发展转型关键问题，针对大湾区创新发展面临的新形势新挑战、港澳与珠三角的协同、打造国际科技创新中心的战略与路径等议题进行了更深入的研究，以期为粤港澳大湾区未来的发展提供深度的理论与实证研究支撑。

本书的执笔人汇聚了来自粤港澳大湾区战略研究院、广东省科学院广州地理研究所、中国科学院地理科学与资源研究所、中国科学院科技战略咨询研究院、广东省科技图书馆（广东省科学院信息研究所）等单位的多位长期从事相关领域的理论与战略研究专家，以广东省科学院专项科研项目为基础，对创新发展形势、粤港澳大湾区功能与定位、应对新形势的战略调整、协同创新的机制、主要创新经济体的经验借鉴等问题进行了深入的理论与实证分析。第 1 章由王洋、吴康敏、岳晓丽、周晴、张玉玲主笔；第 2 章由李宏、代维、王长建、林晓洁主笔；第 3 章由刘毅、杨宇、任亚文、王云主笔；第 4 章由叶玉瑶、王翔宇、卢秦主笔；第 5 章由吴康敏、叶玉瑶、王洋、岳晓丽主笔；第 6 章由孙殿超、刘敏、余伟业、黄敏聪、曾敬、张军主笔；第 7 章由杨宇、王云主笔；第 8、9 章由曾敬、余伟业、黄敏聪、刘敏主笔。

目　　录

|第1章| 新形势下粤港澳大湾区创新发展的挑战与对策

本章首先从全球经济周期、全球化趋势、产业分工格局、发达国家技术封锁、我国现所处发展阶段及其发展特征的角度分析当前国际国内面临的新形势和新问题。然后从新一轮全球科技革命的影响、国际科技竞争与科技封锁、全球科技创新要素的集聚和竞争态势、新技术对新产业新业态的影响4个视角总结全球科技创新发展的新趋势新特征。在此基础上提出粤港澳大湾区创新发展面临的5个主要挑战，即西方发达国家技术封锁和高技术产品断供带来的创新转型升级挑战，粤港澳较高的要素成本给创新发展带来的挑战，粤港澳发展阶段特征带来的转型挑战，粤港澳之间创新要素流动障碍给协同创新带来的挑战，以及珠三角传统优势产业外迁风险和香港"去实向虚"趋势给创新发展带来的挑战。最后，提出粤港澳大湾区创新发展的战略对策：一是抓住新产业新业态机遇，发展与之相适应的创新型产业；二是构建创新型经济体系，发掘新的创新经济增长点；三是积极吸引和布局高水平创新基础设施；四是探索粤港澳协同创新体制机制并积极推动实施；五是提升宜居水平和公共服务能力，构建优质生活圈，增强对创新要素的吸引力；六是维护实体经济发展，为创新发展提供产业基础保障；七是明确港澳与珠三角在创新发展战略中的定位和角色。

1.1　国际国内面临的新形势和新问题

当前国际国内面临的新形势和新问题主要包括：一是世界经济进入下行周期，经济增速放缓；二是经济全球化遭遇逆流，世界进入动荡变革期；三是发达国家制造业回流和技术封锁将加快全球产业分工格局的变化；四是我国已转向高质量发展阶段，发展韧性强劲，内循环发挥的作用更加明显。

1.1.1　世界经济进入下行周期，经济增速放缓

2008年国际金融危机后，世界经济进入了一个以低增长、低贸易和低利率为特征的"三低"新时期。有数据显示，自2018年开始，全球贸易保护主义蔓延迅速，经济增速大幅降低。赵小辉（2021）研究显示，全球2016~2020年GDP的平均增速约为1.5%，相比2011~2015年（2.8%）下降显著，且各类经济体在2016~2020年的经济增速都明显低于2011~2015年的经济增速（表1-1）。

表 1-1 全球主要经济体经济增速 （单位:%）

经济体	2016~2020 年 GDP 平均增速	2011~2015 年 GDP 平均增速
发达经济体	0.5	1.8
新兴和发展中经济体	3.0	5.2
美国	1.0	2.2
欧元区	0	0.8
英国	−0.5	2.0
日本	−0.3	1.0
中国	5.5	7.9
印度	3.0	6.8

资料来源：赵小辉（2021）

受全球经济下行的影响，中国经济增长三大方面（投资、消费和出口）的利润明显降低。在投资方面，投资者需要时间来应对现今投资环境和投资机制的改变。同时，出口增长率下降，国内居民消费内需总量减少，也导致我国经济增长速度趋缓。生态环境和经济转型等问题也使得各地经济发展动能减少。短时期内出现的就业压力和地方税收下降现象，又影响着居民消费的欲望和对当地投资的预期。

1.1.2 发达国家制造业回流和技术封锁将加快全球产业分工格局的变化

1. 发达国家出台密集的制造业回流政策

从全球制造业的动力特征看，旧的势能正在减弱。发达国家在近些年已开始实施制造业回流政策，回迁制造业并发展高端制造业，进行工业升级。发达国家的制造业回流政策在一定程度上会对包括中国在内的发展中国家的制造业发展及出口造成影响。受新冠疫情以及各国不同发展战略的影响，国际产业分工格局还在不断调整，而疫情后的国际分工格局将迎来变革。

2. 产业链本土化、分散化和区域化发展趋势凸显

在 2020 年新冠疫情影响的大背景下，全球产业链出现了本土化、分散化和区域化的发展趋势。首先，从后续影响来看，全球产业链很可能会朝着内向化趋势发展，原来需要跨国分工协作的产业步骤，很可能会缩回到本国企业内部进行。其次，此次新冠疫情暴露出的产业链供应链的脆弱性，使得发达国家意识到"经济主权"的重要性，并开始引导本国战略性产业回流本土，进而控制供应链核心环节，增强对本国产业链的控制。再次，此次疫情使各国和跨国公司充分意识到断供风险的危害并开始采取分散化的

生产方式，未来各国和跨国公司进行产业布局时，也将更注重考虑分散风险和供应链安全，使产业布局分散化，加快形成区域经济循环。最后，受各国关系不稳定性和疫情的影响，多边贸易规则受到严重挑战，未来供应链的区域化发展趋势明显加重，疫情后各国贸易往来的发展走向将改变全球产业链供应链的布局，区域分工将严重冲击全球分工。全球制造业分工格局正在加速从北美、西欧和东亚三大中心向多个中心转变。

3. 全球生产网络逐步转向"近岸生产模式"

从主要国家的发展政策可以看出，全球生产网络将成为新冠疫情后欧美推动全球供应链调整的战略重点。从市场的角度看，跨国公司的取向从单一的效率转变为效率与安全平衡，将尽量在本国或靠近本国、与本国政治关系较好的国家开展生产与经营，全球生产网络将由"离岸生产模式"转向"近岸生产模式"。

4. 关键核心产业环节的自给自足将成为新趋势

越来越多的国家在对外经济政策上持内视和封闭的态度，逆全球化思潮暗流涌动（陈世栋，2018）。与此同时，新冠疫情凸显出全球产业链供应链的脆弱性，各国将加强对产业链供应链的"国家干预"，强调关键核心环节自给自足将成为新趋势。新冠疫情后，各国对产业链供应链的控制将进一步加强，跨国公司加快推动全球产业链供应链分散化和多元化的产业布局，进而形成北美、欧洲、东亚等由中心国家掌控核心环节、周边国家进行配套生产的区域经济循环。

1.1.3 我国已转向高质量发展阶段，发展韧性强劲，内循环发挥的作用更加明显

1. 我国已进入高质量发展阶段

当今世界正面临着百年未有之大变局，虽然和平与发展仍然是时代主题，但国际环境的不稳定性和不确定性明显增强（蔡松锋等，2019）。特别是新冠疫情后带来的世界经济深度衰退、一些国家保护主义和单边主义盛行、地缘政治风险上升、国际交往受限，我国必须谋求一个平稳发展的环境（陈楚霞，2020）。同时，我国经济仍处在优化经济结构和转变发展方式的关键时期，面临着结构性、体制性、周期性问题所带来的困难和挑战，经济运行与发展面临着很大压力（陈世栋，2018）。党的十九大报告指出，现阶段我国的经济发展应该注重满足人民日益增长的美好生活需要。不同于以往致力于解决落后生产力的问题，现在的发展更多关注的是生产能否使人民生活水平更高、幸福感更强。我国经济已由高速增长阶段转向高质量发展阶段，正处在转变发展方式、优化经济结构、转换增长动力的攻关期（文小明等，2021），迫切需要人工智能（Artificial Intelligence，AI）、新材料、新能源等重大创新添薪续力，新一轮科技革命和产业变革为高质量发展提供了重要战略机遇。

2. 我国经济发展韧性强劲

中国经济发展韧性强劲、内需空间广阔、产业基础雄厚，经济长期向好的基本面没有发生太大的改变。中国经济具有稳定的经济增长底线，我国经济结构政策和宏观调控符合经济发展规律，区域生产力布局持续优化，实体经济和虚拟经济均衡发展，这些都令我国经济具有较强的抗风险能力。中国一直倡导深入推进高水平开放新格局，战略性新兴产业发展迅速，一批批新产品、新技术不断破茧而出，新的增长动力正在加快形成。中国对世界经济增长的贡献率一直在稳定上升，是世界经济增长的重要力量。在全方位开放的大背景下，由于中国高质量发展的因素还在不断积累，因而国际资本流入中国这个庞大市场是双赢局面（刘国栋，2018）。

3. 我国逐步形成国内国际双循环相互促进的新发展格局，内循环的作用逐步显现

2020 年 5 月 14 日中共中央政治局常务委员会会议首次提出"构建国内国际双循环相互促进的新发展格局"。"十四五"时期经济社会发展要以推动高质量发展为主题。党的十九届五中全会审议通过的《中共中央关于制定国民经济和社会发展第十四个五年规划和二〇三五年远景目标的建议》明确提出"形成强大国内市场，构建新发展格局"，并就畅通国内大循环、促进国内国际双循环、全面促进消费、拓展投资空间作出部署（文小明等，2021）。这为推动高质量发展、实现"十四五"规划和 2035 年远景目标指明了主攻方向并提出了重要战略举措。在此背景下，内循环对经济发展的推动作用将愈加凸显。当然，新发展格局不是封闭的国内循环，而是要在国内国际双循环的相互促进中推动高质量发展。

1.2 全球科技创新发展的新趋势新特征

本节从新一轮全球科技革命的影响、国际科技竞争与科技封锁、全球科技创新要素的集聚和竞争态势、新技术对新产业新业态的影响 4 个角度分析全球科技创新发展的新趋势新特征。主要可归纳为：第一，新一轮全球科技革命将重塑国际产业竞争格局并影响产学研发展方式；第二，国际科技竞争日趋激烈，关键核心技术的"科技封锁"仍将持续存在；第三，全球科技创新要素向湾区集聚并呈现区域化竞争态势；第四，新技术催生的新产业新业态不断涌现，并成为拉动经济增长的重要动力。

1.2.1 新一轮全球科技革命将重塑国际产业竞争格局并影响产学研发展方式

1. 全球迎来了新一轮科技革命和技术创新浪潮

当下，技术创新的浪潮席卷全球，加快了新一轮产业转型和科技革命的步伐。云计

算、数字经济、共享经济、人工智能、大数据等新技术和新产业是创新驱动和经济增长的重要引擎，新的全球经济格局正在加快重建，在很长一段时间内将重塑行业竞争格局。全球科技创新逐渐变得比以往更加活跃，信息、生命、材料、能源资源和空天海洋等领域呈现突破态势，学科交叉融合和产业变革将深刻改变人类生产和生活方式，重构全球创新发展与竞争格局（广东外语外贸大学粤港澳大湾区研究院课题组，2021）。

人类文明正在朝网络化社会方向前进。网络化社会的基本特点主要表现在两个方面。其一，人类生产和生活方式实现了数字化，人与人和人与物相互之间进入了高速移动互联的时代（广东外语外贸大学粤港澳大湾区研究院课题组，2021）；其二，在连通性和数字化的影响下，人们的交互能力愈来愈强，间接导致创新呈指数级增长，强烈推动了社会创新和发展。

2. 全球多国政府积极制定科技创新战略和创新型产业发展计划

大部分发达国家依据本国情况对未来科技前沿领域做出了展望和谋划。美国科技政策办公室 2017 年发布的备忘录表明，如果能实现从个人、地方、国家、全球和星际五个层面促进 20 项科技前沿投资和跨部门合作，将能够推动美国未来至少 50 年的创新发展。日本第十次技术预见涉及空间海洋和地球科学基础、农林水产和食品生物技术、信息通信技术、健康医疗生命科学、社会服务、材料设备加工、社会基础设施、环境资源和能源 8 个领域，筛选出面向 2045 年的 932 个技术课题。韩国 2017 年第五次技术预见提出面向 2040 年的 267 项未来技术，主要包括运输机器人、信息通信、生态环保、医疗生命、社会基础设施和制造融合六类，以满足经济社会发展需求（广东外语外贸大学粤港澳大湾区研究院课题组，2021）。

新科技革命将推动产业格局发生重大变革。如今，第四次产业技术革命即将来临，许多颠覆性技术正在兴起，科技成果以其空前绝后的速度转化为生产力。人工智能、物联网、大数据、新能源、云计算等新兴领域迅速发展，各国政府正在加快制定产业发展战略和规划的步伐，力争在未来以新技术为主导背景下产业格局中取得有利地位。其中，人工智能作为未来经济转型发展的重要推动力之一，各国竞相出台人工智能的相关战略政策，以支撑人工智能技术和产业的发展（表1-2）。

表1-2　国外发展人工智能的主要战略政策汇总

国家或组织	年份	战略政策名称
美国	2016	《国家人工智能研究和发展战略计划》
	2017	《人工智能与国家安全》
	2017	《人工智能未来法案》
	2017	《人工智能政策原则》
	2018	《人工智能与国家安全：AI 生态系统的重要性》

续表

国家或组织	年份	战略政策名称
欧盟	2016	《人工智能立法动议》
	2018	《人工智能通信》
	2018	《关于人工智能、机器人及"自主"系统的声明》
	2018	《人工智能时代：确立以人为本的欧洲战略》
	2018	《欧盟人工智能》
	2018	《人工智能道德准则》
英国	2016	《人工智能未来决策制定的机遇与影响》
	2017	《在英国发展人工智能产业》
	2018	《人工智能行业新政》
	2018	《英国人工智能发展的计划、能力与志向》
德国	2018	《联邦政府人工智能战略要点》
日本	2017	《下一代人工智能推进战略》
	2017	《人工智能的研究开发目标和产业化路线图》
	2017	《人工智能技术战略》
印度	2018	《人工智能国家战略》
新加坡	2017	《新加坡人工智能战略》
韩国	2018	《人工智能研发战略》

资料来源：华信研究院

3. 科技创新将塑造新产业并重塑未来全球产业格局

新兴技术和尖端技术将塑造新产业，并为未来经济增长注入源源不断的动力。未来世界产业格局会围绕新模式、新技术、新产品不断调整再造。网络技术、数字技术和人工智能技术将紧密参与到产品研发、设计、制造、流通的全过程。德勤报告指出：人工智能、区块链、数字设计、3D打印、人机交互、先进材料、先进机器人、先进分析技术、物联网、高性能计算、网络安全等技术属于指数型技术，可能带来新的生产革新，社会、经济和各个行业可能会迎来非线性、指数级变化。因此，国家在未来世界产业格局中的地位将取决于其是否能够在新技术创新上抢得先机（程如烟，2019）。

4. 新技术催生了新的产学研方式

科学发展步入大科学新时代。由于科学技术进步，创新链条不断纵向延伸和横向细化，新一轮技术创新高度离不开分工合作过程中不同创新主体、不同区域、不同产业间的联合创新，进而催生新的产学研方式。当今世界面对公共卫生安全、贫困消除等普遍问题，需要全世界团结应对。毕竟，经济全球化进程亦是新一轮科技革命和产业变革的全球化过程（宋华盛，2021）。

1.2.2 国际科技竞争日趋激烈，关键核心技术的"科技封锁"仍将持续存在

1. 全球科技竞争加速

不断增加科研投入是支撑科技创新发展的基本保障之一，当今世界，科技创新不断提速，主要领域不断取得新的进展，世界主要经济体加快部署科技发展战略，研发投入不断加大，全球科技竞争加剧，全球主要经济体研发投入持续增长。经济合作与发展组织（Organization for Economic Cooperation and Development，OECD）公布的数据显示，2018年有20 141亿美元用于全球研发投入，其中美国的研发投入总额达5816亿美元，占全球研发投入总额的28.9%，中国研发投入总额仅次于美国，为4681亿美元，占全球研发投入总额的23.2%，日本、德国研发投入紧随其后，分别占全球研发投入总额的8.5%和7.0%（图1-1）[①]。

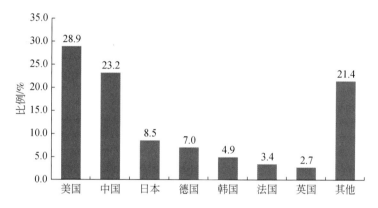

图1-1　2018年全球研发投入区域占比情况
资料来源：OECD。由前瞻产业研究院整理

从全球主要经济体历年研发投入情况来看，全球主要经济体的研发投入均出现递增势头，表明全球主要经济体越来越重视科技的发展（表1-3）。

表1-3　2013~2018年全球主要国家研发投入总额　　　（单位：亿美元）

国家	2013年	2014年	2015年	2016年	2017年	2018年
中国	3234	3462	3661	3930	4208	4681
日本	1647	1696	1685	1603	1662	1713

① 刘甜. 深度解读！2020年全球科技研发投入现状与重点领域科研投入情况分析科技竞赛加速. https://www.qianzhan.com/analyst/detail/220/210310-d3f09482.html［2021-09-14］.

续表

国家	2013 年	2014 年	2015 年	2016 年	2017 年	2018 年
美国	4548	4765	4951	5166	5490	5816
德国	1029	1096	1141	1225	1344	1413
韩国	682	731	769	808	904	985
法国	584	606	616	636	660	684
英国	415	438	457	481	510	540

资料来源：OECD。由前瞻产业研究院整理

2020 年，全球经济发展在新冠疫情暴发下虽然受到严重的负面影响，但是全球主要经济体都提出了相应的科技发展战略（表1-4），在艰难的市场环境中，全球技术领域的创新仍在蓬勃发展①。

表 1-4　2020～2021 年全球主要经济体科技发展战略

国家或组织	相关最新政策
美国	2020 年 10 月 15 日，美国白宫发布《关键和新兴技术国家战略》，重新定义 20 项关键和新兴技术，提出全力维护美国在量子、人工智能等尖端技术领域的全球领导地位
欧盟	2020～2021 年，欧盟发布《塑造欧洲数字未来》《人工智能白皮书》《欧洲数据战略》等顶级科技战略文件，拟投入巨额资金支持人工智能、超级计算、量子通信、区块链等颠覆性和战略性技术发展
日本	2020 年 12 月，日本发布《第六期科学技术创新基本计划要点草案》，提出未来科学技术创新要点是发展数字技术，推动研究系统的数字化升级
英国	2020 年 10 月 19 日，英国国防部发布《2020 年科技战略》，提出至少将国防预算的 1.2% 直接投资于科技，着力发展人工智能、数字技术等，将科技融入国防建设发展
韩国	2020 年 1 月，韩国科技部启动《人工智能国家战略》，未来 10 年将投资 1 万亿韩元（54.9 亿元人民币）研发人工智能半导体技术
中国	2020 年 11 月，《中共中央关于制定国民经济和社会发展第十四个五年规划和二〇三五年远景目标的建议》提出"十四五"期间要继续"强化国家战略科技力量""加强基础研究、注重原始创新，优化学科布局和研发布局，推进学科交叉融合，完善共性基础技术供给体系。瞄准人工智能、量子信息、集成电路、生命健康、脑科学、生物育种、空天科技、深地深海等前沿领域，实施一批具有前瞻性、战略性的国家重大科技项目"

注：资料由前瞻产业研究院整理

2. 关键核心技术的"科技封锁"将持续存在

未来，新一轮科技竞争的激烈程度将达到百年新高，我国可能遇到更大力度、更加猛烈的科技遏制和封锁，并且遏制方式将逐渐多样化。我国技术进口面临诸多困难和挑战，主要表现在核心技术进口过度依靠发达国家、技术贸易摩擦持续加剧和技术进口障碍越发

---

① 刘甜. 深度解读！2020 年全球科技研发投入现状与重点领域科研投入情况分析科技竞赛加速. https://www.qianzhan.com/analyst/detail/220/210310-d3f09482.html［2021-09-14］.

严重三个方面。我国只有努力实现关键核心技术自主掌握，才能抓住历史机遇，从根本上打破科技领域关键核心技术受制于人的被动局面（穆荣平，2018）[①]。

1.2.3 全球科技创新要素向湾区集聚并呈现区域化竞争态势

1. 全球科技创新活动向湾区集聚

从全球 PCT[②] 专利密度和科技出版物密度分布图（图 1-2 和图 1-3）可以看出，全球的创新要素显著集中在少数湾区和大都市圈。

图 1-2　全球 PCT 专利密度分布图

资料来源：Global Innovation Index 2018：Special Section；WIPO IP Statistics Database，2018.03

2. 当前的科技创新活动已从"园区时代"走向"城市时代"和"城市群时代"

从当下世界创新活动的发展趋势看，传统科技仅依赖少数"创新园区"加入全球竞争的时代已经终结。科技创新正经历从"单打独斗"向"区域协作"的转变，科技创新成为城市群协同发展的核心环节。创新高地逐步从高新技术产业开发区向创新型城市和城市群转移，以协调发展为特点的城市群时代即将来。此外，创新活动越来越趋向多元化和专业化，并且越来越离不开城市的基础设施、金融服务、环境、各类专业人才、公共服务能力的保障和支持，未来的创新竞争将是城市间（或城市群间）的竞争，因此区域间或国

---

① 面对贸易摩擦和技术封锁，如何参与全球竞争. https://www.sohu.com/a/401031956_120415828［2021-09-14］.

人民日报：建设世界科技强国时不我待. https://www.edu.cn/rd/zui_jin_geng_xin/201807/t20180709_1615736.shtml［2021-09-14］.

自主创新不代表封闭，我国仍需实施积极技术进口战略. http://www.ceh.com.cn/cjpd/2021/07/1397319.shtml［2021-09-14］.

② PCT 一般指《专利合作条约》（Patent Cooperation Treaty，PCT）.

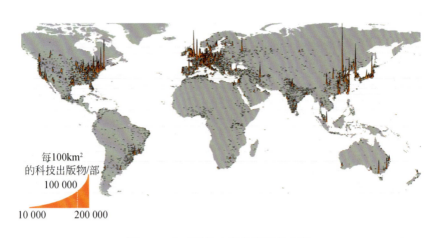

每100km²
的科技出版物/部
100 000
10 000　200 000

图 1-3　全球科技出版物密度分布图

资料来源：Global Innovation Index 2018；Special Section；WIPO IP Statistics Database，2018.3

科技出版物数量是指 2012～2016 年科技出版物数量，基于小数计数

家间创新活动和竞争的最主要载体和单元将变为湾区、城市群或大都市圈。京津冀、长三角、粤港澳大湾区将成为国家参与全球科技创新竞争的核心区域。对其他城市来说，科技创新也是其实现由"高速发展阶段"向"高质量发展阶段"过渡的关键动力，对区域新旧动能转换具有重要的杠杆作用①。

1.2.4　新技术催生的新产业新业态不断涌现，并成为拉动经济增长的重要动力

1. 新技术催生的新产业新业态

我国实施创新驱动发展战略以来，经济发展的新动能不断提升，战略性新兴产业迅速兴起，成为经济增长的新动力。新科技产业革命不仅孕育出新的生产方式、组织形态和商业模式，也促进了制造业与服务业的深度融合。例如，云计算、物联网、移动互联网、大数据技术等新兴信息技术在经济社会领域的普遍应用，产生了网络约车、远程医疗、"慕课"、智能家庭、电子商务、互联网金融、网络旅游、移动办公等一批新业态。这带来以下新变化：第一，传统钱货两清的商业模式逐渐被"免费服务赚客户+增值服务赚利润"等新盈利模式取代；第二，传统凭借规模经济来提升效率的生产方式受到挑战；第三，价值链"微笑曲线"的底层环节将继续趋于平缓，附加值将逐渐提高，全球产业链和价值链

---

① 新时代科技创新的六大新趋势. https：//www. sohu. com/a/478398177_355033［2021-09-14］.

科技对区域发展的引领支撑作用将在未来三十年充分释放. https：//www. sohu. com/a/374718949_468720［2021-09-14］.

创新枢纽——新时代城市创新发展的引擎. https：//baijiahao. baidu. com/s？id = 1684981432920815339&wfr = spider&for = pc［2021-09-14］.

将得到重组①。

2. 新技术成为拉动经济增长的重要动力

新技术孕育的新兴产业迅速发展，对国民经济增长的贡献逐步增加。首先，新兴产业增加值占 GDP 比例稳步提升。以我国战略性新兴产业为例，27 个重点行业增加值占 GDP 比例由 2010 年的 4% 提高到 2015 年的约 8%，正成为助力我国经济中高速增长和引领产业走向中高端的主力军。其次，新兴产业对经济增长的直接间接贡献非常显著，这得益于其具有产业关联度高、带动作用强的特点。最后，世界经济的复苏比以往更加需要倚重科技突破和创新驱动的力量，业态、模式创新将更加普遍，同时新业态、新模式对经济的增长贡献将带动世界经济复苏和国内经济转型升级。

新产业新业态不仅将成为推动消费增长的强大引擎，而且将成为转变经济发展方式的突破口。当一国人均 GDP 超过 7000 美元时，民众消费开始从模仿型排浪式消费阶段进入个性化、定制化消费阶段。我国居民消费正处于这一过渡时期。另外，互联网技术的广泛应用催生了新的商业模式，并与传统的商业和消费模式相结合，进而产生云计算和物联网等一批新业态模式。我国第三产业新业态、新模式、新产业不断涌现，基于大数据、云计算、物联网的服务应用和创新也日益活跃，这将会成为我国经济增长的潜在动力，并带动消费的变化与增长。

新科技产业革命有利于促进产业结构改造升级并培育新的经济增长引擎。在新科技产业革命的影响下，我国的传统服务业态和生产模式将得到重塑，服务业和制造业融合发展更加紧密，传统商业模式和生产方式的变革步伐加速。新技术的广泛应用将提高生产效率，而新技术的产业化和商业化将创造新的业务形式和新的主导产业，从而产生新的经济增长点②。

1.3 粤港澳大湾区创新发展面临的挑战

本节在前述的国内外形势问题和全球科技创新发展趋势特征的基础上，结合粤港澳大湾区自身特征，提出了粤港澳大湾区创新发展面临的五个主要挑战：一是西方发达国家技术封锁和高技术产品断供带来的创新转型升级挑战；二是粤港澳较高的要素成本给创新发展带来的挑战；三是粤港澳发展阶段特征带来的转型挑战；四是粤港澳之间创新要素流动障碍给协同创新带来的挑战；五是珠三角传统优势产业外迁风险和香港"去实向虚"趋势给创新发展带来的挑战。

---

① 新产业、新业态为经济增长注入新动力 . https://finance. sina. com. cn/roll/2016- 08- 26/doc- ifxvixsh6654709. shtml［2021-09-14］.

新一轮科技革命和产业变革为经济增长注入新动能 . http://www. banyuetan. org/ssjt/detail/20190926/ 1000200033135841569466906722985913_1. html［2021-09-14］.

② AI新技术革命将如何重塑就业和全球化格局？深度解读 UN 报告（上篇）. https://cloud. tencent. com/ developer/article/1006407［2021-09-14］.

1.3.1 西方发达国家技术封锁和高技术产品断供带来的创新转型升级挑战

"十四五"时期，可以预见世界各国家之间竞合关系将更加深化，尤其是发达国家为提升本国产业竞争力将进一步维持其技术优势。美国商务部数据显示：2020 年 1～11 月，美国对华高科技产品出口（以美元计价）同比下降 10.2%，年内累计降幅持续两位数下滑。其中，航天和生物技术高科技产品出口降幅较大，分别达到 58.9% 和 17.9%；信息及通信产品出口下降了 3.9%；电子产品出口仍然保持较高增长，但增速较 2019 年同期回落 9.3 个百分点。现今粤港澳大湾区产业转型升级正处于关键时期，在个别国家对我国高科技产品出口管制措施不断加严且粤港澳大湾区高技术产业对国际供应链十分依赖的情况下，国内部分重点产业供应链断供风险持续扩大，这将给粤港澳大湾区的产业转型升级带来挑战和阻碍。

1.3.2 粤港澳较高的要素成本给创新发展带来的挑战

粤港澳大湾区的劳动力成本、土地成本、生活成本都位于全国前列。过去依赖低成本竞争的"卖产品"传统模式已难以为继。这种较高的要素成本给粤港澳大湾区创新发展带来了挑战和挤出效应。

1. 劳动力成本高

以 2019 年在岗职工年人均工资表征城市的劳动力成本。《中国城市统计年鉴 2020》《香港统计年刊（2020 年版）》《澳门统计年鉴 2019》的数据表明，粤港澳大湾区 11 市在全国工资水平排序中普遍靠前（表 1-5）。澳门、香港、深圳市、广州市的工资成本在全国分别排在第 3、4、8、11 位，珠海市也高居第 25 位。这些城市在创新活动中的人力成本很高。佛山市、中山市、惠州市的年人均工资水平也都在 80 000 元以上，分列全国第 72、78、87 位，其创新的人力成本也较高。总体上看，粤港澳大湾区 11 市的年人均工资平均值约 104 653 元，高于长三角核心区 16 市（102 045 元），是全国年人均工资平均值最高的城市群。由此可见，粤港澳大湾区具有较高的劳动力成本，这也相应增加了创新成本。

表 1-5 2019 年粤港澳大湾区 11 市工资水平及其在全国的排序

城市	在岗职工年人均工资/万元	在全国的排序
澳门	159 094	3
香港	151 113	4
深圳市	127 757	8
广州市	123 498	11
珠海市	100 878	25

城市	在岗职工年人均工资/万元	在全国的排序
佛山市	86 401	72
中山市	85 691	78
惠州市	83 639	87
江门市	80 332	106
肇庆市	78 768	123
东莞市	74 017	164

注：香港为全部行业雇员工资的中位数，并换算为人民币；澳门为工作收入中位数，并换算为人民币。一般情况下，中位数反映的收入水平会低于平均值。因此，实际上，澳门和香港的平均工资水平会高于北京市和上海市。该排序的统计对象为地级及以上城市，未包含台湾省的城市

2. 土地使用成本高

香港、澳门的高地价全球闻名，加之极为有限的建设用地供给，其已成为科技创新型产业落地的最大障碍之一。珠三角 9 市的地价在全国也处于较高水平。根据《中国国土资源统计年鉴 2018》的各地市土地出让价格（含协议出让和招拍挂出让）数据统计（表 1-6），2017 年，深圳市、广州市、佛山市、中山市、珠海市、东莞市 6 市的土地出让成交单价分别位列全国第 3、8、9、13、20、21 位，土地出让价格相对较低的江门市、肇庆市、惠州市也分别排在了全国第 60、64、68 位，这体现了粤港澳大湾区的高地价。高地价无形中增大了创新创业成本，并且可能对科技创新发展产生挤出效应。

表 1-6 2017 年珠三角 9 市土地出让价格及其在全国的排序

城市	出让面积/hm²	成交价款/万元	成交单价/（万元/hm²）	在全国排序
深圳市	639.46	10 407 738.27	16 275.82	3
广州市	1213.78	11 886 533.71	9 792.99	8
佛山市	951.44	9 240 965.44	9 712.61	9
中山市	304.85	1 957 107.41	6 419.90	13
珠海市	731.16	3 934 662.44	5 381.40	20
东莞市	435.51	2 287 802.76	5 253.16	21
江门市	739.61	1 853 613.54	2 506.20	60
肇庆市	910.25	2 186 740.64	2 402.35	64
惠州市	788.42	1 717 937.55	2 178.96	68

资料来源：《中国国土资源统计年鉴 2018》

3. 以房价为代表的生活成本高

住房价格是一个城市生活成本的重要体现。全国房价最高的前 20 个县（市、区）中，粤港澳大湾区的县（市、区）占据了 16 席；前 50 个县（市、区）中，粤港澳大湾区的县（市、区）占据了 27 席（表 1-7）。由此可见，粤港澳大湾区是全国住房价格水平最高

的城市群。其中，香港的房价水平位于全球前列，深圳市的房价水平位于中国前列。

表 1-7　2020 年粤港澳大湾区县（市、区）住宅价格及其在全国的排序

地市/特别行政区	县（市、区）	住房价格/ （元/m²）	房价在全国 县（市、区）的排序
香港	湾仔区	166 282	1
香港	油尖旺区	159 116	2
香港	中西区	150 697	3
香港	南区	126 040	4
香港	东区	123 383	5
香港	九龙城区	120 615	6
香港	西贡区	116 539	8
香港	大埔区	111 793	9
香港	深水埗区	109 778	10
香港	荃湾区	108 708	11
香港	沙田区	103 710	12
深圳市	南山区	95 635	14
深圳市	福田区	93 851	16
香港	离岛区	92 913	17
香港	黄大仙区	92 077	18
香港	葵青区	91 960	19
香港	北区	88 323	21
香港	元朗区	86 443	23
香港	屯门区	81 132	24
香港	观塘区	80 607	25
深圳市	罗湖区	78 248	26
澳门	澳门	68 499	31
深圳市	盐田区	63 472	33
深圳市	宝安区	55 725	43
广州市	天河区	55 720	44
广州市	越秀区	53 753	46
深圳市	龙华新区	52 774	47
深圳市	龙岗区	46 492	53
广州市	海珠区	43 144	58

续表

地市/特别行政区	县（市、区）	住房价格/ （元/m²）	房价在全国 县（市、区）的排序
深圳市	大鹏新区	40 750	62
深圳市	光明新区	40 108	65
广州市	荔湾区	36 742	73
深圳市	坪山新区	35 793	93
广州市	白云区	32 199	102
广州市	番禺区	28 194	130
珠海市	香洲区	27 173	133
广州市	黄埔区	26 858	136
广州市	南沙区	21 218	172
广州市	增城区	16 827	244
东莞市	东莞	16 208	267
广州市	花都区	15 808	282
珠海市	金湾区	15 775	283
广州市	从化区	13 914	373
珠海市	斗门区	12 478	457
惠州市	惠城区	11 072	570
惠州市	惠阳区	10 536	618
中山市	中山	10 286	644
惠州市	惠东县	10 183	655
江门市	蓬江区	9 862	679
江门市	江海区	9 303	791
江门市	新会区	8 931	842
惠州市	龙门县	8 570	912
肇庆市	端州区	8 228	962
惠州市	博罗县	7 471	1 140
江门市	鹤山市	6 720	1 353
肇庆市	鼎湖区	6 577	1 402
肇庆市	封开县	6 567	1 404
肇庆市	高要区	6 476	1 428
江门市	台山市	6 325	1 483

地市/特别行政区	县（市、区）	住房价格/ （元/m²）	房价在全国 县（市、区）的排序
江门市	恩平市	6 310	1 490
肇庆市	怀集县	6 009	1 588
肇庆市	四会市	5 757	1 682
江门市	开平市	5 729	1 690

注：1. 澳门为一个研究单元，香港根据"区议会分区"（District Council District）划分研究单元；2. 香港的住房价格数据是建成年份为 2000 年以来的二手房成交价（成交时间为 2021 年 4 月 1 日~5 月 30 日），数据来源于中原地产（Centaline Property）（https://hk.centanet.com/findproperty/list/），价格根据 2021 年 1~4 月平均汇率由港元转换为人民币；3. 澳门的住房价格数据为二手房成交价（成交时间为 2018 年 1 月 1 日~2019 年 12 月 31 日）。数据来源于中原地产（Centaline Property）（https://mo.centanet.com/Transaction? FileType），价格根据 2019 年平均汇率由澳门元转换为人民币；4. 深圳市数据来源于 2019 年 3 月 7 日采集的"吉屋"数据(http://www.jiwu.com/)，为新建商品房价格；5. 其他县（市、区）数据来源于"聚汇数据"（https://www.gotohui.com/），数据年份为 2020 年。该排序的统计对象为全国 2676 个县（市、区）单元，未包含台湾省

4. 能源使用成本高

粤港澳大湾区是中国乃至世界能源消费强度最高的地区之一。研究表明，粤港澳大湾区的能源使用成本高。以电力消费为例，2018 年粤港澳大湾区电力消费量超过法国、英国、意大利等国家。以天然气消费为例，2018 年粤港澳大湾区天然气消费量是浙江省的 1.36 倍，超过绝大部分省级行政单位，亦超过比利时、以色列等发达国家。相当长一段时间内，受中国能源区分布不均、电力油气等需求量过大、中国的能源供应总体不足等因素的影响，加之粤港澳大湾区与石油、天然气等一次能源富集区距离较远，粤港澳大湾区能源消费成本高。这在一定程度上限制了粤港澳大湾区的发展。2018 年，在降低一般工商业电价之后，我国珠三角核心区 5 市终端电价仍然高于欧盟 28 国、欧元区 19 国及美国绝大部分州的工业平均终端电价。2019 年，珠三角核心区 5 市一般工商业终端电价是美国得克萨斯州的 1.87 倍、纽约州的 1.82 倍、西南中部各州平均值的 1.86 倍、东南中部各州平均值的 1.77 倍，是美国整体平均值的 1.49 倍。粤港澳大湾区工业用天然气终端消费价格，也整体高于欧盟平均值，远高于美国工业用天然气平均零售价格。若粤港澳大湾区能源等要素成本居高不下，将严重损伤粤港澳大湾区工业品的竞争力。

1.3.3 粤港澳发展阶段特征带来的转型挑战

从粤港澳大湾区所处的发展阶段看，珠三角处于发达经济初级阶段，以及投资驱动向创新驱动的过渡阶段；香港、澳门处于发达经济高级阶段，以及财富驱动阶段。创新驱动和知识驱动是粤港澳大湾区的主要驱动力。但从目前来看，创新和知识在粤港澳大湾区（尤其是珠三角地区）经济发展中所起的作用仍有待提升，这也是其转型发展过程中的

挑战。

1. 粤港澳大湾区转型与创新发展的历程

改革开放后,珠三角的制造业快速发展,目前在电子、家用电器、电信和计算机设备、玩具、钟表、照明设备、服装、鞋类、塑料产品、陶瓷等领域形成了全球领先的市场消费供应区;港澳也在服务业、旅游业和博彩业方面有所成就。粤港澳大湾区的崛起就源于港澳和珠三角成功的战略结合。然而自 2005 年后,劳动力等生产要素价格上涨与全球贸易环境的改变,使得珠三角传统的发展模式面临着严峻的挑战。2008 年《珠江三角洲地区改革与发展规划纲要(2008—2020 年)》指出,珠三角的发展存在着产业层次总体偏低、创新能力不足等问题,而后随着粤港澳大湾区的生产要素发展进入瓶颈期,需要寻求新的发展方式以提升其在全球价值链中的位置,"创新化转型"成为重要的战略路径。2019年,中共中央、国务院发布实施了《粤港澳大湾区发展规划纲要》,明确指出了大湾区的五大战略定位,其中之一就是"具有全球影响力的国际科技创新中心",并提出了"广州–深圳–香港–澳门"科技创新走廊的概念,"创新驱动"已成为珠三角当前发展阶段的关键(张虹鸥等,2021)。

2. 粤港澳大湾区所处的发展阶段

1)钱纳里采用人均 GDP 指标判断不同地区经济发展阶段,分别将不同地区按照人均 GDP 划分为初级产品生产阶段、工业化初级阶段、工业化中级阶段、工业化高级阶段、发达经济初级阶段、发达经济高级阶段 6 个阶段(梁丽雯,2019)。按照这一标准(表 1-8),珠三角在 1990 ~ 2000 年处于工业化初级阶段,2005 年处于工业化中级阶段,2010 年处于工业化高级阶段,2015 年迈入了发达经济初级阶段,2020 年珠三角依然处于发达经济初级阶段(表 1-9)。在发达经济初级阶段,制造业内部结构由以资本密集型产业为主导向以技术密集型产业为主导转换,同时生活方式现代化,高档耐用消费品被推广普及①。因此,在该发展阶段必须以技术创新为主导,大力发展技术密集型产业。科技创新在该阶段发挥的作用越来越重要。根据表 1-9,香港和澳门长期稳定在发达经济高级阶段(其中,澳门在 1990 年和 2000 年为发达经济初级阶段)。该阶段的产业特征是,第三产业开始分化,知识密集型产业开始从服务业中分离出来,并占主导地位(陈世栋,2018)。人们消费的欲望呈现出多样性和多边性,追求个性。知识密集型产业占据重要地位,进入知识经济时代。

2)根据波特的"四阶段"论,珠三角处于投资驱动向创新驱动的过渡阶段,香港、澳门处于财富驱动阶段。波特按照竞争优势将各国"竞争发展阶段"划分为四个阶段,即要素驱动阶段→投资驱动阶段→创新驱动阶段→财富驱动阶段。其中,前三个阶段是竞争优势发展的主要力量,通常会带来经济上的繁荣,第四个阶段则是经济上的转折点,有可能因此而走下坡(表 1-10)。

---

① 抓住新机遇,注入新动能 . https://tech. sina. com. cn/roll/2020-05-20/doc-iirczymk2524689. shtml[2021-09-14].

表 1-8　钱纳里经济增长阶段划分标准　　　　　　（单位：美元）

年份	初级产品生产阶段	工业化阶段			发达经济阶段	
		初级	中级	高级	初级	高级
1990	473 ~ 947	947 ~ 1 893	1 893 ~ 3 787	3 787 ~ 7 100	7 100 ~ 11 360	11 360 ~ 17 040
1995	610 ~ 1 220	1 220 ~ 2 430	2 430 ~ 4 870	4 870 ~ 9 120	9 120 ~ 14 592	14 592 ~ 21 888
2000	704 ~ 1 407	1 407 ~ 2 814	2 814 ~ 5 629	5 629 ~ 1 0554	10 554 ~ 16 887	16 887 ~ 25 465
2005	745 ~ 1 490	1 490 ~ 2 980	2 980 ~ 5 960	5 960 ~ 11 170	11 170 ~ 17 872	17 872 ~ 26 951
2010	827 ~ 1 654	1 654 ~ 3 308	3 308 ~ 6 615	6 615 ~ 12 398	12 398 ~ 18 130	18 130 ~ 27 195
2015	935 ~ 1 869	1 869 ~ 3 739	3 739 ~ 7 478	7 478 ~ 14 021	14 021 ~ 22 434	22 434 ~ 33 650
2020	1 009 ~ 2 018	2 018 ~ 4 036	4 036 ~ 8 072	8 072 ~ 15 134	15 134 ~ 24 216	24 216 ~ 36 323

注：判定标准的数据是通过物价指数和实际有效汇率指数调整后得出。2020 年的标准参考 2018 年的数据。具体方法见孙虹和俞会新（2019）

表 1-9　珠三角、香港、澳门主要年份的人均 GDP 和发展阶段　　（单位：美元）

年份	珠三角		香港		澳门	
	人均 GDP	所处阶段	人均 GDP	所处阶段	人均 GDP	所处阶段
1990	964	工业化初级	13 485	发达经济高级	9 442	发达经济初级
1995	1 559	工业化初级	23 497	发达经济高级	18 277	发达经济高级
2000	2 460	工业化初级	25 757	发达经济高级	15 836	发达经济初级
2005	4 964	工业化中级	26 650	发达经济高级	25 183	发达经济高级
2010	10 234	工业化高级	32 550	发达经济高级	52 473	发达经济高级
2015	14 853	发达经济初级	42 432	发达经济高级	74 839	发达经济高级
2020	16 739	发达经济初级	46 324	发达经济高级	86 118	发达经济高级

注：珠三角的数据来源于《2021 广东统计年鉴》

表 1-10　波特"四阶段"对应的发展特征和政府应采取的策略

发展阶段	发展特征
要素驱动阶段	靠丰富的自然资源和生产要素取得竞争优势，是经济发展的最初阶段，此时几乎所有成功的产业都是依赖基本生产要素。这些基本生产要素可能是天然资源，可能是适合农作物生长的自然环境，或是不匮乏而又廉价的一般劳工。此阶段，只有具备相关资源的企业才能进军国际市场。在此阶段的本地企业，完全是以价格条件进行竞争，能够提供的产品不多，技术本身也是广泛流传、容易取得的一般技术
投资驱动阶段	以大规模投资为特征，由于规模经济的作用，产品价格大幅度下降，市场规模不断扩大，技术不断物化为物质资本，分工和专业化已高度发展。在投资驱动阶段，竞争优势主要表现在以下几个领域：有规模经济利益的产业、资本密集但需要大量廉价劳动力的零件与标准化产品产业，以及不太要求售后服务技术、不怕转移且提供产品和流程技术的来源不止一处的产业。当国家处于投资驱动阶段时，竞争优势主要来自于基本的生产要素和投资意愿

续表

发展阶段	发展特征
创新驱动阶段	在创新驱动阶段，企业除了改善国外技术和生产方式外，本身也有创造力的表现。本土企业在产品、流程技术、市场营销等方面已经接近精致化程度。同时，基于本国有利的需求条件、坚实的产业基础、专业化生产要素，企业也能持续创新，它们的创新又成为其他产业的原动力
财富驱动阶段	在财富驱动阶段，财富积累到特定水平，人们从专注于生产性投资转向非生产性活动，生产率下降，经济停滞，消费不能相应节制而引起长期通货膨胀。产业竞争依赖于已获得的财富，投资、经理人和个人的动机转向了无助于投资、创新和产业升级方面；企业回避竞争，更注重保持地位而不是进一步增加竞争力，实业投资的动机下降，有实力的企业试图通过影响政府政策来保护自己。在这一阶段，产业竞争能力衰退（进入衰落阶段）

根据波特描述的四个阶段各自的发展特征可推断，珠三角正处于从投资驱动阶段向创新驱动阶段演进的过渡时期。这一时期，尽管投资对经济增长仍起到拉动作用，但作用逐步减弱，与此同时，创新对经济增长的拉动逐渐增强，科技创新成为其经济增长的重要驱动力。但恰在此时，全球科技竞争的日趋激烈，为珠三角顺利进入创新驱动发展阶段带来了障碍和挑战。

香港和澳门则符合财富驱动阶段的发展特征。在这一阶段，实业投资的动机下降，产业竞争能力衰退。这种趋势与全球科技创新驱动发展的大趋势不相符，这为香港和澳门在全球竞争力和影响力上的提升带来挑战。

1.3.4 粤港澳之间创新要素流动障碍给协同创新带来的挑战

当前，粤港澳之间的科技创新人才日常跨境通行、科技创新人才跨境的就业创业、科技创新资本要素流动等仍存在一定障碍，这不利于粤港澳三地间的协同创新。

1. 科技创新人才日常跨境通行障碍

目前，粤港澳三地交通体系相互独立，管理运营方面存在制度差异，缺乏便捷有效的融合连接和通关机制，阻碍了创新要素的流动。这增加了创新人才流动的时间、心理和金钱成本，成为制约粤港澳协同创新的重要因素。

2. 科技创新人才跨境的就业创业障碍

港澳与珠三角地区之间的跨境就业创业仍存在诸多障碍和瓶颈，主要体现为：通关手续烦琐耗时、居留时间受限、社会保障系统和医疗制度难以衔接、职业资格互不相认、跨境就业手续繁杂等瓶颈。

3. 科技创新资本要素流动障碍

当前，港澳与内地之间科研资金跨境流动存在一定障碍，表现为科研基金过境时需要缴纳所得税、增值税和附加税，港人将内地收入汇入香港时须提交收入来源证明和完税证明，甚至报送大额交易报告，手续繁杂，企业办理跨境银行贷款等业务时需要两地金融机构两次审核，并且审核标准高、时间长，不利于科技创新资本的高效、有序流动。

1.3.5 珠三角传统优势产业外迁风险和香港"去实向虚"趋势给创新发展带来的挑战

1. 珠三角传统优势产业具有外迁风险

最近几年，由于原材料生产成本上涨，资源环境保护的要求日益严格，珠三角传统优势产业出现了部分企业向外转移的现象。大量企业外迁意愿加强；国内人工成本增加，造成企业的经营成本上涨，越南等发展中国家利用劳动力成本优势分流了许多中低端产业。此外，受部分新兴经济体加快制造业发展、国内制造业成本快速上升及"脱实向虚"等因素的影响，部分跨国企业开始考虑产能外转，重新构建海外工厂，这对珠三角制造业的产业链造成一定冲击。

2. 香港"去实向虚"的发展特征影响了其全球竞争力

2000 年以来，香港选择了"去实向虚"的产业发展方向，将制造业转移到珠三角或者新兴市场国家。香港物流业和服务业发达，由于地域面积狭小，发展制造业的空间不足，香港选择看起来合理的"去实向虚"道路，但这也使得香港虚拟经济的"风险指数"越来越高。此外，从我国香港与新加坡的对比看，20 世纪 90 年代，香港的 GDP 大约是新加坡的 2 倍，但在 21 世纪前后，新加坡的经济发展速度一度追上香港，甚至实现了超越。一个重要原因就是，新加坡坚守了制造业的发展，香港却陷入了制造业空心化。

1.4 粤港澳大湾区创新发展的战略对策

本节从创新型产业、创新经济体系、创新基础设施、协同创新体制机制、优质生活圈、实体经济发展、细分区域定位等角度提出了粤港澳大湾区创新发展的战略对策。一是抓住新冠疫情带来的新产业新业态机遇，发展与之相适应的创新型产业；二是构建创新型经济体系，发掘新的创新经济增长点；三是积极吸引和布局高水平创新基础设施；四是探索粤港澳协同创新体制机制并积极推动实施；五是提升宜居水平和公共服务能力，构建优质生活圈，增强对创新要素的吸引力；六是维护实体经济发展，为创新发展提供产业基础保障；七是明确港澳与珠三角在创新发展战略中的定位和角色。

1.4.1 抓住新产业新业态机遇，发展与之相适应的创新型产业

在新冠疫情席卷下，住宿、旅游、餐饮等服务业遭受寒冬，而视频会议、远程办公、线上零售、线上教育等许多行业迎来新机遇，新业态、新模式和以数字化转型为核心的新

技术应运而生,推动各种科技领域的技术创新与产业化应用。因此,粤港澳大湾区应乘势而上,发展与其匹配的创新型产业①。

1. 发展与数字经济和新一代网络通信相关的数字基础设施研发与制造业

数字经济已成为后疫情时代经济增长的主要驱动力,数字产业化带来了经济增长点,并推动各行业经济发展,形成了新的发展格局。信息技术的应用是近年来抗击疫情最突出的亮点之一。粤港澳大湾区可发展通信网络、存储服务器、视频分发、高清视频等产业,为远程办公行业提供支撑,加大对第六代移动通信技术、数据中心、内容分发网络、4K/8K 视频等技术的研发和生产投入②。

2. 发展与生命健康和公共卫生相关的医药产品和医疗设备产业

新冠疫情不仅使得人们更加重视健康,还推动生物技术产业发生重大变革。诊断试剂与医疗器械的需求明显提升,与新冠疫情直接相关的中药、化药及医疗器械行业得到进一步发展,医疗及健康服务业得到更多关注。此外,抗病毒药物、血液制品等在治疗新冠患者中也取得了不错的疗效,大大提升了治愈率。粤港澳大湾区可发展呼吸医疗设备制造业和疾病检测设备制造业,并将加强创新药物开发,加大在抗病毒药物、血液制品和疫苗等方面研发的投入力度,在上述领域形成产业优势。

3. 发展人工智能产业

未来,智能设备在优化生产流程、提高制造效率、降低人工成本等方面有着不可替代的作用,其应用将更加广泛。工业机器人、物联网、工业云制造等模式在工业生产领域的应用将越来越广。粤港澳大湾区应抓住机遇,重点发展智能传感器、高速处理器、高精度控制器等领域的制造业,这些领域是人工智能产业发展核心和支撑,将有较大的市场需求和光明的发展前景③。

1.4.2 构建创新型经济体系,发掘新的创新经济增长点

粤港澳大湾区应促进产业转型升级,构建创新型经济体系,显著提高大湾区的产业质量和效率。广东省的 9 个城市发展不平衡的现象十分突出,粤港澳大湾区距世界一流湾区还有较大的差距,相当一部分城市仍处于要素与投资拉动阶段。建设大湾区开放型经济体,要发挥香港、澳门、广州、深圳等中心城市的作用,优化提升这些城市的产业效率、

---

① 抓住新机遇,注入新动能 . https://tech. sina. com. cn/roll/2020-05-20/doc-iirczymk2524689. shtml[2021-09-14].
"不惑之年"再前进! 深圳引领粤港澳大湾区数字经济集成式发展 . https://tech. sina. com. cn/roll/2020-10-26/doc-iiznezxr8189459. shtml[2021-09-14].
② 新冠疫情对我国未来三大重点产业发展的影响 . https://www. sohu. com/a/385216666_748530[2021-09-14].
③ 新发展格局下如何培育新的经济增长点 . http://www. china. com. cn/opinion2020/2021- 05/14/content_77496633. shtml[2021-09-14].

质量和动力，进而推动粤港澳大湾区以更快的步伐迈向国际一流湾区和世界级的城市群（张胜磊，2018）。

1. 大力发展以新一代信息技术为支撑的新经济产业

大力发展新一代信息技术，以人工智能经济、数字经济和网络经济为核心，完善配套措施，培育壮大新经济产业发展新动能。大力发展实体经济，积极实施工业化延伸战略和推动高水平开放，孕育新经济增长点[1]。

2. 产业链向信息化、高端化延伸

充分发挥大湾区在技术创新、电子信息制造等方面的综合优势，更快向服务器、存储设备、关键芯片等高端领域扩展。抓住人工智能、物联网、区块链等新技术领域的机会，发挥大湾区不同城市之间的互补优势，疏通创新链、产业链和价值链，推动产业链的信息化，建设全球先进的创新策源地和数字产业集群（刘国栋，2018）。

3. 推动传统产业的技术创新和升级

挖掘传统产业数字化转型带来的新动能，通过新技术、新工艺、新模式改造升级传统产业，从而促进互联网、大数据、人工智能和实体经济的深度融合，推动大湾区传统产业智能化、高端化、网络化、数字化、绿色化转型[2]。

4. 推动商贸服务业的数字化转型

在数字经济时代，香港和澳门应抓住直播商务带来的新机遇，发展跨境电子商务新模式，加快新型基础设施建设，努力改善消费者体验，助力香港和澳门商贸服务业的数字化转型，加快融入全国经济大循环[3]。

1.4.3 积极吸引和布局高水平创新基础设施

以大科学装置、高水平实验室为代表的创新基础设施是现代科学技术进步的基石，是现代科学技术诸多领域取得突破的重要支撑条件，也是区域科技竞争能力的体现。西方发达国家的科学技术水平和强大的国际竞争能力在相当大的程度上离不开其高水平创新基础设施的支撑。创新基础设施为科技创新和成果转化创造了条件，进而助推了区域生产力水平的提升。粤港澳大湾区应积极吸引和布局一批创新基础设施，进而打造科技成果转换

---

① 谢伏瞻：抓住战略机遇 推进粤港澳大湾区高质量发展 . http://www.cssn.cn/index/index_focus/202103/t20210330_5322631.shtml［2021-09-14］.

② "不惑之年"再前进! 深圳引领粤港澳大湾区数字经济集成式发展 . https://tech.sina.com.cn/roll/2020-10-26/doc-iiznezxr8189459.shtml［2021-09-14］.

③ 广东省发改委：在大湾区建设具有全球影响力的国际科技创新中心 . https://gz.leju.com/news/2020-01-28/21446627919168799031999.shtml［2021-09-14］.

中心。

1. 建设世界一流重大科技基础设施集群

推动东莞散裂中子源技术与产业融合，加快江门中微子实验站、惠州强流重离子加速器和加速器驱动嬗变系统、南海海底观测网、天琴计划、海洋科考船等创新基础设施建设，推进南方光源、冷泉系统等大科学装置的前期工作，打造世界一流重大科技基础设施集群[①]。

2. 打造高水平的实验室体系

高标准高质量推进广东省实验室建设，努力创建国家级实验室。加深省、部、院合作，推动中国科学院等机构在大湾区建设高水平创新研究院。推进高水平高校、高水平理工科大学和重点学科建设，加强高校科技创新平台体系建设，提升高校原始创新能力[②]。

3. 打造科技成果转化中心

以"广州–深圳–香港–澳门"科技创新走廊为轴线，在现有高新技术产业开发区、高技术产业基地和各种特色产业园区的基础上，打造推动大湾区先进制造业发展的科研成果转化中心，增强珠三角企业的科技研发能力，为培育新一代信息产业、生物医药、新材料、新能源汽车等高科技产业集群提供支撑。依托科技研发合作平台建设推动大湾区产学研深度融合，吸引各类高水平科研人员和科研机构集聚，促进知识创新与技术研发。通过推进企业与高校合作，实现科学、技术、生产的一体化整合，实现科研成果的产业化[③]。

1.4.4　探索粤港澳协同创新体制机制并积极推动实施

互补性是珠三角和港澳之间在科技创新方面的特色之一。需要粤港澳三地协同创新，发挥各自优势，提升其在全球创新区域中的竞争力和地位。当前，粤港澳协同创新主要存在四个问题。一是创新合作格局有待优化；二是创新要素仍未实现跨境便捷高效流动；三是创新合作政策有待完善；四是支持港澳青年到大湾区内地创新创业的工作机制有待进一步完善。建议大湾区共建世界级区域创新共同体，打造大湾区协同科技创新网络。完善区域创新协同制度，带动区域科技创新资源要素流动，全流程打造基础研究、技术开发、成果转移转化和产业创新的完整创新链，完善工作和创新机制吸引高素质人才，营造合作共

---

① 广东省发改委：在大湾区建设具有全球影响力的国际科技创新中心. https://gz. leju. com/news/2020-01-28/2144662791916879903199. shtml[2021-09-14].

② 整合粤港澳大湾区城市产业链，建设具有全球影响力创新高地. https://baijiahao. baidu. com/s？id = 1699458439496228658&wfr = spider&for = pc[2021-09-14].

③ 广泛凝聚智慧，合力开创新局. https://www. 163. com/dy/article/FI6RNAA205346936. html[2021-09-14].

赢的世界级区域创新共同体（刘国栋，2018）①。

1. 优化创新合作空间布局，推动大湾区创新链产业链衔接

进一步改善大湾区创新合作空间布局，推进"广州-深圳-香港-澳门"科技创新走廊延伸至珠江东西两岸各市，构成科技创新闭环合作圈。支持大湾区各城市间共建综合性国家实验室和国家科学中心，推动建设各类国家产业创新平台、科技成果转移转化平台、国家科技成果转移转化示范区和国际技术产权交易中心（广东外语外贸大学粤港澳大湾区研究院课题组，2021）。

2. 以规则衔接推动创新要素跨境便捷高效流动

以深港科技创新合作区、珠海市横琴新区、广州市南沙新区等空间载体作为粤港澳体制机制创新前沿试验区域。在上述区域，可在三地法律法规框架下，在以下方面尝试体制机制创新以促进创新要素的跨境便捷高效流动。第一，建立便利自由的人才"居-流"体制机制，建立人才通过绿色通道，放宽人才的居住时间限制，简化跨境就业审批流程。第二，建立税收优惠机制，在符合相关法律法规前提下，对特定机构和特定人群（如高端人才）在特定领域的特定收入实施税收优惠。第三，建立粤港澳联合创新创业机制，在特定区域的特定行业领域，对风险投资资金、科学研究资金、创业贷款资金建立跨境流动绿色通道，降低资金流动成本，支持三地人才联合创新创业。这些体制机制创新举措在上述区域取得成功经验后再推广到大湾区全域，进而推动创新要素跨境便捷高效流动（方创琳和王洋，2022）。

3. 提升重大科创平台及其配套平台的共建共享水平

进一步解放思想，在大湾区内共同设立科技创新管理机构，改变目前科研布局分割管理的现状，持续提高共建共享水平。粤港澳三地科技主管部门可共同推进高新技术研发机构和公共研发平台建设，制定优惠政策措施，共同打造协同创新环境（蔡松锋等，2019）。粤港澳三地的科技工作者可通过共同组建专业学会、协会的方式加强科技交流合作（广东外语外贸大学粤港澳大湾区研究院课题组，2021）。应充分契合大湾区科创产业与高校科研团队对大型公共实验设备的需求，结合国家科创产业发展方向，科学高效建设一系列配套服务平台。发挥港澳专业服务的特点，将港澳法律、会计、营销等专业服务的整体服务模式拓展到大湾区合作平台，完善科创产业服务体系。建立大湾区中长期基础研究项目与扶持计划，吸引世界知名科学家、先进科研机构和实验室落户粤港澳大湾区（广东外语外贸大学粤港澳大湾区研究院课题组，2021）②。

---

① 谢伏瞻：抓住战略机遇 推进粤港澳大湾区高质量发展 . http://www.cssn.cn/index/index _ focus/202103/t20210330_5322631.shtml［2021-09-14］.

② 广泛凝聚智慧，合力开创新局 . https://www.163.com/dy/article/FI6RNAA205346936.html［2021-09-14］.

1.4.5 提升宜居水平和公共服务能力，构建优质生活圈，增强对创新要素的吸引力

高层次人才作为科技创新主力军，宜居宜业的优质生活圈是吸引并留住高层次人才的重要因素之一。对标国际三大湾区的发展经验，粤港澳大湾区应当将建设更具吸引力的制度环境和就业创业环境作为提升人才竞争力、打造人才高地的核心内容。到2035年，粤港澳大湾区将全面建成宜居宜业宜游的国际一流湾区。营造宜居宜业环境的重点包括：改善大湾区住房条件，提升居住舒适度；推进公共服务设施建设和共享共建；传播绿色发展理念，加大水污染、大气污染治理和生态环境优化，对污染产业部门采取迁移改造措施；推动大湾区交通一体化建设；建设智慧湾区和智慧城市，提高城市管理服务水平和能力①。

1. 改善大湾区住房条件，提升居住舒适度

第一，探索跨境公租房建设。依据港澳和珠三角九市的公租房政策，建设专门供应港澳居民的集中式公共租赁住房区域，实行特殊政策管理，减轻香港和澳门租赁房源紧张的压力；第二，进一步提高通关便利性和通关效率，缩小跨境通勤的心理成本和时间成本；第三，在珠三角内部租金较高的区域，积极应对"租房时代"的到来；第四，在重要城市增加住宅用地供应，优化城市土地利用结构，缓解居住用地紧张局面。

2. 推进公共服务设施建设和共享共建

当前，大湾区各城市间公共服务水平不均衡，城市间应该取长补短，加强合作。一是建设教育优质生活圈，深化高等教育合作办学机制，吸引世界知名高校到湾区开展中外合作办学，实现优质的教育资源合作共享。二是建设健康安全生活圈，推动珠三角与港澳在健康和医疗等领域的合作，加强医疗卫生人才的培养，放宽外籍医师到内地执业限制，提升珠三角医疗安全水平②。

3. 推进大湾区生态建设与环境保护

绿色发展理论已成为人们的共同认知，粤港澳大湾区的发展应在其资源环境承载能力之内，以绿色发展为目标，建设绿色宜居大湾区。有资料表明，香港和澳门分别有90%和98%的饮用水来自东江和西江③。建议大湾区内部重点在排污口布局、水体整治、空气污染防治、土壤修复、滨海湿地保护、环境风险防控等方面推进生态建设与环境保护一体

---

① 港澳同享"市民待遇" 大湾区宜居建设再"升级". http://news. haiwainet. cn/n/2020/1212/c3541093-31936742. html[2021-09-14].

② 生态文明引领粤港澳大湾区优质生活圈建设. http://www. tibet. cn/cn/index/theory/202105/t20210518_7005651. html[2021-09-14].

③ 粤港澳大湾区环境保护政策和环境合作机制初步研究. https://wenku. baidu. com/view/a1960bb466ec102de2bd 960590c69ec3d4bbdb1a. html[2021-09-14].

化。粤港澳三地之间应在环境监测数据、环境信用信息、环境责任主体、环境污染黑名单、环境违规处罚等方面实现信息共享共用，加强粤港澳环保产业合作，为环境污染联防联治提供基础。粤港澳三地应联合编制粤港澳大湾区区域环境保护规划，并形成共同遵守的具有约束力的环境保护框架（方创琳和王洋，2022）。

4. 推进大湾区交通一体化建设，提高出行便捷程度

目前，粤港澳大湾区内部要素流动阻碍主要表现在港澳与珠三角九市之间，其次表现在大湾区东岸和西岸之间。港澳与珠三角九市主要是在人员和货物流动方面不够畅通，应不断增加口岸数量、提升通关便利化程度、加快通关速度、降低通关成本。跨珠江口的交通瓶颈是大湾区东岸和西岸之间的要素流动的主要障碍，由于虎门大桥的持续拥堵，两岸之间人员和货物往来产生矛盾。建议积极推进狮子洋跨江通道、深中通道、深珠通道、莲花山跨江公路通道等交通通道建设。

5. 建设智慧湾区和智慧城市，提高城市管理服务水平和能力

大湾区建设智慧城市得益于其建设基础良好、开发强度高、城市集中、智能制造水平和城市治理能力相对较高。大湾区智慧型城市群建设为其创新型产业、智慧型产业的发展提供了"智能支撑"和庞大的应用市场。同时，粤港澳大湾区的高端制造业也需要"智能带动"，通过建设智慧工厂和智慧产业基地，推进智能生产，保持世界工厂的地位。

1.4.6 维护实体经济发展，为创新发展提供产业基础保障

实体经济是产业创新的基石，也为科技创新带来强有力支撑。经济发展的高质量主要取决于实体经济发展的高质量，而制造业是实体经济的主体和核心，是保证区域经济高质量发展的基础与前提①。

粤港澳大湾区要成为高质量发展的先行者和引领全国的示范区，就必须坚持以制造业为核心，以国际先进技术为目标，提高制造业现代化水平和发展质量。粤港澳大湾区需要稳固好现有的实体经济基础，掌握核心科技产品和关键的元器件技术，形成粤港澳大湾区的核心竞争力。要努力推动实体经济与互联网、大数据、人工智能等深度融合。

1.4.7 明确港澳与珠三角在创新发展战略中的定位和角色

港澳与珠三角之间的科技创新资源优势互补性强，因此应进一步明确其各自的定位和角色，以便形成合力。香港和澳门的优势体现在雄厚的基础研究实力、国际化的专业服务、优质的科研人才资源等方面，其劣势是创新应用环节薄弱、科技创新人才外流、技术

---

① 让粤港澳大湾区，成为高质量发展新动力. http://www. china. com. cn/opinion/theory/2019-02/27/content_74509226. htm[2021-09-14].

创新环境缺乏；珠三角的优势体现为产业创新具有活力、就业机会较好、人居环境不断优化，而劣势是高水平研究设施缺乏、高素质科研人才短缺、基础研究投入不足（表1-11）。因此，应明确港澳和珠三角的各自定位，发挥优势，避免恶性竞争和同质化发展，形成优势互补的协同创新发展格局。

表 1-11　港澳与珠三角之间科技创新资源优劣势分析

地区	优势	劣势
香港和澳门	雄厚的基础研究实力	创新应用环节薄弱
	国际化的专业服务	科技创新人才外流
	优质的科研人才资源	技术创新环境缺乏
珠三角	产业创新具有活力	高水平研究设施缺乏
	就业机会较好	高素质科研人才短缺
	人居环境不断优化	基础研究投入不足

建议香港大力发展创新及科技事业，巩固和提升其国际金融、航运、贸易中心和国际航空枢纽地位（雷玉桃和薛鹏翔，2018）。加强基础研发、科创融资、科技金融等方面的辐射能力。建议澳门促进经济适度多元发展，打造以中华文化为主流、多元文化共存的交流合作基地。建议广州增强高端要素集聚、科技创新、文化引领和综合服务，培育提升科技教育文化中心功能，建设成为世界重大科学发现和技术发明先行之地、国际科技赋能老城市新活力的典范之都、全球极具吸引力的高水平开放创新之城。建议深圳加快建成现代化国际化创新型城市，努力成为具有世界影响力的创新创意之都。

参 考 文 献

蔡松锋，肖敬亮，文韵．2019．粤港澳大湾区发展现状与未来展望 创新是大湾区今后发展的主要驱动力．财经界，（16）：30-34.

陈楚霞．2020．粤港澳大湾区科技创新规则对接问题及其对策分析．经济研究导刊，（23）：26-27.

陈杰，王俊．2018．粤港澳大湾区如何加快构建开放新体系？．中国经济特区研究，（11）：211-226.

陈世栋．2018．粤港澳大湾区要素流动空间特征及国际对接路径研究．华南师范大学学报（社会科学版），（2）：27-32.

程如烟．2019．全球技术竞争新态势．科技中国，（6）：94-96.

方创琳，王洋．2022．粤港澳大湾区建设世界级超大城市群的特殊性与行动路径．城市与环境研究，1（9）：55-67.

广东外语外贸大学粤港澳大湾区研究院课题组．2021．数据要素跨境流动与治理机制设计——基于粤港澳大湾区建设的视角．国际经贸探索，37（10）：86-98.

雷玉桃，薛鹏翔．2018．粤港澳大湾区城市功能分工与制造业发展的现状与未来．新经济，510（7）：24-26.

梁丽雯．2019．粤港澳大湾区科创透视．金融科技时代，（3）：84-87.

刘国栋．2018．关于粤港澳大湾区要素流动空间特征及国际对接路径的探讨．新商务周刊，（4）：272.

穆荣平．2018．建设世界科技强国时不我待 健全国家创新体系．科技传播，10（14）：3.

宋华盛. 2021. 新一轮科技革命与产业变革中我国的独特优势. 国家治理, (13): 2-7.

孙虹, 俞会新. 2019. 从发展阶段划分看中国经济与发达国家的差距. 学术交流, (9): 126-136.

文小明, 刘佳, 陈传忠, 等. 2021. 粤港澳大湾区生态环境监测发展现状与展望. 中国环境监测, 37 (5): 14-20.

张虹鸥, 吴康敏, 王洋, 等. 2021. 粤港澳大湾区创新驱动发展的科学问题与重点研究方向. 经济地理, 41 (10): 135-142.

张胜磊. 2018. 粤港澳大湾区建设: 理论依据, 现存问题及国际经验启示. 兰州商学院学报, 34 (5): 12-21.

赵小辉. 2021. "十四五" 世界经济形势预判及对中国经济影响. 当代石油石化, 29 (1): 17-23, 48.

中国国际经济交流中心. 2018. 中国经济分析与展望 (2017~2018). 北京: 社会科学文献出版社.

第 2 章 | 国内外科技创新中心的发展经验及粤港澳大湾区的功能与定位

本章首先对科技创新中心及产业集聚区的发展过程、基本特征以及作用进行了相关探究，对科技创新中心及产业集聚区的概念、发展历程和特点有了整体认识；然后以全球科技创新顶级企业的集聚现状为出发点，找出科技创新中心及产业集聚区的共同特点，对产业类型和产业结构进行梳理，促进对高技术产业研发投入强度和分布现状的认识，针对目前全球科技创新中心及产业集聚区的分布情况，对各个行业的研发投入强度、企业集聚程度及规模效应、科创回报力度、科创潜在企业、智力支撑、区域流通度六大要素进行量化分析、权衡比较，并进行综合对比，说明各地区的优势产业，分析其发展趋势；最后提出我国现在创新产业集群区发展的不足之处，并在产业研发投入强度、利润率、企业数据和产业类型等方面提出相关建议。

2.1 国内外科技创新中心的发展经验

当今时代是机遇与危机并存的时期，全球经济危机与科技革命交织的局面促使各国科技创新及产业加速发展。各国在推动先进区域创新经济体系发展的过程中，科技研发、区域经济和基础设施体系建设等事业日趋交汇融合。因此，建设跨产业领域、跨经济-社会界别而实现协同创新的科技创新中心及产业集聚区及其治理体系，在世界主要国家和区域的创新及经济发展中扮演着愈加重要的角色。

2.1.1 对科技创新中心及产业集聚区的认识

20 世纪 80 年代末开始，美国、日本、英国、德国等先进国家的产业集群和科技园区开始向更加汇聚的科技创新中心及产业集聚区的方向发展，一些学者已经开始了对"科技创新集聚区"的研究。科技创新中心及产业集聚区是通过知识链和产业链形成的战略联盟或各种合作的集合，其形成了具有竞争优势的基于知识创新的集聚式技术-经济网络体系。此后，美国、日本、韩国和欧洲许多国家都发起了各有特色的国家科技创新中心和集群计划或项目，引导着巨额的资金与大量相关资源投入到科技创新中心及产业集聚区的建设中。

18 ~ 19 世纪，全球第一次工业革命发展的时候，受制于当时的交通和运输条件，基于资源禀赋和经济成本等原因，在一定的时期内，某一产业或者相关领域内的企业和研发机构会越来越集聚，它们往往集聚在所需主要工业和研发资源（如煤铁矿藏等）附近，因此伦敦、曼彻斯特地区出现工业企业集聚，这是英国第一次工业革命的一大特征。19 世纪 90 年代后，伴随着近代工业体系的发展与完善，工业领先的国家出现了产业集群模式，该模式的特点是分工合作更加密切，联系更加紧密，德国的鲁尔工业区、美国的"铁锈地带"就是典型的代表地区。

20 世纪 50 年代以来，在产业发生集聚的同时，研究机构与各大高等院校也在不断聚集，企业和研究机构的共同聚集更进一步形成了初期的科技园区叠加产业集聚区，美国开始出现斯坦福工业园区（早期硅谷雏形）和北卡罗来纳州三角园区；60 年代英国剑桥科技园、法国的索菲亚·安蒂波里斯技术城、日本的筑波科学城开始形成；70～80 年代中国的台湾新竹科学工业园、新加坡的肯特岗科学工业园和韩国的大德科技园开始形成；80～90 年代第三世界国家奋起直追，巴西的里约热内卢联邦大学科技园、印度的班加罗尔软件科技园区以及我国的北京中关村科技园、上海张江高科技园区等科技园区纷纷涌现。在这些园区内，企业、机构团结协作使得各方的优势互补，再加上资源更加集中等各种效应、现象得到体现，科技创新成果得到迅速产业化，生产与研发投入的工作成本得到降低。

在此基础上，到了 20 世纪 90 年代左右，各国科技园区叠加产业集聚区的形式发生了巨大的变化，进一步升级成长为科技创新中心及产业集聚区，即形成了创新主体高密度集聚、协调发展、产业配套、相互带动的城市群和局部区域创新体系。随着现代交通技术的发展和交通体系的完善，以及各类人才重要性的提升，新时代的科技创新中心及产业集聚区大多已经开始离开资源矿产集中区，向位于全球交通网络节点的沿海港口附近地区转移，这些科技创新中心及产业集聚区可以为创新产品和服务提供便利的流通条件，且能够给各类人才提供方便的学术交流和生活条件，在其区域内部的各种创新因素有着更强的流动性、互补性和互动性，除此之外，科技创新中心及产业集聚区只要开始正常运转，必然会和所处地区的创新系统产生联系，形成互动效应，从某些意义上来说，科技创新中心及产业集聚区是其所在经济区域提高创新能力的有用方法，当科技创新中心及产业集聚区成熟后，它就会与区域创新体系的发展融合为一体（表 2-1）。

表 2-1　科技创新中心及产业集聚区与其他创新集聚组织形式的比较

创新集聚组织形式	特征
科技园区	科技园区是中小型企业孵化器的最佳选址，因为这里一般拥有充足的合格的高技能劳动力供给，聚集着相关的研发活动。一般而言，作为政府主动建设而推动研发活动集聚的规划形式，科技园区还拥有完善和不断升级的基础设施与条件，这使得其可以不断优化区域内的环境进而提升吸引力，吸引着企业和相关研究机构的入驻，目前许多科技园区正在向着"科学城"的方向发展
产业集群	产业集群的核心任务主要是生产。基于产业链的集中和浓缩，产业集群在成本控制方面占据优势，吸引着相关企业不断聚集而来。然而，产业集群是否能够走向科技创新中心及产业集聚区并不确定，这主要还是取决于能否有相关研发能力的集聚和结合
区域创新体系	区域创新体系表面上是一个地理区域，实际上是在相关区域范围内采取引进新要素或者重新组合实现要素而形成的促进资源有效配置的网络体系。其资源整合和配置针对的不是原有某些领先领域和特定产业，而是整个区域长期发展

续表

创新集聚组织形式	特征
科技创新中心及产业集聚区	科技创新中心及产业集聚区是在创新资源集中和知识溢出效应条件下，吸引有发展前景的产业和相关领域内的各类创新主体而形成的，其基本目标在于追求集聚区域内经济发展和创新能力的集成式提升以及大创新成果的产业化和商业化

基于以上对不同创新集聚组织形式的对比分析发现：科技创新中心及产业集聚区的特点是通过聚集创新主体及各种创新资源，依靠科技研发产生并转化创新成果，进而对整个区域内的社会经济发展产生深刻影响和推进作用的创新体系。本研究主要分析了全球的多个著名科技创新中心及产业集聚区的产业结构和发展历程与特点，发现科技创新中心及产业集聚区是全球主要经济发达区域的科技与经济一体化发展的必然产物。随着经济全球化与信息、生物科技革命及其带来的产业变革的来临，以及全球的创新价值链因为反复拉伸、循环和延展而呈现网络化，全球各主要国家的科技创新中心及产业集聚区将进一步发展，甚至出现更高级的科技创新中心及产业集聚区之间的联合与协作。但是这也有可能会给相应地区带来一些不利的经济社会影响，如人口和交通过度密集、环境压力增加、劳动力成本过于高昂与高房价带来的生活成本（如房租）上升。

2.1.2 世界主要科技创新中心及产业集聚区的产业结构比较

根据马歇尔的《经济学原理》，企业受到外部经济的影响而形成集聚；韦伯认为集群受到区域要素和集群要素的影响，会形成几个阶段的聚集，由低级聚集走向高级聚集；波特在《国家竞争优势》一书中提出，集群有一个整体系统，包含了相关联的公司、企业以及供货商、销售商和售后服务等；熊彼特的创新理论，强调了生产技术和生产方式的变革对经济发展的作用是巨大的，企业家是创新的组织者，其根本原因是利润的存在，企业家想获取这种潜在的利润，所以进行大力投资支持创新，为创新的实现提供了新的技术、方法，从而使新技术不断孕育出来取代旧技术，这个过程中实现了技术和经济的进步。

通过对产业集聚和区域创新的认知学习，我们认为高技术产业创新聚集能够带来更高的收益，包括对企业、区域和国家的影响，高技术产业以知识和技术为主导，在不断的创新中获得发展，能够影响到产业发展趋势，影响本地区和周边地区的经济与发展，也就是说科技创新中心及产业集聚区的建设，不仅仅是为了支持卓越科技成果的产生，更是希望通过对高技术的深入研发为新兴产业的发展提供条件，进而推动整个区域甚至国家的经济社会升级。因此，在科技创新中心及产业集聚区的建设过程中，区域内的企业占主体地位，主导着产业的发展。所以，在科技创新中心及产业集聚区的建设中，必须体现企业的主体、主导地位。

科技创新中心及产业集聚区将成为世界主要国家未来竞争力的关键承载区，它们既可以支撑创新型企业的创建或转型获得成功，又可以帮助这些企业的研发投入能够快速从周边市场得到回馈，如美国硅谷的信息技术和大纽约地区的生命医药科技产业正在成为美国最重要的经济增长区域。

1. 全球科技创新顶级企业的聚集现状

从全球各国的企业研发投入角度分析，欧盟在 2021 年 12 月 17 日发布的《2021 年欧盟工业研发投资记分牌》报告公布的数据显示，2020 年全球研发投入 TOP 2500 强企业的研发投入额度合计达到 9088.74 亿欧元（约合 1.03 万亿美元），研发总额相当于全球约 90% 的商业资助研发。在这 2500 家企业中，美国有 779 家，排名第一；中国有 597 家，排名第二；欧盟有 401 家，排名第三；日本有 293 家，排名第四。它们的分布情况已经说明了企业规模投资力度大，但是分布情况不一定均匀，在对全球研发投入 TOP 2500 强企业的详细分析过程中，发现这些顶级研发企业主要集中在全球不同大洲的 14 个区域之内，包括：美国的旧金山-洛杉矶区域、纽约周边区域、五大湖区域（以芝加哥为中心的）；欧洲的英格兰南部区域（以伦敦为中心的）、德国南部慕尼黑-法兰克福区域、德国北部不来梅-汉堡-柏林区域、瑞士、法国巴黎周边区域；东北亚的日本东京湾区、大阪-神户地区、韩国，以及我国的长三角-杭州湾地区、京津冀地区、粤港澳大湾区（表2-2）。这些区域应该说已经形成了真正的科技创新中心及产业集聚区，也就是说这些研发投入强度大的企业，高度集聚在科技创新中心及产业集聚区内。

表 2-2　全球主要科技创新中心及产业集聚区的 TOP 2500 强研发企业数量　（单位：家）

国家或地区		全球 TOP 2500 强研发 企业数量	其中高技术 企业数量
美国	旧金山-洛杉矶区域	255	231
	纽约周边区域	142	89
	五大湖区域	76	47
欧洲	英格兰南部区域	110	54
	德国南部慕尼黑-法兰克福区域	62	29
	德国北部不来梅-汉堡-柏林区域	55	20
	瑞士	57	26
	法国巴黎周边区域	56	29
日本	东京湾区	208	78
	大阪-神户地区	96	50
韩国		59	31
中国	长三角-杭州湾地区	142	77
	京津冀地区	112	61
	粤港澳大湾区	110	66

这些科技创新中心及产业集聚区的共同特点如下。

（1）它们都依托着全球最重要和体量最大的单一经济体市场，如美国、中国、欧洲、日本，甚至自身本来就是这些经济体的区域科技和经济中心。

（2）随着区域内经济和产业的发展，在这些区域内围绕其中心都市或城市群原来就有的著名研究机构或大学，越来越多的专业科技服务与中介机构诞生和聚拢，也就吸引和集中了区域内外更多的科技创新资源，进而催生了创新型产业和新经济结构与体系在此类区域中的产生和发展，其中美国的旧金山–洛杉矶区域（即硅谷周边区域）表现得最为明显。

（3）它们所在区域以有限的空间聚集了至少 50 家的全球研发投入 TOP 2500 强企业，能够构建形成相对完整的创新产业配套和聚落体系。

（4）除瑞士和德国南部慕尼黑–法兰克福区域外，其余区域内都拥有集装箱吞吐量排名全球前 50 名的巨型海运港口，甚至港口群，非常方便建立面向全球市场的创新产品流通网络。例如，美国旧金山–洛杉矶区域的长滩港和洛杉矶港，中国粤港澳大湾区的广州、深圳、香港、珠海、中山等的一系列大港。

（5）除粤港澳大湾区（在 23°N 附近）外，其余区域大多集中在 35°N～52°N。全年相对气候适宜，环境优美，更加适合科研创新工作。

2. 高技术产业的研发与分布现状

本研究将欧盟发布的《2021 年欧盟工业研发投资记分牌》中的 38 个行业划分为高技术类、传统产业类、银行金融服务类、生活服务类四大类别，比较发现各类别的研发投入强度[①]分别为 7.20%、1.51%、6.54%、2.53%。

其中，高技术类产业的研发投入强度明显高于其他大类，且属于高技术类产业的企业数量总共达到 1509 家，超过全球研发投入 TOP 2500 强企业的 60%，它们的总研发投入合计 6939.21 亿欧元，占 2500 强企业研发投入总量的 76.3%，高技术企业是全球产业类科技创新与研发事业的真正主力军。

本研究根据高技术类产业的研发投入强度特征，对高技术类产业的行业类型进行了细分，分别是：医药生物技术类、计算机软件和服务类、科技硬件和设备类、电子电气设备类、汽车零部件类、医疗保健设备和服务类、航空航天与国防类、替代能源类［分类来源于美国《科学与工程指标》对中高科技制造业的分类、经济合作与发展组织的分类、我国《高技术产业（制造业）分类（2017）》］。

在研发投入强度上：

（1）医药生物技术类产业研发投入强度遥遥领先于其他高技术产业，是高技术类产业研发投入强度（7.2%）的两倍以上（图 2-1），该产业受到众多企业青睐，证明它们的科技创新潜力巨大，未来市场前景广阔，拥有巨大的市场，是最近阶段科技创新发展的主要方向；

---

① 本研究设定研发投入强度＝企业的年度研发费用/年度营业总额。

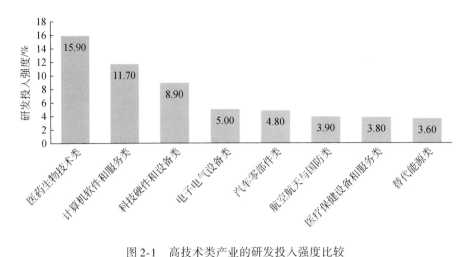

图 2-1　高技术类产业的研发投入强度比较

（2）计算机软件和服务类产业研发投入强度位居第二，说明该产业依旧有着很强大的发展力量，为新兴科技创新提供软件支撑；

（3）科技硬件和设备类为软件开发提供硬件设备支撑，且软件开发也要求硬件能力不断提升，所以其研发力度也高于高技术类产业研发投入强度；

（4）电子电气设备类、汽车零部件类、航空航天与国防类、医疗保健设备和服务类产业研发投入强度较低，但投入稳定，这是因为产业体系较为成熟，发展方向明确；

（5）替代能源类产业研发属于起步阶段，虽然市场前景广阔、潜力巨大，但是存在着较大的不确定性，且投入时间长，技术要求高，所以研发投入强度较低。

高技术类产业在全球的分布也是极其不均匀的：

（1）医药生物技术类，产业的分布体现出极大的阶梯形，在 254 家企业中，旧金山-洛杉矶区域就分布了 81 家，占据了约三分之一的额度，纽约周边区域 53 家，东京湾区、长三角-杭州湾地区、英格兰南部区域、瑞士、粤港澳大湾区为 10～20 家，而其他地区零星分布着个位数的企业；

（2）计算机软件和服务类，旧金山-洛杉矶区域依旧占据着绝对优势，京津冀地区位列第二，再次是纽约周边区域、长三角-杭州湾地区和粤港澳大湾区；

（3）科技硬件和设备类，主要分布在旧金山-洛杉矶区域、东京湾区、京津冀地区、长三角-杭州湾地区和粤港澳大湾区；

（4）电子电气设备类，主要分布在粤港澳大湾区、长三角-杭州湾地区、东京湾区和大阪-神户地区；

（5）汽车零部件类，主要分布在五大湖区域、大阪-神户地区、东京湾区和长三角-杭州湾地区；

（6）医疗保健设备和服务类，主要分布在旧金山-洛杉矶区域和纽约周边区域；

（7）航空航天与国防类，主要分布在英格兰南部区域、法国巴黎周边区域和京津冀地区；

（8）替代能源类，主要分布在欧洲区域，长三角–杭州湾地区、旧金山–洛杉矶区域也有涉及。

2.1.3 全球主要科技创新中心及产业集聚区的综合比较

根据《2021 年欧盟工业研发投资记分牌》和 CB Insights 公司发布的《2021 年全球独角兽企业榜单》，我们分别统计了全球 14 个科技创新中心及产业集聚区的高技术产业的相关研发布局。

对各个区域的各个行业的研发投入强度、企业集聚程度及规模效应（高技术行业类型和数量）、科创回报力度（行业利润率，即利润与产品销售净额比）、科创潜在企业（区域内独角兽企业）、智力支撑（区域内世界前 100 大学排名）、区域流通度（全球 100 大集装箱港口排名）六大要素进行量化分析、权衡比较，将数据进一步整理后得到各个区域衡量标准的数据集矩阵 $\begin{bmatrix} X_{11} & \cdots & X_{1n} \\ \vdots & & \vdots \\ X_{m1} & \cdots & X_{mn} \end{bmatrix}$，再进一步计算，通过 $X'_{ij} = (Y_{\max} - Y_{\min}) \cdot \left(\dfrac{x_{1j} - \min\limits_{1 \leqslant j \leqslant n} \{x_j\}}{\max\limits_{1 \leqslant j \leqslant n} \{x_j\} - \min\limits_{1 \leqslant j \leqslant n} \{x_j\}} \right) + Y_{\min}$ 将其标准化后，得到每个区域不同行业的研发投入强度、企业集聚程度及规模效应、科创回报力度、科创潜在企业、智力支撑、区域流通度，对影响科技创新中心及产业集聚区产业结构变化的六大要素分别赋予权重：研发投入强度为 0.2、企业集聚程度及规模效应为 0.2、科创回报力度为 0.2、科创潜在企业为 0.2、智力支撑为 0.1、区域流通度为 0.1，最后进行加权组合及归一化处理，得到各个科技创新中心及产业集聚区的综合对比（表 2-3）。

表 2-3 各个科技创新中心及产业集聚区的综合对比

国家或地区	研发投入强度	企业集聚程度及规模效应	科创回报力度	科创潜力企业	智力支撑	区域流通度	产业结构综合得分
旧金山–洛杉矶区域	100	100	100	100	69.23	42.9	85.36
纽约周边区域	44.7	46.2	81	60.3	100	28.6	60.13
粤港澳大湾区	45.6	31.1	67.5	32.5	30.8	71.4	46.48
英格兰南部区域	25.2	30.8	79.1	22.3	69.2	42.8	44.90
五大湖区域	33.5	30.5	66.2	38.8	30.8	0	41.47
长三角–杭州湾地区	29.3	34	36.4	18.3	53.8	100	37.13
瑞士	56.1	20.5	94.9	1.1	23.1	0	32.62
东京湾区	28.2	66.9	32.6	1.4	7.7	42.8	29.93
京津冀地区	14.7	31.4	38.5	33.8	15.4	28.6	27.07
德国南部慕尼黑–法兰克福区域	48.8	27.1	35.7	2.6	30.8	0	24.17

国家或地区	研发投入强度	企业集聚程度及规模效应	科创回报力度	科创潜力企业	智力支撑	区域流通度	产业结构综合得分
法国巴黎周边区域	19.5	18.1	60.3	5.8	23.1	14.3	24.08
德国北部不来梅–汉堡–柏林区域	28.7	20.8	37.9	5.4	23.1	28.6	23.52
大阪–神户地区	29.7	27.8	39.2	0	7.7	28.6	22.17
韩国	26.1	21.6	34.5	3.6	15.4	28.6	21.63

1. 世界主要科技创新中心及产业集聚区的综合对比

对比分析可知，在研发投入强度、企业集聚程度及规模效应、科创回报力度、科创潜力企业和产业结构综合得分中，排位最高的都是旧金山–洛杉矶区域，并且遥遥领先于全球其他各个地区，形成了明显的梯度差。

1）美国主要科技创新中心及产业集聚区的产业结构分析

美国的旧金山–洛杉矶区域在研发投入强度方面取得最高成绩，这是因为其医药生物技术类产业、航空航天与国防类产业、替代能源类产业的研发投入强度最高，计算机软件和服务类产业、科技硬件和设备类产业、医疗保健设备和服务类产业、汽车零部件类产业的研发投入强度处于领先水平，研发投入强度最小的是电子电气设备类产业，各产业之间有着明显的差距和梯度。从科创回报力度来看，该区域的科技硬件和设备类产业、替代能源类产业的利润率最高，电子电气设备类产业的利润率也很高，与之研发投入强度形成了鲜明的对比，说明该区域的电子电气设备类产业目前处于一个低研发高回报的时期，其他产业的利润率也相当可观。该地区的产业类别是最齐全的，企业的数量也是最多的，因此企业聚集程度及规模效应得分也是最高的；也就是该区域的产业结构以高技术类产业为主，发展水平高，创新力度大，会逐渐淘汰掉该区域内研发水平较低的企业，进一步巩固该地区的高技术研发优势。

纽约周边区域在智力支撑方面占据了很大的优势，该区域内的世界一流大学为其提供了专业的高技术人才，科创回报力度大，但是研发投入强度、企业集聚程度及规模效应相对较低，科创回报力度最大的是医药生物技术类产业和电子电气设备类产业，这可能是资本过度追求利润最大化而不是企业新技术创新所导致的结果。

五大湖区域研发投入强度最大的是航空航天与国防类产业，科创回报力度最大的是医药生物技术类产业，也就是说该地区的高技术类产业在由传统类产业转向高技术类产业的道路上取得了很大成功，产业结构得到了优化。

2）欧洲主要科技创新中心及产业集聚区的产业结构分析

英格兰南部区域的综合水平是中美之外的最高水平，其主要是因为科创回报力度大和智力支撑，利润率最高的是电子电气设备类产业，其次是航空航天与国防类产业，世界级知名大学为其产业发展提供知识基础。

法国巴黎周边区域替代能源类产业和汽车零部件类产业的科创回报力度最大,航空航天与国防类产业和汽车零部件类产业的研发投入强度最大。

瑞士计算机软件和服务类产业与医疗保健设备和服务类产业的研发投入强度最大;航空航天与国防类产业的科创回报力度大,其次是医药生物技术类产业。

德国北部不来梅–汉堡–柏林区域科技硬件和设备类产业、计算机软件和服务类产业的研发投入强度最大,科创回报力度最大的是汽车零部件类产业、计算机软件和服务类产业。该区域在科创潜力企业方面处于极大的劣势,说明该地区后备力量不足,需要尽早应对,防止发展势头减慢甚至衰退。

德国南部慕尼黑–法兰克福区域高技术类产业数量偏少,替代能源类产业、汽车零部件类产业的研发投入强度最大,计算机软件和服务类产业和汽车零部件类产业的科创回报力度最大。该区域传统产业占据着更大的比例,产业结构依旧以传统产业为主。

3) 日本、韩国主要科技创新中心及产业集聚区的产业结构分析

日本东京湾区和大阪–神户地区研发投入强度最大、科创回报力度最大的均是汽车零部件类产业。其在科创潜力企业方面的得分特别被动,这和该地区传统产业占比较大有直接关系,也就是传统产业类型过多,产业升级可能需要更久的时间,而这可能会导致错过世界新一轮产业革命的浪潮。这两个区域发展潜力不足,较为缺乏足够的智力支撑。

韩国科技创新中心及产业集聚区中研发投入强度最大的是航空航天与国防类产业,科创回报力度最大的是计算机软件和服务类产业。其在对外交流方面具有较大优势,有利于发展对外产业。

4) 中国主要科技创新中心及产业集聚区的产业结构分析

产业结构综合得分第三的是我国的粤港澳大湾区,该区域产业类别较为齐全且数量可观,在研发投入强度上,电子电气设备类产业和汽车零部件类产业研发投入强度最大;在科创回报力度上,该区域的医疗保健设备和服务类产业、替代能源类产业的利润率很大;在区域流通度上,该区域具有优势地位。该地区的智力支撑是各项创新能力构成要素中最为明显的短板,亟须通过相应政策予以强力支持和快速提升。

长三角–杭州湾地区研发投入强度不如其他一些地区,研发投入强度相对较低,但是替代能源类产业利润率很可观,而且企业数量、种类分布较为齐全;智力支撑与科创潜力不容小觑,而且其区域流通度具有绝对优势。

京津冀地区的研发投入强度在本研究罗列的全球各区域中处于最低的水平,各行业中研发投入强度相对较大的是汽车零部件类产业和航空航天与国防类产业,科创回报力度最大的是汽车零部件类产业和医疗保健设备和服务类产业。可见,我国的三大科技创新中心及产业集聚区有各自的特色和相对优势。

2. 我国主要科技创新中心及产业集聚区的不足之处

虽然我国的三大科技创新中心及产业集聚区有各自的独特优势,但是与旧金山–洛杉矶区域、纽约周边区域相比,仍存在明显差距。

1) 区域规模优势不显著

我国的三大科技创新中心及产业集聚区的企业规模有很大差距,一些领域存在着空白或弱势，并且在企业盈利能力方面的差距还比较大。首先，在企业数量上，虽然处于中端水平，但是与第一名相差悬殊，有着较大的鸿沟；其次，行业排名靠后，影响力度不够；最后，医疗等企业发展不够完善，需要时间积累，才易形成规模，因此我国三大区域只有互相协调、互相补充，才能作为一个整体与美国的科技创新体系相当。旧金山–洛杉矶区域作为美国乃至全球所有 14 个科技创新中心及产业集聚区中高技术类产业比例最高、顶级研发企业最多最集中的一个科技创新中心及产业集聚区，硅谷的典范作用和对创新资源进行吸引的马太效应仍然无可替代。以旧金山–洛杉矶区域目前的创新产业结构和经济布局态势而言，它在全球科技创新及新经济体系内的领先地位很可能在今后相当长的时间之内不会被动摇，仍然是我国三大科技创新中心及产业集聚区必须认真研究学习和规划追赶战略的重要对象。

2）研发投入强度仍然不够

从近几年中国顶级研发企业的数量和研发投入规模的增长趋势来看，中国高技术类产业的研发投入增长速度明显高于其他国家，但是在研发投入总量上还具有差距，需要持续保持，尤其是京津冀地区的研发投入强度，同时，三大科技创新中心及产业集聚区在各类高技术行业方面都处于比较平衡的状态，很适宜各自发展自身的特色和优势产业，在世界竞争中进行优势互补、协同合作。

3）仍然缺乏顶尖研发能力

就目前来看，要清晰认识我国三大科技创新中心及产业集聚区与世界其他集群区的差距。目前，京津冀地区的计算机软件和服务类产业实力最为雄厚；长三角–杭州湾地区以电子电气设备类产业、新型汽车产业、替代能源类产业为创新主要方向；而粤港澳大湾区的明显优势是在电子电气设备类产业、科技硬件和设备类产业、汽车零部件类产业上。但更多的是不足，在顶尖行业，尤其是在医药生物技术类产业、计算机软件与服务类产业、替代能源类产业以及航空航天与国防类产业上，研发投入强度都偏小，但是旧金山–洛杉矶区域在这些领域的研发投入强度都较大。

4）科创回报力度不足

从利润率来说，我国产业利润率较高的是电子电气设备类产业，汽车零部件类产业等的利润率较低，而旧金山–洛杉矶区域利润率最高的是替代能源类产业、科技硬件和设备类产业，从顶级研发企业集聚的角度来说，我国高技术企业的类型不够平衡配套，数量不够多，尚未形成更强的集聚和临界效应。

2.1.4 启示

未来我国新产业的发展及社会经济体系升级的道路是漫长的，三大科技创新中心及产业集聚区与世界最强集群区差距也很明显，发展任重而道远，我们需要立足于自身的发展现状，才能更好地采取相应措施，规划发展方向，积极应对并引领世界科技及产业发展趋势。

（1）扩大产业集聚规模。利用好当前政府政策、经济发展优势，大力发展促使企业聚集，完善基础配套设施，形成新一轮产业布局，提高我国高技术企业在数量上的占比；在提高数量占比的基础上追求质量的发展，扩大产业规模，引进先进设备，形成完整的开发与应用体系，提高产品附加值，密切关注国际研发的最新动态，进行前沿开发，提高区域影响力，吸引要素聚集，形成规模效应。

（2）完善基础设施建设。我国在高技术方面发展起步相对较晚，基础研究不够完善，需要在这些方面进行投入，为高端研发打好基础。新科技革命的不断发展，正在重塑经济体系的结构和产业形态，深刻影响着各国内部和全球的竞争格局。我国三大科技创新中心及产业集聚区必然会与国际上类似的重要经济区域发生激烈的竞争和博弈，夯实基础才能够更好地提升自己的新技术研发能力、创新商业化能力和产业升级转化能力。

（3）发展高精尖技术。高精尖技术是竞争的核心，我国在盾构机、高铁等高技术方面很有竞争力，但其还不属于特别顶尖的技术，在医药生物技术类产业、计算机软件和服务类产业、替代能源类产业以及航空航天与国防类产业方面还需要深层次的攻坚，我国在这些方面可以进行分工协调发展，如在京津冀地区依托优势集中发展计算机软件和服务类产业、航空航天与国防类产业；在长三角–杭州湾地区发展新型汽车产业、替代能源类产业；在粤港澳大湾区发展电子电气设备类产业、科技硬件和设备类产业、医药生物技术类产业，培育行业龙头和领军企业。

（4）发挥政府引导功能。对科创回报力度大的行业完善配套服务，加强企业技术开发与成果转化之间的衔接，缩短产品研发时间，提高利益，进一步强化政府部门的引导和规划作用，加强市场引导和知识产权保护，让企业自愿开展研发，积极主动地进行研发投入，增强企业的创新能力，并激发市场的活力，获得潜在利益。

如果能够根据我国各科技创新中心及产业集聚区及其周边地区的具体情况，结合当地的人文、人口条件、城市环境等因素的协调发展，可以更好地促进社会经济发展，反哺科技研发和创新，促进新业态和社会形态的早日到来。

2.2 粤港澳大湾区国际科技创新中心的功能与作用

2019 年 2 月，中共中央、国务院印发的《粤港澳大湾区发展规划纲要》明确提出"具有全球影响力的国际科技创新中心"的战略定位。2020 年 11 月，《中共中央关于制定国民经济和社会发展第十四个五年规划和二〇三五年远景目标的建议》明确提出"布局建设综合性国家科学中心和区域性创新高地，支持北京、上海、粤港澳大湾区形成国际科技创新中心"。2020 年 12 月，《中共广东省委关于制定广东省国民经济和社会发展第十四个五年规划和二〇三五年远景目标的建议》明确提出"携手港澳建成具有全球影响力的国际科技创新中心"的远景目标。这一系列举措表明，共建粤港澳大湾区国际科技创新中心已经成为中央及粤港澳三地政府的共识与共同努力的方向。建设具有全球影响力的国际科技创新中心，是粤港澳大湾区新时期发展的重大战略，也是增强粤港澳大湾区城市群核心竞争力的重大机遇。在新阶段新理念新格局背景下，面向粤港澳大湾区建设国际科技创新中心的战略需求，首先从国际科技创新中心建设的全球趋势和多元内涵等多个维度，分析粤港澳大湾区建设国际科技创新中心的功能定位，强调粤港澳大湾区在基础研究、技术创新、产业驱动和制度创新等方面的全球功能；其次从源头创新、技术攻关、成果产业化、汇聚人才、制度创新等方面进一步明确粤港澳大湾区国际科技创新中心所发挥的作用。

2.2.1 国际科技创新中心的全球发展趋势

国际科技创新中心的全球发展趋势主要体现在两方面：一是创新集群化且地位相对稳固；二是创新在地化（Localization）且合作日趋紧密。

依据《2020 年全球创新指数》（Global Innovation Index 2020，GII）的全球创新集群排名，前一百名的排名十分稳定，反映了创新生态系统的稳定性，以及其一旦形成后的持续性。全球前 20 位创新集群的最新排名依次为：东京湾区（包含东京–横滨创新集群）第一位、粤港澳大湾区（包含深圳–香港–广州创新集群）第二位、旧金山湾区（包含加利福尼亚州圣何塞–旧金山创新集群）第五位、纽约湾区（包含纽约州纽约市创新集群）第八位。东京–横滨创新集群依然高居榜首，主要体现了该创新集群在专利上的优异表现。其总分数（综合专利申请和科学出版物）远高于第二名的深圳–香港–广州创新集群。然而，东京–横滨创新集群对深圳–香港–广州创新集群的领先优势正在减小，这主要是源于深圳–香港集群与广州集群的数据进行了合并，巩固了深圳–香港–广州创新集群位列第二的领先位置。全球前 20 位创新集群的合作网络特征表现为：更多的大学推动着科学出版合作关系，更多的公司推动着专利合作关系，产学研协同特征明显，合作网络在地化特色显著。与东京–横滨创新集群科学出版合作最多的是大阪–神户–京都创新集群，合作最多的机构是京都大学；与东京–横滨创新集群专利合作最多的也是大阪–神户–京都创新集群，合作最多的申请者是日立。与深圳–香港–广州创新集群科学出版合作最多的是北京，合作最多的机构是中国科学院；与深圳–香港–广州集群专利合作最多的也是北京，合作最多的申请者是华为。与加利福尼亚州圣何塞–旧金山创新集群科学出版合作最多的是马萨诸塞州波士顿–剑桥创新集群，合作最多的机构是哈佛大学；与加利福尼亚州圣何塞–旧金山创新集群专利合作最多的是俄勒冈州波特兰，合作最多的申请者是英特尔。加利福尼亚州圣何塞–旧金山是联合发明情况最多的创新集群（20 例），其中有 14 家不同的公司都被列为合作最多的实体，紧随其后的是北京（8 例）、深圳–香港–广州创新集群（6 例）和纽约州纽约（5 例）。其中，深圳–香港–广州创新集群（6 例）只有两个实体——华为（5 例）和深圳市国华光电（1 例）。

1. 旧金山湾区——研究型大学+创新型企业+成果产业化服务体系

旧金山湾区是享誉全球的科技创新湾区。旧金山湾区的核心竞争力主要体现在高校/科研机构、资金（风险投资）、孵化器、企业家等创新要素紧密联系互动，在数十年的发展过程中，逐渐形成一个动态演进、不断自我完善的创新生态系统（张振刚和尚希磊，2020）。旧金山湾区拥有斯坦福大学、加州大学伯克利分校、加州大学圣克鲁兹分校、加州大学旧金山分校、加州大学戴维斯分校等众多世界级研究型大学，拥有劳伦斯·伯克利国家实验室、劳伦斯·利弗莫尔国家实验室、美国国家航空航天局艾姆斯研究中心、美国农业部西部地区研究中心、美国能源部 SLAC 国家加速器实验室等众多国家级实验室。大学院所和实验室注重基础研究的战略性和前瞻性,寻求从 0 到 1 的突破,更加注重将基础性研究与企业的应用性研究相结合,加快科技成果转化(逯新红,2020)。斯坦福工业园首创产学研一体化新模式,鼓励高校科技人才与企业加强研发合作,积极促进"大学的科学研究"和"企业的产业应用"之间的关联(余碧仪等,2019)。世界著名高科技公司(思科、苹果、易趣、谷歌、惠普、特斯拉和雅虎等)的员工大多毕业于斯坦福大学、加州大学伯克利分校等全美著名研究型大学。国家实验室与顶尖大学分工明确、结构完整、配置合理的科技体系有效支撑了科技创新发展(逯新红,2020)。旧金山湾区宽松的人才政策和开放的湾区文化,吸引了众多的移民人才,为湾区经济创新发展提供了重要智力支撑(逯新红,2020),湾区全年气温基本维持在 15~28℃,气候温润,四季如春,大部分时间晴空万里,非常适合人类生活(何国勇,2018),该湾区依旧保留多丘陵的海岸带、海湾、森林山脉和广袤原野,遍布整个湾区的滨海旅游、农业休闲产业与节奏快速的高新技术产业形成互补,成为释放人才压力和激发科技活力的良好缓冲(陈相,2018),成为吸引并留住全球顶级人才的又一重要因素。除此之外,公司总部设在湾区的企业建有自己的实验室,总部不在湾区的公司依托设在湾区的创新中心组建自己的实验室,通过与大型科研机构的广泛合作建立孵化器和加速器。旧金山湾区拥有众多的以投资新兴企业为目标的风险资本和私人股本公司,形成高效良好的风险投资环境,旧金山湾区汇聚了美国顶级天使投资人和大批风投机构,风险投资规模占全美的 30% 以上,以市场为主导的风险投资对推动湾区初创企业的成长起到关键作用(张振刚和尚希磊,2020)。

2. 纽约湾区——知名大学+科技型企业+专业化金融支撑体系

纽约湾区是国际知名的金融创新湾区。纽约湾区的独特区位优势为国际贸易发展、资本自由流动、高端人才汇聚提供便利条件(张胜磊,2018)。哈佛大学以及麻省理工学院等国际著名高校位于纽约湾区,为湾区引进、培育顶尖创新人才。通过实施推进研究合作伙伴关系(Partnerships for Enhanced Engagement in Research,PEER)、全球科技创新计划(Global Innovation through Science and Technology,GIST)等国际科技合作计划,柔性引进外国科学家开展科技合作。强大的人才及科教资源又进一步加速湾区对内对外各类创新要素的集聚和扩散,布局合理的创新孵化器、先进技术中心、实验室等推动技术项目从研发走向产业化。许多创新孵化器与科研机构布局通常并不独立设置,而是依附著名大学构建产学研创新机制,这不仅有利于大学科技创新成果的直接转化,还促进了高新技术企业的成长(骆建文等,2015)。新兴的大数据、互联网等在金融领域的应用推动金融创新不断出现,进而为周边产业尤其高新技术企业的投融资畅通渠道(陈相,2018)。近年来,纽约湾区一直在风险投资等领域呈现加速增长态势,这得益于创业社区迅速崛起、创新资本集聚、创新人才汇聚以及金融媒体发达等,高水平创新要素的持续集聚以及良好互动的创新生态环境成为纽约湾区科技创新的基本组织框架(滕丽和滕小硕,2020)。纽约湾区积极推动产业转型升级,形成以全球创新网络为核心的完备产业链,纽约以金融为主导、波士顿以高科技产业为主导、华盛顿以文化产业为主导,各城市的不同优势产业互相协作,在城市群内更高层面上形成了多元化创新产业集群（骆建文等，2015）。核心城市纽约聚集证券、商业银行、资产管理、金融咨询、评级机构等各类金融服务机构，建立业务范围覆盖投融资各个环节的立体化金融服务体系，并通过"数字化纽约"等引导性政策推动金融服务业加速发展，成为继硅谷之后美国发展最快的科技创新中心地带（余碧仪等，2019）。纽约湾区良好的金融市场为创新科技企业提供专业的服务，共同分享高科技产业的高成长和高回报，并以此形成良性循环，在这样的背景下，除了纽约证券交易所和纳斯达克证券交易所、全国性的场外交易市场和私募股票交易市场之外，纽约在担保体系和资本市场的基础上建立了比较完善的间接融资风险分担体系，为间接融资的开展提供了便利条件（骆建文等，2015）。纽约湾区依靠雄厚的创新资源和良好的创新氛围，在区块链、人工智能、大数据等方面超前布局，进一步强化其作为全球科技金融中心的核心功能。

    3. 东京湾区——著名高校+创造型企业+技术孵化育成体系

东京湾区是全球著名的产业创新湾区。东京湾区的产业创新升级建立在发达的高等教育和强大的创新型企业之上，教育水平和科技创新能力对经济发展具有重要影响。东京湾区拥有东京大学、东京工业大学等著名高校，东京都、神奈川县、埼玉县的大学及研究生院规模与学生数量庞大且不断增加，为湾区先进制造和高新技术产业发展提供强大的人才和知识保障。东京湾区实施全方位引才机制，一方面通过资金资助和良好的生活条件吸引海外科技人才来日本从事科研活动，另一方面通过收购、入资国外实验室或企业，设立海外研发机构或奖学金等方式柔性引进和利用当地科技人才和科技成果。东京湾区充分利用海外科技人才资源，企业积极参与科技人才培养，建立以企业为主导的横向培养式产学研合作机制。同时，东京湾区也建立了专业的产学研协作平台，积极完善相关产学研合作机制，在科技创新及相关产业政策推动下，一直保持着全球制造业创新最强地区的地位。东京湾区的产业创新离不开丰富多层次的金融工具，银行等机构融资、政府金融以及民间资本共同助力，尤其是政府金融对主导产业和基础产业的倾斜，支撑电子等高端制造产业的全球领先地位。此外，日本政府大力支持东京湾筑波科学城建设发展，以其为中心枢纽建立多层次、全链条的科技服务体系。目前，筑波科学城建有孵化器、科研机构和技术交易平台，以及针对特定行业或领域提供服务的专业科技服务机构，有力支撑湾区内甚至全日本的高校和科研机构进行科技成果转化，包括申请专利、实施技术许可和技术转移等（余碧仪等，2019）。

2.2.2 粤港澳大湾区国际科技创新中心的功能

对于国际科技创新中心的功能，联合国开发计划署发表的《2001 年人类发展报告：让新技术为人类发展服务》提出世界"技术成长中心"有三个共同特征：①具有雄厚的产业基础优势，特别是制造业基础优势；②与顶尖的研究型大学、科研机构毗邻；③集聚了该领域具有全球竞争力的企业和科技人才（何国勇，2018）。骆建文等（2015）指出城市群科技创新中心是指具有密集的科技创新资源、雄厚的科技创新实力、发达的科技创新文化、浓郁的科技创新氛围、较强的科技辐射与带动城市群发展功能的中心城市，并扮演了新知识、新技术和新产品创新源地和产生中心的角色。杜德斌和何舜辉（2016）在界定"全球科技创新中心"内涵的基础上，讨论了全球科技创新中心的四大功能，即科学研究、技术创新、产业驱动和文化引领。通过系统梳理国际科技创新中心的全球趋势，结合粤港澳大湾区的发展现状，国际科技创新中心在发育、成长、转型过程中不断培育并强化其基础研究、技术创新、产业驱动、制度创新等核心功能。

1. 基础研究功能

国际科技创新中心作为世界科学研究的主阵地，主要表现在：科研实力强大，拥有先进的科研基础设施、研究平台以及持续稳定的基础性投入，拥有一批划时代意义的科学成果；高端人才汇聚，拥有全球顶尖的科研领军人物和国际一流水平的科研团队，且其领先的研究水平还会吸引世界各地优秀人才的云集，并形成良性循环；学术氛围良好，研究领域往往处于世界相关学科和技术领域的最高端，代表着科学研究的国际前沿（杜德斌和何舜辉，2016）。粤港澳大湾区拥有各类高等院校170多所，约占全国的6%，其中香港拥有5所世界排名前100的高校。粤港澳大湾区的科教力量不仅在总体数量上取得优势，而且在计算机科学、数学、电子工程学等领域已位列世界前30名，达到世界领先水平。《国际科技创新中心指数2021》（Global Innovation Hubs Index 2021，GIHI 2021）指出，粤港澳大湾区有着优良的科学中心与创新生态，创新高地的竞争力尤为突出，但在科技人力资源和知识创造上，粤港澳大湾区仍有较大提升空间。谭慧芳和谢来风（2019）提出粤港澳大湾区基础研究实力总体偏弱，在研发投入占比、SCI期刊数量和SCIE论文数量上，与东京湾区、旧金山湾区和纽约湾区有较大差距，基础研究和前沿研究能力较弱，应该构建大科学资源网，与北京、上海等科技中心城市加强合作，争取布局更多重点实验室、高校、研究机构和企业研发中心。张寒旭和刘沁欣（2021）对珠三角、长三角和京津冀基础研究服务能力进行了对比，指出珠三角创新主体以侧重于试验发展的企业为主，而侧重于基础研究与应用研究的高校和研发机构较少，高等教育资源不足，整体基础研究能力不强，提出加强重大科技基础设施布局，建设高水平的基础研究平台，以提升粤港澳大湾区的原始创新能力。王迎军等（2021）指出粤港澳大湾区基础研究经费投入规模小，高水平科研机构与创新平台存在短板，高水平科研机构、大院大所较少，高端科技人才集聚效应薄弱，与国内的其他省份相比，粤港澳大湾区国家级创新平台数量少且类型单一。

2. 技术创新功能

国际科技创新中心作为各种技术创新要素集聚的高地，成为全球新技术、新产品、新产业的创新增长极。国际科技创新中心作为世界技术创新策源地，主要表现在：集聚大量世界著名的科技企业和研发机构，新创和中小科技企业活跃；具有良好创新创业文化氛围，吸引世界各地的多样化的创新人才，包括创业人才、专业技术人才、创新管理人才、风险投资者等；拥有较高的创新投入规模，同时具有相应较高的创新产出（如专利总量、高新技术产业产值等）（杜德斌和何舜辉，2016）。粤港澳大湾区集中分布科研院所800多家，在科技创新链前端的技术、专利积累及后端的科技成果转化等方面能力突出，在全国乃至全球具有重要影响力，主要研究领域涵盖生物医疗、现代农业、信息技术、金融、城市发展、自然环境等，并不断拓展至相关领域，向新领域延伸探索（王云等，2020）。除高等院校和科研院所，粤港澳大湾区还拥有一批极具活力的引擎企业，这些企业是产业科技创新的主体，也是科技创新投入的主力军（粤港澳大湾区战略研究院，2020）。张寒旭和刘沁欣（2021）指出珠三角存在技术转移机构相对薄弱、技术服务能力较弱的问题，港澳有良好的技术转移和知识产权服务基础，但未能与珠三角实现技术转移资源的流通与共享。刘启强等（2021）指出粤港澳大湾区科技成果转化有了新突破，粤港澳人才、资金、信息等要素的流动提升了粤港澳大湾区科技成果转化效能，但是三地间技术转移还未稳定，技术转移规模较小，要素跨境流动的机制还不够完善，提出需要加强政策支持，建立协同机制，同时加强粤港澳三地合作，建设稳固的科技成果转化体系。

3. 产业驱动功能

国际科技创新中心强大的知识生产和技术创新功能，决定了其在全球产业范式变革中的主导地位。科学研究和技术开发产生出的新知识、新技术能够催生新的产业部门，技术进步改变要素组合模式，导致分工深化、产业迂回度提高、中间环节增加、附加价值增大。新技术、新工艺能够改造传统产业，驱动产业组织模式的升级转型，新技术在创立新的产业和部门的同时，也必然要求对原有的产业和产业部门进行改造，赋予传统产业以新的内涵和面貌（杜德斌和何舜辉，2016）。刘毅等（2020）指出粤港澳大湾区区域化和工业化特征明显，高端服务业具有巨大的发展空间。叶玉瑶等（2020）指出珠三角在制造业方面具有较大优势，但先进制造业发展仍然存在产业核心技术少、核心技术不够尖端的短板，提出粤港澳大湾区应充分发挥强大的制造业基础与产业创新能力，建设国际产业科技创新中心。陈亚平和陈诗波（2020）指出大湾区在部分领域已经出现一批杰出的领军企业，如华为、腾讯、比亚迪等，但行业发展不均衡，缺乏具有全球性的创新型企业，需要加强对创新型企业的培育，同时注重对高校、科研院所创新能力的建设，推动科技成果质量提升。

4. 制度创新功能

国际科技创新中心通过一系列的人才宽松政策、创新创业政策、风险投资政策、区域协调措施、多元治理机制等，在制度创新领域走在全球前列。邓琦（2021）指出粤港澳大湾区科创平台、科技创新走廊等各项建设，为三地人才共享奠定了雄厚的基础，但是目前仍然存在人才要素流通不畅、人才同构、高端科技人才资源较为匮乏等现象，制约着粤港澳大湾区国际科技创新中心的建设。林柳琳和吴兆春（2020）指出粤港澳大湾区的深圳与香港对全球创新资源产生较好的虹吸效应，但湾区的其他城市对全球创新资源的虹吸规模仍需增强。吴海江和王超然（2019）指出粤港澳大湾区劳动力要素流动不充分，人才结构失调，缺乏高水平科技创新人才，提出应强化和创新科技要素的流动机制，特别是人才和资本的流动。陈佳悦（2021）对比国际三大湾区（旧金山湾区、纽约湾区和东京湾区），指出粤港澳大湾区内地高等教育科研水平较低，知识创新能力不足，并且制度的差异阻碍了跨区域的人才和科研经费的流动，提出应该加强专业人才培训，优化高校专业设置，加快构建多元化招才、引才、育才体系，充实大湾区人才队伍。辜胜阻等（2018）指出粤港澳三地金融市场互联互通的程度较低，内地企业难以充分利用香港专业化的金融服务，提出应该进一步放宽香港金融机构进入广东市场的条件，推动内地企业开展国内外兼并重组和跨界并购。张大为和黄秀丽（2021）指出大湾区科技创新发展建设步入正轨，GDP 总量不断上升，但港澳两个特别行政区与内地城市在制度、文化等方面有显著区别，存在区域间要素流动、资源整合等方面困难，因此提出需要以金融支持为突破口，推进各区域要素流通，优化资源配置，以实现区域协同发展。陈曦和廖东声（2021）指出粤港澳大湾区科技成果机制不够完善，缺乏高端科技成果转化人才，需要以需求为导向的科技成果转化机制，推进"产学研"一体化建设，加强高端人才和团队的培育。叶林和宋星洲（2019）认为粤港澳三地存在传统上、地缘上和市场上合作关系的亲疏，缺乏法定的跨境区域协调机构，制约了三地的合作发展，提出应该尽快制定相应的协调机制，为大湾区的发展提供制度保障。杨明和林正静（2021）指出粤港澳大湾区在促进"产学研"创新体系各方面相互融合、相互协调、相互作用上还缺乏有效的运行机制。张宗法和陈雪（2019）指出粤港澳大湾区产业体系配套完善，但是产业协同能力不高，存在同质化竞争，缺乏互补的产业结构和完善的利益分配机制。郑国楠（2021）指出粤港澳大湾区城市间存在创新链分工不合理和同质化竞争现象，基础研究、应用研究、成果转化等环节的创新资源的竞争较多，提出应在基础研究和应用基础研究方面加强合作，共建粤港澳联合实验室，开展重大基础研究和技术合作。张克科等（2021）指出深港两地在法律制度、税收制度等方面存在较大差异，为深港协同建设大湾区国际科技创新中心带来挑战。为打通机制体制，粤港澳三地政府在空间战略层面与体制机制上进行了一系列积极探索，一方面，广东省提出广深港澳科技创新走廊建设战略设想，将广深科技创新走廊战略进一步向香港、澳门开拓，并最终将形成环珠江口的创新环道；另一方面，广东省将积极对接香港、澳门科技创新资源，提出建设深港、珠澳、南沙粤港澳三大创新特别合作区，通过科技创新特别合作区先行，探索实现人才、资本、信息、技术、科研物资等要素的完全自由跨境流动的新机制。

2.2.3 发挥大湾区国际科技创新中心助力科技和产业创新高地建设的作用

《粤港澳大湾区发展规划纲要》中明确提出"瞄准世界科技和产业发展前沿，加强创新平台建设，大力发展新技术、新产业、新业态、新模式，加快形成以创新为主要动力和支撑的经济体系；扎实推进全面创新改革试验，充分发挥粤港澳科技研发与产业创新优势，破除影响创新要素自由流动的瓶颈和制约，进一步激发各类创新主体活力，建成全球科技创新高地和新兴产业重要策源地"。《广东省国民经济和社会发展第十四个五年规划和2035 年远景目标纲要》明确提出"围绕建设全球先进制造业基地和产业创新高地，培育发展一批战略性产业集群"。随后，广东省人民政府于 2020 年 5 月印发《广东省人民政府关于培育发展战略性支柱产业集群和战略性新兴产业集群的意见》，广东省制造强省建设领导小组办公室于 2021 年 4 月印发《广东省战略性产业集群联动协调推进机制》。当前，培育发展战略性产业集群是广东深入贯彻习近平总书记关于建设现代化经济体系重要论述精神的重大举措，是广东省落实建设粤港澳大湾区和支持深圳建设中国特色社会主义先行示范区重大战略的重要抓手，是广东省建立完善现代产业体系的必然选择，是广东省解决"卡脖子"问题提升产业链供应链自主可控能力的重要突破口。但是，广东省重点产业还有较多受制于人的地方，整体水平仍有待提升，产业链安全形势不容乐观。2020 年以来，广东省重点行业面临缺芯少核、原材料成本上涨、电力供应紧张等问题，部分重点企业产值下降较大，产业链供应链安全受到影响。为推进广东省战略性产业集群高质量发展，广东省人民政府印发《广东省科技创新"十四五"规划》，明确提出"建设具有全球影响力的科技和产业创新高地"，到 2025 年，"粤港澳大湾区初步建成具有全球影响力的科技和产业创新高地，成为国家重要创新动力源"；到 2035 年，"粤港澳大湾区建成具有全球影响力的科技和产业创新高地"。

通过全面系统梳理《广东省人民政府关于培育发展战略性支柱产业集群和战略性新兴产业集群的意见》，在"高质量发展"新阶段和"双循环"新格局下，应以粤港澳大湾区国际科技创新中心建设为抓手，加速人才、资金、信息、技术等要素在大湾区集聚与自由流动，推动大湾区加快融入并引领全球创新网络和全球生产网络，培育强化粤港澳大湾区国际科技创新中心"全球原始创新高地、全球新兴产业重要策源地、全球产业链供应链补链强链中枢、全球创新创业高地"的功能，发挥粤港澳大湾区国际科技创新中心"强基础、攻短板、建平台、促转化、谋金融、聚人才"的作用。加快构建"基础研究+技术攻关+成果产业化+科技金融+人才支撑"全过程创新生态链，支撑产业高质量发展。

1. 以"强基础"提升产业源头创新能力

聚焦产业集群发展的瓶颈性科技难题，梳理一批可能为产业集群带来颠覆性变革的高新技术，凝练一批重大基础科学问题，持续推进基础研究重大项目布局，强化应用基础研究主攻方向，持续深化重大基础研究项目及各类基金项目的布局，完善产业集群共性基础技术供给体系。实施《广东省基础与应用基础研究十年"卓粤"计划》，充分发挥基础研究对产业创新的源头支撑作用。主动对接国家基础研究重大布局，积极参与国家产业基础再造工程，主动承接国家产业基础提升相关重点项目，着力推荐一批基础条件好、产业需求大、带动作用强的项目争取国家政策支持（表 2-4）。围绕区块链与量子信息、生物医药与健康、半导体及集成电路、前沿新材料、新一代电子信息、软件与信息服务、高端装备制造、绿色石化、新能源、安全应急与环保、现代农业与食品等领域的重大科学问题开展研究，争取建成对各产业集群支撑有力的基础研究生态系统，加快取得一批前瞻性、原创性重大科技成果。

表 2-4　广东省第一批（2019 年）和第二批（2020 年）基础与应用基础研究重大项目

序号		基础与应用基础研究重大项目	承担单位
2019 年	1	肿瘤微环境异质性与食管鳞癌复发转移及治疗耐受研究	深圳湾实验室
	2	新一代非晶合金的设计、制备及先进制造基础研究	松山湖材料实验室
	3	基于国产 CPU 的云计算操作系统	鹏城实验室
	4	有机金属发光材料激发态精确调控的基础与应用研究	化学与精细化工广东省实验室（汕头）
	5	大湾区及其邻近海域冷泉系统生态过程与资源开发原理	南方海洋科学与工程广东省实验室（广州）
	6	水稻高产优质关键性状的分子机理解析及种质创新	华南农业大学
	7	天琴空间引力波探测计划基础理论及关键机理研究	中山大学
	8	有机光电材料与器件的基础科学问题研究	华南理工大学
	9	抗量子计算攻击的公钥密码体制研究	暨南大学
	10	糖脂代谢性疾病中医湿热证的生物学基础和有效方药干预疗效机制研究	广东药科大学
	11	广东省稀土资源与生态环境风险	中国科学院广州地球化学研究所
	12	高功率光纤激光驱动 13.5nm 极紫外光刻光源的机理与优化研究	广东省智能机器人研究院
	13	基于材料基因工程的先进能源装备材料服役性能评价技术及其应用研究	中广核检测技术有限公司
2020 年	1	畜禽病原重要表型形成的分子机制	岭南现代农业科学与技术广东省实验室
	2	泛南海海洋-大气-陆地相互作用及重大灾害预测预警研究	南方海洋科学与工程广东省实验室（珠海）
	3	高温高密核物质性质及核子结构研究	华南师范大学
	4	5G 通讯设备用高导热二维材料柔性膜的制造与应用基础研究	清华大学深圳国际研究生院
	5	镁/异质金属复合材料制造原理与性能调控理论	广东省科学院材料与加工研究所
	6	超高时空光场调控与成像基础研究	深圳大学
	7	高性能金属增材制造材料与工艺的应用基础研究	东莞材料基因高等理工研究院
	8	大宗食品中高污染致病性蜡样芽孢杆菌危害形成与防控分子机制	广东省科学院微生物研究所
	9	神狐先导试验区天然冰合物生产性试采关键基础理论研究	广州海洋地质调查局

注：深圳湾实验室又称生命信息与生物医药广东省实验室

2. 以"攻短板"加快产业关键核心技术攻关

把握新一轮科技革命和产业变革发展趋势，组织企业家、产业专家和科技专家共同凝练来自生产一线、关系产业集群发展的关键核心技术问题，找准对外依存度较高的产业链及创新链，对标国际先进水平，梳理"卡脖子"技术攻坚清单，实施短板突破计划（表2-5）。实施《广东省重点领域研发计划"十四五"行动方案（2021—2025）》，重点投向关键核心技术、关键零部件及重大装备等产业集群短板领域。鼓励承担"科技创新2030—重大项目""国家重点研发计划""国家技术创新工程""广东省重点领域研发计划"等国家和省重大科技项目，以"揭榜挂帅"等方式解决产业集群发展中的关键核心技术问题，形成一批自主可控、具有国际竞争优势的科技产品和重大装备。积极探索核心技术攻关的新型举国体制，统筹推进补齐短板和锻造长板，集聚海内外优势创新资源，针对产业关键核心技术和共性技术展开联合攻关，推动产业链上下游紧密合作，攻克产业集群技术短板，带动产业集群的高质量联动发展。

表 2-5　广东省战略性产业集群短板突破重点方向

战略性产业集群	序号	产业集群	短板突破重点方向
十大战略性支柱产业集群	1	新一代电子信息产业集群	围绕新一代通信设备、新型网络、手机与新型智能终端、高端半导体元器件、物联网传感器、新一代信息技术创新应用等
	2	绿色石化产业集群	围绕有机原料、电子化学品等高端精细化工产品和高性能合成材料、功能性材料、可降解材料等化工新材料
	3	智能家电产业集群	围绕空调、冰箱、电饭锅、微波炉、电视机、照明灯饰等
	4	汽车产业集群	围绕新能源及智能网联汽车、高端车型，以及汽车关键零部件等布局
	5	先进材料产业集群	围绕现代建筑材料、金属材料、化工材料、稀土材料等布局
	6	现代轻工纺织产业集群	围绕纺织服装、塑料、皮革、日化、五金、家具、造纸、工艺美术等
	7	软件与信息服务产业集群	围绕具有自主知识产权的操作系统、数据库、中间件、办公软件等基础软件，重点突破 CAD（计算机辅助设计）、CAE（计算机辅助工程）、CAM（计算机辅助制造）、EDA（电子设计自动化）等工业软件
	8	超高清视频显示产业集群	围绕 OLED（有机发光二极管）、AMOLED（有源矩阵有机发光二极管）、QLED（量子点发光二极管）、MicroLED（微型发光二极管）、印刷显示、量子点、柔性显示、石墨烯显示等
	9	生物医药与健康产业集群	围绕岭南中药、化学药、生物药、高端医疗器械、生物医用材料、体外诊断、医疗服务、公共卫生等
	10	现代农业与食品产业集群	围绕岭南水果、蔬菜、畜禽、水产、南药、饲料、特色食品及饮料、花卉、茶叶、现代种业、调味品等

续表

战略性产业集群	序号	产业集群	短板突破重点方向
十大战略性新兴产业集群	1	半导体与集成电路产业集群	围绕第三代半导体、高端 SoC、FPGA、高端模拟等芯片产品
	2	高端装备制造产业集群	围绕高端数控机床、航空装备、卫星及应用、轨道交通装备、海洋工程装备等
	3	智能机器人产业集群	围绕工业机器人、服务机器人、特种机器人、无人机、无人船等
	4	区块链与量子信息产业集群	围绕量子计算、量子精密测量与计量、量子网络等
	5	前沿新材料产业集群	围绕低维及纳米材料、先进半导体材料、电子新材料、先进金属材料、高性能复合材料、新能源材料、生物医用材料等前沿新材料
	6	新能源产业集群	围绕先进核能、海上风电、太阳能、氢能、生物质能等
	7	激光与增材制造产业集群	围绕前沿/领先原创性技术、高性能激光器与装备、增材制造装备与系统、应用技术与服务等
	8	数字创意产业集群	围绕5G、AI（人工智能）、大数据、VR/AR（虚拟现实/增强现实）等
	9	安全应急与环保产业集群	围绕安全应急监测预警设备、救援特种装备、公共卫生等突发事件应急物资、高效节能电气设备、绿色建材、环境保护监测处理设备、固体废物综合利用、污水治理、安全应急与节能环保服务等
	10	精密仪器设备产业集群	围绕工业自动化测控仪器与系统、大型精密科学测试分析仪器、高端信息计测与电测仪器等

3. 以"建平台"完善创新平台建设

充分发挥重大科技基础设施项目的支撑作用，以大湾区综合性国家科学中心建设为主要牵引，合理有序布局建设重大科技基础设施集群。依托已有的散裂中子源、国家基因库、国家超级计算中心等重大科技基础设施，继续推动散裂中子源二期、强流重离子加速装置、国家超级计算深圳中心二期等项目建设，聚焦产业集群相关的重点基础科学领域和事关科技长远发展的关键领域，解决一批信息、生命、材料、海洋、能源等领域的重大科学问题和产业关键核心技术，推动产业集群各创新主体依托重大科技基础设施开展技术研发、成果转化及产业化（图2-2）。

打造以国家实验室为核心、以省实验室为中坚力量，以各级重点实验室、粤港澳联合实验室、企业实验室及各类专业实验室为支撑的多层次高水平实验室体系。推进鹏城实验室（深圳网络空间科学与技术广东省实验室）和广州实验室等国家实验室全面入轨运行

图 2-2　粤港澳大湾区重大科技基础设施集群布局

（图 2-3），推动合肥实验室深圳基地、琶洲实验室、深圳湾实验室等国家实验室在粤基地建设，发挥国家实验室及其在粤基地对培育发展新一代电子信息、软件与信息服务、生物医药与健康、区块链与量子信息等产业集群的核心支撑作用。优化调整在粤全国重点实验室（图 2-4），加大全国重点实验室对二十个产业集群的覆盖力度。加大对广东省实验室（图 2-5）和粤港澳联合实验室（图 2-6）创新资源的整合和倾斜力度，提升对各产业集群的关键支撑作用。指导和支持各地市结合地方产业方向建设一批市级重点实验室。

　　加大力度推进技术创新中心、制造业创新中心和产业创新中心建设。继续支持粤港澳大湾区国家技术创新中心、国家新型显示技术创新中心、国家第三代半导体技术创新中心建设，支持符合条件的在粤国家工程技术研究中心转建领域类国家技术创新中心，争取实现二十个产业集群基本实现省级技术创新中心全覆盖。继续支持国家印刷及柔性显示创新中心、国家高性能医疗器械创新中心、国家 5G 中高频器件创新中心建设，争取实现二十个产业集群基本实现省级制造业创新中心全覆盖，树立一批引领作用显著的制造业创新中心示范标杆。继续支持国家先进高分子材料产业创新中心建设，争取国家围绕关键领域在粤新布局国家产业创新中心，二十个产业集群基本实现国家企业技术中心全覆盖（图 2-7）。

　　成建制、成体系引进建设一批与市场和产业紧密结合的高水平创新研究院，强化省属科研机构产业化能力建设，支持中国科学院、大型央企、省外高水平大学在粤科研机构创新发展，推动高水平科研院所协同开展"卡脖子"技术、共性技术和前沿技术研发。引导支持国内外高校、科研机构和行业龙头企业汇聚高端创新资源，建立标杆型新型研发机构。

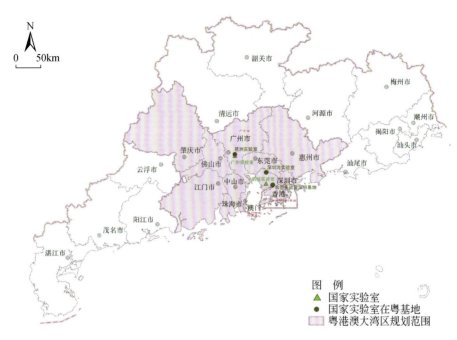

图 2-3　粤港澳大湾区国家实验室布局

图 2-4　粤港澳大湾区全国重点实验室布局

图 2-5　粤港澳大湾区广东省实验室布局

图 2-6　粤港澳联合实验室布局

图 2-7　粤港澳大湾区技术创新中心、制造业创新中心、产业创新中心布局

4. 以"促转化"推进创新成果转化落地

推动产学研协同创新。充分发挥高校、科研院所的知识创造主体作用,加大高水平原创成果供给,支持引导企业与高校、科研院所联合开展理论研究、实验开发、技术攻关和成果转化工作,促进创新链和产业链深度融合发展,发挥产业联盟、行业组织等公共服务平台的支撑作用,着力构建以市场需求为导向的协同创新体系。推进科技孵化育成体系建设,以提升孵化动能、加速产业孵化为主线,完善"众创空间—孵化器—加速器—科技园/产业园"全链条孵化育成体系。指导和鼓励各地市结合地方产业方向布局一批与产业深度融合的孵化器、加速器,实现国家级高新技术产业开发区省级加速器全覆盖,在粤高水平大学实现省级大学科技园全覆盖,孵化基金规模实现稳步增长,围绕新一代电子信息、生物医药与健康、高端装备制造等产业培育一批百亿级产业孵化集群。

促进科技成果沿途转化。打造"众创空间—孵化器—加速器—科技园/产业园"全链条孵化育成体系,重点针对新一代电子信息、生物医药与健康、半导体与集成电路、智能机器人等领域建设一批产业成果转化示范园区,充分发挥产业联盟和行业组织的作用,构建多元化、链条化科技投融资体系,通过专利技术转让、技术合作、技术入股、现金出资等方式进行引导性投资,建设专业化孵化器和技术转移转化平台。健全技术转移和支撑体系,深入开展职务科技成果赋权、单列管理改革试点,鼓励高等院校和科研机构以产业需求为牵引开发有转化应用价值的成果。加快推动一批国家重大科技成果在粤转化与产业化。推进珠三角国家科技成果转移转化示范区建设,支持华南技术转移中心建设,探索建立深圳技术交易服务中心，建设一批线上线下相结合的技术交易平台。鼓励各地市支持优势企业或科研机构牵头组建科技成果中试熟化与产业化基地，充分发挥毗邻港澳的地域优势，建立高水平试点园区及中试转化基地，主动承接港澳相关产业资源，吸引港澳来粤投资，推动港澳先进科技成果在粤落地转化。

加强知识产权保护与标准引领。坚持知识产权质量导向，加快产业关键核心技术领域高价值专利培育布局，支持产业集群各创新主体建设高价值专利培育布局中心，打造一批具有自主知识产权和市场竞争优势的知识产权强企、强校、强所。各产业集群应建立完善细分领域专利数据库，积极推进高价值专利创造和布局。支持开展各产业集群发明专利优先审查和专利快速预审、确权、维权和协同保护工作。深入开展专利导航，加强产业集群知识产权储备和运营。支持建设产业集群知识产权运营和综合服务平台。推进企业、高校和科研机构开展知识产权转化运用，开展研发与标准化同步，将专利转化为标准。提升高新技术产业开发区、经济技术开发区及重点产业园区知识产权综合能力和发展水平，深化知识产权与产业发展融合。推行"先进标准+"工程，依托行业协会、产业联盟和龙头企业，提升产业集群上下游产业标准的协同性和配套性，建立覆盖全产业链和产品全生命周期的标准体系。支持产业集群参与国际标准化活动。推动产业集群优势特色行业标准转化为国际标准。形成一批具有国际影响力的团体标准，各产业集群标准体系基本完善。

5. 以"谋金融"促进科技金融产业深度融合

大力推动科技金融服务创新。依托珠江东岸科技金融创新发展示范区和珠江西岸产业金融综合改革示范区，落实普惠性科技金融政策，鼓励银行发展科技金融专营机构，鼓励金融机构与科技企业开展金融科技合作。充分发挥香港、澳门、深圳、广州等资本市场和金融服务功能，合作构建多元化、国际化、跨区域的科技创新投融资体系。依托区域性股权交易市场，建设科技创新金融支持平台。探索内地与港澳创新基金双向募集、双向投资、双向流动的新模式。

推进科技创新链条与金融资本链条有机融合。坚持金融服务实体经济的根本导向，促使科技金融成为服务实体经济和推动产业集群高质量发展的"新引擎"。大力发展创业投资，鼓励港澳在粤设立创投风投机构，鼓励社会资本设立科技孵化基金，引导风险投资和天使投资投向种子期、初创期的科技企业，建立天使投资风险补偿制度。支持科技企业与资本市场对接，鼓励保险机构为科技企业提供多方位保险支持。支持省内大型企业设立集团财务公司，开展延伸产业链金融服务试点。

拓宽金融支持渠道。引导现代金融支持战略性产业集群建设，拓宽融资渠道，切实降低企业融资成本。完善战略性产业集群有关金融支持政策，加大战略性产业集群重点产业、重点企业税收政策支持。支持战略性产业集群中符合条件的重点企业境内外上市、挂牌，多渠道扩大直接融资。引导银行加大信贷投放力度，加快创新金融产品和服务，推动金融机构对产业集群进行全方位支持。

6. 以"聚人才"汇聚高水平创新人才队伍

加大高端人才引进力度。坚持"高精尖缺"引才理念，针对产业集群发展需求，依托重大人才工程、重大科技项目,引进、培养、造就一批具有国际水平的战略科学家、科技领军人才、青年科技人才和高水平创新团队。实施博士、博士后人才专项支持计划和专业技术人才知识更新工程,形成梯次衔接的高层次产业领军人才培育体系。推进产学研深度融合,培养大批卓越工程师。面向产业集群创新型、应用型、技能型人才需求,深入实施"技能中国行动",依托"广东技工""湾区人才"工程,支持企事业单位建设"人才驿站"。引导职业院校(含技工院校)针对二十个战略性产业集群建设对应专业。继续加强高水平大学重点学科及高水平人才梯队建设,打造一批省级重点专业和特色专业。建立和完善人才分类评价体系,突出中长期目标导向,注重研究质量、原创价值和实际贡献。落实技术经纪工程技术人才职称评价政策,激发技术人才成果转化的动力。落实省级财政资金管理等政策,进一步完善绩效工资改革,切实提高科研人员待遇。探索技术入股和科研人员股权与分红等激励政策,调动科研人员将研究发现向现实生产力转化的内生动力。

7. 提升企业技术创新主体地位

强化企业在技术创新中的主体地位,大力构建行业龙头企业牵头、各创新主体相互协同的创新联合体,支持企业承担国家和省重大科技项目,协同开展产业关键核心技术攻关及关联性基础研究和应用基础研究。在粤央企、省属国有企业和市属国有企业应强化在"加快科技自立自强""打造优势产业集群""增强产业链供应链稳定性和竞争力"中的责任担当意识,率先实现省属国有企业研发机构全覆盖,为企业建立健全不同层级、多种形式的自主研发机构起到示范引领作用。各地市应引导支持有条件的企业创建工程研究中心、企业技术中心、工程技术研究中心、工程实验室、企业工作站等研发机构,对企业研发机构进行优化整合,促进基础研究、应用基础研究与科技成果产业化对接融通。

加大产业集群企业培育力度,强化"科技型中小企业、高新技术企业、科技领军企业"科技型企业梯次培育机制,建立完善具有生态主导力的产业链"链主"企业、龙头企业、单项冠军企业、专精特新企业等优质企业梯度培育体系。争取培育和形成一批具有生态主导力、国际竞争力的世界一流科技领军企业,培育一批掌握关键核心技术的瞪羚企业、独角兽企业和隐形冠军企业。各产业集群应鼓励产业链上下游企业强强联合,大力提升产业链整合能力,构建大中小企业融通发展的企业群,科技型中小企业和高新技术企业群体领先全国,专精特新企业和单项冠军企业持续居于全国前列。

提升各类开发区和产业园对企业的服务水平,以新型基础设施和公共服务平台建设赋能各类开发区和产业园发展。加快推进国家级高新技术产业开发区、经济技术开发区建设,优化调整省级高新技术产业开发区、经济技术开发区布局,推进高新技术产业开发区和经济技术开发区服务能力建设。省市合力建设一批产业特色突出、产业配套完备的高水平园区,布局一批具备一定开发基础条件、有明确产业发展定位的省产业园,培育建设一批产业特色鲜明、产业集中度较高、具备产业核心竞争力的特色产业园。争取实现国家级高新技术产业开发区地市全覆盖,充分发挥产业园对产业集群各创新主体的承载作用。

8. 以创新合作区建设加强对外合作

建设深港科技创新合作区深圳园区、横琴粤澳深度合作区、广州创新合作区三大创新合作区，聚焦突破制约开放创新与合作的体制机制障碍，因地制宜设计改革试验任务，打造要素流动畅通、科技设施联通、创新链条融通、人员交流顺通的跨境合作平台。积极开展国际创新合作，引导产业集群龙头企业合理开展海外布局，深度参与全球分工，培育一批具有国际竞争力的跨国创新型企业。重点支持新一代电子信息、智能家电、汽车、高端装备制造、前沿新材料等产业集群的全球化布局，引导各产业集群优势企业到欧洲、日韩、东南亚和"一带一路"等海外地区开展并购重组。完善"广东省产业招商地图"，构建招商网络，形成各产业集群重点招商目录清单，指导各地市围绕各自优势产业开展招商引资。推动研发技术国际化，充分适应新一代电子信息、智能家电、软件与信息服务等产业集群"走出去"整合利用全球创新资源的战略需求，组织各产业集群鼓励企业、高校、科研机构设立离岸科技孵化基地或研发机构。重点支持绿色石化、智能家电、汽车、先进材料、生物医药与健康、半导体及集成电路、高端装备制造、前沿新材料、新能源等产业集群"引进来"国际先进技术的发展诉求，组织各产业集群积极引导欧美等顶尖实验室、科研机构、高校、跨国企业在粤设立科学实验室、全球研发中心和开放式创新平台。

2.2.4 粤港澳大湾区核心城市作用分工

发挥广州、深圳"双城联动"核心引擎功能和作用，推动广深科技创新优势互补。推进广州创新合作区建设，优化广州人工智能与数字经济试验区、南沙科学城、中新广州知识城、广州科学城"一区三城"布局，完善南沙粤港澳联合科技创新体制机制。推进深圳创新合作区建设，全力支持合作区深圳园区建设成为深港科技创新跨境合作先行示范区、国际先进创新规则的试验区、综合性国家科学中心开放创新先导区、粤港澳大湾区高质量中试转化集聚区。依托广州科学城、光明科学城、松山湖科学城、西丽湖国际科教城等重点创新平台，建设广深港科技创新走廊，创新广深港科技合作机制和模式。加快推进南沙粤港澳全面合作示范区、南沙科学城、珠海西部生态新区、中山翠亨新区等重点创新平台建设，形成广珠澳科技创新走廊，深化粤澳科技合作，集聚高端创新资源。

发挥港澳开放创新优势和广东产业创新优势，深化粤港澳在产业发展、技术攻关、创业孵化、科技金融、成果转化等领域协同创新，推动粤港澳三地创新"一体化"高水平发展。建设横琴粤澳深度合作区，打造粤港澳大湾区国际科技创新中心的重要支点。布局建设重大科技创新基础设施；提升澳门大学、澳门科技大学等院校的产业化能力，携手打造横琴中药新药技术创新中心。积极探索科研资源跨境流动的规则衔接和机制对接形式。建设前海深港现代服务业合作区，联动香港探索并构建先进的科研规则体系，先行先试人才出入境和停居留政策，打造粤港澳合作的新型研发机构，探索开展新技术新产品等应用示范，试点开展数据跨境流动，探索临时仲裁制度，建设国际知识产权合作平台，吸引国际知识产权在粤成果产业化。

参 考 文 献

陈佳悦．2021．新发展格局下粤港澳大湾区创新生态系统研究．中小企业管理与科技（下旬刊），（11）：128-130．

陈曦，廖东声．2021．推进粤港澳大湾区科技成果转化的发展策略研究．企业科技与发展，（10）：4-6．

陈相．2018．国外先进地区经验对粤港澳大湾区创新发展的启示．科技创业月刊，31（3）：117-120．

陈亚平，陈诗波．2020．中国建设全球科创中心的基础、短板与战略思考——基于城市群视角．科技管理研究，40（15）：95-103．

邓琦．2021．促进港澳青年投身大湾区国际科技创新中心建设的挑战与对策．科技管理研究，41（2）：28-37．

杜德斌，何舜辉．2016．全球科技创新中心的内涵、功能与组织结构．中国科技论坛，（2）：10-15．

辜胜阻，曹冬梅，杨嵋．2018．构建粤港澳大湾区创新生态系统的战略思考．中国软科学，（4）：1-9．

何国勇．2018．深圳建设国际科技、产业创新中心研究——硅谷的经验与启示．城市观察，（2）：105-121．

林柳琳，吴兆春，2020．德国科技创新经验对粤港澳大湾区建设国际科技创新中心的启示．科技管理研究，40（16）：8-16．

刘启强，拓晓瑞，孙进．2021．粤港澳大湾区科技成果转化现状及发展对策．广东科技，30（11）：15-17．

刘毅，王云，李宏．2020．世界级湾区产业发展对粤港澳大湾区建设的启示．中国科学院院刊，35（3）：312-321．

逯新红．2020．国际典型海洋经济集聚区发展经验．中国投资（中英文），(Z0)：47-51．

骆建文，王海军，张虹．2015．国际城市群科技创新中心建设经验及对上海的启示．华东科技，（3）：64-68．

谭慧芳，谢来风．2019．粤港澳大湾区：国际科创中心的建设．开放导报，（2）：61-66．

滕丽，滕小硕．2020．纽约湾区科技创新发展经验对粤港澳大湾区的启示．时代金融，（21）：17-19．

王迎军，曾志敏，张龙鹏，等．2021．中长期视角下粤港澳大湾区的全球创新与产业高地战略规划研究．中国工程科学，23（6）：108-119．

王云，杨宇，刘毅．2020．粤港澳大湾区建设国际科技创新中心的全球视野与理论模式．地理研究，39（9）：1958-1971．

吴海江，王超然．2019．粤港澳大湾区科技创新的现状、问题及对策．城市观察，（6）：17-25．

杨明，林正静．2021．用创新生态理论和"四链"融合研究建设粤港澳大湾区国际科技创新中心．科技管理研究，41（13）：87-93．

叶林，宋星洲．2019．粤港澳大湾区区域协同创新系统：基于规划纲要的视角．行政论坛，26（3）：87-94．

叶玉瑶，王景诗，吴康敏，等．2020．粤港澳大湾区建设国际科技创新中心的战略思考．热带地理，40（1）：27-39．

余碧仪，黄何，王静雯．2019．国际三大湾区科技人才发展经验对粤港澳大湾区的启示．科技创新发展战略研究，3（3）：45-50．

粤港澳大湾区战略研究院．2020．粤港澳大湾区发展报告——大湾区发展的挑战与机遇．北京：科学出版社．

张大为，黄秀丽．2021．粤港澳大湾区金融支持科技创新的现实困境及破解路径．西南金融，（3）：

86-96.

张寒旭，刘沁欣．2021．粤港澳大湾区科技服务业协同发展研究——基于产业链的视角．科技管理研究，41（21）：176-185.

张克科，李红亮，夏永红．2021．深港协同建设国际科创中心的主要方向．开放导报，（3）：87-94.

张胜磊．2018．粤港澳大湾区建设：理论依据、现存问题及国际经验启示．兰州财经大学学报，34（5）：12-21.

张振刚，尚希磊．2020．旧金山湾区创新生态系统构建对粤港澳大湾区建设的启示．科技管理研究，40（5）：1-5.

张宗法，陈雪．2019．粤港澳大湾区科技创新共同体建设思路与对策研究．科技管理研究，39（14）：81-85.

郑国楠．2021．粤港澳大湾区创新链协同：机理、评价与对策建议．区域经济评论，（6）：85-92.

第 3 章 粤港澳大湾区国际科技创新中心建设的战略重点与发展路径

国际科技创新中心的建设是粤港澳大湾区融入国家发展大局、推动粤港澳三地相互融合的重大区域发展战略。改革开放以来，珠三角与港澳地区的多元互动正在发生变化，珠三角主要城市正在由制造业中心逐步转型为以制造业为基础的技术创新中心，传统要素的资本循环逐步被知识和技术流动网络所取代。在此过程中，需要重新思考粤港澳大湾区在当前国内国际"双循环"背景下建设国际科技创新中心的战略重点与发展路径。通过进一步梳理三大世界级湾区（纽约湾区、旧金山湾区和东京湾区）转型发展过程来总结国际科技创新中心建设的历史经验，以创新投入产出、创新人才、创新平台、创新政策和协同能力为基准，对粤港澳大湾区国际科技创新中心的建设进行综合研判；并提出通过强化基础研究、优化人才结构与建设地区创新协同体系三个基本重点来构建"科技-产业-全球生产网络"和"人才-环境-世界城市网络"两条发展路径。

3.1 国际科技创新中心的理论基础

国际科技创新中心相关理论伴随着创新要素全球化的过程而逐渐展开和深入发展。在创新全球化的趋势中，创新的黏性和高度集聚性是创新活动的主要特征，使全球创新网络呈现出"核心-边缘"结构。国际科技创新中心一般具备优越的区位条件，一流的创新环境和丰富的创新资源，同时具有较强的虹吸能力、辐射能力和影响力，是全球创新网络的支配性枢纽。在构建全球性创新生态系统的过程中，人才是核心要素；高校、科研机构、创新型企业、政府则是其创新主体，关键技术、基础设施、金融资本、创新文化等是主要构成要素；全球性的科技革命、内部制度创新响应、集群化城市或区域经济发展规律等则是国际科技创新中心形成与转移的主要动因。

3.1.1 国际科技创新中心的理论内涵

国际科技创新中心的概念起步于国家层面。英国学者约翰·斯德蒙德·贝尔纳（John Desmond Bernal）揭示了科学发展与进步是不均衡的，并在《科学的社会功能》一书中系统梳理了"世界科学活动中心"的空间转移情况，但是对其概念内涵并没有进行详细的探讨（贝尔纳，2015）。1962 年日本学者汤浅光朝将"世界科学活动中心"限定为一个国家在某段时间内产生的科学成果数量超过全世界科学成果总数的 25%。科学活动在空间上的非均衡分布，造就了众多"世界科学活动中心"，从 14～15 世纪的意大利向荷兰、英国和法国扩散，到 18～19 世纪工业革命在英国、法国和德国的兴起，再到第二次世界大战后的美国等。从内涵来看，最初关于"国际科技创新中心"的内涵侧重于大思潮和技术革命，尤其关注基础研究和突破性技术，强调对国家科技竞争力的影响。20 世纪 80 年代开始，硅谷、波士顿、慕尼黑、东京等城市的科技成果和新兴产业异军突起，成为影响世界发展的科技中心，随着科学活动的空间异质性在城市层面逐渐显现，学者们的视角逐渐转向了以区域和城市为基准的国际科技创新中心研究。2000 年，《在线》(Wired) 杂志评选了 46 个全球科技创新中心 (Global Hubs of Technological Innovation)，2001 年联合国开发计划署发布了《2001 年人类发展报告：让新技术为人类发展服务》，提出了"技术成长中心"概念，即研究机构、初创企业和风险投资高度聚集的城市或区域。相比国家层面，城市或区域科技创新研究更加关注企业技术创新和区域创新生态的营造与影响。除上述概念之外，国内外学者还先后提出过国际产业研发中心、国际研发中心、国际研发城市、科技创新城市、国际创新枢纽、全球创新枢纽等概念，尽管在细节上有所区分，但都反映了国际科技创新中心创新资源集中、创新活动活跃、科技竞争力强、影响力广泛等基本特征。在创新全球化和全球创新网络的基本视角中，相关学者认为创新网络中的某些节点城市利用其创新网络通道不断吸纳各种创新要素，并对外输出，当其集聚影响力与辐射力扩散至全球时，节点便成为国际科技创新中心（杜德斌，2015）。其本质为"创新资源密集、科技创新活动集中、科技创新实力雄厚、成绩成果辐射范围广大，从而在全球价值网格中发挥显著增值功能并占据领导和支配地位的城市或地区"。

总体而言，本书认为国际科技创新中心是全球创新网络中的核心枢纽，拥有优越的区位条件、一流的创新环境、丰富的创新资源、活跃的创新活动、丰硕的成果产出和雄厚的产业基础，同时具有较大的虹吸能力、辐射能力和影响力，对创新资源在全球创新网络中的流动与组织过程发挥着支配性作用。

3.1.2 国际科技创新中心的构成要素

国际科技创新中心应具备构成要素的全面性和优越性（杜德斌和何舜辉，2016）。人才是核心要素，关键技术和基础研究的不断涌现是其主要展现形式，高校及科研机构、创新型企业和政府是主要参与主体，金融资本、创新政策、基础设施、专业服务、文化环境是其重要支撑要素（图 3-1）。

（1）创新人才。人才是科技创新活动的主体。国际科技创新中心所需要的人才以高校及科研机构、创新型企业中的研发与技术人员为主，也包括风险投资公司、知识服务机构、政府等部门中的专业人员。地理空间的邻近性有助于人才吸纳，所以创新人才的主要来源是本土高校和科研机构；此外，引进海外知名高校、科研机构或创新型企业人才也是重要的外部途径。例如，美国斯坦福大学和加州大学伯克利分校每年要向"硅谷"输送数千名研发人才，斯坦福大学工学院培养的博士和硕士通常在学校附近就业。圣何塞州立大学、加州大学圣克拉拉分校等培养了大量优秀的工程师，而加州大学圣克鲁兹分校、加州职业学院等专科院校则培养了大量善于实践的技术人才。

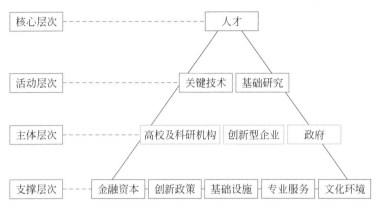

图 3-1　国际科技创新中心构成要素

（2）关键技术和科研成果。技术是科技创新活动的对象，其发展通常会经历萌芽期、成长期、成熟期以及衰退期。国际科技创新中心所需要的关键技术是当前及未来一段时间内制约产业发展或引发产业变革的前沿领先技术。由于专利制度有助于推进技术交流与转让，并以此促进技术进步，所以在实际研究中一般以发明专利作为创新活动的衡量指标。基础研究是国际科技创新中心的另一大主要活动形式，每一次产业革命和经济大发展的发生往往建立在基础研究重大突破的基础上。基础研究是创新的重要源头，往往以专著、论文等作为主要的展现形式和衡量指标。

（3）一流高校与科研机构。高校与科研机构是科技创新的重要载体，为创新人才提供科研环境与条件，在国际科技创新中心建设中发挥创新引领与核心驱动作用。正如《国务院关于印发统筹推进世界一流大学和一流学科建设总体方案的通知》所指出的，世界一流大学与科研机构需培养富有创新精神和实践能力的各类创新型、应用型、复合型优秀人才；根据国家重大需求与自身学科优势，合理规划学科布局与发展战略，建设国内领先、世界一流的优势学科和领域；推进成果转化，将重大科学创新、关键技术突破转变为先进生产力。国际科技创新中心是以一流高校与科研机构为中心的协同创新共同体，通过一流高校与科研机构的集群发展、产学研方式实现强强联合与优势互补，建立高校–高校、高校–科研机构、高校–创新型企业以及高校–创新平台等多种形式的创新主体之间的合作关系。例如，以金融服务著称的纽约湾区聚集了以哈佛大学、耶鲁大学为代表的常春藤盟校、以纽约大学为代表的新常春藤高校、以威廉姆斯学院为代表的顶尖文理学院，以及纽约州立大学等组成的公立大学系统，引领驱动金融领域的创新发展。

（4）创新型企业。与高校和科研机构类似，创新型企业同样是科技创新活动的主体及科技创新中心的核心驱动力。不同之处在于，高校与科研机构主要从学术研究的角度进行科技创新，而企业主要是以实现产品乃至产业可持续发展为目标进行科技创新。科技创新有助于企业实现内生式增长，实施差异化竞争战略，从而保持竞争优势。企业的创新成果在国内甚至国外市场占据领先地位，是创新科技的主要发起者。

（5）政府与创新政策。国际科技创新中心的建设离不开创新政策的支持。科技创新政策是指国家或政府在一段时间内为实现特定的政治、经济、社会目标，在科学技术领域内规定的指导方针与行为准则，是有关科学技术的法律、战略、规划、措施、条例等组成的体系。科技创新政策在社会、物质以及货币效益分配等方面都起到重要作用。

（6）创新资本。创新资本为科技创新提供有力的资金支持，是全球科技创新中心发展的重要环境要素。科技创新主体获得创新资本的渠道主要包括政府财政支持、商业银行信贷、资本市场融资等。有研究通过调查 104 家高新技术企业的科技金融数据，发现政府财政资金支持、银行科技信贷以及资本市场融资等对创新效率的提高有显著的正向促进作用。

（7）创新基础设施。创新基础设施为科技创新活动提供基本条件与平台，包括国家科技基础设施、教育基础设施、情报信息基础设施等。以美国为例，其打造的创新基础设施包括物理基础设施和信息化服务基础设施。其中，物理基础设施包括交通运输网络系统和电力系统，如高速铁路网、航空运输网、公共交通运输系统、公共电力传输系统等；信息化服务基础设施以信息技术生态系统建设为主，包括了无线网络、全国输配电智能网、信息数据库等。

（8）专业服务。科技创新中的专业服务是指组织或个人应用某些方面的专业知识，按照高校与科研机构、企业等科技创新主体的需求，在特定领域为其提供富含知识和科技的服务，包括技术转移、知识产权、技术评价、高新认证、平台建设、数据开发、科技金融、人才引进等。

（9）创新文化。创新文化是指在科技创新及创新管理活动中所创造和形成的具有特色的创新物质、行为、制度、精神等层面的内容。其中，在创新文化的物质层面，工作环境布置、文化用品等能传递具有创新精神的文化，激发员工的创新动力；在行为层面，领导者勇于创新，包容个性化，员工积极贡献创新想法能够激发创新精神；在制度层面，包括选拔和奖励创新思维活跃的优秀人才，容忍失败，采取扁平式的组织结构等；在精神层面，组织成员将追求创新作为内心的信念和宗旨，为实现自身与组织发展的创新目标而努力。由于硅谷是国际科技创新中心的成功范例，其开放、多元、包容、协作、冒险等创新文化特点被广为接受，且不断演进为自由探索、颠覆传统、迎接变革的文化精神，以推进变革颠覆式创新。

3.1.3 国际科技创新中心的功能特征

国际科技创新中心对社会发展的作用与功能，指向政治、经济、文化等各个领域，通过集聚、原创、驱动、辐射、主导等功能，对全球的社会经济的运行与发展产生支配性作用和极大的影响力，具体体现为创新集聚性、系统性和枢纽性。一般认为，国际科技创新中心具有四个功能：一是当地高校和研究机构具备培养技术工人和开发新技术的能力；二是具备大量能够提供专业技术、带动区域经济持续发展的企业和跨国公司；三是具有强大的人才吸引力，人才开展创新活动和创办风险企业的积极性高涨；四是风险投资的可获得性较高，能够为科学成果转化提供资金支持（杜德斌和何舜辉，2016）。杜德斌（2015）

在其著作《全球科技创新中心：动力与模式》中提出，全球科技创新中心至少应具备科学研究、技术创新、产业驱动和文化引领四大功能，其中科学研究和技术创新是基础，产业驱动是根本目的，文化引领是最终结果，也是最高境界。

具体而言：①集聚全球创新资源，国际科技创新中心是原始创新的发源地。科研院所、高等院校、重大科技平台、创新企业、人才、科技金融等各类创新资源高度汇集在这里，国际科技创新中心能够支持各类主体开展创新活动，是重大科研成果和关键核心技术的发源地。②驱动产业经济发展，国际科技创新中心是新兴产业的策源地。通过推动创新链与产业链融合，建立科研成果产业化机制，支持新产业新业态的发展。国际科技创新中心往往拥有以创新为动力和支撑的经济体系，引领全球新兴产业的培育和发展。③支配创新资源流动，国际科技创新中心是创新资源配置的枢纽区。知识生产、成果转化、技术输出和研发服务是产业链上游的关键环节，因此国际科技创新中心在全球创新网络与全球生产网络中都发挥着支配和主导作用，尤其在创新资源配置和调整方面拥有较强的引导、组织和控制能力，并具有多样化的手段。④吸引全球科技人才，国际科技创新中心是创新文化引领的新高地。大众创业、万众创新是国际科技创新中心重要的文化基因。包容性的创新文化，吸引全球不同文化背景的精英和人才，人才间的交流与互动产生大量与创意、技术、专利和产品等相关的新的信息，进一步构建起良好的创新文化氛围，促进初创公司的不断涌现和高水平创新成果的产生。

3.1.4 国际科技创新中心的驱动力

国际科技创新中心的演化受颠覆性技术的产生与发展、创新治理与制度支持、经济发展规律、重大历史事件等因素的影响，在时间尺度上国际科技创新中心呈现兴起、更替、转型升级等历史变化过程，同时在空间尺度上呈现区位转移、格局重塑等地理特征（杜德斌，2018）。

1. 科学技术革命与经济中心转移是国际科技创新中心变迁的直接动因

颠覆性技术的产生与发展往往带来重大的历史发展机遇。旧的生产方式改变，新的生产部门产生，并渗透到人们生活的方方面面，对人类社会产生重大的历史影响，使全球范围内部分国家和地区迅速占据产业链和价值链的制高点，在后续科技发展上也掌握领先优势，进而影响到全球博弈以及在战争中的实力对比。文艺复兴以后，意大利产生了真正意义上的现代科学，力学、天文学、解剖学等学科的发展使社会摆脱了神学的意识束缚，以求实的态度、思维方式和科学方法来看待世界的运行规律，为自然科学大发展奠定了坚实的基础。18 世纪 60 年代至 19 世纪 40 年代，第一次工业革命将人类带入了蒸汽动力时代，英国和法国先后成长为国际科技创新中心并长期保持；19 世纪 70 年代到 20 世纪初，电力的应用以及内燃机的产生推动美国东海岸地区和德国迅速成长为新的国际科技创新中心；20 世纪中后期，电子计算机与信息技术、原子能、半导体及集成电路等新兴技术的发展引起了新的产业结构变化，美国则是第三次科技革命的领导者，纽约、波士顿、硅谷等地区成为全球领先的国际科技创新中心。当前，第四次产业技术革命已逐渐孕育成熟，潜藏着巨大的发展潜力。人工智能、物联网、区块链、基因编辑、新材料、量子物理等新技术的应用，以及数字技术、物理技术和生物技术的有机结合将加速裂变，带来深远的影响。第四次产业技术革命将通过对技术系统、生产方式、产业组织以及全球分工格局的重塑，为后发国家和地区形成国际科技创新中心打开"机会窗口"。

2. 制度创新是国际科技创新中心发育的重要前提

领先的制度创新是具有全球影响力的国际科技创新中心形成的基础动力。英国、美国、德国、日本等发达国家在成为国际科技创新中心之前，除了具备相对完善的市场和制度环境外，也都先后形成在世界范围内有利于创新的专业化制度优势。例如，英国的工厂系统、学徒制、科学社团和专利制度；法国的技术学院和专业工程师制度；德国通过创办专科学院和大学，开创教学、科研相统一的高等教育体系，并建立企业内部实验室制度；美国的大规模生产体系、国家实验室、公司制度（包括股份制和经理制企业）、移民制度、风险投资体系等；日本的精益生产体系、质量管理革命等。这些新制度是国际科技创新中心形成的基础条件。麦肯锡将国际科技创新中心分为三个类型——政府扶持型、市场导向型和大学驱动型。其中，政府扶持型强调政府和制度安排在创新中心发展中的关键作用，自上而下地全力支持某项主导产业，以大量的政府投资驱动城市或区域的新兴产业发展；而市场导向型和大学驱动型同样需要进行制度创新，以营造有利于激发创新活力的创新生态，充分扩大自身的相对优势，在全球创新网络中发挥不可替代的作用。

3. 经济周期波动与重大历史事件是国际科技创新中心更迭的影响因素

经济发展周期本质上是一种发展方式向另一种发展方式转变的过程，不仅涉及产业经济发展模式的兴衰，也涉及社会、文化及制度等方面的周期性变动。创新活动同样具有动态性特征，伴随着时间推移，创新中心会随着经济活动中心的迁移发生转移。除此之外，重大的历史事件也会影响国际科技创新中心的兴衰与迁移。例如，由于美国本土没有受到第二次世界大战的影响，大量的科技创新人才汇聚美国，直接推动了第三次科技革命在美国的蓬勃发展。再如，中国的改革开放，这一政策方向上的重大转变使得珠三角地区承接大量来自港澳的产业转移；同时，在政府主导及自身区位优势的综合作用下，珠三角从模仿式创新逐渐转变为自主式创新，现已成为最具潜力的国际科技创新中心之一。

3.1.5 国际科技创新中心的发展模式与经验借鉴

国际科技创新中心是全球知识、技术、人才等创新资源流动网络中的枢纽，也是全球城市网络中创新资源配置和控制的核心。旧金山湾区、东京湾区和纽约湾区三大湾区的建设历史及其奠定的长期稳定优势充分表现在创新资源集聚、创新主体吸引、创新动力持续等区域创新要素的培育及其生态系统建设中。国际科技创新中心在长期建设中所形成的共性规律和路径模式值得粤港澳大湾区充分学习和借鉴，特别是三大世界级湾区在建设科技创新中心方面的发展阶段、影响因素及驱动机制。

1. 国际科技创新中心的全球分布

全球范围内的国际科技创新中心识别和排名主要参考相关商业咨询机构及权威智库。综合世界知识产权组织（World Intellectual Property Organization，WIPO）、日本森纪念财团、英国普华永道、荷兰毕马威、美国科尔尼、澳大利亚 2thinknow 等国际权威咨询机构及智库发布的年度报告，分别从新兴技术产生、高被引科学家、高质量专利、高质量论文、领先研发机构和领先学术机构等 162 项指标对全球 1200 个国际科技创新中心城市进行认定和评价（表 3-1）。2019 年，在全球 500 个主要城市中，有 466 个城市被划分为核心枢纽（Nexus）、一般枢纽（Hub）、节点（Node）和新兴节点（Upstart）四个等级。总体上，国际科技创新中心城市和创新集群总体上呈现出"枢纽城市高度集聚、新兴节点相对扩散"的等级分布特征。枢纽城市和主要创新集群均集中在美国东西海岸、北美五大湖、西欧、东亚三国沿海及澳大利亚东南海岸地区，其中北美地区的纽约湾区和旧金山湾区、欧洲地区的伦敦湾区、亚洲地区的东京湾区和粤港澳大湾区以及新加坡是全球创新网络体系中"核心枢纽"的典型代表，"向海而生"的空间分布特征充分证明了湾区经济的地理空间形态对国际科技创新中心建设的支撑性作用（杜德斌和段德忠，2015）。

表 3-1　全球主要国际科技创新中心城市榜单 TOP 20

排名	森纪念财团《2019 全球城市实力指数》研发排名	普华永道《机遇之都 7》智力资本和创新	科尔尼《2019 全球城市指数》	2thinknow《Innovation Cities™ Index 2019：Global》
1	纽约	伦敦	纽约	纽约
2	伦敦	旧金山	伦敦	东京
3	东京	巴黎	巴黎	伦敦
4	洛杉矶	多伦多	东京	洛杉矶
5	首尔	阿姆斯特丹	香港	新加坡
6	波士顿	纽约	新加坡	巴黎
7	芝加哥	洛杉矶	洛杉矶	芝加哥
8	旧金山	东京	芝加哥	波士顿
9	巴黎	悉尼	北京	旧金山-圣何塞
10	香港	斯德哥尔摩	华盛顿特区	多伦多
11	新加坡	芝加哥	悉尼	墨尔本
12	华盛顿特区	新加坡	布鲁塞尔	柏林
13	北京	首尔	首尔	达拉斯-沃思堡
14	墨尔本	香港	柏林	首尔
15	柏林	柏林	马德里	悉尼

续表

排名	森纪念财团《2019全球城市实力指数》研发排名	普华永道《机遇之都7》智力资本和创新	科尔尼《2019全球城市指数》	2thinknow《Innovation Cities™ Index 2019：Global》
16	悉尼	北京	墨尔本	西雅图
17	大阪	莫斯科	多伦多	休斯敦
18	上海	迪拜	莫斯科	亚特兰大
19	阿姆斯特丹	上海	上海	华盛顿特区
20	多伦多	米兰	阿姆斯特丹	迈阿密

从国家分布来看（图 3-2），美国是创新型城市数量最多，且结构显著占优的国家。美国共有 118 座城市上榜，其中核心枢纽型城市 29 座，占总规模的 24.58%；一般枢纽型城市和节点型城市分别有 39 座和 54 座城市，占全球同类型创新型城市总数的 36% 和 27%。其次为中国，共有 41 座城市上榜（表 3-2），北京、上海、台北、深圳、香港被评为核心枢纽型城市，广州成为中国唯一的一般枢纽型城市；此外还包括 25 座节点型城市与 10 座新兴节点型城市。统计发现，尽管国际科技创新中心集中分布在世界最发达的国家和地区的格局没有改变，但中国、印度、巴西、土耳其、阿拉伯联合酋长国等新兴经济体在全球创新体系中已取得一定地位。尤其是俄罗斯，共有 14 座新兴节点型城市，是全球该级别创新型城市数量最多的国家。参考主要咨询机构和企业指标体系排名，在 TOP 20 的创新节点型城市中，美国、西欧和东亚是创新型城市的重要集聚区。旧金山、纽约、波

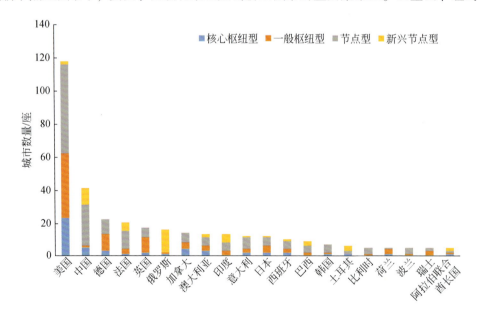

图 3-2　主要国家国际科技创新中心城市数量及等级分布（前二十位）

士顿是当今全球最具活力的科技创新中心，东亚地区的东京、北京、上海、香港、深圳等城市则代表了快速崛起的新兴地区。上述城市都具有显著的经济和科技创新体系建设的先发优势，在发展路径和科技战略引导方面具有值得借鉴的丰富经验。

表 3-2　中国创新中心城市分布

国内排名	全球排名	城市	等级	国内排名	全球排名	城市	等级
1	26	北京	核心枢纽	23	341	台中	节点
2	33	上海	核心枢纽	24	343	沈阳	节点
3	44	台北	核心枢纽	25	344	东莞	节点
4	53	深圳	核心枢纽	26	355	泉州	节点
5	56	中国香港	核心枢纽	27	359	西安	节点
6	74	广州	一般枢纽	28	360	南通	节点
7	237	重庆	节点	29	361	佛山	节点
8	240	宁波	节点	30	362	昆明	节点
9	242	天津	节点	31	363	南宁	节点
10	243	武汉	节点	32	364	哈尔滨	节点
11	244	苏州	节点	33	365	南昌	节点
12	269	南京	节点	34	366	太原	节点
13	279	杭州	节点	35	375	扬州	新兴节点
14	294	高雄	节点	36	380	济南	新兴节点
15	307	成都	节点	37	381	中国澳门	新兴节点
16	308	厦门	节点	38	382	郑州	新兴节点
17	330	无锡	节点	39	383	珠海	新兴节点
18	332	台南	节点	40	392	长春–吉林	新兴节点
19	333	温州	节点	41	399	中山	新兴节点
20	336	大连	节点	42	401	合肥	新兴节点
21	338	青岛	节点	43	410	烟台–威海	新兴节点
22	339	福州	节点	44	411	汕头	新兴节点

2. 三大湾区国际科技创新中心建设的差异性过程

相较于粤港澳大湾区，旧金山湾区、纽约湾区和东京湾区三大湾区在科技创新中心建设上呈现出一般性的规律，同时其建设过程和模式也存在着显著差异性。重点表现在主导方向、基本要素和建设路径三个方面。旧金山湾区、纽约湾区和东京湾区三大湾区分别以技术迭代、功能转化和产业转型三条迥异的演化逻辑推动各自科技创新生态体系的成长与变迁（高维和，2015）。

1) 旧金山湾区：技术革命催生创新枢纽

旧金山湾区位于美国西海岸加利福尼亚州北部萨克拉门托河下游出海口的旧金山湾四周，陆地面积 18 040km²，是美国西海岸第二大（仅次于洛杉矶）、全美第五大都市区，也是全球顶尖的科技湾区。硅谷就发源于此，硅谷地处旧金山湾以南地区，早期以硅芯片设计与制造著称，并因而得名。不足 50km 的狭长地带聚集了近万家高科技企业，其中全球前 100 的高科技企业有三分之一总部位于硅谷，区域内上市科技企业总市值超过万亿美元，是全球新知识、新技术、新产品和新模式的创新源头和生产中心之一。旧金山也是北加利福尼亚州与旧金山湾区的商业与文化产业中心，五大主要银行和大型企业总部高度集聚，在金融商业区的蒙哥马利街有"西部华尔街"之称；众多国际金融机构、跨国银行以及创投基金均位于此。第二次世界大战时期，军民融合体系成为旧金山湾区转型的先导力量。由于具有面向太平洋的重要军事战略中心的区位优势，大量的工业生产和技术研究性需求支撑旧金山湾区掌握了联邦政府各式战争合同，业务总额达到 60 亿美元，全面激发了湾区造船业和军事高科技研发产业的发展活力，同时也为湾区后来实现产业革命奠定了坚实的半导体及其无线通信技术研究基础。在军民技术转化的产业发展影响下，电子工业扩张与半导体技术突破逐渐支撑旧金山湾区建设成为世界级高新技术产业创新中心。两次世界大战期间，移民的持续流入推动城镇人口稳步增长，斯坦福大学和斯坦福工业园区的产学研结合体系也吸引了大量研究所、教育机构、人才和风投资金进入湾区。自 20 世纪 60 年代以来，硅谷的主导产业先后经历了半导体、微电子（20 世纪 70 年代）、计算机（20 世纪 80 年代）、互联网（20 世纪 90 年代）和人工智能（2000 年以来）。1958 年，人类历史上首块"集成电路"在美国德州仪器公司的实验室诞生；同时，仙童半导体公司在集成电路的大规模制造方面也形成了开创性技术。由于美国政府、空军以及美国国家航空航天局的采购性支持，仙童半导体公司迅速成长为全球集成电路产业的先驱，Intel、NSC、AMD 等业内著名企业均由原仙童半导体公司员工所创立，其产生的巨大创新效应影响至今。20 世纪 60 年代后期，圣克拉拉县已经成为了公认的航空航天和电子工业中心；70 年代，以硅谷为重要标志，伴随全球性创新人才和资源的持续集聚以及发达的金融业对初创科技企业的资本支持，企业和高校之间的良性互馈推动旧金山湾区进入了创新经济阶段。半导体垂直整合商 Intel、数字技术企业 Apple、数据库和计算机语言软件开发商 Oracle 等世界级企业相继建立，奠定了当代移动互联网和人工智能产业的原始基础。20 世纪 90 年代，Cisco、Yahoo 和 Amazon 等一批初代互联网企业在硅谷陆续创业成功，计算机革命在硅谷由此发生。进入 21 世纪后，Google、Facebook（Meta）、Twitter 和 Tesla 等公司陆续诞生，互联网应用、3D 打印、人工智能以及新能源技术等新科学技术的研发和应用推动旧金山湾区掀起了工业革命 4.0 时代的浪潮，使旧金山保持了强烈的创新活力，推动区域创新体系的持续转型（图 3-3）。

旧金山湾区建设国际科技创新中心的基本动力一方面来源于以国防工业为引导的军民产业转化体系走向成熟。军事作战对半导体及微电子设备的规模和技术需求持续提高，与之相关的国防电子工业和高新科技产业迅速崛起，催生出该地区的科技革命。同时，联邦政府国防资金的大规模投入也为该地区（圣克拉拉县）的产业生态体系培育

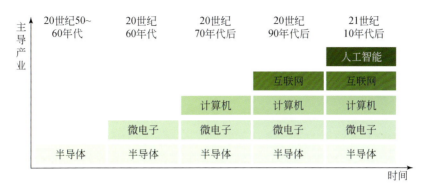

图 3-3　旧金山湾区主导产业的演化过程

和发展提供了足够的支撑。另一方面则来源于军民产业转化体系中对关键技术研发和基础研究的持续投入。在国防电子工业的带动下，硅谷半导体产业也在湾区内实现了重大技术突破。人才、资本、技术和政策的集聚效应培育了硅谷，也为湾区带来了转型发展的新动力，最终形成了全球高科技跨国企业总部集聚的创新湾区。20 世纪 60 年代以来，数次主导产业技术的迭代推动旧金山湾区逐步成为"扎根基础研究，引领技术变革"的全球科技创新策源地。

2）纽约湾区：金融资本支撑"创新转向"

纽约湾区位于美国东海岸，湾区总面积超过 3.3 万 km^2，是涵盖纽约州、新泽西州和康涅狄格州共计 31 个郡县的大都市区。作为全球经济中心和国际金融中枢，纽约是欧洲和美洲之间最重要的门户城市与联系纽带。全美最大的 500 家企业中，1/3 以上企业总部均设在纽约湾区，其中纽约曼哈顿是 CBD[①] 的发源地，是全美经济和文化中心；华尔街是世界金融体系的核心，拥有纽约证券交易所和纳斯达克证券交易所；美国七大银行中，6家的总部以及 2900 多家世界金融、证券、期货及保险和外贸机构均设于此，所以纽约湾区也是典型的"金融湾区"。

美国内战前夕，纽约已由贸易中心成为美国连接世界的主要港口及制造业中心。1812~1815 年第二次美英战争后，英国逐步恢复在北美地区利润雄厚的市场，跨国贸易再次崛起，这推动了为海员服务的保险业以及为商贾服务的金融业的出现和发展，纽约金融中心的地位开始成形。在美国历经 20 世纪 60 年代的城市危机、70 年代的财政危机以及 80 年代经济的恢复性增长后，纽约经济迅速复苏，并完成了迈向后工业时代的以信息服务业为主的产业结构转型，进入 90 年代的经济繁荣期。20 世纪末期，由于制造业的转移，纽约及其周边城市的定位逐渐变为跨国商业银行和其他跨国金融机构的集中地，大量金融机构在此设立总部，纽约成为继伦敦之后世界上第二个全球金融中心；同时，依托于金融资本的高度集聚，纽约湾区聚集了众多的跨国公司总部，从而成为全球经济控制的重

---

① CBD 即 Central Business District，中央商务区。

要节点，能够对全球经济进行控制与协调，这也标志着其以纽约为中心的世界级湾区地位逐渐确立。此外，湾区内产业转型和生产服务业的快速成长则为这些跨国公司对全球经济的控制与协调提供关键性的支撑。2002 年，纽约市政府计划将"金融中心"转化为世界"创新之都"和美国"东部硅谷"。2009 年，为面对全球性金融危机下的经济增长挑战，纽约市政府发布《多元化城市：纽约经济多样化项目》，其核心是扶持对城市未来经济增长至关重要的企业创新活动，制定吸引及留住顶级人才的各类政策。纽约市政府提出重点发展生物技术、信息通信技术等具有明显增长潜力的高科技产业，并启动"东部硅谷"发展计划。2010 年，纽约市政府进一步提出，要把纽约打造成新一代的科技创新中心。政府利用土地与资金吸引高新技术与应用科技水平一流的院校与研究所进驻，并推出一系列减税政策重点孵化和扶持初创中小企业的成长；如建设纽约"硅巷"，形成高新技术企业群。2015 年，纽约市政府发布新十年发展规划《一个新的纽约市：2014–2025》，再次明确了"全球创新之都"的城市发展定位，并把施政重心聚焦在"培育适合大众创新创业的土壤"上，以此推动纽约形成创新创业热潮。在此基础上，纽约市政府推行多项重要的创新计划和措施，如应用科学、众创空间、融资激励、设施更新等计划。一系列政策的出台加速纽约从单一的"金融中枢"逐渐转型为"金融+科技"的全球性创新中心（图 3-4）。

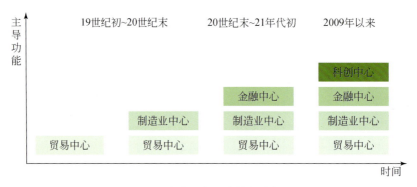

图 3-4　纽约湾区主导功能的演化过程

专栏 3-1　纽约"硅巷"

　　"硅巷"位于纽约曼哈顿，一般指聚集在从曼哈顿下城区到特里贝卡区等地的移动信息技术的企业群所组成的虚拟园区，无明确地理空间边界，并不是传统意义上的科技园区。"硅巷"拥有众多高科技企业群，已成为纽约经济增长的主要引擎，被誉为继"硅谷"之后美国发展最快的信息技术中心地带。"硅巷"的成功也为纽约找到了新的城市标签：美国"东部硅谷"、世界"创业之都"。在经历了 20 世纪 90 年代科技股泡沫后，"硅巷"现已成为超过 500 家初创企业的聚集地。2007~2011 年，该地区风投交易量暴涨 32%，2012 年资助总金额上升到 2.18 亿美元。2008 年全球金融危机为"硅巷"创造新机遇，主要得益于三大因素。一是人才优势。由于金融业进入严冬，华尔街对青年才俊的吸引力急剧减弱，大量从业者转投互联网产业。二是资金与服务。纽约拥有至少 12 个"孵化器"，充沛的投资、成熟的指导和全面的服务帮助初创企业更快地站稳脚跟。三是政策支持。纽约致力于提供优惠土地与资金政策，吸引应用科技水平一流的院校与研究所落户，把纽约打造成新一代科技中心。美国人将硅谷称为"西岸模式"，而将"硅巷"称为"东岸模式"。传统的"西岸模式"更关注技术容量和效率；而"东岸模式"的业务大多集中在互联网应用技术、社交网络、智能手机及移动应用软件上，创业者们注重把技术与时尚、传媒、商业、服务业结合在一起，开掘出互联网新增长点。

资料来源：赵程程和秦佳文（2017）；张净（2018）；邓智团（2015）；缪其浩和周玉琴（2000）。

3）东京湾区：创新体系引导产业演化

东京湾区：东京湾区位于日本本州岛，包含东京都及其邻近的千叶、琦玉、神奈川三个县区，是三大湾区中人口规模最大、基础设施最为完善的地区。2013 年，东京 GDP 总量高达 31 395 亿美元，位居世界城市首位。东京湾区是日本最大的工业城市群和国际金融、交通、商贸和消费中心。日本主要的工业企业包括钢铁、造船、机器制造、精密仪器、化工纤维、电子电机、能源、出版印刷等支柱性产业都集中在东京湾区。同时，东京湾区也是亚洲重要的科技创新中心，湾区内拥有 225 所大学，占全国近 30%；其中，学术机构和研究人员规模占比分别达到 40% 和 60%；发明专利授权数占全国的 61%；同时，Canon、Nikon、JDI、NEC 等世界级企业也是日本科技创新发达的重要标志。此外，东京作为亚洲金融中心之一，以东京证券交易所为代表的资本市场活跃，服务贸易繁荣，是世界上拥有财富 500 强企业最多的城市地区。

东京湾区来源于 20 世纪 60 年代谋划的"东京首都圈"，目标是依赖东京湾建设国际性大城市群。在东京湾开发过程中，两大工业地带逐渐形成：以银座为中心，依托川崎和神奈川形成京滨工业带，依托千叶形成京叶工业带。两大工业带集中了钢铁、有色冶金、炼油、石化、机械、电子、汽车、造船、现代物流等产业，是全球最大的工业产业集聚区。此外，京滨、京叶两大工业带也聚焦了金融、研发、文化和大型娱乐与商业设施等，成为世界主要的金融中心、研发中心、娱乐中心和消费中心。工业地带与东京的金融、总部、研发等功能紧密互动，使得日本成了世界重要的制造业及出口工业大国。此外，"错位承接""产研结合"是东京湾区"工业+科创"功能建设的重要战略（图 3-5）。20 世纪 80 年代，东京湾区工业由劳动密集型向知识密集型转变，同时制造业"错位承接"战略也升级为"产研结合"战略。进入 21 世纪以来，为重振日本经济、实现经济社会的可持续发展，日本政府从国家到地方统一明确了东京成为"全球创新网络枢纽"的发展目标，并为进一步优化东京投资环境、加快创新要素集聚、激发创新活力制定了一系列政策与措施（表 3-3）。日本政府于 2013 年 6 月发布了以创新驱动经济复兴和社会发展为宗旨的新的国家发展战略——《日本复兴战略》；2014 年 3 月日本政府正式指定东京圈、关西圈、福冈县福冈市、冲绳县四个地区作为国家战略特区；其中东京圈定位为"国际商务创新中心"，战略任务是促进国际资本、国际人才、国际企业聚集东京，开创具有国际竞争力的东京新产业。2014 年 6 月，日本内阁通过了新版科技创新综合战略《科学技术创新综合战略 2014——为了创造未来的创新之桥》，提出将日本打造成为"全球领先的创新中心"的重大战略。

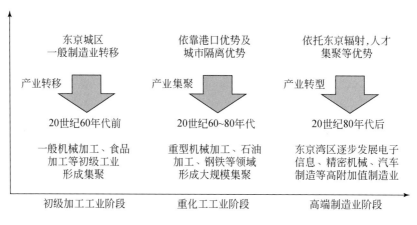

图 3-5   东京湾区产业转型的三大历史阶段

表 3-3   日本政府支持东京湾区建设国际科技创新中心的政策文件统计

发布时间	政策文件
1963 年	《关于促进中小企业现代化促进法》
1995 年	《科学技术基本法》
2000 年	《东京信息化计划》
2001 年	e-Japan、u-Japan、i-Japan 国家信息化战略计划
2004 年	《东京都产业科学技术振兴指南》
2010 年	《日本产业结构展望 2010》
2012 年	《领袖人才培养行动计划》
2013 年	《日本复兴战略》
2014 年	《科学技术创新综合战略 2014—为了创造未来的创新之桥》

3. 湾区国际科技创新中心建设的典型模式与启示

1）湾区国际科技创新中心建设的典型模式

世界级湾区的国际科技创新中心建设存在普遍模式（工信部赛迪智库规划研究所，2019）。首先，其驱动力主要来自于政府在制度层面的政策空间释放、企业在资本层面的风险投资支撑，以及高等院校及相关研究机构在知识创造和技术应用层面的直接产出。其次，不同发展阶段存在不同的创新主体，即政府、企业或高校在其中的主导性存在阶段性的差异；而在实际研究中，世界级湾区创新生态系统构建趋向于三种主体效应的混合模式（高维和，2015）。此外，产业是湾区建设科技创新中心最为关键的承载主体，其能够有效消除湾区经济与创新生态之间的转化障碍。概言之，加快产业创新和创新产业建设是推动湾区经济进一步向创新经济转化的重中之重（刘毅等，2020）。

全球性湾区（城市区域）普遍转型为科技创新中心，并实现"资本+创新"双轮驱动，是基于两个重要的转型趋势（池仁勇等，2021）。一是"全球生产网络"向"全球创新网络"的价值体系升级。在新一轮科技与产业变革趋势下，跨国企业开展研发的全球布局，通过科技创新和产业创新保持全球性的引领和控制地位。二是世界城市网络的区域空间关联载体已从资源、商品、资本等传统要素向知识、技术、资本、信息和人才等一体化意义上的创新要素升级（图3-6）。旧金山湾区在战争时代机遇下对于军事技术"遗产"的继承、迭代、集聚和扩散是当前全球科技创新中心形成路径中仍需持续学习和借鉴的重要经验，军民融合机制下的技术互动在特定条件下可以成为科技创新中心建设的重要原

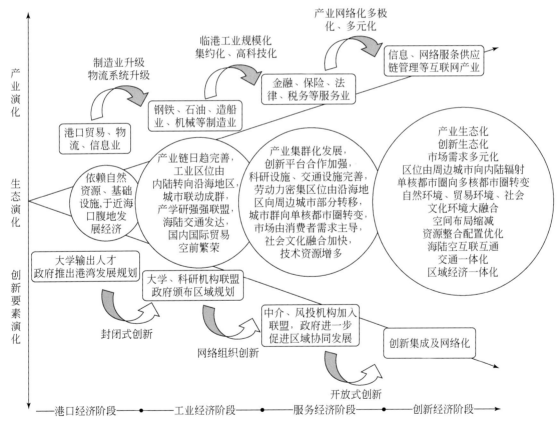

图3-6 湾区向科技创新中心转型的基本路径——产业、创新阶段虹吸与滚动

资料来源：池仁勇等（2021）

始资本。纽约湾区在金融危机挑战下推动金融资本的"创新转向",以政府作为串联者构建资本与技术之间动态互馈的"创新市场",充分引导资本强化对创新政策实践的支撑,并面向市场需求构建应用技术的创新生态体系。东京湾区作为亚洲地区传统的科技创新中心,其以初创中小企业为关键载体、以校企联合培养为基本路径的本土创新主导模式也是粤港澳大湾区面向未来全球科技竞争的重要经验参考。

(1) 旧金山湾区:大学知识生产驱动技术革命。

旧金山湾区充分发挥高校资源优势,以斯坦福大学为代表的高校为湾区科技创新提供人才、技术支撑,参与科技园建设,促进科技成果转化;政府加大科技研发投入,促进产业化,形成了"大学+政府"的典型模式。一方面,高校是科技创新园建设的执行主体,斯坦福大学在校内创建斯坦福研究园,吸引科技企业聚集,加速科技成果向企业转化,并为学生创新创业提供理想的平台和空间。同时,高校为企业创新提供人才。斯坦福大学毕业生创建了 HP、Apple、Yahoo 等知名企业,校友群体间接产生的实际经济产值占湾区总产值的 50%~60%。此外,湾区内高校提供技术支撑并主动产业化。斯坦福大学成立技术授权办公室(Office of Technology Licensing, OTL),负责管理斯坦福的知识产权资产,统一为学校内的各项科研成果申请专利,并把这些专利授权给商业企业,有力促进了科技成果的产业化。另一方面,政府支持高校和实验室利用政府采购等政策促进创新成果产业化和新产品应用。政府重点支持研究型大学和国家重点实验室建设,强化资金投入鼓励科技研发。通过政府采购加快新产品的产业化应用,如采购集成电路、计算机最新产品等。旧金山湾区代表了一种新的开发模式,其不同于重工业化时期主要对地域和物质资源的广度开发,而是后工业化时期对信息和智力资源的深层开发。硅谷不仅是美国西部经济第二次开发的典型代表,还是世界其他国家和地区进行高技术开发所效仿的对象。硅谷的崛起使全球从工业时代过渡到信息时代。同时,旧金山湾区拥有开放的经济空间和富有效率的科技金融体系,是全世界风险投资行业最发达的地区,其风投行业与创业板市场相互促进。在企业科技研发、成果转化、产业化发展等各个阶段,各类社会资源得以充分调动和配置,满足了高科技类产业的发展需求。

(2) 纽约湾区:商业资本与技术创新的双向互动。

纽约湾区在建设国际科技创新中心过程中,政府集中扮演利益主体间串联者的角色对纽约湾区在商业资本、高等教育、高级生产者服务业、消费产业等方面的突出优势进行资源再配置与要素重组,搭建创新价值循环体系。在定位方面,明确以产业化应用市场为主导方向,重点建设应用技术创新体系,与美国西海岸旧金山湾区的"基础科学导向"形成创新链的上下游互补。在具体建设方面,纽约湾区以政府的具体职能型部门为执行主体,通过开放政策空间、引导资本投入、建设承载实体三种基本路径形成国际科技创新中心建设的制度化支持体系(图3-7)。一是面向应用科学和工程学高校提供土地购置和基础设施建设资金支持,并重点推动高校孵化应用技术开发型初创企业;二是政府职能部门引导纽约在高级生产者服务业和消费产业方面高度集聚的金融资本规模化、持续性进入技术开发型企业,培育优势产业领域的技术升级需求与新创企业技术供给服务之间的双向市场,推动商业资本与技术创新形成互馈链接;三是建设"硅巷"和康奈尔科技园,以实体园区承载应用技术创新主体的培育与落地。

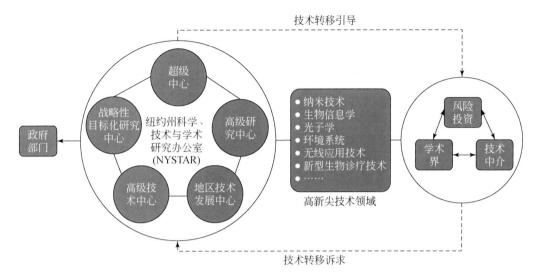

图 3-7　纽约湾区政府推动创新体系搭建的基本路径
资料来源：高维和（2015）

纽约湾区在建设国际科技创新中心的过程中，政府发挥了突出作用，特别是在建设科技园、加强要素保障、强化政策支持等方面。同时，纽约湾区的金融资本优势也扮演了至关重要的角色。一是政府投资建设科技园区培育科技企业。纽约市政府实施"应用科学计划"，建成全美首个政府投资规划的大学园区——康奈尔科技园，以此为载体，积极引进知名大学，投资20亿美元建设大学园区和初创企业孵化器，培育科技企业。二是政府强化土地、人才等要素保障为企业创新服务。为鼓励科技创新，纽约市政府免费向应用科学和工程学院的大学提供土地，投资1亿美元用于基础设施。纽约市政府提出"纽约人才引进草案"，帮助企业招揽信息、工程人才，针对医疗、环保核心领域，实施人才培养计划。三是政府联合金融资本实施融资担保强化资金保障。纽约市政府联合华尔街金融资本、风投公司等，实施"小微企业贷款担保计划"，开展小微企业融资担保。设立"纽约创业投资基金"，强化对创业企业的支持。成立纽约战略投资集团，为企业提供个性化金融解决方案。四是政府主动减税降费优化企业创新环境。湾区政府实施一系列优惠政策鼓励创新，如实施房地产税特别减征5年计划，免除商业房租税，开展企业电费优惠，分年度实施梯次减税和优惠；实施"创业纽约计划"，100%减免新创企业税收。

（3）东京湾区："创新服务机构+中小企业"引领多方共建模式。

东京湾区在建设国际科技创新中心的过程中，充分以新创小微企业为关键载体，通过多方系统政策支持的形式加以推动；其政策空间体现在法律制度建设、情报信息整合、融资渠道开放等方面。同时，日本政府坚持以本国企业研发为主导，对东京湾区外商投资的产业领域进行敏感行业保护和控制；构建"产学研"协作体系，推动基于企业与大学合作的人才培养计划，尤其针对半导体、家电、汽车等重点领域进行实践，形成了以政府、产业界、教育界和社会为主导，从不同方面创造条件培养创业人才的局面。东京湾区成立日本科学技术振兴机构（Japan Science and Technology Agency，JST），用以加大科研项目资金投入、促进专利成果产业化；企业坚持基础性研究和应用性研究并重，给予人才充分的研究自由，形成了"第三方机构+企业"的推进模式。一是 JST 持续加大对科研项目的资金支持。JST 经费主要来源于政府拨款，其向政府重点培育的战略性科研项目提供资金支持，资助团队 1.5 亿 ~5 亿日元；也直接资助企业研究人员，资助人均 3000 万 ~4000 万日元，其中部分受资助学者已获得诺贝尔奖。二是 JST 建专利数据库促进成果产业化。JST 将其支持的项目录入超大型数据库内，让缺少研发能力的企业在数据库中寻找专利，在科研成果与产业化应用之间架起桥梁。三是企业给予人才充分的研究空间。日本的基础科研多集中在企业，企业给予科研人员充分的自由，大企业的技术研发方向十分广泛，科研人员可按照自己的兴趣开展研究工作。

2）对粤港澳大湾区国际科技创新中心建设的启示

历史发展的轨迹表明，纽约湾区、旧金山湾区、东京湾区等著名湾区的发展都经历了从工业聚集向服务业聚集和创新资源聚集的提升，湾区空间成长与科技创新中心建设需要保持相应的协调性。相比之下，粤港澳大湾区尽管具备了建设国际科技创新中心的经济基础，但创新资源集聚及创新转化能力与世界级湾区存在较大差距（张虹鸥等，2021）。通过学习借鉴三大湾区的科创生态体系培育经验，比较三大湾区国际科技创新中心建设的过程与模式，得出以下启示。

（1）面向全球革新区域科技创新体系是建设国际科技创新中心的根本前提。

政府支撑区域科技创新体系的角色正在发生改变，对科技创新体系的管理职能和角色趋向于服务化和多元化。其角色功能正在从单纯的规划政策引导，向以投资者的角色进入产业创新领域，再向构建技术与资本对接市场的"串联"者转变。政府对创新体系要素的规划布局与支持管理更多体现在治理主体针对服务于创新生态的湾区经济系统要素的配置和资本调动；通过商业和金融资本大规模、持续性的研发投入形成对创新体系规范化、制度化、有序化、常态化的支撑。例如，三大湾区都充分发挥政府在资源配置和要素支撑方面的效率优势，顺利构建起资本与科技创新之间的上下游互动关系，并建立了市场化导向的互馈体系。

（2）以先进制造业和高级生产者服务业为载体全方位融入全球创新网络。

先进制造业与高级生产者服务业的集聚是催生创新的重要路径，其代表了湾区经济演化的最高形态。综合旧金山湾区、纽约湾区和东京湾区三大湾区的地域功能演化特征：湾区天然开放性的地理结构是近现代以海陆互联为主导的经济中心建设的原始基础，依托远洋航运逐步构建全球交通网络体系，并持续服务于区域从贸易中心、制造业中心向资本控制中心的演化进程。在先进制造业与高级生产者服务业形成互馈关系的过程中，创新要素培育和体系建设成为湾区深度嵌入全球价值链的关键抓手。粤港澳大湾区的产业结构具有明显的工业化和区域化特征，制造业发达，具备良好的高新技术产业与先进制造业基础和优势。例如，东莞产业链较为完备且专业化程度较高，聚集效应明显，被誉为"世界制造业基地"。但与其他三大世界级湾区相比，粤港澳大湾区服务业尤其是高端服务业发展相对不足，限制了其创新生态体系的深度建设。

（3）以政府为"串联者"构建"军–民"技术转化体系，加快初创企业成长。

旧金山湾区在 20 世纪美国政府持续性的军事电子技术需求导向下，奠定了高新科技产业发展的坚实的资本和技术基础。不同于主流的技术转移和产业化路径，"军转民"技术转移路径包括新技术的产业化应用和创新项目及其新创企业孵化，这也是产业驱动创新体系建设的主体内容。"军–民"融合的技术转化路径有利于充分发挥粤港澳大湾区先进制造业的基础优势，有效推动新创企业的快速成长，加快构建产业创新生态体系，激发科技创新中心建设的整体活力。此外，在政府成为"串联者"的角色功能中，纽约湾区所构建的"技术–资本"市场关系是粤港澳大湾区在建设国际科技创新中心过程中值得重点借鉴的基本模式。

3.2　粤港澳大湾区建设国际科技创新中心的能力评估

粤港澳大湾区建设国际科技创新中心，需要对照国际科技创新中心的概念内涵、要素及特征进行科学评估，同时对建设过程进行梳理与反思，为粤港澳大湾区的可持续发展提供科学合理的政策支持。本节首先梳理了粤港澳大湾区科技创新的发展历程，然后从科技创新投入、创新产出、创新平台、科技人才、政策环境、协同能力等方面对粤港澳大湾区创新资源进行系统评估，在此基础上，对粤港澳大湾区的创新发展能力进行综合研判，总结其主要优势与问题。

3.2.1　粤港澳大湾区科技创新的发展历程

纵观国际科技创新中心发展历程，一般呈现出由港口经济、工业经济、服务经济等向创新经济演进的规律，科技创新是区域经济发展的重要引擎。粤港澳大湾区经过 40 年发展，由国家农业区发展为世界工厂与全球重要的创新基地，形成了"先进制造+数字经济"的现代产业大格局，以及具有国际竞争力的创新生态系统。在这个过程中，产业发展与创新能力升级互相促进，螺旋上升，一方面产业升级对区域创新能力的需求大幅提升，为区域创新活动提供了强大的源动力；另一方面创新成果的转化有助于产业实现技术跃升，激发生产要素与生产关系不断重组，促进生产力不断上升（张虹鸥等，2021；叶玉瑶等，2020）。因此，科技发展与产业升级息息相关，粤港澳大湾区的科技和产业发展大致可分为以下几个阶段。

1. 第一阶段：科技创新起步阶段（1978 年之前）

19 世纪，清朝开放珠三角作为通商口岸，珠三角率先引领了商业革命和工业近代化，华侨将国际科技成果带回家乡，推进轻工业、能源、工矿、银行等近代行业的发展。香港的制造业起步于 20 世纪初，中小规模企业相继诞生，纺织业发展迅速，劳动密集型轻工业大量涌现。澳门传统三大手工业——爆竹、火柴和神香亦在此时快速发展。在中华人民共和国成立之后至改革开放之前，香港的轻工业迎来大发展，纺织业、制衣业、塑胶业、电子业等发展成长起来，香港制造成为享誉国际的品牌。珠三角九市在这一时期按照以农业为主、工业为辅的计划总基调，对农业、手工业和资本主义工商业进行了社会主义改造，以日用消费品生产为主，区域的主要定位仍为国家农业区。但是，在这期间，广东省的农业技术得到了一定程度的发展，如 1953 年起华南农垦局牵头开展的橡胶北植研究，1956 年广东省的农民育种专家培育出中国第一个大面积推广的矮秆籼良种，以及 1958 年家鱼全人工繁殖研究成功等。

2. 第二阶段：技术创新引入阶段（1979~1991 年）

1979 年，珠三角地区成为改革开放的先行试验地，实施对外开放的特殊政策和灵活措施，加快发展地方经济。1979 年，珠海香洲毛纺厂投产，这是内地第一家"三来一补"企业，设备来自波兰、日本、英国、德国等国家；1979 年 7 月，深圳、珠海成为"出口特区"，自此成为我国对外开放的大门；1983 年，香港与内地合资创办的白天鹅宾馆在广州正式开业，这是内地首家五星级宾馆；等等。

珠三角地区充分利用国家给予的开放政策，发挥毗邻港澳的区位优势，承接港澳以及国际的产业转移，在实践中确立了以外向型经济为主导的产业发展格局。珠江西岸地区通过引进海外生产线，建立起了大型洗衣机和冰箱组装与生产基地，轻工业技术高速发展；珠江东岸地区则凭借低廉的土地价格和廉价且充足的劳动力，承接了大量香港制造业转移。这一时期，对外开放程度显著提高，通过大力引进海外技术，承接制造业转移，区域经济快速发展。这一阶段，一系列重大科技成果在珠三角涌现，如中国科学院广州地球化学研究所傅家谟主持开展的中国煤成气的开发研究，以及大亚湾核电站建设工程、广州抽水蓄能电站建设工程等。总体来看，这一阶段珠三角地区创新水平初步得到发展，自主创新尚在萌芽阶段。

3. 第三阶段：技术创新跟随模仿阶段（1992~2007 年）

1992 年，珠三角加大了改革开放的力度，积极引进外资，工业化程度不断提高，技术创新突飞猛进。抓住国际产业转移的机遇，承接发达国家以及港澳台地区的产业转移，珠三角九市与港澳形成"前店后厂"模式，发展"三来一补"式的出口型制造业配套加工，逐渐形成了完整的技术创新链，但仍然以跟随和模仿为主。香港、澳门回归后，内地进一步加强与香港、澳门的经贸合作关系，香港转型为全球经贸交往的桥梁，成为国际商贸、物流、金融、航运和专业服务中心。自此，粤港澳大湾区形成了多层次、多形式、多功能的全方位对外开放格局。2001 年我国加入世界贸易组织（World Trade Organization，WTO），在更大范围、更高层次上参与国际经济技术合作。这一阶段，华为、中兴等主要通信高科技企业加速成长，大量专业镇承担起产业集群和创新集群的功能，高校和科研单位的基础研究能力节节攀升，科学研究成果大量涌现，中山大学朱熹平和旅美数学家、清华大学兼职教授曹怀东给出了庞加莱猜想的完整证明，国际数学界上百年的重大难题被我国科研机构完全破解。

4. 第四阶段：技术改良向自主创新转向阶段（2008~2018 年）

受 2008 年全球金融危机的冲击，粤港澳大湾区的出口企业受到重创，珠三角传统的成本优势开始丧失，企业经营成本大大增加。珠三角为应对危机，提出"三促进一保持"战略，促进自主创新能力提高，促进传统产业转型升级，促进现代产业体系建设，保持经济平稳较快增长，由技术改良创新走向了自主创新的道路。在高新技术推动下，产业融合成为跨界创新的重要手段，特别是通过互联网+制造、人工智能+制造、服务+制造等形式，推动了区域全链条产业升级。在空间布局和协调发展方面，通过产业转移和劳动力转移的"双转移"政策，通过"腾笼换鸟"为高端产业和科技发展腾出空间，新建了各类技术创新园区和高新产业园，创新环境大幅改善。2018 年，广东省区域创新综合能力排名保持全国第一，有效发明专利 25 万余件，PCT 国际专利申请量约占全国一半，技术自给率达 73%，高新技术企业数量超过 4 万家；在 2018 年度国家科学技术进步奖中，广东省共有 45 项重大科技成果获奖。在这一阶段，粤港澳大湾区已建立起了以企业为主体，以市场为导向，产学研结合的区域创新体系和成果转化体系，具备了建设国际科技创新中心的实力基础，建设国际科技创新中心的战略目标呼之欲出。

5. 第五阶段：全面建设国际科技创新中心（2019 年至今）

2019 年《粤港澳大湾区发展规划纲要》发布，其中明确提出粤港澳大湾区要"建设国际科技创新中心""深入实施创新驱动发展战略，深化粤港澳创新合作，构建开放型融合发展的区域协同创新共同体，集聚国际创新资源，优化创新制度和政策环境，着力提升科技成果转化能力，建设全球科技创新高地和新兴产业重要策源地"。这标志着粤港澳大湾区科技创新活动的空间尺度进一步扩大，充分利用海内外的创新资源打造协同、开放、高效的创新体系，构建国际科技影响力。截至目前，粤港澳科技合作已得到明显加强，世界知识产权组织发布的《2020 年全球创新指数》中，"深圳–香港–广州创新集群"排名全球第 2 位；粤港澳大湾区已构建起了以企业为核心的创新主体结构，以自主创新为主导、技术引进消化并重的创新模式，以多元化投入为动力的创新运行机制，以及以技术孵化转让为链条的创新产业体系，并进一步与国际接轨；粤港澳大湾区拥有国际领先的现代工业体系，其配套体系正在逐步完善当中，高新技术企业超过 3 万家，居全国首位；珠江东西两岸分别形成高端电子信息和先进装备制造两大产业带，科技水平领跑全球。在建设国际科技创新中心的过程中，关键在于建立以市场为导向、产学研结合的开放式区域创新体系，保障创新要素供给，扩大创新成果的市场空间，全面提升国际竞争力。

3.2.2 粤港澳大湾区国际科技创新中心建设评价

粤港澳的科技创新模式具有鲜明的"双核"结构特征，即港澳以高校创新为核心，珠三角以企业科技创新为核心；同时，完善的政策体系、发达的资本市场、良好的创新设施、宽容的文化氛围为科技创新活动提供多方位支持，构筑起坚实的科技创新体系。作为全球创新网络中的枢纽，国际科技创新中心城市一般拥有优越的区位条件、一流的创新环境、丰富的创新资源、活跃的创新活动、丰硕的成果产出和雄厚的产业基础，同时具有较大的虹吸能力、辐射能力和影响力，对创新资源在全球创新网络中的流动与组织过程发挥着支配性作用。全球性经济中心存在向全球科技创新中心转型的总体趋势，重点表现为从自然资源投入到技术创新要素扩散的转型（杜德斌和何舜辉，2016）。综合三大世界级湾区创新转型过程，总结出六大维度对粤港澳大湾区国际科技创新中心的建设进行定量评价和分析，分别为：科技投入、创新产出、创新平台建设、科技人才支撑、政策环境搭建、协同能力体系（图 3-8）。

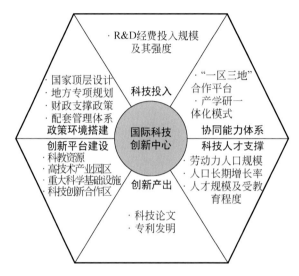

图 3-8 粤港澳大湾区国际科技创新中心建设评价体系

1. 科技投入与创新产出

粤港澳大湾区作为我国改革开放的前沿阵地，科技创新资源集中，是我国创新型经济的重要增长极。科技投入方面亦处于领先地位，2019 年，粤港澳大湾区 R&D 投入经费达 3200 亿元，高于全国各省（自治区、直辖市），排在广东、江苏、北京之前（图 3-9）。但从科技投入强度（R&D 投入经费占 GDP 的比例）来看，粤港澳大湾区并不突出，R&D 投入强度为 2.76%，低于北京（6.31%）、上海（4.00%）、天津（3.28%）、台湾（3.26%）、广东（2.88%）和江苏（2.79%）。

从国际层面看，与各国整体水平相比，2018 年粤港澳大湾区的 R&D 投入水平（423.2 亿美元）位居第八位（图 3-10），前七位分别为美国（5839.9 亿美元）、中国（3037.0 亿美元）、日本（1617.5 亿美元）、德国（1226.4 亿美元）、韩国（829.7 亿美元）、法国（613.3 亿美元）、英国（493.2 亿美元）。意大利和加拿大的 R&D 投入经费分别为 292.6 亿美元和 268.8 亿美元，与粤港澳大湾区还有较大差距。而科技投入强度方面，粤港澳大湾区为 2.57%，与以色列（4.95%）、韩国（4.81%）、瑞典（3.33%）、日

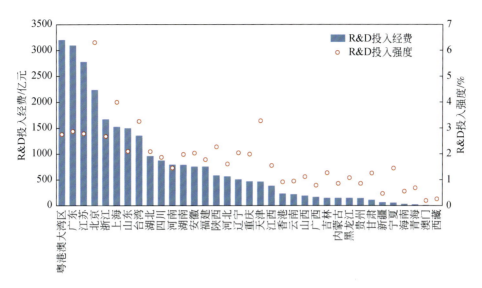

图 3-9　2019 年粤港澳大湾区与全国各省（自治区、直辖市）R&D 投入

资料来源：《2019 年全国科技经费投入统计公报》，香港统计年刊、澳门统计年鉴、台湾统计年鉴，

其中澳门、台湾为 2018 年数据

本（3.26%）、奥地利（3.09%）、德国（3.09%）、丹麦（3.06%）、美国（2.83%）等国家还有一定差距，但增长较为迅速，2019 年 R&D 投入强度达 2.76%，已逐渐接近世界领先水平。

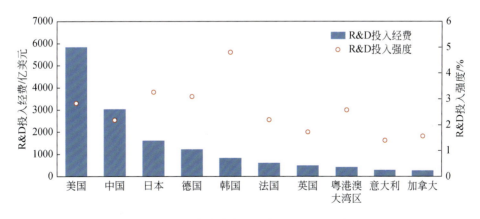

图 3-10　2018 年全球主要国家和地区 R&D 投入

资料来源：世界银行、广东统计年鉴、香港统计年刊和澳门统计年鉴

粤港澳大湾区内部的科技投入水平差距明显（图 3-11）。科技投入最多的城市为深圳，R&D 投入经费达到 1328.3 亿元，占整个湾区总 R&D 投入经费的 41.48%；其次为广州，2018 年共投入 677.7 亿元，占比 21.17%；东莞、佛山、香港的 R&D 投入经费在 200

亿~300 亿元，占比分别为 9.06%、8.98%、7.25%；惠州和珠海的 R&D 投入经费突破
100 亿元，江门、中山、肇庆和澳门的科技投入相对较少。从科技投入强度来看，深圳异
军突起，R&D 投入强度达到 4.93%，远超湾区其他城市，在国际当中亦具有较强的竞争
力，和科技投入强度最高的国家——以色列的水平基本持平，这无疑与深圳高新技术产业
密集关系密切；其次为珠海和东莞，R&D 投入强度均超过 3%，这两个城市未来的科技创
新水平可能迎来较大提升；广州科技创新基础较为雄厚，R&D 投入强度为 2.86%；香港
和澳门是粤港澳大湾区科技投入强度最低的两个城市，R&D 投入强度分别为 0.92% 和
0.20%，香港和澳门的产业结构高度集中于金融、博彩等服务业，科技投入严重不足。

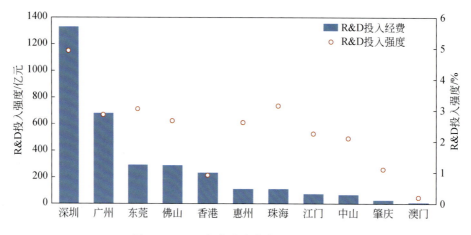

图 3-11　2019 年粤港澳大湾区 R&D 投入

　　论文和专利是科技创新活动的主要产出和成果。粤港澳大湾区的论文产出呈加速上涨
的态势，近五年的年均增长率达 18.59%，2020 年粤港澳大湾区共有 77 206 篇 SCI/SSCI
论文发表。相比之下，PCT 专利产出的增长趋势在 2018 年之后出现了停滞，近三年
（2018~2020 年）的 PCT 专利年发表量维持在 27 000 件左右（图 3-12）。
　　从全国 SCI/SSCI 论文发表量分布图（图 3-13a）中可以看出，由广州、香港、深圳组
成的组团成为中国南方重要的知识生产中心，相对比较集中，但与长三角"多点开花"的
知识生产格局存在较大差距。在省级层面，粤港澳大湾区 SCI/SSCI 论文发表量落后于北
京（115 564 篇）和江苏（80 452 篇），领先于其他省（自治区、直辖市）；在市级层面，
广州以 38 179 篇的 SCI/SSCI 论文发表量位于全国第 4 位，不及北京（115 564 篇）、上海
（57 468 篇）、南京（44 863 篇），香港和深圳分别位列全国第 12 位和第 13 位，澳门、珠
海、东莞和佛山分别排名第 43 位、第 44 位、第 49 位和第 56 位，江门、中山、惠州、肇
庆则排在 100 名之后。
　　在专利的产出方面，粤港澳大湾区的优势更为明显（图 3-13b）。粤港澳大湾区各城
市组成了一个强大的组团，成为中国专利产出数量最多也最密集的区域之一。与长三角相
比，珠三角整体 PCT 专利产出数量较多，单个城市的竞争力明显，每平方千米拥有发明专
利 2.71 件，远高于长三角地区（0.85 件/km²），但在具备一定规模专利产出的城市数量

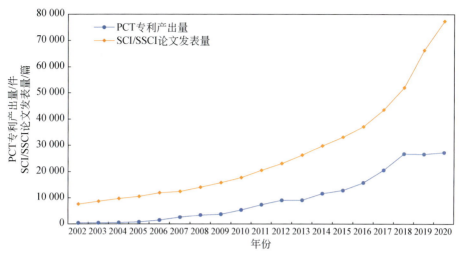

图 3-12 　 2002～2020 年粤港澳大湾区创新成果增长统计

资料来源：Web of Science 核心合集、WIPO 专利数据库

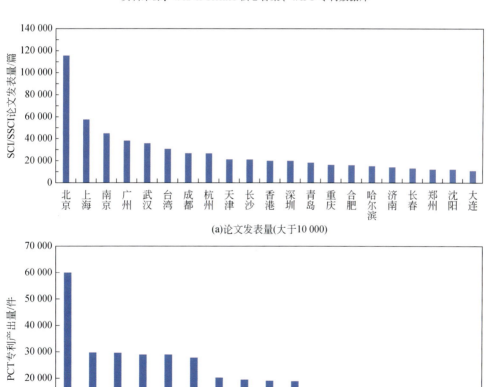

图 3-13 　 2020 年全国地级市论文发表量与专利产出规模分布

方面有所欠缺，粤港澳大湾区共有 5 个城市的 PCT 专利产出量超过 1 万件，长三角则有 8 个城市达到了同样水平。与世界三大湾区相比，粤港澳大湾区的论文与专利产出处于领先地位（图 3-14）。2020 年，粤港澳大湾区共发表论文 77 279 篇，是纽约湾区以及东京湾区论文发表量的 1.5 倍，是旧金山湾区的 2.5 倍。同样地，粤港澳大湾区的发明专利数量也超越其他三大湾区，专利数量超过 100 万件，与纽约湾区和旧金山湾区相近。但是，粤港澳大湾区的高质量创新产出远远不及其他三大湾区。2020 年，粤港澳大湾区发表在国际顶级期刊 Science 和 Nature 上的论文为 100 篇，远低于纽约湾区的 291 篇、旧金山湾区的 256 篇和东京湾区的 145 篇。从单位强度看，粤港澳大湾区（10.6 篇/万人）与纽约湾区（23.5 篇/万人）和旧金山湾区（40.0 篇/万人）也有相当大的差距，与东京湾区（11.2 篇/万人）相当。专利质量方面，粤港澳大湾区专利质量低于世界三大湾区，旧金山湾区的专利质量最高，每项专利的平均施引数是粤港澳大湾区的 4 倍多。

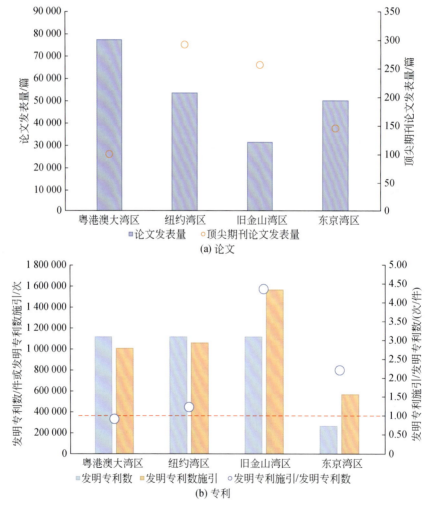

图 3-14 2020 年世界一流湾区 SCI/SSCI 论文与专利产出规模对比

资料来源：Web of Science 核心合集 SCI/SSCI 数据库、《粤港澳大湾区协同创新发展报告（2019）》

论文发表方面，湾区内部的论文产出高度集中于广州、香港、深圳三座城市，其中广州和深圳的增长速率较高，优势明显，与其他城市的差距仍在拉大，深圳即将超越香港成为湾区论文发表量第二的城市（图 3-15a）。专利产出方面，深圳优势明显，至今已有 PCT 专利 14 万余件，遥遥领先于湾区其他城市，同时位居全国首位；东莞共拥有 PCT 专利 1.2 万余件，2020 年共产出 3439 件 PCT 专利；香港和广州 2020 年 PCT 专利产出量相当，均在 1500 件左右，其中广州 PCT 专利产出量在 2019 年和 2020 年连续下降，而香港则保持平稳增长的态势；佛山和珠海目前每年的 PCT 专利产出量在 800～900 件，珠海的增长势头强劲；其他城市的专利产出较少，尤其肇庆和澳门的年均产出量在 50 件以下（图 3-15b）。

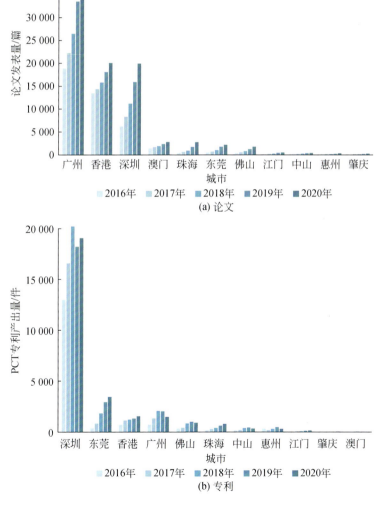

图 3-15　粤港澳大湾区各城市论文发表和专利产出对比
资料来源：Web of Science 核心合集 SCI/SSCI 数据库、WIPO 专利数据库

2. 创新平台建设

围绕重大生产力布局，粤港澳大湾区建设创新平台和物理载体的步伐不断加快。据《中国火炬统计年鉴》数据，截至 2019 年，广东共有高新企业 49 991 家，是全国高新企业数量最多的省级行政区，远超位于第二名和第三名的江苏（23 946 家）和北京（23 190 家）（表3-4）；广东在孵化器和众创空间等创新平台方面同样领先全国，截至 2019 年，共有科技企业孵化器 1013 家，众创空间 952 个，广泛地服务于以中小型科技企业为主的创新主体，大力促进科技成果转化。作为粤港澳大湾区的资源配置枢纽、创新活动策源地以及新兴产业孵化器，广州先后建设了广州科学城、广州中新知识城、南沙科学城等重大平台，人工智能与数字经济试验区正在推进当中，穗港智造合作区将全面对接香港以及国际规则，打造千亿级智能制造产业集群，充分利用香港在科教资源、金融、工业设计、国际化环境等方面的优势，进一步发挥珠三角的制造业优势，实现"1+1>2"的合作潜力与效能。新华社公布的数据显示，2019～2020 年，共有 19 项粤港联合创新项目得到资助并正式立项；共有 1.3 万家港资企业和 3280 家澳资企业在深圳前海、广州南海、珠海横琴等创新合作平台落户。

表 3-4　全国科创平台数量省际分布（2019 年）

2020 年	高新企业数量/家	科技企业孵化器数量/个	众创空间数量/个	合计
安徽	6 547	170	272	6 989
澳门	0	0	0	0
北京	23 190	130	245	23 565
福建	4 767	135	352	5 254
甘肃	1 045	79	207	1 331
广东	49 991	1 013	952	51 956
广西	2 366	106	136	2 608
贵州	1 620	42	82	1 744
海南	563	8	24	595
河北	7 611	251	513	8 375
河南	4 749	167	229	5 145
黑龙江	1 230	182	54	1 466
湖北	7 686	216	337	8 239
湖南	6 209	89	186	6 484
吉林	1 691	93	110	1 894
江苏	23 946	832	836	25 614

续表

2020 年	高新企业数量/家	科技企业孵化器数量/个	众创空间数量/个	合计
江西	5 066	62	174	5 302
辽宁	5 147	67	194	5 408
内蒙古	896	50	148	1 094
宁夏	201	15	6	222
青海	176	14	46	236
山东	11 358	358	626	12 342
山西	2 485	62	314	2 861
陕西	4 357	122	284	4 763
上海	12 619	175	164	12 958
四川	5 594	168	175	5 937
台湾	0	0	0	0
天津	6 013	81	191	6 285
西藏	66	1	2	69
香港	0	0	0	0
新疆	644	38	96	778
云南	1 454	40	122	1 616
浙江	16 152	363	709	17 224
重庆	3 105	77	214	3 396

深圳作为中国特色社会主义先行示范区,其定位为综合性国家科学中心,深圳光明科学城、深圳宝安空港新城、深圳高新技术产业园区、坂雪岗科技城、深圳国际生物谷等重大创新载体正在发挥重要作用,国际量子研究院、金砖国家未来网络研究院中国分院等机构落户河套深港科技创新合作区,为推进深港科技合作提供了良好的合作平台(表3-5、表3-6)。珠海在促进澳门与内地科技合作方面发挥着重要作用。澳门大学、澳门科技大学等设立横琴分校;横琴先进智能计算平台已初步建立,可实现 1.16×10^{18} 次/s 的计算能力。除了大型的创新产业园区,高校和科研机构是区域创新活动更为集中的创新载体。ESI(Essential Science Indicators)数据显示,粤港澳大湾区共有41所高校累计248个学科领域进入全球前1%,其中9所高校累计23个学科领域进入全球前1‰。近年来,粤港澳大湾区高校平台创新动力强,发展势头好,香港大学、香港中文大学、中山大学等老牌名校保持较好较快发展的同时,南方科技大学、深圳大学、深圳大学城、华为等高校和创新平台在生物学、化学、医学、计算机等多个领域取得较大进展,已进入全球前1%的行列。

表 3-5　粤港澳大湾区大科学装置一览

类别	大科学装置名称	所在地	牵头单位
已建成项目（5 个）	中国散裂中子源	东莞	中国科学院高能物理研究所
	深圳国家基因库	深圳	华大基因股份有限公司
	国家超级计算广州中心	广州	国家超级计算广州中心（中山大学）
	国家超级计算深圳中心	深圳	国家超级计算深圳中心
	大亚湾中微子实验室	惠州	中国科学院高能物理研究所
在建项目（9 个）	中微子实验站	江门	中国科学院高能物理研究所
	加速器驱动嬗变研究装置	惠州	中国科学院近代物理研究所、先进能源科学与技术广东省实验室
	强流重离子加速器装置	惠州	中国科学院近代物理研究所、先进能源科学与技术广东省实验室
	新型地球物理综合科学考察船	广州	中国科学院南海海洋研究所
	天然气水合物钻采船	广州	广州海洋地质调查局
	合成生物研究设施	深圳	中国科学院深圳先进技术研究院
	脑解析与脑模拟设施	深圳	中国科学院深圳先进技术研究院
	空间环境与物质作用研究设施	深圳	哈尔滨工业大学（深圳）
	空间引力波探测地面模拟装置	深圳	中山大学深圳校区
谋划建设项目（10 个）	鹏城云脑Ⅱ	深圳	鹏城实验室
	动态宽域飞行器试验装置	广州	中国科学院力学研究所、广东空天科技研究院
	极端海洋环境综合科考系统	广州	中国科学院沈阳自动化研究所、广东智能无人系统研究院
	高密度能源燃料研究装置	惠州	中国科学院高能物理研究所
	精准医学影像大设施	深圳	北京大学深圳研究生院
	冷泉生态系统大科学装置	广州	中国科学院南海海洋研究所、南方海洋科学与工程广东省实验室
	南方先进光源	东莞	中国科学院高能物理研究所
	人类细胞谱系大科学研究设施	广州	中国科学院广州生物医药与健康研究院、生物岛实验室
	横琴智能超算中心	珠海	中国科学院计算技术研究所
	先进阿秒激光装置	东莞	中国科学院物理研究所和中国科学院西安光学精密机械研究所、松山湖材料实验室

表 3-6 粤港澳大湾区各市主要创新集聚空间

城市	科技创新合作平台	创新-产业园区	重大创新基础设施
广州	广州大学城-国际创新城、广州中新知识城、广州科学城、广州南沙自贸区	科研：广州国际生物岛园区、广州天河智慧城、广州中大国际创新谷和南中轴创新带、广州国际健康城、广州-天河·公园智谷片区、琶洲人工智能与数字经济试验区； 制造：广州增城经济技术开发区核心区、广州-黄埔·云埔片区、广州-增城·太平洋夏埔片区、庆盛科技创新产业基地； 服务：广州黄埔临港经济区、广州空港经济区、广州白鹅潭现代服务业集聚区园区、广州南站商务区、广州-增城·珠江国际智能科技产业园片区	国家超级计算广州中心、中国科学院空天信息研究院、粤港澳大湾区研究院（太赫兹国家科学中心）
深圳	深圳光明科学城、深圳空港新城、深圳高新技术产业园、坂雪岗科技城、国际生物谷	科研：河套深港科技创新合作区、深圳留仙洞总部基地、深圳梅林-彩田片区、大梧桐新兴产业带、深圳-凤凰文旅科技小镇、光明凤凰城、大运新城、国际低碳城； 制造：深圳国家高新区坪山园区、深圳盐田河临港产业带； 服务：深圳前海深港现代服务业合作区、深圳福田保税区-河套深方科技园、深圳湾超级总部基地、深圳宝安中心区、龙华中心区、坪山中心区	国家超级计算深圳中心
香港	金融和知识产权服务集聚区、香港院校集聚区	科研：香港新界北新市镇； 制造：香港科学园； 服务：古洞北新发展区、洪水桥新发展区、大埔工业邨、东大屿都会	
澳门		制造：珠澳跨境工业区（澳门园区）、粤澳合作中医药科技产业园	
珠海	珠海西部生态新区	科研：唐家湾滨海科技新城科创海岸； 制造：富山工业园、高栏港经济区、珠澳跨境工业区（珠海园区）； 服务：横琴·澳门青年创业谷、西部中心城区、金湾航空城、平沙新城	横琴人工智能超算中心
东莞	东莞中子科学城、东莞松山湖科技产业园、滨海湾新区	制造：东莞石鼓片区、东莞银瓶创新园、东莞生态园、东部工业园、沙田临港现代产业带； 服务：东莞水乡新城、东莞虎门北站片区	中国散裂中子源
佛山	佛山三龙湾高端创新集聚区、佛山粤港澳合作高端服务示范区、千灯湖创集聚区	制造：火炬创新创业园、软件产业园、国家（南海）高端装备产业园、欧洲工业园； 服务：智慧新城、三水新城	
中山	翠亨新区	科研：中山火炬开发区高新技术产业园； 制造：升辉工业区、三角镇高平工业区； 服务：岐江新城	

续表

城市	科技创新合作平台	创新–产业园区		重大创新基础设施
惠州	潼湖生态智慧区、中韩（惠州）产业园、稔平能源科技岛	科研：中国科学院"两大科学装置"； 制造：仲恺高新区、大亚湾经济开发区； 服务：惠州空港经济产业区、环大亚湾新区		强流重离子加速器装置、加速器驱动嬗变研究装置
江门	江门高新技术产业开发区	科研：火炬高新技术创业园； 制造：开平翠山湖科技产业园、新会银洲湖； 服务：江门高新产业新城、银湖湾滨海新城		江门中微子实验站
肇庆	肇庆高新技术产业开发区、肇庆新区	科研：肇庆学院大学科技园 制造：粤桂合作特别试验区、广佛肇（怀集）经济合作区		

　　粤港澳大湾区高校/机构创新平台的发展表现出两个"不平衡"（表3-7）。

　　一是香港与内地的高校发展水平的不平衡。在香港的高校中，香港大学（22名）、香港科技大学（27名）、香港中文大学（43名）和香港城市大学（48名）位列2021年QS世界大学排名的前50名，香港理工大学位列第75名，香港浸会大学排名第264名，六所香港主要高校科研实力强，是香港乃至粤港澳大湾区重要的创新平台。在2021年QS世界大学排名中，中山大学排名第263名，紧邻香港浸会大学，同时在中国高校（港澳台除外）排名中位列第11名；南方科技大学排名第323名，内地排名第14名；华南理工大学排名第462名，暨南大学和深圳大学均位列第601~650名。受历史因素影响，珠三角各城市间高校资源分布差异性非常大，4所仅有的珠三角本地211院校全都集中在广州，深圳除了深圳大学、南方科技大学外，近年来逐渐吸引了清华大学、香港中文大学等前来建立分校，一定程度上弥补了高校资源的不足。但是除了广州、深圳以外，珠三角其他城市如东莞、佛山等，尽管经济较发达，却缺乏相应的知名院校，本土化人才培养和知识积累有所不足。

表3-7　分研究领域粤港澳大湾区 ESI 前1%与前1‰的高校与研究机构统计

研究领域	高校/机构数量/所		高校/机构名称（前1‰）
	前1%	前1‰	
临床医学	27	4	中山大学、香港大学、香港中文大学、南方医科大学
化学	23	2	华南理工大学、中山大学
工程科学	23	5	香港理工大学、香港城市大学、华南理工大学、香港科技大学、香港大学
环境/生态学	19	0	
材料科学	18	5	华南理工大学、香港城市大学、中山大学、香港科技大学、香港理工大学
生物学与生物化学	15	0	
计算机科学	15	3	香港城市大学、香港理工大学、香港科技大学

续表

研究领域	高校/机构数量/所		高校/机构名称（前 1‰）
	前 1%	前 1‰	
药理学与毒物学	15	1	中山大学
社会科学	13	2	香港大学、香港理工大学
农业科学	9	1	华南农业大学
物理学	9	0	
植物与动物科学	9	0	
地球科学	8	0	
分子生物学	8	0	
神经科学与行为	8	0	
心理学	8	0	
经济与商学	7	0	
数学	6	0	
免疫学	4	0	
微生物学	3	0	
多学科	1	0	
空间科学	0	0	

资料来源：ESI 数据库

　　二是学科发展不平衡（表 3-7 和图 3-16）。大湾区高校/机构进入 1‰ 的学科领域为农业科学、化学、临床医学、计算机科学、工程科学、材料科学、药理学与毒物学、社会科学。其中，粤港澳大湾区在工程科学和材料科学领域实力最强，分别有 5 所高校进入全球前 1‰，工程科学领域，香港理工大学、香港城市大学进入全球工程科学的 30 强，分列第 19 名和第 26 名；材料科学领域，华南理工大学实力最强，位于全球第 33 名；临床医学领域，有 4 所高校进入了全球前 1‰，分别为中山大学、南方医科大学、香港大学和香港中文大学；计算机科学领域，进入全球前 1‰ 榜单的为香港的 3 所高校；化学领域，华南理工大学和中山大学进入全球前 1‰；社会科学领域，香港大学和香港理工大学进入全球前 1‰ 榜单。此外，华南农业大学在农业科学领域，中山大学在药理学与毒物学领域进入全球前 1‰。然而，在生物学与生物化学、经济与商学、环境/生态学、地球科学、免疫学、数学、微生物学、分子生物学、多学科、神经科学与行为科学、物理学、植物与动物科学、心理学、空间科学等领域，粤港澳大湾区还没有任何高校或机构进入全球前 1‰ 的行列，这意味着粤港澳大湾区在这些领域仍为跟随者的角色，还有较大的成长空间。

3. 科技人才支撑

　　粤港澳大湾区凭借其强大的人口和人才吸引力，2020 年常住人口超 8600 万人（占全国总人口的 5.97%），人才总量已超过 1800 万人。粤港澳大湾区十年间人口增长约 2240 万人，十年增长率高达 35.14%，超过江苏、浙江、上海十年间人口增长之和（表 3-8）。广东省连续 14 年成为全国人口第一大省，粤港澳大湾区成为全国人力资源最丰富的地区

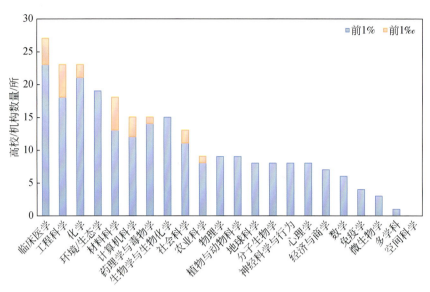

图 3-16　粤港澳大湾区 ESI 前 1% 与前 1‰的高校/机构数量（按研究领域）

资料来源：ESI 数据库

之一。其中，深圳十年人口增长率超过 60%，为 68.47%；珠海也表现出强大的人口吸引力，十年人口增长率为 56.36%；广州和中山次之，十年间人口增长 40% 以上，江门、肇庆的人口吸引力则明显不足，十年间人口增长分别为 7.85% 和 4.99%。

表 3-8　粤港澳大湾区第七次人口普查统计

地区	2020 年人口/人	2010 年人口/人	人口增长/人	十年增长率/%
深圳	17 560 061	10 423 530	7 136 531	68.47
香港	7 481 800	7 024 200	457 600	6.51
珠海	2 439 585	1 560 229	879 356	56.36
广州	18 676 605	12 700 800	5 975 805	47.05
中山	4 418 060	3 120 884	1 297 176	41.56
佛山	9 498 863	7 194 311	2 304 552	32.03
惠州	6 042 852	4 597 002	1 445 850	31.45
东莞	10 466 625	8 220 237	2 246 388	27.33
澳门	649 342	5 38 215	111 127	20.65
江门	4 798 090	4 448 871	349 219	7.85
肇庆	4 113 594	3 918 085	195 509	4.99
粤港澳大湾区	86 145 477	63 746 364	22 399 113	35.14

注：香港、澳门人口数据来自于世界银行统计

从受教育程度来看，广东的平均受教育年限达到了 10.38 年，仅次于北京和上海，但高素质科技人才仍然不足。第七次全国人口普查数据显示（图 3-17 和表 3-9），深圳每 10 万人中拥有大学学历的达到了 28 849 人，其次为广州市（27 277 人）和珠海市（25 752 人），明显高于全国平均水平（15 467 人/10 万人），但仍不及北京（41 980 人/10 万人）、上海（33 872 人/10 万人）等我国一流的国际科技创新中心。香港拥有大学学历的人数达到了 33 900 人/10 万人，与上海的水平相当，是粤港澳大湾区人口受教育程度最高的城市。佛山市（16 143 人/10 万人）与全国平均水平基本持平，东莞、中山、惠州、江门、肇庆的人口受教育程度还有较大的提升空间。同时，粤港澳大湾区研发人员数量占比不及北京、上海、江苏、浙江等地，研发人员缺口仍然较大，科研领域的人才聚集程度不足。广

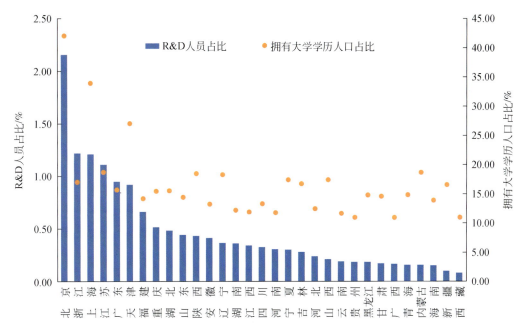

图 3-17　全国 R&D 人员和拥有大学学历人口占比（2019 年）

表 3-9　粤港澳大湾区各市人口受教育程度

排序	城市	大学学历人口 /（人/10 万人）	排序	城市	大学学历人口 /（人/10 万人）
1	香港	33 900	7	中山	13 356
2	深圳	28 849	8	东莞	13 241
3	广州	27 277	9	惠州	12 322
4	珠海	25 752	10	江门	11 839
5	澳门	22 462	11	肇庆	8 786
6	佛山	16 143			

资料来源：第七次全国人口普查、《中国科技统计年鉴》、《中国统计年鉴》，香港、澳门数据来自当地统计资料

东高校毕业生的行业流向中，从事科学研究和技术服务业的人才仅占全体毕业生的5.49%，更多大学生选择了制造业和信息传输、软件和信息技术服务业等行业，这与世界先进的国际科技创新中心仍有较大差距（图3-18和图3-19）。

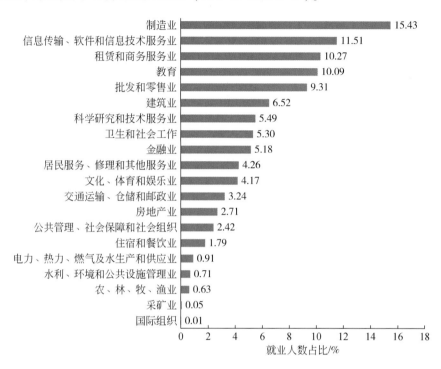

图 3-18　广东高校毕业生行业流向（2018 年）
资料来源：《2018 年广东省高校毕业生就业质量年度报告》

从人才的行业分布看，粤港澳大湾区制造业人才丰富，共计超过 800 万人，占湾区人才总量的 42.34%，并高出全国制造业人才占比 16.07 个百分点；其次为批发和零售业，占湾区人才总量的 6.46%；再次为建筑业、交通运输、仓储和邮政业，分别占比 5.79%、5.34%。相较于全国平均水平，粤港澳大湾区的建筑业、交通运输、仓储和邮政业、教育业、公共管理、社会保障和社会组织、卫生和社会工作、金融业、电力、热力、燃气及水生产和供应业等行业的人才占比较低，以上行业在吸引海内外人才方面仍有较大空间。相关数据显示，粤港澳大湾区新兴行业人才呈现持续快速增长的态势，近三年互联网、人工智能、区块链、智能制造、大数据等行业的人才的年均增长比例在 5% 以上。

粤港澳大湾区高端科技人才不足，所在学科不平衡。截至 2021 年 3 月，中国科学院院士共有 808 人，他们在科学技术领域做出了重大系统性、创造性贡献。从工作地的分布来看，广东和香港分别拥有中国科学院院士 22 人和 20 人，与北京和上海还有一定差距，高端研究型人才和学科引领型人才仍显不足（表3-10）。香港大学和中山大学是大湾区院士最多的工作单位，分别拥有 11 位和 10 位院士，其次为香港科技大学，拥有 7 位院士，这三所高校院士所在学部较为均衡，相比之下，香港大学的院士主要分布在生物学部（3

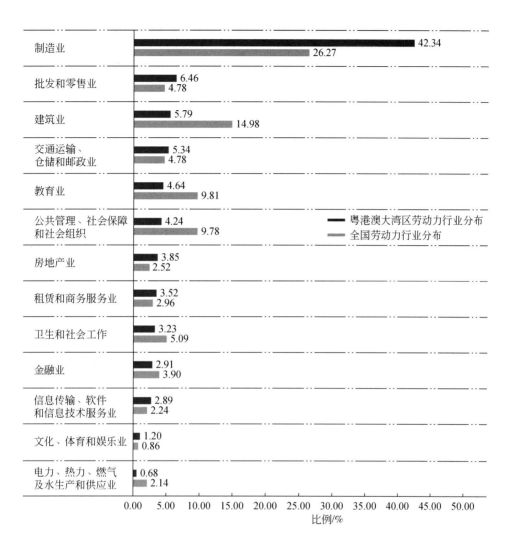

图 3-19　粤港澳大湾区人才行业分布
资料来源：根据相关统计年鉴数据进行统计

位）、技术科学部（3 位）、化学部（2 位）和地学部（2 位），而中山大学则更多地集中在化学部（4 位）、生命科学和医学学部（2 位）、地学部（2 位）、信息技术科学部（1 位）和生物学部（1 位），香港科技大学在信息技术科学部和地学部的院士分布尚属空白。其他高校，院士所在学部较为集中在某一领域，如香港中文大学集中于化学部，华南农业大学集中于生物学部，华南理工大学集中于技术科学部和化学部，体现了各高校的特色与优势领域。整体来看，院士所在学部多集中在化学部（15 位）、技术科学部（12 位）、生物学部（9 位），而生命科学和医学学部（5 位）、地学部（4 位）、数学物理学部（3 位）、信息技术科学部（1 位）院士相对缺乏。粤港澳大湾区的顶级科研力量较为薄弱（图 3-20 和表 3-11）。

表 3-10　全国院士工作地分布（2020 年）

省级行政区	数量	省级行政区	数量
北京	418	河南	4
上海	103	黑龙江	4
江苏	47	云南	4
湖北	25	河北	3
陕西	23	山西	3
广东	22	江西	2
安徽	21	广西	1
香港	20	海南	1
辽宁	19	新疆	1
浙江	18	重庆	1
吉林	17	澳门	0
福建	15	贵州	0
天津	13	内蒙古	0
四川	12	宁夏	0
山东	11	青海	0
湖南	9	台湾	0
湖南	9	西藏	0
甘肃	7		

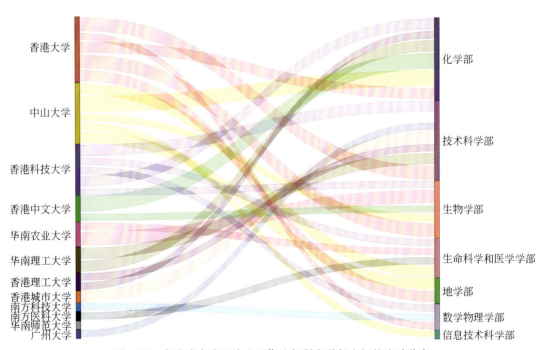

图 3-20　粤港澳大湾区院士工作地与所在学部之间的流动分布

表 3-11　中国科学院院士在粤港澳大湾区的工作单位与学部分布　（单位：人）

序号	大学	信息技术科学部	数学物理学部	生物学部	生命科学和医学学部	技术科学部	化学部	地学部	总数
1	香港大学	0	1	3	0	3	2	2	11
2	中山大学	1	0	1	2	0	4	2	10
3	香港科技大学	0	1	1	1	2	2	0	7
4	香港中文大学	0	0	1	0	0	4	0	5
5	华南农业大学	0	0	3	1	0	0	0	4
6	华南理工大学	0	0	0	0	2	2	0	4
7	香港理工大学	0	0	0	0	1	1	0	2
8	香港城市大学	0	0	0	0	2	0	0	2
9	南方科技大学	0	1	0	0	0	0	0	1
10	南方医科大学	0	0	0	1	0	0	0	1
11	华南师范大学	0	0	0	0	1	0	0	1
12	广州大学	0	0	0	0	1	0	0	1

　　根据 LinkedIn 人才流动大数据发现，粤港澳大湾区国际人才主要来自于美国、英国、澳大利亚、新加坡、印度等地，其中美国和英国占比达到 1/3 以上。同时，高水平人才的流入地也以美国和英国为主，出乎意料的是，加拿大并不是主要的流入地，而且在流出地排名中居第 5 位。从人才数量来看，美国、英国为粤港澳大湾区的净流入国，流入人数高于流出人数，而澳大利亚、新加坡为净流出国，这一定程度上表明粤港澳大湾区对人才的吸引力仍有进步的空间。

　　在国内人才流动方面，粤港澳大湾区高水平人才的主要来源地以北京和上海为主，占比均超过 10%；其次为武汉、长沙和成都等内陆主要城市。从外部流入粤港澳大湾区的人才中，40.39% 流入深圳，31.42% 流入广州，体现出深圳和广州是大湾区吸引国内人才流入的主要目的地。在人才流出方面，高水平人才主要流出地是上海和北京，占比均超过 12%；武汉、杭州、成都等城市的流出人才占比均在 2%~4%。

　　粤港澳大湾区的内部人才流动网络中，广州和深圳是最大的人才流入地和流出地，其中深圳的流入人才数量占大湾区全部流动人才的 40.2%，从深圳流出的人才占大湾区全部流动人才的 22.46%；相比之下，广州的流出人才数量占大湾区整体的 34.96%，高于大湾区其他城市，流入人才数量占比为 22.73%，仅次于深圳，是大湾区内部人才流入排名第二的城市。东莞、香港、佛山、珠海分列大湾区流动人才数量的第三到第六位，惠州和澳门在大湾区内部的人才流动量最小。深圳对香港、广州、东莞、惠州的人才有较强的吸引力，以上城市流出到深圳的人才占到各城市流出总量的 50% 以上，说明深圳对周边地市的人才有较强的虹吸效应；广州对佛山人才的吸引力强劲，从佛山流出的人才中，有 59.25% 去到了广州，从流入的角度看，流入佛山的人才中，有 62.69% 来自广州，说明广州–佛山间的人才流动非常频繁，一体化程度高；除此之外，广州对深圳、珠海、香港的人才吸引力较高；香港与深圳的联系最为密切，流入香港的人才中，有 57.61% 来自深圳，29.53% 来自广州，其余城市之和占比在 10% 左右，说明香港与大湾区其他城市的人才联系非常少，与深圳和广州高度联系在一起；珠海和澳门的联系最为紧密，珠海同时是澳门最大的人才流出目的地和人才来源地（图 3-21）。

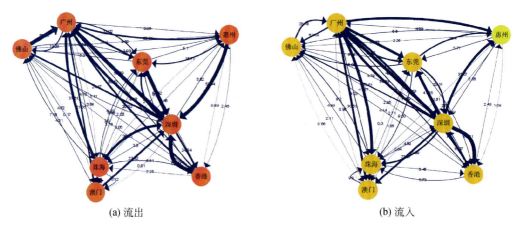

(a) 流出　　　　　　　　　　　　　(b) 流入

图 3-21　粤港澳大湾区人才流动网络

资料来源：LinkedIn 人才大数据平台

综合各城市人才流动情况，计算各城市流入流出比，计算结果大于 1 意味着城市处于人才净流入状态，小于 1 则意味着城市处于人才净流出状态。结果显示，深圳为粤港澳大湾区人才吸引力最高的城市，国际、国内和湾区内部人才的流入/流出比均高于 1，分别达到了 1.65、2.20 和 1.79，深圳也是湾区内部人才流动中唯一一个流入/流出比大于 1 的城市，其余城市均为净流出状态，说明深圳对湾区人才的虹吸作用非常之强（图 3-22）。在东莞、佛山、深圳、广州和香港，国际人才为净流入状态，说明以上城市对国际人才有一定吸引力（图 3-22）。

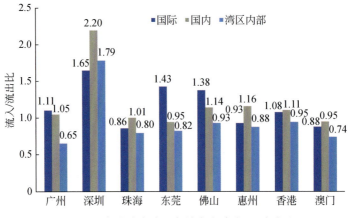

图 3-22　粤港澳大湾区各城市人才流入/流出比

资料来源：LinkedIn 人才大数据平台

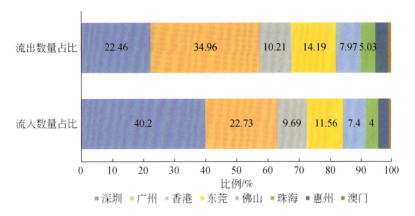

图 3-23   粤港澳大湾区各城市流动人才数量结构
资料来源：LinkedIn 人才大数据平台

在粤港澳大湾区地区内部，各城市的人才流动模式存在较大差异性（图 3-23）。香港、澳门国际人才流动活跃，香港的国际流出和国际流入占比分别达到 80.03% 和 80.34%，澳门占比比香港略低，流动人才中，国际人才占比分别为 74.96%（流出）和 75.46%（流入）（图 3-24）。相比之下，广州、深圳的人才流出与流入以国内流动为主，国内流出和国内流入占比均在 40%~50%。珠海、东莞、佛山、惠州等城市以湾区内部人才流动为主，其中珠海对国内人才有一定优势，有 41.7% 的人才来自于国内其他地区，东莞、佛山、惠州的大湾区内人才来源占比在 50% 左右，表明大湾区的节点城市对湾区外的人才的吸引力有较大的提升空间。

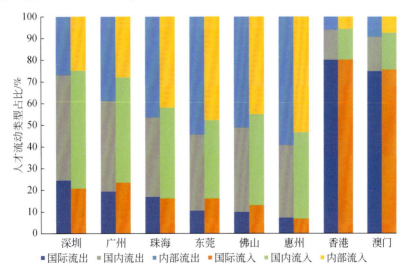

图 3-24   粤港澳大湾区各城市分类型人才流动结构对比
国内流出和流入不含港澳台

粤港澳大湾区城市间人才结构性短缺（图 3-25）。根据《2019 年粤港澳大湾区产业发展及人才流动报告》，粤港澳大湾区除广州、深圳外的其他城市的 CIER 指数（市场招聘需求人数/市场求职申请人数）均大于 1，澳门、香港、江门、肇庆的 CIER 指数在 2 以上，存在相当大的人才缺口。而深圳、广州的人才需求量占比近 80%，CIER 指数分别为 0.64 和 0.99，人才间竞争压力较大。

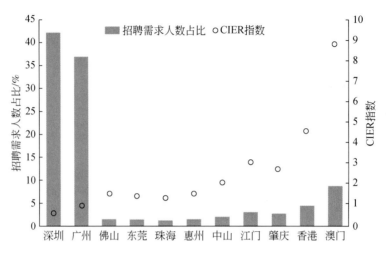

图 3-25 粤港澳大湾区各市人才需求情况
资料来源：《2019 年粤港澳大湾区产业发展及人才流动报告》

4. 政策环境搭建

进入 21 世纪以来，人工智能、量子信息、区块链、合成生物学、基因组编辑、可控核聚变等颠覆性技术不断涌现，新一轮的科技和产业革命已孕育成熟。全球化背景下的科技竞争与合作将是未来国与国、地区与地区之间交往的重要主题，创新网络将进一步得到深化和发展。当前，新一轮科技产业革命正在发生，人工智能、量子信息、区块链、基因编辑技术、可控核聚变等颠覆性技术不断取得突破，对世界的增长格局和发展路径将产生变革性的影响。中国正处在科技革命和产业变革的十字路口，科技创新已成为中国经济新发展格局的"起跳板"。粤港澳大湾区作为国家重大区域战略，承担着全国科技体制改革"试验田"的使命。

自粤港澳大湾区战略实施以来，已逐步构建起"1+N"科技政策体系（表 3-12 和表 3-13），即以《粤港澳大湾区发展规划纲要》为核心，以粤港澳三地科技政策为重要组成的政策体系，致力于为粤港澳大湾区成长为世界级城市群与全球重要的创新空间创造良好的内在发展环境。在国家层面，《粤港澳大湾区发展规划纲要》标志着粤港澳大湾区建设从概念走向现实，其中明确提出"建设国际科技创新中心"的目标定位，关键在于"构建开放型区域协同创新共同体""打造高水平科技创新载体和平台""优化区域创新环境"，为粤港澳大湾区的科技创新发展指明了道路。同年，中共中央、国务院发布了《中

共中央 国务院关于支持深圳建设中国特色社会主义先行示范区的意见》，提出要"以深圳为主阵地建设综合性国家科学中心"；2020 年 4 月，《中国人民银行 中国银行保险监督管理委员会 中国证券监督管理委员会 国家外汇管理局关于金融支持粤港澳大湾区建设的意见》为粤港澳大湾区的科技创新投融资体系做了制度性安排，主要内容包括"建设科技创新金融支持平台""支持创投基金的跨境资本流动""大力发展金融科技"等；《中华人民共和国国民经济和社会发展第十四个五年规划和 2035 远景目标纲要》则为大湾区建设国际科技创新中心提供了近远期的实施路径。

表 3-12　粤港澳大湾区科技创新主要政策体系（国家级）

发布时间（年．月）	发布机构	政策文件名	有关科技创新的主要内容
2019. 2	中共中央、国务院	《粤港澳大湾区发展规划纲要》	建设国际科技创新中心，构建开放型区域协同创新共同体，打造高水平科技创新载体和平台，优化区域创新环境
2019. 8	中共中央、国务院	《中共中央 国务院关于支持深圳建设中国特色社会主义先行示范区的意见》	以深圳为主阵地建设综合性国家科学中心。重点创新载体建设，基础研究与关键技术攻关，支持产权证券化及知识产权交易中心建设，支持在境外设立科研机构，境外人才引进和出入境便利化制度改革等
2020. 4	中国人民银行、中国银行保险监督管理委员会、中国证券监督管理委员会、国家外汇管理局	《中国人民银行 中国银行保险监督管理委员会 中国证券监督管理委员会 国家外汇管理局关于金融支持粤港澳大湾区建设的意见》	构建多元化、国际化、跨区域的科技创新投融资体系，建设科技创新金融支持平台，促进科技成果转化。支持创投基金的跨境资本流动，便利科技创新行业收入的跨境汇兑。大力发展金融科技
2021. 3	全国人民代表大会	《中华人民共和国国民经济和社会发展第十四个五年规划和 2035 年远景目标纲要》	支持大湾区形成国际科技创新中心，建设综合性国家科学中心，提升创新策源能力和全球资源配置能力，便利创新要素跨境流动。扩大内地与港澳专业资格互认范围，深入推进重点领域规则衔接、机制对接。便利港澳青年到大湾区内地城市就学就业创业
2021. 9	中共中央、国务院	《横琴粤澳深度合作区建设总体方案》	大力发展促进澳门经济适度多元的新产业，加快建设便利澳门居民生活就业的新家园，着力构建与澳门一体化高水平开放的新体系，不断健全粤澳共商共建共管共享的新体制

续表

发布时间（年.月）	发布机构	政策文件名	有关科技创新的主要内容
2021.9	中共中央、国务院	《全面深化前海深港现代服务业合作区改革开放方案》	进一步扩展前海合作区发展空间、推进现代服务业创新发展、加快科技发展体制机制改革创新、打造国际一流营商环境、创新合作区治理模式、深化与港澳服务贸易自由化、扩大金融业对外开放、提升法律事务对外开放水平、高水平参与国际合作

表 3-13　粤港澳大湾区科技创新主要政策体系（省级）

发布时间（年.月）	发布机构	政策文件名	有关科技创新的主要内容
2019.1	广东省政府	《广东省人民政府印发关于进一步促进科技创新若干政策措施的通知》	全面执行国家研发费用税前加计扣除75%政策基础上，鼓励有条件的地级以上市对评价入库的科技型中小企业增按25%研发费用税前加计扣除标准给予奖补
2019.6	广东省财政厅	《关于贯彻落实粤港澳大湾区个人所得税优惠政策的通知》	对在大湾区工作的境外高端人才和紧缺人才，其在珠三角九市缴纳的个人所得税已缴税额超过其按应纳税所得额的15%计算的税额部分，由珠三角九市人民政府给予财政补贴
2019.7	广东省委、广东省政府	《关于贯彻落实〈粤港澳大湾区发展规划纲要〉的实施意见》	加强创新基础能力建设，强化关键核心技术攻关，深化区域创新体制机制改革，优化区域创新环境，打造高水平科技创新载体和平台
2019.9	广东省人民代表大会常务委员会	《广东省自主创新促进条例》	以立法形式保障自主创新的思路定位和工作重点，基本构建起覆盖创新全链条的政策法规体系；科研资金跨境使用机制写入立法
2019.11	香港特别行政区政府、澳门特别行政区政府	《内地和香港特别行政区关于对所得避免双重征税和防止偷漏税的安排》《内地和澳门特别行政区关于对所得避免双重征税和防止偷漏税的安排》	加强香港、澳门与内地的税收事务合作，消除所得税双重征税，通过逃税行为造成不征税或少征税
2020.4	广东省科学技术厅	《关于组织申报2020年度粤港澳联合实验室建设的通知》	结合国家战略及粤港澳大湾区科技创新及经济社会发展实际需求，粤港澳三方或粤港、粤澳双方紧密合作建设联合实验室，聚焦重点领域积极开展重大科学问题研究、关键核心技术攻关，推进成果转移转化、引进培养人才团队等
2020.5	广东省科学技术厅	《广东省科技企业孵化载体管理办法》	加强科技企业孵化载体的规范管理，构建优良的科技创业生态

续表

发布时间 （年．月）	发布机构	政策文件名	有关科技创新的主要内容
2020.11	广东省政府	《广东省建设国家数字经济创新发展试验区工作方案》	建设数字经济新型基础设施全国标杆，率先形成数据要素高效配置机制，打造数字经济创新高地，特色引领推动重点领域数字化转型，高质量推动"智慧广东"建设，打造数字经济开放合作先导示范区
2020.12	广东省发展改革委	《广东省产教融合建设试点实施方案》	优化产教资源布局，以需求为导向的学科专业动态调整机制，人才培养改革，降低校企合作制度性交易成本，完善平台载体共建共享机制，完善平台载体共建共享机制，畅通粤港澳产教融合联接等

在粤港澳三地的制度配套方面，广东省政府、广东省科技厅、广东省财政厅分别从科技创新的各个方面构建起较为完善的政策体系。首先，在财政政策上，广东省政府着力引进新型研发机构，对被认定为省级新型研发机构或省级企业技术中心创新平台的，省财政给予补助；打造高水平科创平台，并鼓励和引导各类金融资本与众创空间相结合，着力解决科技创新活动的投融资困境；《广东省人民政府印发关于进一步促进科技创新若干政策措施的通知》鼓励对科技型中小型企业的研发费用税前加计扣除标准给予奖补；在吸引人才方面，《关于贯彻落实粤港澳大湾区个人所得税优惠政策的通知》规定，高端人才和紧缺人才的个人所得税将得到部分减免。《内地和香港特别行政区关于对所得避免双重征税和防止偷漏税的安排》《内地和澳门特别行政区关于对所得避免双重征税和防止偷漏税的安排》的发布，促进了三地之间的人员流动。此外，依据《知识产权强国建设纲要（2021-2035年）》《"十四五"国家知识产权保护和运用规划》《广东省知识产权保护和运用"十四五"规划》，广东省鼓励三地或粤港、粤澳之间设立联合实验室，并已成立粤港澳大湾区知识产权服务联盟。

在整体创新环境的塑造方面，政府引导建立各类孵化器、产业园区、创新平台、科技园、众创空间等，支持和促进科技成果转化。除了硬件条件的打造，各类论坛和交流活动为科研人员和创业者提供了相应的指导，为区域创新创业提供了良好的创新创业软环境。

5. 协同能力体系

产学研深度融合，是促进粤港澳大湾区科技发展以及建设国际科技创新中心的重要一环。产学研模式的多元化及其不断调整已成为粤港澳大湾区科技创新的特色之一（李铁成和刘力，2021）。新技术和新产品的研发能力与区域创新发展密切相关，为了弥补本地企业研发和创新能力不足的问题，同时促进高校和科研机构的科研成果转化，粤港澳大湾区积极拓展外部创新资源渠道，开展产学研模式创新。例如，东莞松山湖国际机器人产业基地，通过集合全球的高校、研究机构、企业等创新资源，整合上下游产业链，充分理解与满足创业者需求，打造了完整的机器人和智能硬件的创新创业体系，一批极具发展潜力的科创公司在这里涌现。

深圳原本的科研资源稀缺，但是产业对科技创新成果的相关需求十分旺盛，为了能够在较短时间内聚集海内外的优势创新资源，深圳建设了多个科技园区，并联名国际国内知名高校，共建"深圳市虚拟大学园"和"深圳大学城"等技术创新平台。通过吸引清华大学、北京大学、香港大学、中国科学院等高校、科研机构在深圳建立研究院，把大学和科研机构的智力优势与深圳的市场环境优势相结合，促进科研成果在深圳本地进行转化和产业化，促进中小型科技企业孵化，专注高层次产业和研究人才培养。高度面向市场的产学研一体化体系，通过"以产定研、以产促研、双向对接"的方式逐渐建立起来（图3-26）。

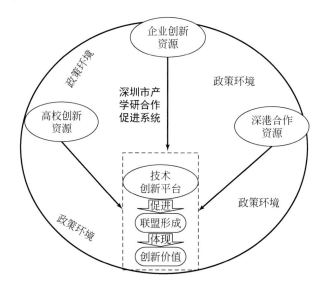

图 3-26　深圳市产学研合作促进系统示意图

资料来源：《产学研技术创新联盟运行机制和模式研究》

当前粤港澳大湾区的产学研合作模式呈现出高度的灵活性和多样化趋势，主要模式包括联合研发、委托研发、合作办企、产业联盟、成果交易、内外部孵化、科技服务等（表3-14和图3-27）。其中，产业联盟和内部孵化具有较强的大湾区特色。深圳清华大学研究院为深圳与清华大学联合共建的企业化方式运作的事业单位，兼具大学、研究机构、企业、事业单位多重属性，被称为"四不像"创新体制，将学校和地方、研发与孵化、科技与金融、国内与国外紧密结合起来，统筹科学研究、人才培养、创新基地、投资孵化、科技金融、海外合作多种创新功能，是促进科技成果转化和企业孵化的新型载体（图3-28）。截至2021年，深圳市已孵化企业2600余家，培养上市公司25家，在粤港澳大湾区成立了一批创新中心和孵化基地，为中小微科技企业提供金融支持，并在国际技术转移方面进行了有益探索。科技金融的快速发展为粤港澳大湾区科技成果转化提供了资金支持。广东的风投规模在过去十年间迅速增长，累计投资案例超过7000件，披露投资金额达 4000 亿元。

表 3-14　粤港澳大湾区产学研一体化主要模式

模式名称	基本合作方式	典型案例
联合研发	企业与高校、科研院所合作共建研发中心和研发项目团队，或直接利用高校、科研院所的研发平台，面向企业需求解决技术难题	深圳建业工程集团与深圳大学土木工程学院合作，校企共建建筑工程技术研发中心
委托研发	企业委托高校、研究机构对特定技术难题开展研发	深圳职业技术学院主要课题和项目经费来源于企业，受托为企业提供技术工业和流程改造的相关服务
合作办企	高校、研究机构以技术要素（专利、专有技术等）入股，企业以资本要素入股创办新企业	中国科学院深圳先进技术研究院以 5 项专利入股，与乐普（北京）医疗器械股份有限公司联合成立深圳中科乐普医疗技术有限公司，中国科学院深圳先进技术研究院占有该公司 25% 的股权
产业联盟	企业、高校、科研院所等联合组建产学研资一体化合作平台，形成研发联盟、专利联盟、标准化联盟、投资联盟和市场联盟	深圳在移动互联网、机器人、基因、云计算等领域已成立 45 个产学研资联盟，联盟参与者涉及该领域的多个主体
成果交易	借助技术交易平台，研发方通过专利许可或技术转让等方式将科技成果转让给企业，企业对技术进行产业化开发	深圳联合产权交易所、前海股权交易中心、国家技术转移南方中心等技术交易平台提供科技成果交易服务
外部孵化	高校、科研院所作为孵化器为入驻企业提供技术指导和其他服务，帮助创业企业快速突破技术瓶颈，将创意应用到生产中	截至 2021 年底，深圳清华大学研究院累计孵化高新技术企业超过 2600 家，培育了 25 家上市公司
内部孵化	高校、科研院所鼓励内部研发人员创立企业，把科技成果直接进行市场开发	中国科学院深圳先进技术研究院、华大基因研究院等新型研发机构快速发展，一家单位打通产学研链条
科技服务	高校、科研院所为企业提供技术测试、技术咨询、人才培训、项目申报、实验室使用等相关科技服务	中国科学院深圳先进技术研究院为企业提供除研发合作外的多项科技服务，服务企业超过 400 家

资料来源：靳睿等（2018）

3.2.3　粤港澳大湾区创新发展能力综合研判

　　湾区经济一般呈现出"港口经济—工业经济—服务经济—创新经济"的四阶段演进过程，目前，其他世界级湾区均已将科技创新作为推动区域经济发展的重要引擎。旧金山湾区的硅谷通过加快发展以互联网产业为核心的信息经济，聚集了大量以 Apple、Google、Facebook（Meta）等为代表的世界顶尖科技型企业，奠定了其全球创新中心的地位。纽约湾区的"硅巷"利用科技赋能时尚传媒、金融商业等优势产业，发展出了"东岸模式"。东京湾区则在大力推进产业链上游及核心技术的创新，巩固其在高端制造业领域的竞争地位。粤港澳大湾区也必然要加速迈向科技创新驱动的经济发展阶段，当前，粤港澳大湾区的科技投入水平高于由人均 GDP 计算的预期值，R&D 投入强度与美国和德国的整体水平相当，这必将为大湾区科技发展注入强大的动力并累积更多的能量。但是，相对于韩国和

105

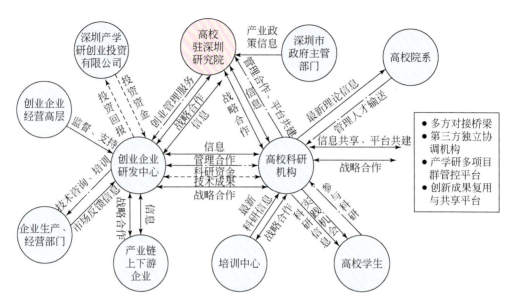

图 3-27　深圳产学研技术创新联盟网络关系图

资料来源：《产学研技术创新联盟运行机制和模式研究》报告

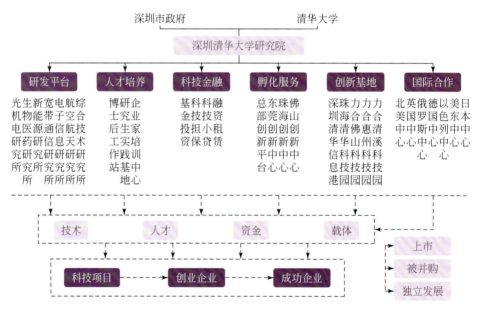

图 3-28　深圳清华大学研究院创新孵化与组织模式示意图

资料来源：清华大学深圳国际研究生院官网

以色列，粤港澳大湾区的 R&D 投入强度仍然不足，尤其是香港和澳门的研发投入强度均低于预期值，创新经济发展不足，没有实现服务经济向创新经济的跨越。从专利产出的角度看，粤港澳大湾区的专利产出效率处于全球领先水平，与韩国水平相当，略高于日本，与美国、德国相比有较大优势。每万人专利申请量远高于预期值，意味着在相同的 R&D 投入强度水平下，粤港澳大湾区每万人专利申请量更高，这可能与粤港澳大湾区制造业相对发达，专利产出密集密切相关。

波特认为，当人均 GDP 水平大于 1.8 万美元时，区域将达到创新成熟阶段，对技术的需求将呈现出快速增长的态势（图 3-29）。按照这一判断标准，香港、澳门、深圳、广州、珠海、佛山已进入创新成熟阶段，科技发展日新月异，实现了从"跟随式创新"向"引领式创新"的跨越。相对而言，东莞、中山、惠州、江门、肇庆的创新经济尚未完全成熟，仍处在投资驱动阶段。据世界知识产权组织发布的报告，以 PCT 专利申请量和科学出版物为主要衡量指标，2020 年香港–深圳–广州创新集群位列全球创新集群的第 2 名，仅次于日本的东京–横滨创新集群。清华大学产业发展与环境治理研究中心发布的《全球科技创新中心指数 2020》将科技中心、创新高地、创新生态作为主要衡量方向，构建 12 个二级指标，对全球科技创新中心的综合竞争力进行评估和排名，结果显示，香港和深圳分别位于全球科技创新中心排名的第 22 名和第 25 名（总计 30 个评估对象）。其中，深圳创新能力尤为突出，在所有 30 个科技创新中排名第 4 名，发明专利数量全球领先，创新企业聚集，新兴产业蓬勃发展；但是在科学中心评价指标中，深圳排名第 29 名，仅高于印度的班加罗尔，说明深圳在科研机构、科学基础设施和知识创造能力方面还存在较大短板；在创新生态方面，深圳排名第 26，同样需要在开放与合作、创业支持、公共服务、创新文化等方面持续发力。相较深圳，香港在科技中心、创新高地、创新生态等方面表现较为平均，分列第 22、13、19 名；在经济活力和企业创新方面，香港占据较大优势。由上海市经济信息中心发布编制的《全球科技创新中心评估报告》从基础研究、产业技术、创新经济和创新环境四个大类对城市创新能力进行评价，结果显示 2021 年中国共有 14 个城市进入全球百强（表 3-15）。深圳、香港、广州分列第 18、20、39 名，其中深圳的上升速

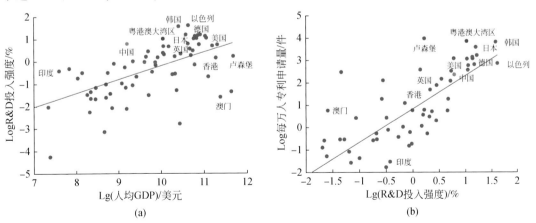

图 3-29 粤港澳大湾区 R&D 投入强度与经济发展水平（a）及专利产出（b）之间的关系统计

资料来源：世界银行，World Development Indicators 数据库

度极快，2020～2021 年从全球第 27 名上升到第 18 名；香港在全球科技创新中心城市排名中有所下降，2020 年一年内下降 5 名；广州的排名则保持相对平稳，处在全球第 40 名左右。

表 3-15   中国入围主要全球科技创新中心榜单的百强城市名单

城市	2021 年名次①	2020 年名次②	2017 年名次③
北京	6	7	9
上海	9	12	17
深圳	18	27	33
香港	20	15	18
广州	39	46	41
台北	40	50	40
杭州	51	64	77
南京	62	77	—
成都	63	88	—
武汉	84	93	—
西安	90	—	—
天津	92	—	91
重庆	96	—	—
合肥	98	—	—

资料来源：①《全球科技创新中心评估报告 2021》；②《全球科技创新中心评估报告 2020》；③《全球科技创新中心评估报告 2017》

3.3   国际科技创新中心建设的战略重点与发展路径

粤港澳大湾区要建设国际科技创新中心，其本质上要构建一个区域化的国际创新系统，并明显区别于一般的国家创新系统和区域创新系统。需要将粤港澳大湾区建设国际科技创新中心纳入全球网络的视域范围内进行研究，将创新的外部性作为科技创新中心建设的重要动力模式，围绕外部性形成核心要素的全球组织与配置过程。由此，在国际科技创新中心普遍适用的基础上，针对粤港澳大湾区建设国际科技创新中心的独特性与适用性，提出新的国际科技创新中心模型。

3.3.1   战略重点

1. 基础研究体系亟待塑造

粤港澳大湾区各城市间高校和科研机构资源分布差异性非常大，高度集中于香港和广州两座城市，其中香港有 4 所高校为全球五十强高校（据 2021 年 QS 世界大学排名），珠三角九市中排名最高的依次为中山大学（263 名）、南方科技大学（323 名）和华南理工大学（462 名），其他高校均在 500 名以后。珠三角九市仅有的 5 所"双一流"建设高校均位于广州。近年来，深圳为了弥补高等院校资源先天不足的缺陷，着力吸引国内知名高校前来建立分校，并建设了一批瞄准世界先进技术、满足本地产业需求的高等教育院校和科研机构，如南方科技大学、深圳大学、中国科学院深圳先进技术研究院等，呈现大步追赶和超越的态势。但是除了广州和深圳外，东莞、佛山、中山等其他城市缺乏相应的知名院校，与其较为发达的经济地位不相匹配，本地人才培养和基础科研能力存在较大缺陷。

粤港澳大湾区基础研究成果"多而不强"，学科布局有待优化。基础研究是科技创新链条的源头，前三次科技革命均是建立在力学、热学、电学、信息技术研究出现重大突破的基础上。当前，粤港澳大湾区缺乏基础研究上的原始创新力，尤其是高水平科研成果产出严重不足，在绝大多数研究领域仍处于跟随者的角色。除了香港以外，粤港澳大湾区其他城市的科学研究能力仍不能支撑起国际科技创新中心对原始创新的巨大需求。粤港澳大湾区整体能进入 ESI 前 1‰的研究领域为材料科学、工程科学、临床医学、计算机科学、化学、社会科学、药理学与毒物学、农业科学（图 3-30），对于开创性、颠覆性理论与技术的研究能力仍十分有限，顶尖科研团队相对短缺，在全球科研网络中仍处于边缘地位。

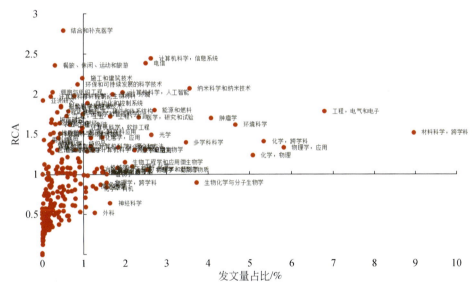

图 3-30 粤港澳大湾区学科发文量与优势度

RCA 为 Revealed Comparative Advantage，即显示比较优势

2. 人才结构优化需要适应产业转型

行业间、城市间的结构性人才短缺。由于珠三角地区的高等教育存在短板，本地大学科技人才培养不足，同时珠三角地区早期经济发展吸引来的主要是农民工等劳动群体，中

高端人才吸引力度不够，随着珠三角地区逐渐向高技术产业形态转型，继而形成了较大的人才缺口。尽管近年来深圳等城市通过一系列人才政策，显著增强了对海内外人才的吸引力，甚至出现了"人才东南飞"现象，整体人才缺口在逐渐收缩，但除香港、深圳、广州等枢纽型城市人才供应较为充足外，佛山、东莞、中山等节点型城市人才缺口较大。湾区制造业人才丰富，建筑业、教育业、卫生和社会工作、金融业等行业人才占比较低，广东高校毕业生中，从事科学研究和技术服务业的仅占全体毕业生的5.49%，创新创业氛围有待提高。

教育和人才国际化程度低。根据《粤港澳大湾区人才发展报告》，粤港澳大湾区中，广州和深圳外籍人才比例仅为0.2%和0.36%，低于北京（1%）和上海（0.73%），以及东京（3.98%）。香港的外籍人士比例相对较高，达到8.6%，但是远低于纽约（36%）、旧金山硅谷（50%）等。2020年《全球人才竞争力指数报告》（GTCI）显示，纽约、旧金山和东京的全球排名分别为第1位、第4位和第8位。粤港澳大湾区，仅香港排名靠前，位列第6位。而深圳和广州分别位列第78位和第97位，北京、上海、杭州和南京的排名均高于深圳和广州。不难发现，粤港澳大湾区内地部分的教育和人才的国际化程度偏低，核心城市的全球人才竞争力也远远滞后于全球其他湾区。

3. 城市创新协同体系仍需深化

粤港澳三地尚未形成有效的创新协同机制。尽管通过共建研究机构，积极开展交流合作等方式，粤港澳之间的合作水平有所提升，但自发式和分散式的科技合作仍然是粤港澳之间合作的主流，要素流动不畅，体制机制鸿沟仍然较大，区域整体创新效率偏低，未能有效发挥香港的基础研究、科技金融、专业服务和国际化优势，以及内地的实体经济发达、成果转化便捷等产业优势，资源配置不够充分，甚至导致创新资源争夺、同质化竞争、创新体系割裂等现象，创新协同效应难以发挥。粤港澳大湾区存在"一个国家、两种制度、三个关税区"的区域特征，导致人、钱、物等要素在流通方面仍然存在很大障碍，这是限制三地创新协同水平的主要原因（李立勋，2017；刘云刚等，2018）。其中，科技创新人才的交流受影响比较明显。第一，在税收制度上，三地存在较大差异。例如，受限于"183天"的个人所得税规定，港澳科研人员在内地就业超过183天，需要按照内地税率来交税。粤港澳三地个人所得税税负差额大，香港个人所得税率为15%，而珠三角地区实施累进税率，个人所得税率最高可达45%。第二，在社会保障制度和福利制度上，三地也存在比较大的差异，广东的社保制度主要围绕五险一金展开，而港澳法定社会保障项目较少，部分项目以企业补充商业保险为主。第三，在福利制度上，粤港澳三地在年假、病假、产假方面的相关规定也差异较大。除了人才流通受限以外，三地间的科技创新合作也受到了制度差异的影响（叶玉瑶等，2022）。例如，三地在法律体系方面不同步，香港的知识产权法律体系更完备也更国际化，覆盖了知识产权评估、保护、纠纷处理的各个环节，相较之下，内地的知识产权保护问题一直比较突出，相关法律体系还在完善过程中，跨境的机构主体在开展科技创新协作的过程中，可能会面临诸多法律层面的不确定性。而类似的"制度摩擦"大量存在，对粤港澳大湾区的创新协同构成了比较大的挑战（刘毅等，2019；张虹鸥等，2018）。

3.3.2 粤港澳大湾区国际科技创新中心建设的理论模式

在世界范围内，相互关联的创新主体通过地方和全球的创新合作构建起全球创新网络。由于网络中的权力不对称，全球创新网络不是地方创新网络的简单叠加，而是创新主体和要素在国际科技创新中心被重新组织起来，直接影响网络内供应商、分包商等非核心参与者的网络地位、战略取向和发展前景。国际科技创新中心创新资源密集，创新活动活跃，科技实力雄厚，影响范围广泛，是全球创新网络的核心节点。同时，国际科技创新中心以科技和人才为核心，通过产业链、创新链、价值链，在全球生产网络和世界城市网络中发挥显著作用并占据领导和支配地位（图3-31）。国际科技创新中心的发展经验与经典理论说明，科技和人才是国际科技创新中心建设的两个核心：科技是国际科技创新中心最主要的活动，也是最重要的产出；人才是进行科技创新活动的具体实施者。企业、大学、科研机构和政府等创新主体通过吸纳创新人才、开展科技创新活动，在制度保障和各平台各专业服务机构的支持配合下，最终形成创新产出。粤港澳大湾区建设国际科技创新中心，要着力成为全球创新网络、全球生产网络和世界城市网络的三重核心枢纽，具备以全球科技与人才资源为核心的资源配置能力和影响力（王云等，2020）。

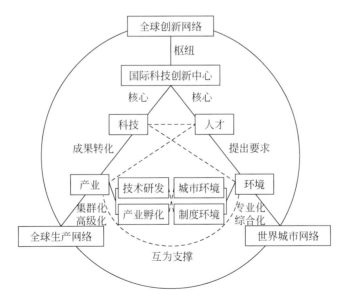

图 3-31　全球视野下的国际科技创新中心理论模式

粤港澳大湾区以科技和人才为中心建设国际科技创新中心，集聚创新资源要素，增强区域创新能力，通过创新驱动产业转型升级、人才汇集与环境改善，提升城市功能，实现在全球生产网络和世界城市网络中的角色重塑是粤港澳大湾区建设国际科技创新中心的根本目的之一。由于产业结构、制度环境等方面粤港澳大湾区拥有不同于其他国际科技创新中心的特征，因此该理论模式强调科技创新与产业升级的关系，同时强调人才与城市环境和制度环境之间的关系（图3-36）。此外，珠三角外向型经济的特征与香港、深圳等世界级城市的存在决定了粤港澳大湾区建设国际科技创新中心一定是以开放的结构充分嵌入世界网络，即国际科技创新中心通过科技推动产业升级，通过人才促进城市发展，"两条腿走路"嵌入全球生产网络和世界城市网络，最终加入全球生产网络、世界城市网络和全球创新网络三者组成的大循环当中，成为全球生产网络的重要节点，世界城市网络的重要枢纽和全球创新网络的核心节点。当然，本研究提出的两条链条并不是割裂的，加强链条之间的连通性，更有利于创新系统的成熟与高效运行。

3.3.3 粤港澳大湾区国际科技创新中心建设的路径

1. "科技—产业—全球生产网络"发展路径

国际科技创新中心最重要的是卓越的科技创新能力，知识产生、输出与扩散是创新系统的源动力。区别于其他国际科技创新中心，粤港澳大湾区制造业发达，企业创新活跃，科技成果就地转化能力强，对当地产业升级与生产能力的提升有较大作用，"科技—产业—全球生产网络"链条结构传导效应显著。该路径以知识的生产（基础理论研究、高端人才培养、发表科技论文等）作为起点，经过成果转化过程（专利、新产品、技术扩散、知识溢出等），即一系列产业培育/孵化、市场开拓、产业升级、学习模仿后形成了竞争力较强的产业集群，推动区域发展成为全球产业网络和技术网络中的支配性节点（顾伟男等，2019）。

在国际科技创新中心的发展过程中，科技成果转化为产业生产能力是重要的一步，其中，产业孵化、产业升级、集群发展以及技术关联对产业创新具有很强的促进作用。以旧金山湾区为例，20世纪50~60年代，旧金山湾区的产业发展落后于美国东海岸的电子业和半导体业，正是由于1971年微处理器的发明，旧金山湾区的产业竞争力大大增加，成为世界上发展最快也是最富有的地区；进入80年代，硅谷经历了一段低谷时期；90年代软件业的崛起带动旧金山湾区再一次进入了蓬勃发展期，聚集了大量的互联网巨头和高科技企业，科技创新发展迅速，旧金山湾区就此成为国际科技创新中心。科技成果产业化主要可分为两个部分：一方面需要创造有利条件激励企业、大学、科研机构等进行科学技术研发；另一方面需要搭建平台，建立支撑保障体系促进产业孵化。创新创业服务平台、创新工场、大学生实习基地和成果转化基地能够为新兴企业和年轻的公司提供价格低廉的办公地点、商业援助和交流机会。这些创新创业的平台往往更倾向于可商业化的应用研究，相比科研机构和大学的基础研究内容，其更接近市场，能够推动商业价值创造，更有利于获得潜在的投资和天使投资人的青睐。

在全球化大背景下，区域产业升级和产业集群的形成加速了区域更加广泛而深入地嵌入全球生产网络当中，国际科技创新中心凭借其发达的创新引领能力，成为全球新知识、新技术、新产品的创新策源地和生产地之一,在全球价值链和全球生产网络当中具有强大的控制能力(叶玉瑶等,2020)。各创新集群由于优势产业不同,在全球生产网络中承担着不同的角色。东京–横滨创新集群电机、仪器、能源等产业构建起了以制造业为主的东京湾区;圣何塞–旧金山创新集群计算机技术发达,汇集了谷歌、微软等互联网巨头;纽约创新集群凭借其发达的生物医药创新能力,制药业空前发达;而深圳–香港创新集群已发展成为重要的数字通信技术中心;广州创新集群则以电机、仪器、能源为主。从合作网络来看,创新集群中主要城市的服务范围存在差距。深圳–香港创新集群进行科学合作和专利合作最多的创新集群均为北京创新集群;广州创新集群科学合作最紧密的是北京创新集群,而专利合作最紧密的集群为深圳–香港创新集群。同时,武汉、西安、成都、重庆、合肥等主要城市都将深圳–香港创新集群作为专利合作最紧密的伙伴。与之相比,位列第一的东京–横滨创新集群与日本国内创新集群联系更加紧密,而圣何塞–旧金山创新集群与纽约创新集群的对外联系则表现得更加广泛,"创新国际化"的水平更高,是全球创新的核心地带。

在链条的首端"科技"的部分,珠三角地区在20世纪90年代由于低成本生产要素创造出经济奇迹,然而其得以持续发展并升级的动力更多来自区域内企业的创新能力。以深圳、东莞等地区制造业为代表的"世界工厂"产业基础雄厚、要素禀赋丰富,是中国制造业走出去的典型示范区。随着科技创新能力的逐步提升,粤港澳大湾区目前已具备良好基础研究平台,正在建设形成空间分布上集聚、学科方向上关联的重大科技基础设施创新集群。截至2021年底,粤港澳地区拥有各类高等院校170多所,世界百强高校4所。截至2022年底,粤港澳大湾区已布局10家广东省实验室、30家国家重点实验室,以及20家香港、澳门联合实验室。深圳、佛山、东莞、中山和珠海的企业建立了不同层级的实验室和研究所、大型国家研究院,这成为建设国际科技创新中心的中坚力量。此外,粤港澳大湾区高端制造基础扎实,建立了世界级的产业集群,具备创新成果孵化的全产业链体系、优异的学习能力和技术吸收能力。

在链条首端和中端的链接部分,香港、广州的高校与科研院所积累了大量的专利成果和科学技术,深圳如今是国际科技创新成果重要的孵化基地,香港则能够为科技转化提供广阔的投融资服务,珠三角具备巨大的制造业规模和较强的工业生产能力,这些资源都使得大湾区有潜力成为先进的科技成果转化基地。未来,"香港深圳孵化+其他城市产业化"将成为粤港澳大湾区建设国际科技创新中心的重要模式之一,粤港澳大湾区将积极打造国际高新技术转移和产业化基地。

在链条中端"产业"部分,粤港澳地区的高端制造、生物医药、人工智能、金融科技等战略性新兴产业全球领先。公开资料显示,截至2020年底,粤港澳大湾区拥有高新技术企业逾3万家,世界500强企业20家,独角兽企业16家,上市企业超过1800家。2017年大湾区专利申请达17.6万件,远高于纽约湾区(1.2万件)、旧金山湾区(3.5万件)以及东京湾(2.2万件)三大湾的总和,且PCT国际专利产出正处于高速增长阶段。

在链条的中后端链接"全球生产网络"的部分,粤港澳大湾区自改革开放以来,通过"前店后厂"的产业分工合作模式,港澳实现了向服务型经济转型,珠三角九市则迅速实现工业化，成长为"世界工厂"，制造业发达，但在全球价值链当中处于较低端的水平，在全球生产网络中的配置能力不强。随着湾区科技产业的发展，粤港澳大湾区产业孵化与科技服务能力大大加强，形成了具有世界尖端科技创新能力的企业和组织，科技溢出效应明显，基本实现了研发、生产与营销网络的全球布局。粤港澳大湾区以企业应用为导向的科技创新活动活跃，创新资源要素的全球布局与配置能力增强，在全球生产网络和价值链中实现了角色重塑与质的飞跃，已发展成为全球创新网络中的重要枢纽，许多全球创新资源集聚于此，形成了网络化多层次的创新体系。

但是，粤港澳大湾区仍存在诸多问题。第一，链条首端的基础研究实力总体偏弱。大湾区科技创新呈现"应用研究活跃，基础研究冷门"现象，专利申请量排名也比较靠前，但基础研究水平和前沿研究能力与国际一流湾区仍有较大差距，这对国际科技创新中心建设十分不利。第二，链条首端和中端的链接部分，业界创新与学界创新割裂，科研成果转化率低。与日本（约70%）和欧美国家（30%~40%）的成果转化率相比，大湾区约10%的成果转化率还有很大上升空间。过去很长一段时期内，珠三角大部分企业处于价值链的中低端，主要以代工生产为主，自主创新及与高校资源的科研创新互动的意识较弱，大量中小型科技企业没有核心技术，更无法生产关键零部件，企业抗风险能力偏弱。大湾区"世界工厂"的地位面临挑战，产业结构调整压力大，亟须构建以科技创新带动供给侧结构性改革的新引擎，科技企业转型升级发展困难。第三，链条的终端，粤港澳大湾区受到国际产业竞争白热化、世界经济形势不明朗、逆全球化等多重压力，在国际竞争中处于较为被动的地位，在全球生产网络中的支配力和影响力有待提升。

2. "人才—环境—世界城市网络"发展路径

国际科技创新中心的另一个核心要素来自人才，特别是高素质的科技创新创业人才和技术人才。创新驱动实质是人才驱动，人才要素贯穿创新活动的全过程，直接参与到知识、技术和产品的创造与更新的每个环节。人才聚集与人才环境改善为城市在世界城市网络中地位的巩固与提升提供了基础条件，是发展成为世界城市的重要前提。

人才对其所处的发展环境提出了较高的要求，良好的区域创新环境有利于人才的聚集和区域人才竞争力的提升，因此城市与创新呈现螺旋上升协调发展关系。区域创新环境可归纳为城市环境和制度环境两个方面。

城市环境包括平台载体、生活配套、教育医疗等实体环境，也包括创新文化氛围、社会网络等虚拟环境。第一，城市需要可容纳人才发挥的平台载体，包括企业、大学和非营利组织等，充分发挥人才特长，实现人才发展与产业发展深度融合；第二，能够提供良好的人才服务和人居环境，为人才的就业和生活提供全面的服务和保障，帮助人才安居乐业；第三，强调开放包容的文化氛围，鼓励多元融合，形成勇于担当、乐于分享、宽容失败的社会态度，推崇求新求变的创业文化和团队合作、共担共享、唯才是举的组织文化，并且科技创新中心应努力打造"多样化的全球知识、人才枢纽"的文化形象，吸引外部人才的同时构建域内更为浓厚的创新文化氛围；第四，人才的社会网络可以帮助知识的传播，成功的创业经验通过正式和非正式网络传达给创业者，从侧面促进区域创新的发展。

制度环境则包括人才政策、营商环境、法治环境、政府监管能力和对未来发展的规划。积极的经济和人才政策能够体现政府的作为和支持力度,尤其是持续支持企业的创办和发展,促进人才的输入和知识的循环,而良好的法制环境和政府监管能力又能够为人才的权益和良性竞争提供保障。各种因素的正确结合能够释放社会固有的创业能力,激发个人的积极性,创造个人和集体的利益,对国际科技创新中心的发展至关重要。

人才对优越的区域创新环境的偏好,促进城市功能转型与提升,以及城市在世界城市网络中进行角色重塑。世界城市学说认为全球城市是管理中心、专业服务和金融创新的生产中心,高级生产性服务业发达,是跨国企业总部的聚集地。而国际科技创新中心综合化、专业化的城市服务功能,以及超强的创新生产能力和保障能力,与全球城市的定义十分契合。换言之,国际科技创新中心的形成与发展过程,既是人才发展环境改善进而提升城市功能的过程,又是城市或区域在世界城市网络中进行角色重塑的过程。全球著名的创新集群,在全球化与世界城市研究网络发布的 2018 年世界城市分级排名中同样领先,如东京–横滨地区作为全球排名第一的创新集群,在世界城市排名中位列第 10 位;创新集群排名第二的深圳–香港–广州地区,在世界城市排名中同样居于前列,其中香港为 Alpha+ 级,排名全球第 3 位,位列伦敦和纽约之后;深圳评级为 Alpha– 级,位列全球第 55 位;广州评级为 Alpha 级,排名为全球第 27 位。另外,首尔、北京、圣何塞、大阪等国际科技创新中心在世界城市排名中位置领先,在世界城市网络中发挥着重要作用。

对粤港澳大湾区而言,其链条首端的“人才”部分,人口红利较大,但人才红利仍需进一步发掘。2018 年珠三角常住人口增加 150 万,每年几十万的净人口流入中包含大量的大学生、年轻人和高素质人才,尤其是广州和深圳常住人口增加明显,十年平均人口增幅均超过 3%。在其影响下,广东的常住人口总抚养比比同期全国平均值低 5.67 个百分点,仍然是全国人口总抚养比较低的省份之一。目前,湾区正在实施“珠江人才计划”“广东特支计划”“扬帆计划”等重大人才工程,集聚更多高精尖人才,人才红利正在逐步积累的过程当中。

在人才与环境链接的部分,湾区为吸引人才,促进人才交流与流动,采取了一系列区域创新体制机制改革和人才计划。“广州—深圳—香港—澳门”科技创新走廊建设、粤港澳人才合作示范区建设等为湾区人才创造了更好的发展平台与制度环境。针对科技企业的调查结果显示,企业界认为科技创新中心最重要的是完善的基础设施,城市对年轻专业人士的吸引力排名第二,再次为研究型大学的存在、投资的可获得性等(表 3-16)。税收减免和其他政府激励措施往往被认为是企业区位选择的最重要因素,然而调查显示,相比税收减免和其他政府激励措施,良好的基础设施和市场环境,持续有保障的专业和技术人才通道,以及优越的创新文化生态才是科技创新中心最具有吸引力的关键要素。

表 3-16　关于科技创新中心核心要素的调查结果　　　　　　　　　(单位:%)

排序	核心要素	选择比例
1	现代化的基础设施,包含高速带宽	33
2	吸引年轻专业人士的城市区域	29

排序	核心要素	选择比例
3	至少拥有一个研究型大学	27
4	可获得的投资资金	26
5	技术人才的通道	24
6	良好的监管环境	23
7	成功启动的历史记录	20
7	积极的人口增长趋势	20
7	支持生态系统（银行、律师事务所、会计师事务所等）	20
10	指导和参与创新网络（其他 CEO、企业家等）	18
10	已建立的科技园区或加速器	18
12	税收减免和其他政府激励措施	16

注：CEO 即 Chief Executive Officer，首席执行官

在链条中端的"环境"部分，粤港澳大湾区作为中国经济发展最发达的区域之一，城市化水平高，城市环境优越，正在加速形成宜居宜业宜游的湾区环境，有潜力发展成为生产更加高效、服务更加专业、引领和辐射带动作用更强的城市区域。充分实现创新协同是粤港澳大湾区建设国际科技创新中心的关键突破口。从创新主体视角来看，粤港澳大湾区的创新网络建设需要立足于政府、高校和企业三个主体基础之上。其中，政府主体涵盖了由中央政府统筹协调的中央各部委、内地地方政府、港澳地区政府以及港澳事务办公室等多个政府部门；高校主体包括了粤港澳三地负责管理的高校以及关联科研机构；企业主体则涉及不同性质的企业组织；此外，上述三个主体间的关系还叠加了差异化的政治、经济和社会制度。从驱动力的差异看，珠三角九市中，深圳、广州属于政府和企业双重驱动型，其他城市的科技创新多属于政府驱动主导型；香港和澳门的创新活动已处于成熟期，其创新活动属于企业驱动主导型。总之，主体多样、制度差异、驱动力不同、协同机制不足等问题使得区域内协调成本增高，为粤港澳大湾区建设国际科技创新中心过程中的创新资源流动和共享带来挑战。

从"环境城市"到"世界城市网络"的部分，粤港澳大湾区实现了从"农业区"到"中国三大城市群之一"到"世界级城市群"的转变，形成了香港、深圳、广州等世界一流城市，高级生产性服务业发达，在金融、制造、创新、物流等各个方面具有较强的辐射带动能力，拥有大量的具有国际影响力的跨国企业，粤港澳大湾区已成长为世界城市网络中的重要一极。然而，在吸引人才能力方面，粤港澳大湾区人才的多元化与国际化不足，在全球范围内的创新资源整合能力和知识生产能力仍然薄弱；在协同一体化方面，湾区内部软环境联通不畅，难以形成合力；在国际化建设方面，湾区内科技金融、营商环境、知识产权体系建设、科技成果转化等与国际对接能力不足；等等。种种问题导致大湾区的城市功能、专业服务能力以及金融和创新水平与纽约、伦敦等世界超一线城市存在不小的差距，在世界城市网络中的管理能力和影响力有待进一步提升。

3.3.4　粤港澳大湾区国际科技创新中心建设的关键对策

粤港澳大湾区建设国际科技创新中心的路径应沿着以"科技"和"人才"为核心，以"科技—产业—全球生产网络"和"人才—环境—世界城市网络"为核心链条进行推进（司月芳等，2016）。建设国际科技创新中心应紧紧围绕"科技"和"人才"两个方面进行，创造一切条件鼓励科技创新，加强人才建设。

1. "科技—产业—全球生产网络"链条

链条首端：应加强基础创新能力，加快部署面向国际科技前沿的基础创新载体布局，按照国家科学城建设的政策倾斜，加强国家大科学装置、国家重点实验室、国家工程技术研究中心等国家级资源在大湾区的部署。积极推动国内外顶级高校、科研机构在大湾区设置分支机构与联合办学，吸引世界500强企业研发中心在大湾区设立实验室和研究中心，加强与中国科学院的合作，瞄准国际基础前沿与重大科技问题开展联合攻关，建立"国家实验室—大学/科研院所—企业研发中心"的多层次研究网络，利用5~10年时间，形成一批具有国际影响力的基础研究成果。

链条中端：应充分整合大湾区现有的产学研基地、深港创新圈等，进一步放宽高校、科研院所的科技成果转化的限制，引导企业参与和资助高校科研院所的研发项目并提供制度支持。探索向科技企业开放国家重点实验室、高校实验室等研究机构资源，建立大湾区科技资源共享网络，提升科研成果的交流和传播，着力推进产业高级化发展。

链条终端：随着"全球价值链"特征的日益深化，以及产业集聚加速，区域基础设施互联互通，以城市群为载体的经济结构逐渐成熟，粤港澳大湾区应进一步依托庞大的制造业基础，聚焦科技创新战略。实现国际创新系统各要素资源在粤港澳大湾区的集聚与辐射是粤港澳大湾区发展成为国际科技创新中心的必由之路，以先进制造业为立足点，实现自我创新的产业升级，形成完善的制造业产业链，并成为全球生产网络的重要节点与区域性枢纽是粤港澳大湾区未来的发展方向。

2. "人才—环境—世界城市网络"链条

链条首端：应提升全球高端人才集聚能力，建设全球人才特区。建立全球视野的人才结构体系，提升全球高端人才集聚功能，推动人才类型的科技化、人才发展的国际化和人才队伍的年轻化，打造具有活力、创造力和全球竞争力的高端人才体系；加强国际顶级和高端人才的吸引力度，限制国际一般劳工输入；加快建设粤港澳人才合作示范区，推进人才跨地区、跨行业和跨体制流动；放宽国际和国内顶尖院校与科研机构高端人才在大湾区创业、置业的限制。

链条中端：应着力建设宜居宜业宜游的城市环境，建设更加包容的国际人才社区，营造包容开放的创新文化氛围，以高品质居住社区郊区化推动粤港澳多中心结构的发育。通过打造优美的人居环境，激发创新型人才的创作热情，建成世界级创新团队的向往之地；

在制度环境方面，着重构建开放型区域协同创新共同体，形成区域创新合力。充分发挥广东世界级制造业基地在成果转化、企业孵化与产品生产方面的优势，港澳在科技创新资源国际化、科技金融服务产业化、知识产权保护等科技创新制度和政策环境方面的优势，以区域协同创新共同体建设为目标，促进科技企业、人员、货物、资本、信息、技术等要素率先实现自由流动。

链条终端：应推进建设世界城市网络的枢纽，打造城市品牌，全面提高区域的综合性和专业性，提高大湾区抵御风险的能力，扩大服务范围和国际影响力。

参 考 文 献

贝尔纳．2015．历史上的科学（卷一）：科学萌芽期．北京：科学出版社．

池仁勇，廖雅雅，郑伟伟．2021．大湾区经济发展的新模式：产业生态与创新生态融合与演化．自然辩证法研究，37（6）：7．

邓智团．2015．创新型企业集聚新趋势与中心城区复兴新路径——以纽约硅巷复兴为例．城市发展研究，22（12）：51-56．

杜德斌．2015．全球科技创新中心：动力与模式．上海人民出版社．

杜德斌．2018．全球科技创新中心：世界趋势与中国的实践．科学，70（6）：15-18，69．

杜德斌，段德忠．2015．全球科技创新中心的空间分布、发展类型及演化趋势．上海城市规划，（1）：76-81．

杜德斌，段德忠．2020．科技合作重塑全球城市体系——全球知识与技术合作网络中的上海．世界科学，（S1）：37-40．

杜德斌，何舜辉．2016．全球科技创新中心的内涵、功能与组织结构．中国科技论坛，（2）：10-15．

高维和．2015．全球科技创新中心：现状、经验与挑战．上海：格致出版社．

工信部赛迪智库规划研究所．2019．湾区科创中心建设的国际经验及启示．中国工业和信息化，5：80-82．

顾伟男，刘慧，王亮．2019．国外创新网络演化机制研究．地理科学进展，38（12）：1977-1990．

靳睿，于畅，姚李亭．2018．深圳产学研一体化的经验分析与政策建议．现代管理科学，（6）：73-75．

李立勋．2017．关于"粤港澳大湾区"的若干思考．热带地理，（6），757-761．

李铁成，刘力．2021．粤港澳大湾区协同创新系统的政策体系研究．科技管理研究，41（8）：19-27．

刘毅，王云，李宏．2020．世界级湾区产业发展对粤港澳大湾区建设的启示．中国科学院院刊，35（3）：312-321．

刘毅，王云，杨宇，等．2019．粤港澳大湾区区域一体化及其互动关系．地理学报，74（12）：2455-2466．

刘云刚，侯璐璐，许志桦．2018．粤港澳大湾区跨境区域协调：现状、问题与展望．城市观察，（1）：7-25．

缪其浩，周玉琴．2000．纽约"硅巷"——水泥森林中的高技术园区．世界科学，（8）：24-26．

司月芳，曾刚，曹贤忠，等．2016．基于全球—地方视角的创新网络研究进展．地理科学进展，（5）：600-609．

汤浅光朝．1984．解说科学文化史年表．北京：科学普及出版社．

王云，杨宇，刘毅．2020．粤港澳大湾区建设国际科技创新中心的全球视野与理论模式．地理研究，39（9）：1958-1971．

叶玉瑶，王景诗，吴康敏，等．2020. 粤港澳大湾区建设国际科技创新中心的战略思考．热带地理，40
　　（1）：27-39.

叶玉瑶，王翔宇，许吉黎，等．2022. 新时期粤港澳大湾区协同发展的内涵与机制变化．热带地理，42
　　（2）：161-170.

张虹鸥，王洋，叶玉瑶，等．2018. 粤港澳区域联动发展的关键科学问题与重点议题．地理科学进展，37
　　（12）：1587-1596.

张虹鸥，吴康敏，王洋，等．2021. 粤港澳大湾区创新驱动发展的科学问题与重点研究方向．经济地理，
　　41（10）：135-142.

张净．2018. 从硅谷到硅巷．城乡规划，（4）：33-40.

赵程程，秦佳文．2017. 美国创新生态系统发展特征及启示．世界地理研究，26（2）：33-43.

第4章 "双循环"战略背景下粤港澳大湾区全球领先企业创新网络的战略调整

本章抓住国际领先企业这一少数关键,试图探析我国"双循环"战略背景下,粤港澳大湾区国际领先企业如何调整其创新网络以应对国际国内市场与供应链变化、适应"双循环"战略转型。首先,对近年全球供应链变化进行梳理,指出区域一体化与贸易保护并存,全球供应链整体呈现收缩趋势,并且一部分制造业从新兴市场国家向发达国家回流。然后,描述大湾区领先企业的创新现状,湾区的领先企业用不到1/5的研发经费贡献了全国企业一半以上的发明专利,在企业创新中具有重要地位。大湾区企业创新主要是由制造业引领。近年受贸易保护抬头,我国电子信息企业受到的影响最为严重。先进制造业核心技术受到牵制,较难在供应链重构中获得主导地位。接着,总结典型企业创新网络调整的几种模式,分析电子通信企业创新网络的重构,并对华为创新活动开展案例分析。领先企业的创新网络调整的典型模式包括:服务延伸、人才引进、校企合作、拓展全球市场等。就粤港澳大湾区电子通信领先企业而言,尽管创新网络总体规模在增加,但企业与外单位的平均合作关系数减少了,个体创新能力在增强,合作关系在深化。典型企业——华为自新一轮贸易保护以来,收缩了合作圈子,其创新能力的增长依托自主创新而非对外合作。最后,分别就企业健全关键技术产业链、培育与引进人才、开拓海外业务、管理供应链、优化金融服务体系这几个方面提出参考建议。

4.1 "双循环"战略的提出及其内涵

4.1.1 "双循环"战略的提出

中国国内国际双循环的新发展格局是由国内和国际的经济环境共同决定的,是中国基于国内发展需要和国际局势的变化做出的战略性选择。

改革开放后的前30年,我国逐步形成以外向型经济为导向的发展格局,"外循环"的地位不断提升,对我国经济增长、技术进步,以及融入全球经济体系起到了重要的促进作用。然而"两头在外"的出口导向型经济模式虽然对我国经济发展起到了巨大的推动作用,但发展到后期弊端逐渐凸显:一是过分注重利用国外市场和资源,导致忽视对国内市场需求的培育和开发;二是过度依赖外部的国际环境,导致风险增加,当发生如新冠疫情、技术封锁等突发危机时,容易受制于人;三是我国主要进行加工贸易,始终位于价值链中下游,难以培育出我国自主的核心技术和品牌(董志勇和李成明,2020)。

2009～2018 年，中国加工贸易占对外贸易的比例快速下降，从 41.18% 下降到 27.41%，外贸依存度也从 57.61% 下降到 35.68%。2008 年以来，外循环在我国经济战略中的地位逐步下降，并逐渐转向内循环，依靠国家内部的需求和生产来配置资源的发展模式。从商务部网站公布的数据看，在本次疫情中，我国进出口受到较大影响：2020 年第一季度我国进出口总额 6.57 万亿元，下降 6.4%。其中，出口 3.33 万亿元，下降 11.4%；进口 3.24 万亿元，下降 0.7%；贸易顺差 983.3 亿元，减少 80.6%。

2020 年 5 月 14 日，中央政治局常委会会议首次提出要构建"国内国际双循环相互促进的新发展格局"。7 月 21 日，习近平总书记在企业家座谈会上进一步阐释了双循环的基本内涵，强调了"集中力量办好自己的事"，明确指出，以国内大循环为主体，绝不是关起门来封闭运行，而是通过发挥内需潜力，使国内市场和国际市场更好联通，更好利用国际国内两个市场、两种资源，实现更加强劲可持续的发展。从长远看，经济全球化仍是历史潮流，各国分工合作、互利共赢是长期趋势。我们要站在历史正确的一边，坚持深化改革、扩大开放，加强科技领域开放合作，推动建设开放型世界经济，推动构建人类命运共同体。

从国内大循环与国内国际双循环的关系看，两者是统一体，既相互促进，又相互制约——国内大循环是基础，是实现国际大循环的前提；国际大循环是支撑，为我国的国内大循环提供更大的空间和动力（徐奇渊，2020）。同步推进需求侧和供给侧的改革是畅通国内大循环的重点（黄群慧，2021）。

在生产方面，科技创新和产业链安全是重点。我国需要通过"补短板"——从基础研究到现实应用研究的创新，努力提高我国在人工智能、集成电路、空天科技、生物技术、新能源等领域的自主创新能力，提高科技成果转化率，应对部分国家对我国的出口限制，解决"卡脖子"技术问题。尽快构建独立、完整的产业链和工业体系，有利于防止在类似新冠疫情的突发危机中出现断链、卡链。在国内大循环过程中，要不断地提升供应链管理能力，以创新驱动产业链升级。

在流通环节，国内大循环要求建设一个全国统一开放、竞争有序的现代化市场体系，降低交易成本，实现要素和商品之间的自由流通。国内经济大循环的最终环节——消费环节，对完善内需体系、畅通国内循环有着最终的牵引作用。科技进步带来的线上消费与办公模式迅速扩张——网上购物、在线教育、远程办公等很大程度上缓解了疫情对我国经济造成的影响，表明推动消费转型升级、塑造新型消费体系对国内大循环的重要意义。

但以国内大循环为主绝不是对外脱钩，关起门来搞建设。一方面是通过畅通国内经济循环完善我国需求体系，释放消费潜力，提高中国经济的实力和吸引力，进一步推动更高水平的"引进来"和"走出去"（徐奇渊，2020）；另一方面是我国深化供给侧结构性改革的战略选择，有利于提高我国产品的国际竞争力，推动"产品"朝着价值链中上游移动，以更高水平主动融入世界经济大循环（李猛，2021）。从长远来看，全球化依然是世界经济发展的大势所趋。中国以国内大循环为主体，进行需求、供给侧结构性改革，推动中国经济健康增长，并通过增加进出口贸易和对外投资带动世界经济复苏，推动全球经济大循环，能够真正形成国内国际双循环相互促进的发展格局（蒲清平和杨聪林，2020）。

4.1.2 粤港澳大湾区具备实践双循环战略的基础条件

凭借自身在经济规模、对外联系、产业布局等方面的优势，粤港澳大湾区已具备实现双循环新发展格局的总体要求、打造联通国内国际双循环重要枢纽和展示窗口的发展基础和制度条件。

首先，改革开放以来，特别是在香港与澳门回归祖国后，粤港澳的区域合作不断深入，区域产业协同发展，已经具备建成国际一流湾区和世界级城市群的基础条件。从工业基础和贸易规模看，粤港澳大湾区工业门类齐全、贸易规模稳步增长。值得注意的是，自2015年广东的一般贸易总额首次超过加工贸易以来，至2020年，广东的一般贸易总额在进出口总值中的占比达到51.2%，已大幅超过其他加工类贸易总额。这反映出作为粤港澳大湾区的腹地的广东在产业链的结构调整与优化方面所取得的成就。

其次，粤港澳大湾区各个城市具备独特优势，有利于形成连通国内国际双循环的重要枢纽和展示窗口。在《粤港澳大湾区发展研究报告（2019—2020）》中，大湾区九市二区拥有各自的优势与定位：如香港作为国际金融、航运、贸易中心和国际航空枢纽，将推动金融、商贸、物流、专业服务等向高端高增值方向发展，进而打造更具竞争力的国际大都会；澳门作为世界旅游休闲中心、中国与葡语国家商贸合作平台，将打造多元文化交流的合作基地；广州作为国家中心城市和综合性门户城市，将全面增强国际商贸中心、综合交通枢纽功能，培育提升科技教育文化中心功能，着力建设国际大都市；深圳作为经济特区、全国性经济中心城市和国家创新型城市，将加快建成现代化国际化城市，努力成为具有世界影响力的创新创意之都。

从国内大循环的角度看，粤港澳大湾区需在自身区域优势的基础上积极参与并推动供应链的区域化和本地化进程。从国际循环的角度看，粤港澳大湾区持续深度参与国际循环，扮演着国内、国际双循环之间联通渠道的角色。

4.2 全球供应链变化对大湾区领先企业创新网络的影响

4.2.1 粤港澳大湾区全球领先企业创新发展现状

在2019年度全球百强的创新企业中，中国有三家上榜。粤港澳大湾区有两家，即比亚迪和华为，分位列第16和第37位（表4-1）。

表4-1　全球百强创新企业

序号	企业	经营项目	总部
1	3M Company	化学品和化妆品	美国
2	AMD（Advanced Micro Devices）	硬件和电子	美国

续表

序号	企业	经营项目	总部
3	旭硝子（AGC）	化学品和化妆品	日本
4	空客（Airbus）	航空航天	法国
…	……	……	……
16	比亚迪（BYD）*	汽车	中国
…	……	……	……
37	华为（Huawei）*	电信设备	中国
…	……	……	……
47	神户制钢	制造业和医疗	日本
48	小松（Komatsu）	制造业和医疗	日本
49	京瓷	制造业和医疗	日本
50	LG 电子	家庭产品	韩国

* 表示粤港澳大湾区企业。

资料来源：Clarivate Analytics。

注：仅列出世界百强创新企业的前 50 名的部分企业

2020 年大湾区拥有中国 500 强的企业有 83 家，约占 500 强总数的 16.6%。广州、深圳、香港三座城市优势明显，分别有 20 家、34 家、14 家上榜，佛山有 6 家，东莞有 3 家，珠海有 3 家，中山、惠州、江门分别各有 1 家上榜（图 4-1）。

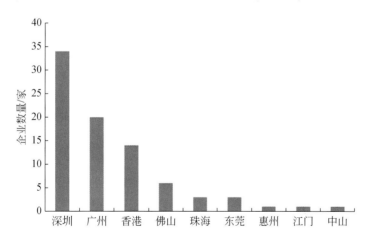

图 4-1　2020 年大湾区拥有中国 500 强的企业数量

资料来源：财富中文网

在中国民企科技企业创新 500 强榜单的前 10 名中（表 4-2），粤港澳大湾区有 5 家，占了一半。

表 4-2　中国民企科技企业创新 500 强榜单

序号	企业	行业领域	地点
1	华为技术有限公司	新一代信息技术	深圳
2	联想控股股份有限公司	新一代信息技术	北京
3	小米科技有限责任公司	新一代信息技术	北京
4	深圳市大疆创新科技有限公司	人工智能	深圳
5	比亚迪股份有限公司	新能源汽车	深圳
6	歌尔股份有限公司	新一代信息技术	山东
7	宁德时代新能源科技股份有限公司	新能源	福建
8	珠海市魅族科技有限公司	智能装备	珠海
9	浙江大华技术股份有限公司	新一代信息技术	浙江
10	美的集团股份有限公司	轻工纺织	佛山

资料来源：中华全国工商业联合会。

注：排名在第 1、4、5、8、10 位的企业是粤港澳大湾区的企业

根据近年中国科技企业创新 500 强榜单（图 4-2），具备创新优势的行业主要分布在新一代信息技术产业、高端装备制造业、新材料产业、节能环保产业。

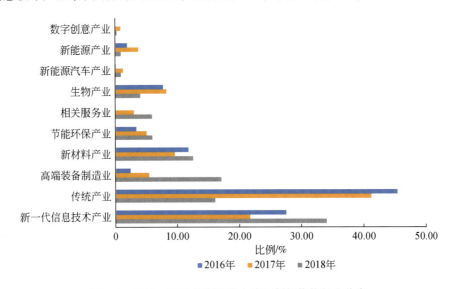

图 4-2　2016～2018 年粤港澳大湾区创新优势行业分布
资料来源：根据中国科技企业创新 500 强榜单统计得到

由投入产出矩阵（创新质量）来看（图 4-3），具备创新优势的行业分布在新能源汽车产业、新一代信息技术产业、高端装备制造业。

调研显示，自 2020 年 2 月初广东推进复工复产以来，通过强弱项、补短板，大湾区内产业链协同复工复产进展良好，越来越多的企业化危为机。88% 以上的企业能够引进关

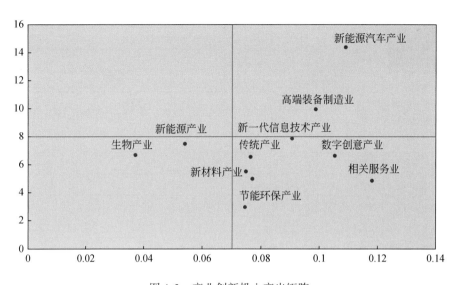

图 4-3　产业创新投入产出矩阵

资料来源:《变局·新局——2020 粤港澳大湾区企业创新报告》

键人才或技术团队;而从外部获取各类专利、版权、技术、非专利发明和其他类型新技术的企业也接近 40%。

例如,康佳集团股份有限公司总投资 300 亿元布局半导体,已完成了存储主控芯片、MicroLED 以及 PCB(印刷电路板)等半导体产业的全链条布局。美的集团股份有限公司 2019 年已定制开发出物联网家电专用芯片 HolaCon,并规模应用。广州隽智智能科技有限公司专注于物联网平台及物联网软硬件开发,在原有平台的基础上,推出可视化、数字化的 3D 可视的物联网大平台。

4.2.2　粤港澳大湾区领先企业的研发优势

近年来,在粤港澳大湾区,创新政策不断出台,创新平台密集落地,创新要素不断集聚,创新企业加快发展。截至 2020 年 8 月底,广东国家级高新技术企业总量超 5 万家,科技型中小企业超 2.8 万家,居全国首位。珠三角地区 2020 年的 R&D 投入强度为 3.29%。港澳地区产业结构高度偏向现代服务业,导致港澳两地 R&D 投入强度均不足 1%。

如表 4-3 所示,无论是在研发投入还是企业专利数量上,华为技术有限公司"一骑绝尘",远超其他 500 强企业。此外,互联网和先进制造无疑是高研发投入的领域,这一点体现在腾讯控股有限公司与美的集团股份有限公司的研发投入超过了百亿元。经过计算,由图 4-4 可见,粤港澳大湾区领先企业的研发投入占大湾区或广东所有企业研发投入的比例都超过了 70%,在研发方面存在巨大优势。

表 4-3   2020 年世界 500 强中位于大湾区的领先企业的创新情况

企业名称	总部所在地	研发投入/亿元	专利数量/件
中国平安保险（集团）股份有限公司	深圳	108.71	1604
华为技术有限公司 *	深圳	1316.58	6393
中国华润有限公司	香港	57.23	1401
正威国际集团有限公司	深圳	61.39	2221
中国南方电网有限责任公司	广州	35.43	2562
碧桂园控股有限公司	佛山	19.7	727
中国恒大集团	深圳	44.76	未公开
招商银行股份有限公司	深圳	93	5
腾讯控股有限公司 **	深圳	366	2812
广州汽车工业集团有限公司	广州	63.4	3569
万科企业股份有限公司	深圳	1.07	43
招商局集团有限公司	香港	75.78	未公开
友邦保险集团	香港	17.03	未公开
雪松控股集团有限公司	广州	26.79	未公开
怡和集团	香港	23.83	未公开
美的集团股份有限公司 **	佛山	100+	2858
长江和记实业有限公司	香港	23.05	未公开
中国太平保险集团有限责任公司	香港	20.87	未公开
珠海格力电器股份有限公司	珠海	69.88	1739
深圳市投资控股有限公司	深圳	13.72	未公开

＊研发投入与专利数量排名第一的企业。

＊＊研发投入超百亿的企业。

资料来源：亿欧智库、国家知识产权局网站

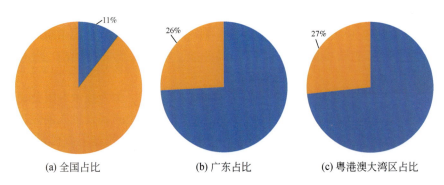

(a) 全国占比   (b) 广东占比   (c) 粤港澳大湾区占比

图 4-4   粤港澳大湾区世界 500 强领先企业创新研发投入占比情况

资料来源：中国工业新闻网公布的相关信息

位于粤港澳大湾区的中国 500 强的企业当中，制造业企业的占比并不高，49 家企业当中只有 11 家是制造业企业。其他企业以房地产和流通业为主，这些企业通常不需要太高强度的研发创新。因而，粤港澳大湾区的企业创新主要是由制造业企业所引领的。

而在中国 500 强企业中，有 431 家提供了研发数据，合计研发投入费用 10 754.06 亿元。2020 年中国 500 强企业研发投入占全国企业研发投入 16 921.80 亿元的 63.55%。2020 年中国 500 强企业平均研发强度（研发投入与营业收入比值）为 1.61%。中国 500 强企业中，大湾区领先企业研发投入 2339.86 亿元，占中国 500 强企业研发投入的 21.76%，超过了 1/5，占全国企业研发投入的 13.83%（图 4-5）。

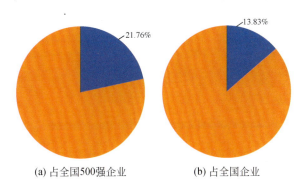

(a) 占全国500强企业   (b) 占全国企业

图 4-5　中国 500 强企业中粤港澳大湾区领先企业研发投入占比情况
资料来源：中国工业新闻网公布的相关信息

中国 500 强企业中有 396 家企业提供了专利数据，共拥有专利 123.93 万件，共拥有发明专利 48.43 万件。大湾区的中国 500 强企业中公开专利数据的企业（主要是先进制造业企业）累计拥有发明专利 21.53 万件，占中国 500 强企业拥有发明专利的 44.46%；占全国企业发明专利授权量的 66.71%。相较于其他企业，大湾区的领先企业用占不到 1/5 的研发投入贡献了全国企业一半以上的发明专利，足见其转化能力之高，在全国企业创新中具有重要地位（图 4-6）。

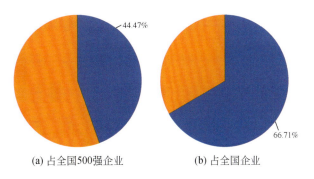

(a) 占全国500强企业   (b) 占全国企业

图 4-6　中国 500 强企业中粤港澳大湾区领先企业发明专利数占比情况
资料来源：中国工业新闻网公布的相关信息

广东各战略性新兴产业的中国 500 强企业研发投入和人员投入表现出一定的一致性，体现在平均研发投入强度和平均研发人员比例两条折线有相似的发展趋势。如图 4-7 所示，从总体来看，相关服务业与新能源产业的平均研发人员比例较高；相关服务业的平均研发投入强度最高，新材料产业和节能环保产业的平均研发投入强度则相对较低。

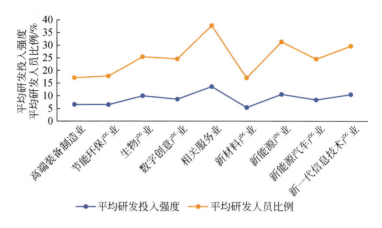

图 4-7　广东战略性新兴产业中的中国 500 强企业的研发投入与人员投入情况占比
资料来源：中国工业新闻网公布的相关信息

在创新产出方面，主要关注企业平均授权发明专利数和产业企业平均利润率。如图 4-8 所示，在专利发明方面，新一代信息技术产业和相关服务业表现突出，体现了广东作为国家重要的经济大省，对新一代信息技术产业及相关服务业创新的重视。对比企业平均授权发明专利数和产业企业平均利润率，可以看出两者之间具有一定的关联，创新的确是推动产业利润率增长的重要手段。相较之下，新能源产业企业平均利润率为负值，其创新产出能力有待进一步提高，在新产业形势挑战之下，应调整战略发挥产业更多发展潜力。

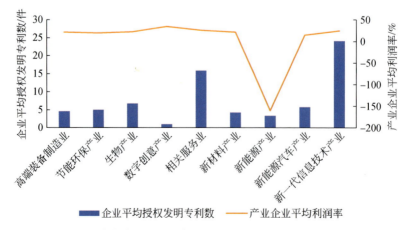

图 4-8　广东战略性新兴产业中 500 强企业的创新产出情况
资料来源：根据中国工业新闻网等公布的相关信息整理计算

调研发现,来自广州的广州探迹科技有限公司(简称探迹)用大数据和 AI 帮助企业全方位提升销售效率。探迹拥有超过 1 亿的全量企业知识图谱,其数据维度超过 1 万,可帮助企业大浪淘沙,精准匹配客户。平台思维也推动着传统产业转型升级。调研发现,通过聚合多方资源,连通上下游产业链,互联网平台正重塑着传统产业的布局。

截至 2020 年底,粤港澳大湾区已建立新型研发机构超过 250 家,2020 年全部机构营业收入超过 320 亿元,其中成果转化收入超过 230 亿元,呈现良好的发展态势,成为粤港澳大湾区创新的重要支撑力量。

4.2.3 领先企业的产学研创新合作及其对区域的创新引领作用

调研显示,在从研发到量产的产业创新循环中,大湾区内的企业与研发机构、高校等科创力量能迅速集合、相互打通,迅速把成果运用到一线,大湾区企业从点到链构建自主创新体系。广东盛路通信科技股份有限公司在 2014 年并购深圳一汽车电子企业,又在 2015 年进军军工产业。珠海丽珠试剂股份有限公司与中国科学院武汉病毒研究所合作,短时间内完成了新型冠状病毒 IgG(免疫球蛋白 G)、IgM(免疫球蛋白 M)血清学诊断试剂盒,其可作为除咽拭子病原核酸检测以外的重要辅助诊断手段,这是针对新型冠状病毒检测的一大技术突破。

电子科技大学广东电子信息工程研究院是东莞新型研发机构之一。该研究院发挥科技单位优势,组织了多家孵化企业申报省防控项目。其中,其孵化的广东迪特赛恩软件技术有限公司研发的"区域疫情申报跟踪系统"运用大数据手段帮助地方进行疫情管理,同时满足市民线上问诊需求。从救治到防控,从科研攻关到研发生产,大湾区科创力量火力全开。这不仅是研发创新的紧急大练兵,也是产学研合作的有力成果体现,在这背后,是粤港澳大湾区新型研发机构的不断涌现,是产学研合作的不断深入。

当前,许多珠三角企业已经走出去,拓展海外市场,布局海外研发机构,成为全球企业创新的重要力量。格力电器向丹麦企业格兰富控股联合股份公司授权了其自主研发的新型无稀土磁阻电机领域内的 3 项专利技术;格兰仕的开源芯片"NB-狮山"正在美国、欧洲和中国的顺德、深圳等地加快推进开发;华为与瑞士大型通信商 Sunrise 在瑞士最大城市苏黎世设立了 5G 研发中心,推动使用 5G 技术研究制造业和农业的高效化,以欧洲为中心向各国提供解决方案。

4.3 领先企业受全球供应链变化的影响及创新网络调整

4.3.1 领先企业受全球供应链变化的影响

第一,西方一些国家实行贸易保护主义政策,通过提高关税、对进出口产品进行贸易管制的方式,直接导致全球供应链成本的增加。在疫情影响下,企业订单减少、上游原材料供应不足以及货物运输的阻断导致粤港澳大湾区的大部分企业出现产业链上下游难以衔接的情况，对企业的经营造成冲击。日本和韩国是我国电子计算机细分产品最重要的材料来源国，日本和德国则为我国机械设备、医疗设备等精密设备制造以及汽车零部件提供重要原材料。这类高附加值、进口依赖程度高的商品具有不可替代性强的特点，上游供给停滞将会令我国企业供应链受到影响——既难以得到上游的零部件、配件，又难以及时为下游环节提供半成品或成品（林梦等，2020）。面对发达国家对一些重点产业的人才、技术、产品和市场封锁，领先企业面临一定的"断供"风险，在全球供应链中的地位受到威胁。总体来说，虽然我国近年来自主创新能力大大提升，在 5G、高铁等领域跻身全球技术领先行列，但是在电子信息产业、新能源、企业、航天航空领域仍然存在较多技术短板，核心芯片、元器件等严重依赖进口。

第二，受到中美贸易摩擦和跨国公司供应链回缩到本国就近区域生产的影响，我国制造业也面临加速外移的风险——逐渐转向东南亚的越南、印度尼西亚、柬埔寨、印度等具有廉价劳动力优势的国家。这种产业转移趋势同样符合全球供应链逐渐区域化的特点，同时也有助于逐步形成区域化布局下的以中国为核心的亚洲供应链。

第三，全球供应链的区域化布局特征逐渐显现——形成以中国为中心的亚洲地区、以美国为中心的北美地区、以德国为中心的欧洲地区三大全球供应链中心。这一趋势导致各类双边、多边区域贸易谈判增多，贸易规则的标准逐渐提高，并且增加了排他性、限制性条款，强化本区域内的合作关系。一些发达国家在主导大型区域贸易协定的签署过程中，通过将协定内容扩展到电子商务、数字贸易等领域，将环境保护、劳工、反腐等内容纳入谈判范畴，或是加入直接限制性条款，试图制约我国参与全球供应链，将我国排除在区域贸易和全球供应链之外。

大湾区的重点行业在这一过程中正遭遇着冲击。在全球供应链调整过程中，国际市场需求受到多重因素的影响，部分行业订单骤增或需求量锐减，给我国大湾区重点出口行业带来不稳定因素。尽管不少国外企业在本国政策压力下，供应链回缩，但我国作为世界上最先在疫情中实现经济恢复性增长的国家之一，依然承接了部分行业的大量订单。纺织行业作为东莞的优势产业之一，2020 年前三季度的进出口情况显示，口罩在内的纺织品出口达 8287.8 亿元，增长 37.5%。2020 年 4 月以来，已经有大量在印度生产的订单转移到我国，国内纺织行业开始回升，产量和销售量不断上涨。除了纺织行业外，国内灯具、防疫用品、电子产品等行业的出口额均有较大幅度的增长。

虽然海外订单快速回流，但是全球范围的运力和我国企业的生产力在短时间内难以匹配，导致大湾区企业在拿到大量转移订单后，只能满负载运行，给口岸带来巨大压力，于是我国各大沿海港口相继出现运价暴涨的情况，影响企业的盈利能力。

广州的支柱产业——汽车工业同样是受到全球供应链调整极大影响的行业之一。在 2020 年 1~2 月，广汽集团汽车产量和销量分别为 15.5 万辆和 19.6 万辆，同比分别下降 45% 和 37.3%；汽车终端销量为 22.1 万辆，同比下降 33.1%。工业总产值累计 248.8 亿元，同比下降 34.4%（沈国兵和徐源晗，2020）。产量和销量急剧下滑主要与上游零部件供应有关，汽车零部件的供给企业集中在国内的武汉，以及日本、德国，企业复工进度慢，零部件供应及运输困难，导致汽车产量水平低；另外，下游销售商、线下门店消费停滞，市场需求锐减。

半导体具有产业链长、全球合作紧密的特点，其设计环节主要在美国，材料和设备产地主要在日本，韩国则是半导体存储芯片、显示面板的全球制造基地。日本、韩国与我国半导体产业链关系紧密，是我国主要半导体设备、材料以及核心零部件供应基地。日本、韩国相关设备、材料及核心零部件受疫情影响出现材料、设备供应不足，对我国国内产线生产和建设产生不利影响。

电子信息当中的集成电路产业作为深圳、东莞、惠州、广州的重点产业，面临着美国从源头的人才培养—前端的技术研发—中期的产品配套，到最终的市场开放的全供应链封锁。海思半导体和中兴微电子是深圳芯片的领军企业，其芯片销售额在 2017 年合计约占深圳芯片销售总额的 73%，但面临着越发严苛的技术封锁。在华为被列入出口管制"实体清单"后，美国谷歌公司停止了与华为合作的设计硬件、软件、技术服务等相关业务。同时，英国半导体 ARM 公司宣布停止与华为的所有业务往来和技术讨论支持。这种技术封锁严重影响了华为手机的核心部件，也给芯片行业带来较大冲击（张臻和张权，2019）。我国芯片生产制造的许多环节依赖全球供应链，特别是缺乏自主技术的光刻、半导体存储、数字信号处理设备等，需要向英特尔、高通、阿斯麦等西方跨国公司进行采购。

总体来说，欧美在战略层面加快了重振制造业的步伐，决心降低对中国供应链的依赖，开始重新评估供应链安全，提出生产地点多样化和本地化的调整战略。一些跨国公司不得不实施"中国+国外产能备份"的策略，将一部分订单转到中国以外的地区。由于全球供应链的物理空间被大幅压缩，逐渐变"短"，并从"全球供应链"向"区域供应链"转变，粤港澳大湾区的企业需要顺应这一变化，在产业布局方面注重本土化和内部化，构建更加安全的产业链、供应链。

4.3.2 电子信息领先企业的创新网络重构

新一轮贸易保护以来，作为我国高技术产业五个领域之一的电子信息产业，其适用的非关税贸易保护条款更新频率、受限企业数量、产品类型范围都大于其他高技术产业，且受限情况逐年加剧。因此，本节与下一节会着重对这一产业领先企业在贸易保护下创新的重新组织进行分析。

分析数据来源于世界知识产权组织专利数据库，并用我国国家知识产权局专利检索平台的数据作为补充。利用 Gephi 和 ArcGIS 将企业间的合作创新关系可视化。用 UCINET 软件测算网络结构指标，进而进行描述性统计，分析讨论网络结构特征演变。

针对在全世界范围内受到认可的专利（与技术贸易保护相对应），对粤港澳大湾区的领先企业进行描述性统计。如图 4-9 所示，从 2011 年起，大湾区电子信息类企业的国际联合申请专利数量呈现稳步攀升趋势。但从总体数量看，大湾区领先企业与全球范围内企业的合作申请专利数量并不多，这提示企业的自主创新可能是主要的。

对于大湾区电子信息类企业的合作创新网络，首先对 2018 年贸易保护之前的网络演

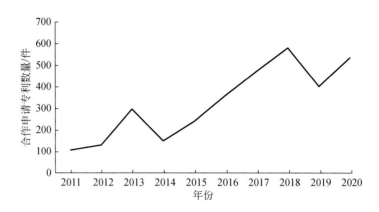

图 4-9 2011～2020 年大湾区电子信息类企业在世界合作申请专利数量的演变

资料来源：世界知识产权组织数据库

变趋势进行分析，进而再将贸易保护前后情况进行具体的对比分析。大湾区的华为和中兴是两个中心节点，即领先企业主导创新网络。从演化情况看，合作主体、总合作关系都在增多，但网络密度降低，即每个企业的平均合作关系减少。表 4-4 是电子信息类企业专利合作网络的一些基本参数。

表 4-4 电子信息类企业专利合作网络的结构特征分析结果

网络结构特征	2014～2015 年	2016～2017 年
网络边数	467	1305
网络连接次数	680	2848
聚类系数	0.142	0.157
平均路径长度	1.440	1.539
连通子图个数	38	95
最大连通子图节点数	21	55
最大连通子图连边数	34	111
最大连通子图连接次数	87	258

进一步地，将 2017 年和 2020 年专利合作网络单独进行细致对比分析。如图 4-10 所示，尽管节点数量、网络规模（关系数量）在增加，但节点在网络中的中心性都有所下降，即大湾区企业平均与外单位合作关系减少了，典型例子如中兴合作创新的减少。但是并不能就此推断企业的创新有所下降，因为企业在遭遇外部环境冲击之下，有可能选择强化自主创新。

度中心性反映了节点连接的"量"，用于衡量合作关系的"广度"；节点的单位权是连接次数与度中心度的比值，反映了节点与其他节点连接的稳定性，用于衡量合作关系的"深度"。2015～2017 年主要节点集中在低广度-低深度的合作位置。其中，高广度-低深

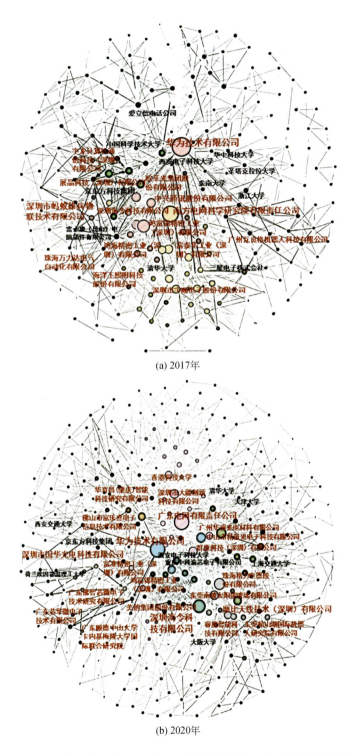

(a) 2017年

(b) 2020年

图 4-10　2018 年贸易保护前后大湾区电子信息类领先企业专利合作网络的重构

名字为红色的是总部位于大湾区的企业或机构

度的节点主要有浙江大学、清华大学等。由此可见，大湾区之外的高校在网络中占据着信息和资源的优势。而 2018～2020 年，电子科技大学、中国科学院微电子研究所和清华大学等大湾区之外的高校或科研机构仍处于高广度-低深度位置，说明其在网络中仍具有资源和信息优势。粤港澳大湾区的 TCL 集团股份有限公司、华为技术有限公司和深圳市长盈精密技术股份有限公司等诸多企业处于低广度-高深度位置，说明大湾区企业创新合作网络存在两方面的演化趋势：①个体创新能力在增强；②合作关系在深化。

进一步地，本研究试图把 2017 年和 2020 年该网络中创新主体的核心边缘情况列出，以便读者了解哪些领先企业或者机构在合作创新中处于较为核心的地位（表 4-5）。

表 4-5　大湾区电子信息类企业专利合作网络不同类型节点占比　（单位：%）

中心等级	2017 年		2020 年	
	领先企业或机构	占比	领先企业或机构	占比
强中心	华为技术有限公司、南方电网科学研究院有限责任公司、深圳海令科技有限公司、中兴通讯股份有限公司、鸿富锦精密工业（深圳）有限公司	1.45	广东电网有限责任公司、华为技术有限公司、深圳海令科技有限公司	0.89
次强中心	海洋王照明科技股份有限公司、深圳市蚂蚁雄兵物联技术有限公司、欧菲光集团股份有限公司、展晶科技（深圳）有限公司	8.35	美的集团股份有限公司、摩比天线技术（深圳）有限公司、深圳市国华光电科技有限公司、广东佛智芯微电子技术研究有限公司、鸿富锦精密工业（深圳）有限公司、珠海格力电器股份有限公司	9.41
一般中心	珠海万力达电气自动化有限公司、海精密工业（深圳）有限公司、浙江大学	7.64	广东芯华微电子技术有限公司、深圳市大疆创新科技有限公司、西安电子科技大学、华育昌（肇庆）智能科技研究有限公司	15.23
弱中心	宇龙计算机通信科技（深圳）有限公司、广州瓦良格机器人科技有限公司、西安电子科技大学、圣塔克拉拉大学	10.34	东莞南玻太阳能玻璃有限公司、广州华睿光电材料有限公司、香港科技大学、清华大学	13.56
一般节点	所有合作专利低于 5 的企业或机构	72.22	所有合作专利数低于 5 的企业或机构	60.91

注：仅列出与位于大湾区的企业或合作关系数大于 5 的企业名称

2018 年贸易保护与 2019 年新冠疫情发生之后，大湾区电子信息类领先企业创新合作网络的一个明显变化是强中心的弱化、一般中心与弱中心数量的增多。结合大湾区领先企业专利总数来看，2020 年领先企业专利数是 2017 年的 1.53 倍，这说明大湾区电子信息类企业在最近几年更倾向于独立的自主创新。一方面，强中心与次强中心地位的下降并不代表这些企业创新能力的下降;另一方面,一般中心与弱中心的崛起显示大湾区企业正积极扩展对外合作、努力成为创新枢纽。另一个较为明显的变化是,本就占比不多的对美合作关系在2018年后几乎消失殆尽。2020年,除了与诸如美国华格照明公司这一类企业在电子信息业非尖端技术方面的合作外,涉及电子信息业上游核心技术的对美合作几乎没有。同时,大湾区企业与日韩企业的合作关系与合作领域变化不大。

为了解领先企业在电子信息产业链上不同产品技术领域的创新合作情况,本研究细分了一些具体的产品技术领域。主要依据是中国国家知识产权局以及世界贸易组织对电子信息产业的界定与划分标准,包含电子信息材料、电子元件、电子器件、电子计算机与专用设备、广播电视与家用视听、雷达与通信。本研究将电子器件进一步细分为电子真空器件、半导体分立器件、光电子器件、集成电路。电子器件产品技术领域是我国企业受本轮贸易保护影响最为主要的领域。无论是专利总数还是企业间合作数量,都集中在"半导体分立器件"这一细分领域。而企业在集成电路(即芯片类)与光电子器件方面,相较于其他的电子器件,合作创新较少,数量大约少了一个数量级。此外,电子真空器件领域的合作创新几乎为零。在上游的材料部分,半导体材料与信息化学品材料的专利总数与企业间合作数量增长近年来是显著的,但相比于电子信息业的其他领域,这部分的创新表现较弱。这一结果与国际贸易保护这一外部环境变化相呼应,即贸易保护对华制裁严厉的领域,恰恰是大湾区领先企业创新相对薄弱的领域。尽管近年来企业正积极通过国产替代来解决这一问题,但就目前的情况看,这些领域的境内自主创新与合作都需要加强,任重而道远。

本研究将领先企业创新合作网络中的不同主体间的合作关系数量进行进一步统计,获得不同主体间合作关系的比例。如表4-6所示,贸易保护之前与之后的比例存在较大变化。2018年之前,大湾区的电子信息业的创新合作关系中,企业与高校、研究所之间的合作比例是比较高的。2018年以后,大湾区的"企-企"合作比例明显增加;相应地,"企-校""企-所"合作比例有所降低。如果从创新合作强度(合作专利数量的占比)来看,贸易保护之后的"企-企"合作强度接近"企-校""企-所"合作强度总和的3倍。这说明大湾区企业在合作创新中的主体地位是有所提升的。

表4-6 大湾区电子信息类企业专利合作网络不同类型主体间的合作关系与强度

合作主体	2015~2017年			2018~2020年		
	合作关系数/个	合作关系占比/%	合作强度/%	合作关系数/个	合作关系占比/%	合作强度/%
"企-企"	6 569	59.96	65.08	10 345	68.71	74.38
"企-校"	2 334	21.31	21.46	2 433	16.16	14.91
"企-所"	2 052	18.73	13.46	2 277	15.13	10.71

注:"企"指企业,"校"指高校,"所"指科研院所

进一步对合作关系的空间尺度进行分析。如图 4-11 所示，经历了 2018 年贸易保护之后，领先企业在大湾区本地（相当于产业集群尺度）、区域以及国家尺度的合作关系比例都是有所增加的，唯独与境外企业或机构的合作关系比例在降低。在合作关系总量增加的情况下，境外合作关系比例的减少意味着这一时期企业与境外企业合作的降幅已经超过了50%。在减少的对外合作关系中，对美合作占了大部分（图 4-11）。

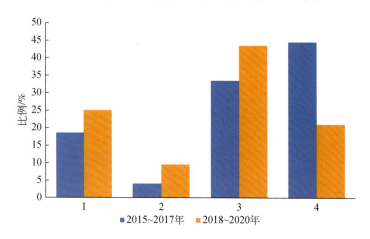

图 4-11　2018 年贸易保护前后大湾区电子信息类领先企业不同尺度空间的创新合作关系占比
1. 大湾区本地尺度；2. 广东区域尺度；3. 国家尺度；4. 境外尺度

中国境内的创新网络空间分布格局在 2018 年贸易保护前后变化不大。大湾区电子信息类领先企业在中国内地主要是与北京、上海、广州和江苏四地的企业或者机构合作。其中，与北京和广东企业的合作密度较高，反映出"技术邻近性+地理邻近性"的影响。而与西南地区的高密度合作关系则以深圳市电子通信企业与电子科技大学的创新合作为代表。

进一步对大湾区电子信息类领先企业与中国大陆之外企业或机构合作专利数占比由高到低进行排序，列出排名前十的国家或地区。如表 4-7 所示，一个明显的变化是，贸易保护开始之前大湾区电子信息类领先企业与我国台湾地区、美国的合作排在前列，而贸易保护之后，与美国的合作占比明显降低。贸易保护之前，排名前十的国家或地区在大湾区企业的对外合作关系中占 97%。而贸易保护之后，尽管排名前十的国家或地区变动不大，但是合作关系的占比有所降低，这说明在贸易保护的影响下企业对外创新合作的国家更为分散。

总体而言，大湾区电子信息类领先企业的对外合作在地理空间上表现出了"本地集群+外部联系"的分布格局。首先，大湾区产业集群内部的地理邻近仍然发挥着重要作用，许多企业的创新合作依然基于地理邻近开展。其次，基于制度邻近、认知邻近的国家尺度的跨省合作也是大湾区企业重要合作关系所在的地理空间尺度。此外，相当一部分企业（以深圳和佛山的企业为主）的对外合作发生在全球尺度，这一部分企业合作主要是基于认知邻近与组织邻近。地理距离并未明显制约创新合作与知识流动。

表 4-7　2018 年贸易保护前后大湾区电子信息类领先企业境外创新合作关系地区排名　（单位：%）

排名	2015~2017 年		2018~2020 年	
	国家/地区	比例	国家/地区	比例
1	中国台湾	39.25	中国台湾	28.16
2	美国	31.54	美国	13.39
3	日本	9.57	日本	6.38
4	德国	5.64	韩国	4.03
5	韩国	3.02	德国	2.32
6	瑞典	2.28	加拿大	1.98
7	加拿大	2.09	瑞典	1.90
8	法国	1.81	法国	1.53
9	英国	1.38	印度	0.91
10	印度	0.73	英国	0.82

4.3.3　华为的创新路径选择

截至 2020 年底，华为全球共持有有效授权专利 4 万余族（超 10 万件），其中 90% 以上为发明专利（图 4-12）。在 5G 技术领域，华为拥有全球最多的标准必要专利。华为旗下业务涉及通信产业各个方面，通信服务覆盖全球 170 多个国家和地区。华为每年研发费用的 20%~30% 用于创新研发，70%~80% 用于产品研发。2012~2021 年，华为在研发方面的投入超过 6000 亿元。

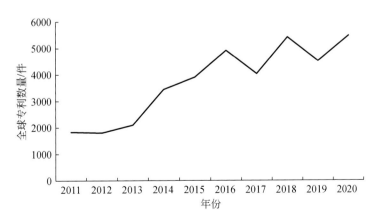

图 4-12　近十年华为全球专利数量

资料来源：华为《创新和知识产权白皮书 2020》，世界知识产权组织公布数据

如图 4-13，进一步对华为在全球范围内的合作专利数量与合作伙伴数量进行描述性统计。2018 年贸易保护之后，合作专利数量下降明显。华为并没有广泛扩展合作伙伴，而是收缩了自己的合作圈子，2020 年的合作伙伴数量大约是最高峰年份的一半。

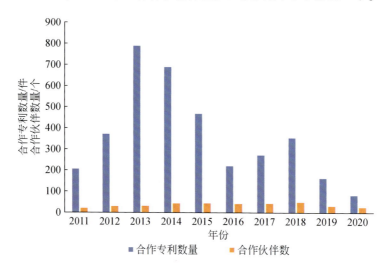

图 4-13　近十年华为全球创新网络的合作专利数与合作伙伴数
资料来源：世界知识产权组织、国家知识产权局

对比图 4-12 和图 4-13，可以推断华为在贸易保护之后创新能力的增长是依托自主创新而非对外合作。此外，近年合作专利数量的减少幅度大于合作伙伴数量的减少幅度，意味着华为创新合作网络的密度也在降低（与合作伙伴的平均合作专利数量减少了）。

由图 4-14 可知，相较于 2017 年，2020 年华为的创新合作伙伴与合作专利数量减少明显（网络变得稀疏）。减少的合作伙伴主要是高校与科研院所。其中，国外部分，与新加坡科技研究局、日本株式会社电装、早稻田大学、剑桥大学的合作专利数量减少较多；国内部分，在大湾区以外的全国尺度，与浙江大学、南京大学、中国科学技术大学、北京大学的合作显著减少，在大湾区内部，与香港理工大学、珠海汉胜科技股份有限公司的合作有所减少，而与深圳市特发信息光网科技股份有限公司的合作有所增加；与立讯精密工业股份有限公司的合作则是基本保持稳定。

通过以上分析可知，在电子通信领域，华为作为一个典型的领先企业，在贸易保护与疫情之后的创新合作网络收缩是较为明显的，其创新的增长主要来源于自身的研发进步。华为作为一家民营通信科技公司，在全球（不含中国）的 11 个国家建立了 5G 创新研究中心，位于国外的全球研发中心总数达到 15 个（表 4-8）。

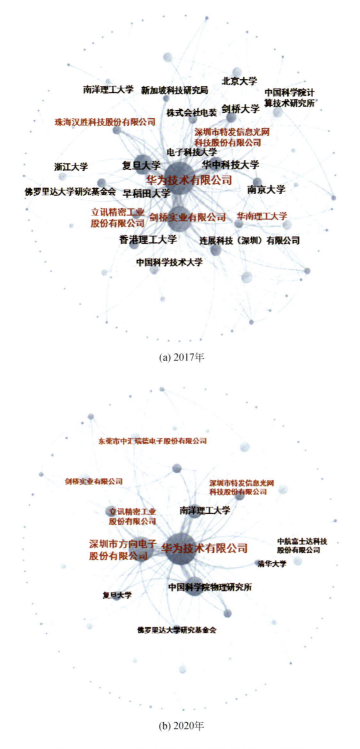

(a) 2017年

(b) 2020年

图 4-14　新一轮贸易保护前后华为的创新合作网络
名字为红色的是总部位于大湾区的企业或机构，仅列出合作关系数大于 3 的机构

表 4-8　华为位于世界各地的研发中心

领先企业	总部	全球研发总部	全球研发中心
华为	深圳	深圳	天津、成都、西安、南京、北京、上海、日本东京、印度班加罗尔、法国巴黎、德国柏林、德国慕尼黑、德国纽伦堡、罗马尼亚布加勒斯特、比利时布鲁塞尔、美国达拉斯、美国加利福尼亚州圣迭戈、波兰华沙、瑞典隆德、瑞典斯德哥尔摩、意大利米兰、俄罗斯莫斯科

4.4　对大湾区领先企业创新网络调整的建议

在构建双循环新发展格局背景下，国内国际的经济形势呈现出前所未有的复杂状况，粤港澳大湾区作为我国对外开放的前沿，面临的机遇与挑战并存，领先企业在其中更是发挥着举足轻重的作用。基于以上论述，提出有助于粤港澳大湾区双循环相互促进发展的政策建议。

4.4.1　针对"卡脖子"技术创新，强化"政产学研"合作

面对部分西方国家对我国在集成电路、电子元器件等高科技领域的技术封锁，最根本的解决方式是提高我国的自主创新能力，尤其是领先企业在这方面的带头作用，针对关键技术的"卡脖子"环节进行重点攻关。作为一种可以对接、耦合创新链和供应链上、中、下游资源的模式，产学研相结合的科创模式对我国企业增强创新能力，以及将发展需求与创新成果匹配有着重要的意义。

随着粤港澳大湾区企业的自主创新能力不断增强，电子信息产业的少数领先企业已积极扩展与企业、高校、科研机构间的合作，努力成为创新枢纽。但前文分析结果显示，企业间合作强度上升的同时，企业与高校、科研院所的合作强度有所降低。因此，政府一方面要继续鼓励企业之间的合作，另一方面要积极推动领先企业与高校、科研院所之间探索实行更紧密的"校企战略合作"模式：一个或一批企业与一所或多所高校、科研院所的相关学科领域（团队）结对实施科技服务和交流，通过签订技术研究合同、开放实验室或建立联合实验室、设立博士工作站等方式，充分发挥双方的优势，共同研制产品，形成更深度的合作关系。政府应充分利用领先企业对市场的引领作用和对市场需求的灵敏度，鼓励由企业牵头与高校和科研院所在薄弱领域或是市场需求最紧迫的领域进行项目合作。

政府还应推动企业与高校或科研院所组建研究开发中心，研究开发中心成为相对独立的活动单位或法人，政府参与该单位的中长期规划制定，对政策和资金进行引导，并参与协调和管理，积极推进企业的引进和项目申报工作。

4.4.2　搭建服务平台，促进创新成果转化

数据显示，广东技术吸纳与输出能力较好，但科技成果转化率仅略高于10%，远低于发达国家和地区40%的水平。因此，针对科技成果转化的问题，政府部门要搭建一个大湾区的科技创新成果推广平台，为企业科技创新提供信息服务，梳理出粤港澳三地的高校及科研院所的最新科研项目、科创成果目录并录入平台数据库。另外，政府同样需要收集企业需求信息，包括所需的技术开发支持，以实现发展需求与科技创新成果的对接。

此外，政府要重视企业与技术开发主体之间的技术转移活动，通过建设网上技术交易市场，为双方提供畅通高效的渠道，实现真实有效的技术交易。建设网上技术交易市场是通过网络平台为技术转移双方提供洽谈对接、交易公证、技术交付和最终的款项支付的全流程服务。相比传统的技术市场，网上技术交易市场依托政府建立的数据库，将线上信息检索、展示、交易与线下服务相结合，有利于解决技术转移过程中互不信任，以及经济、服务纠纷等问题，缩短技术转移周期，提高技术交易的效率和匹配准确性。

如今国内虽然已经建立由政府主导的中国技术交易所、中国浙江网上技术交易市场、天津的北方技术交易市场和由企业主导的中国（南方）知识产权运营中心，但大多仍未真正实现高效的线上交易。因此，政府可以利用粤港澳大湾区在搭建数字平台和建设信息网络方面的优势，推广、完善粤港澳大湾区的网上技术交易市场建设，为领先企业提供更加便利的增值服务。

4.4.3　建立校企联盟，人才引留并举

政府要鼓励领先企业与高校合作培养人才，通过设立紧缺领域的人才定制班，采取"企业委托—学校招生—校企联合培养—企业就业"的培养路径，扩充企业人才库。企业每年要与合作的学校进行关于人才培养需求的交流，根据企业当前及未来发展规划中对人才的需求来制定生源选拔标准，确定此类计划的招生人数和专业方向，灵活调整专业和课程设置。政府可以继续在大湾区内推广类似华为与深圳大学达成的研究生联合培养项目的模式，鼓励企业深度参与到学生的培养过程中。从培养方案的制定、导师的选聘，到课程方案的设计，再到聘请企业的工程师进行"跨界"讲授，担任"企业导师"，以及提供合作研究课题方向等，企业深度参与，让学生更直观地感受到该专业的应用实践过程，培养学生创新思维。同时，政府还要引导企业与合作学校开设实习基地、联合实验室，赋予学生"学生+准职员"的双重身份，允许学生提前参与企业日常基础的研发项目，采取"产教融合"的模式培养人才。江门的广东南大机器人有限公司正是通过与职业院校的深度合作，设立"校中厂"，为具备专业理论功底的学生提供了实践平台，同时也为企业培养了人才。

此外，大湾区政府要加强专业人才的引进，解决我国在"卡脖子"的芯片等产业的人才缺口。首先，政府与企业合作，制定出相关产业的高端人才引进目录，并针对该行业的

领军人物及其团队制定专项引才政策。例如，在芯片领域，鼓励海思半导体、中星微电子等芯片设计与应用行业的领先企业加强与电子科技大学、华中科技大学等知名高校的校企合作和人才对接，加大对其应届毕业生的人才引进力度，给予更多的落户优惠政策。另外，政府要与领先企业共同商讨，制作高需求、紧缺人才清单，建立更加以企业和市场需求为导向的人才清单，定期发布核心领域的人才需求目录，吸引更多的海内外人才落户大湾区。政府可以充分利用前海深港现代服务业合作区、横琴粤澳深度合作区、南沙国际化人才特区等大湾区内的特色平台，试行更开放、宽松的港澳和海外人才政策，促进人才通关往来便利化，放宽执业限制。

4.4.4　推动领先企业"走出去"，提升在全球供应链体系中的话语权

政府应推动大湾区的企业向华为的"走出去"战略学习，在全球各地寻找更多的合作伙伴，大力开拓欧洲、东南亚、非洲市场，进行全球市场的销售布局；另一方面，政府要将重点培育一批全球领先的跨国企业作为目标，鼓励企业到海外设厂、设立研发中心，或是在遵循国际规则的情况下到海外进行并购、合资或参股海外的创新型企业，整合全球优质资源，占领全球技术、产品和服务高地。

在推动领先企业"走出去"的过程中，政府的作用尤为关键——政府要为企业提供一系列服务，维护我国企业在海外的权益，减少障碍。第一，政府要推动企业实行与国际制度规则接轨的标准，包括在企业监管、环保、知识产权、个人信息保护方面，都推行符合国际经贸标准的制度，减少可能产生的摩擦。第二，要建立电子化的"走出去"信息管理系统和服务平台，为企业的审批、税务、海关等环节建立数据库，加强企业的关键信息保护，为企业在海外的运营降低成本。第三，我国政府应继续加强对人民币跨境支付系统（Cross-Border Interbank Payment System，CIPS）的建设，减少对美元体系的依赖，为领先企业在参与国际贸易与投资的过程中使用非美元货币结算提供支撑，提高我国企业在国际上的定价能力，争取更多样的贸易合作对象。第四，大湾区政府可以设立专门的业务部门，为企业提供法律、税务、外贸规则等各方面的咨询服务，及时关注相关行业信息和政策动向，负责对企业进行"出海"前的风险管理和合规审查。

总体而言，粤港澳大湾区有着良好的工业基础和广阔的市场，还拥有相对完整的产业链条。因此，政府在大湾区推行双循环战略的过程中，要充分发挥和利用各个城市的优势和特色，重点放在增强重点行业的企业自主创新能力上，解决"卡脖子"的技术难题。政府、企业和科研院所要通过不断探索更高效的产学研模式——建立校企联盟、政府参与共建研发中心、搭建创新平台等方式，培养和引进人才双线并行，在提高科创能力的同时加强科技成果的转化应用，让企业需求与科研成果对接更顺畅。政府还需要为领先企业提供更高效的金融服务，一方面引导企业整合产业链上下游，实现国内大循环；另一方面鼓励企业"走出去"，通过海外设厂、设立研究开发中心等方式拓展海外市场，实现国际大循环，为我国的国内大循环提供更大的空间和动力。

参 考 文 献

毕夫．2020．世界经济 2019 年主线追踪与 2020 年趋势预测．对外经贸实务，（1）：93-96.

董志勇，李成明．2020．国内国际双循环新发展格局：历史溯源、逻辑阐释与政策导向．中共中央党校（国家行政学院）学报，24（5）：47-55.

黄群慧．2021．"双循环" 新发展格局：深刻内涵、时代背景与形成建议．北京工业大学学报（社会科学版），21（1）：9-16.

江小涓，孟丽君．2021．内循环为主、外循环赋能与更高水平双循环——国际经验与中国实践．管理世界，37（1）：1-19.

李猛．2021．新时期构建国内国际双循环相互促进新发展格局的战略意义、主要问题和政策建议．当代经济管理，43（1）：16-25.

林梦，路红艳，孙继勇．2020．全球供应链格局调整趋势及我国应对策略．国际贸易，（10）：19-25.

刘志彪．2020．新冠肺炎疫情下经济全球化的新趋势与全球产业链集群重构．江苏社会科学，（4）：16-23，241.

刘志彪，陈柳．2020．疫情冲击对全球产业链的影响、重组与中国的应对策略．南京社会科学，（5）：15-21.

蒲清平，杨聪林．2020．构建 "双循环" 新发展格局的现实逻辑、实施路径与时代价值．重庆大学学报（社会科学版），26（6）：24-34.

沈国兵，徐源晗．2020．疫情全球蔓延对我国进出口和全球产业链的冲击及应对举措．四川大学学报（哲学社会科学版），（4）：75-90.

徐奇渊．2020．双循环新发展格局：如何理解和构建．金融论坛，25（9）：3-9.

张杰．2020．中美战略格局下全球供应链演变的新趋势与新对策．探索与争鸣，（12）：37-52，198.

张臻，张权．2019．中美贸易战背景下深圳芯片产业创新驱动的供给侧体制改革建议．深圳职业技术学院学报，18（4）：3-11.

周建军．2020．全球产业链的重组与应对：从防风险到补短板．学习与探索，（7）98-107.

Zhang D，Hu M，Ji Q．2020．Financial markets under the global pandemic of COVID-19．Finance Research Letters，36：101528.

第5章 粤港澳大湾区区域创新体系建设与粤港澳三地协同创新机制

新的全球化形势与国家发展战略调整对粤港澳大湾区构建高效协同的创新体系提出了新的挑战。本章着眼于创新体系这一关键概念,首先,梳理粤港澳大湾区在城市群功能体系、创新文化与制度创新等方面构建高质量创新体系的发展优势;其次,从城市群流空间视角出发,分析粤港澳大湾区创新体系的空间结构特征;最后,在揭示结构的基础上,辅以定性访谈式的研究,定位粤港澳大湾区构建高效协同创新体系存在的体制机制问题,并在此基础上,从推动基础研究保障、健全核心技术攻关、优化创新资源配置等几个方面提出战略对策。

5.1 粤港澳大湾区构建高质量创新体系的发展优势

5.1.1 集生产、消费、服务于一体的互补性的城市群体系

粤港澳大湾区是由珠三角地区与香港、澳门两个特别行政区构成的特殊城市群。在这个城市群体系中,珠三角因其高速的城市化与工业化而闻名全球,是当前世界上重要的制造业产业集群地之一,而香港、澳门则是中国知名的两个开放城市,这种互补性的功能结构使得粤港澳大湾区在构建高质量创新体系上具有独到的发展优势。

香港、澳门与广州在基础研究与知识创造方面具有独特的优势,深圳近年来在高等教育领域也迅速崛起。其中,香港是世界知名高校的集聚地,具有国际化的科研教育环境与人才培养条件。香港大学、香港中文大学、香港科技大学、香港城市大学等均是闻名世界的高校,这些学校在生物医学、神经科学、信息技术、人工智能等方面具有高水平的基础科研能力,整体研究水平与国际接轨(表5-1)。另外,在回归后,香港特区政府也在推动基础科研评价建设与产业方面做出了大量的尝试(表5-2),设立了香港应用科技研究院、香港创新科技署研发中心等多类型的产业研发机构,致力于发挥自身在基础研究方面的实力,推动成果的产业化运用。目前,香港在金融技术、智能制造、信息与通信技术、生物科技等国家关键技术领域取得了极大突破。澳门近年来也着重在高等教育与基础研究方面持续发力(表5-3),发挥自身在旅游、管理、葡语教育等方面的优势,推动自身研究实力与科技实力的提升。

表 5-1　香港六大著名高校重点科技研究优势领域

机构名称	重点科技研究优势领域
香港大学	生物医学、神经科学、化学、新能源、智能电网、新材料、计算科学与信息技术、药物、基因组学、综合生物学、食品安全与质量
香港科技大学	纳米科技、神经科学、生物科技、电子、无线通信、信息技术、人工智能、大数据、机器人及自动化技术、新能源、燃料电池、土木及环境水利工程、智慧城市、环境和可持续发展
香港中文大学	化学、生物医学、电子及信息通信技术、机器人与自动化技术、智慧城市、环境与可持续发展
香港城市大学	无线通信技术、海洋环境、材料和科学、生物医学
香港理工大学	土木、建筑、结构及环境工程、可持续城市发展、纺织、康复治疗、先进制造技术、轨道交通
香港浸会大学	环境与生物分析、中医药、化学、信息技术、新材料

资料来源：陈广汉和谭颖（2018）

表 5-2　香港科研机构及孵化加速机构重点发展优势领域

机构名称	重点发展优势领域
伙伴国家重点实验室	脑与认知科学、新发传染性疾病、肝病研究、合成化学、生物医药技术、农业生物技术、消化疾病研究、华南肿瘤学、植物化学与西部植物资源持续利用、海洋污染、毫米波、分子神经科学、先进显示与光电子技术、环境化学与生态毒理学、手性科学、超精密加工技术
国家工程技术研究中心香港分中心	专用集成电路系统、人体组织功能重建、重金属污染防治、贵金属材料、轨道交通电气化和自动化、钢结构
香港应用科技研究院	金融技术、智能制造、新一代通信网络、医疗健康
香港创新科技署研发中心	汽车零部件、信息与通信技术、物流及供应链管理应用技术、纳米科技及先进材料、纺织及成衣研发
香港科技园公司	电子、信息科技、绿色科技、生物科技、精密工程
香港数码港	信息及通信科技

资料来源：陈广汉和谭颖（2018）

表 5-3　澳门主要高校的优势科技研究领域及国家重点实验室

高校	优势科技研究领域	国家重点实验室
澳门大学	电机及计算机工程、土木及环境工程、计算机科学、机电工程、应用数学、生物医学、微电子研究、集成电路、中医药、物联网	模拟与混合信号超大规模集成电路国家重点实验室、中药质量研究国家重点实验室
澳门科技大学	中药质量与创新药物、嫦娥卫星月球数据分析及月球与行星科学、系统工程、智慧城市、建筑与城市规划	中药质量研究国家重点实验室、月球与行星科学国家重点实验室
澳门城市大学	旅游及酒店管理、城市治理大数据	
澳门理工学院	资讯科技、卫生护理、机器翻译	
澳门旅游学院	旅游及酒店管理	
澳门镜湖护理学院	护理学	

资料来源：陈广汉和谭颖（2018）

作为珠三角的核心城市，广州集聚了珠三角的主要高校与国家重点学科，是华南地区的科教文化中心（表5-4 和表5-5）。在高校体系上，广州拥有中山大学、华南理工大学、暨南大学、华南师范大学等多所全国重点高校，在数学、化学、生物学、材料科学与工程等关键学科具有独特的优势。深圳则突出了其知识转化优势，其有效专利申请量全国领先，创新能力在全球创新城市排名中名列前茅，初步建立起了良好的科研成果转化与产业化体系，同时，其自身作为全球性金融城市的巨大优势也为创新提供了关键的资本支撑。

表5-4 广州主要高校科技研究和学科优势领域

高校	领域
中山大学	数学、化学、生物学、生态学、材料科学与工程、电子科学与技术、基础医学、临床医学、药学、物理学、地理学、计算机科学与技术、公共卫生与预防医学
华南理工大学	化学、材料科学与工程、轻工技术与工程、农学、信息与通信工程、化学工程与技术、食品科学与工程、机械工程、建筑学、控制科学与工程、土木工程、生物医学工程、管理科学与工程
暨南大学	药学、力学、生物医学工程
华南师范大学	物理学、心理学、数学、植物学
广州中医药大学	中医学
华南农业大学	农业工程、食品科学与工程、作物学、园艺学、植物保护、兽医学
广州医科大学	临床医学
南方医科大学	生物医学工程、基础医学、临床医学、中西医结合
广州大学	数学、土木工程
广东工业大学	机械工程、材料科学与工程、控制科学与工程

资料来源：陈广汉和谭颖（2018）

表5-5 广州国家重点实验室及其所属领域

研究机构	国家重点实验室	领域
广东省农业科学院畜牧研究所	畜禽育种国家重点实验室	畜禽育种
广州医科大学	呼吸疾病国家重点实验室	呼吸疾病
广州有色金属研究院	稀有金属分离与综合利用国家重点实验室	稀有金属分离与综合利用
华南理工大学	亚热带建筑科学国家重点实验室、制浆造纸工程国家重点实验室、发光物理与化学国家重点实验室	亚热带建筑学、制浆造纸工程、发光物理与化学
华南农业大学	亚热带农业生物资源保护与利用国家重点实验室	亚热带农业生物资源保护与利用
金发科技股份有限公司	废旧塑料资源高效开发及高质利用国家重点实验室	废旧塑料资源高效开发及高质利用
南方电网科学研究院有限公司	直流输电技术国家重点实验室	直流输电技术
南方医科大学	器官衰竭防治国家重点实验室	器官衰竭防治

续表

研究机构	国家重点实验室	领域
中国电器科学研究院（广州电器科学研究院）	工业产品环境适应性国家重点实验室	工业产品环境适应性
中国科学院广州地球化学研究所	有机地球化学国家重点实验室、同位素地球化学国家重点实验室	有机地球化学、同位素地球化学
中国科学院南海海洋研究所	热带海洋环境国家重点实验室	热带海洋环境
中山大学	光电材料与技术国家重点实验室、有害生物控制与资源利用国家重点实验室、华南肿瘤学国家重点实验室、眼科学国家重点实验室	光电材料与技术、有害生物控制与资源利用、肿瘤学、眼科学

资料来源：陈广汉和谭颖（2018）

东莞、中山、佛山等城市则在大湾区的创新体系中承担了产业化应用的功能。作为1978年后迅速崛起的城市群，这些城市在全球制造业体系中承担了重要的角色。而随着逐步提升的发展转型压力，近年来，这些珠三角制造业城市也在不断寻求新的发展模式，通过梳理确定重点产业，来推动自身制造业的高端化与智能化发展。

"双十战略"（十大战略性支柱产业、十大战略性新兴产业）是未来珠三角制造业的发展重点（表5-6）。在未来的发展战略支柱上，珠三角明确了新一代电子信息产业集群、绿色石化产业集群、智能家电产业集群、汽车产业集群、先进材料产业集群、现代轻工纺织产业集群、软件与信息服务产业集群、超高清视频显示产业集群、生物医药与健康产业集群、现代农业与食品产业集群共十类关键支柱产业，在新兴领域，则确定了半导体与集成电路产业集群、高端装备制造业产业集群、智能机器人产业集群、区块链与量子信息产业集群、前沿新材料产业集群、新能源产业集群、激光与增材制造产业集群、数字创意产业集群、安全应急与环保产业集群、精密仪器设备产业集群十类重要的新兴产业作为支撑。这些发展规划设想充分体现了珠三角作为全球制造业基地转型升级的方向，而研发+应用+产业化的链条式城市群功能结构也使得粤港澳大湾区在打造高质量创新体系上具有独特的发展优势。

表 5-6　广东十大战略性支柱产业集群和十大战略性新兴产业集群主体产业

战略性产业集群	序号	产业集群	短板突破重点方向
十大战略性支柱产业集群	1	新一代电子信息产业集群	新一代电子信息产业集群包含国民经济行业分类中的计算机制造、通信设备制造、广播电视设备制造、雷达及配套设备制造、非专业视听设备制造、智能消费设备制造、电子器件制造、电子元件及电子专用材料制造、其他电子元件制造9项中类36项小类
	2	绿色石化产业集群	绿色石化产业集群包含国民经济行业分类中的石油加工业、化学原料和化学制品制造业、化学纤维制造业、橡胶和塑料制品业四大类60中类

续表

战略性产业集群	序号	产业集群	短板突破重点方向
十大战略性支柱产业集群	3	智能家电产业集群	智能家电产业集群包含国民经济行业分类中的电气机械和器材制造业、计算机、通信和其他电子设备制造业，以及通用设备制造业三大类 9 个中类中的 28 个小类
	4	汽车产业集群	汽车产业集群。广东汽车产业集群包含国民经济行业分类中的汽车制造业一大类中的汽车整车制造（汽柴油车整车制造和新能源车整车制造）、汽车用发动机制造、改装汽车制造、低速汽车制造、电车制造、汽车车身及挂车制造、汽车零部件及配件制造 7 个中类 8 个小类
	5	先进材料产业集群	先进材料产业集群包含国民经济行业分类中的非金属矿物制品业、黑色金属冶炼和压延加工业、有色金属冶炼和压延加工业、金属制品业、化学原料和化学制品制造业、化学纤维制造业、橡胶和塑料制品业，以及计算机、通信和其他电子设备制造业八大类 25 中类中的 93 小类
	6	现代轻工纺织产业集群	现代轻工纺织产业集群包含国民经济行业分类中的纺织业，纺织服装、服饰业，皮革、毛皮、羽毛及其制品和制鞋业，木材加工和木、竹、藤、棕、草制品业，家具制造业，造纸和纸制品业，印刷和记录媒介复制业，文教、工美、体育和娱乐用品制造业，化学原料和化学制品制造业，化学纤维制造业，橡胶和塑料制品业，非金属矿物制品业，金属制品业，专用设备制造业，铁路、船舶、航空航天和其他运输设备制造业，仪器仪表制造业，以及其他制造业等十七大类 57 个中类中的 174 个小类
	7	软件与信息服务产业集群	软件与信息服务产业集群包括满足信息技术需求的服务产品与服务过程，具体涉及软件产品、信息技术服务、嵌入式系统软件、信息安全等领域
	8	超高清视频显示产业集群	超高清视频显示产业集群包括设备制造、节目制作、传输服务、行业应用等领域和环节
	9	生物医药与健康产业集群	生物医药与健康产业集群包括生物药、化学药、现代中药、医疗器械、医疗服务、健康养老等领域，具有"四高一长"的发展特点，即高技术、高投入、高风险、高收益、长周期
	10	现代农业与食品产业集群	现代农业与食品产业集群包括国民经济行业分类中的农、林、牧、渔业及其专业性、辅助性活动，农副食品加工业，食品制造业，酒、饮料、精制茶制造业，烟草制造业等

续表

战略性 产业集群	序号	产业集群	短板突破重点方向
十大战略性新兴产业集群	1	半导体与集成电路 产业集群	半导体与集成电路产业集群包括半导体器件的设计、制造、封装测试，以及相关原材料、辅助材料、装备等
	2	高端装备制造业 产业集群	高端装备制造业产业集群是以高新技术为引领，处于价值链高端和产业链核心环节，决定着整个产业链综合竞争力的战略性新兴产业，主要包括高端数控机床、海洋工程装备、航空装备、卫星及应用、轨道交通装备、集成电路装备等重点领域
	3	智能机器人产业集群	智能机器人产业集群是一种能够半自主或全自主工作的机器装置，具有感知、决策、执行等基本特征，既是先进制造业的关键支撑装备，也是改善人类生活方式的重要切入点
	4	区块链与量子信息 产业集群	区块链与量子信息产业集群包括硬件基础设施、底层技术平台、区块链通用应用、技术扩展平台及终端用户服务等，广东已初步形成了覆盖区块链全产业链条的产业技术图谱。技术创新及应用方面，广东专利申请量约占全国三分之一；区块链服务为政务、民生、金融等提供有力支撑，如区块链电子发票接入企业近万家，跨境交易实现千万级，供应链金融达到亿级
	5	前沿新材料产业集群	前沿新材料产业集群是具有战略性、前瞻性和颠覆性的新材料，是未来产业发展的制高点，具有重要引领作用和重大应用前景。结合国家、省相关规划和广东新材料产业发展的现状，广东重点发展的前沿新材料产业包括智能、仿生与超材料，低维及纳米材料，高性能纤维，新型半导体材料，电子新材料及电子化学品，先进金属材料，新型复合材料，超导材料，增材制造材料，新能源材料，生物医用材料，以及材料先进研发、制备和检测、验证服务等领域
	6	新能源产业集群	新能源产业集群主要包括核能、风能、天然气及其水合物、太阳能、氢能、生物质能、地热能、海洋能、智能电网、储能等领域
	7	激光与增材制造 产业集群	激光与增材制造产业集群。广东是国内最大的激光与增材制造产业集聚区，产业链各环节不断完善，初步形成了激光与增材制造材料、扫描振镜、激光器、整机装备、应用开发、公共服务平台等协同发展的产业链，整个产业已成为驱动广东迈向"制造强省"的核心动力源泉

续表

战略性 产业集群	序号	产业集群	短板突破重点方向
十大战略性新兴产业集群	8	数字创意产业集群	数字创意产业集群是以数字技术为主要驱动力，围绕文化创意内容进行创作、生产、传播和服务而融合形成的新经济形态，主要包括数字创意技术和设备、内容制作、设计服务、融合服务四大业态，呈现技术更迭快、生产数字化、传播网络化、消费个性化、产业市场化、内容规范化等特点
	9	安全应急与环保产业集群	安全应急与环保产业集群行业跨界大，分布在国民经济各行业中。安全应急与环保产业主要包括安全应急、节能环保领域的专用产品、设备和服务
	10	精密仪器设备产业集群	精密仪器设备产业集群主要包括工业自动化测控仪器与系统、信息计测与电测仪器、科学测试分析仪器、人体诊疗仪器、各类专用检测与测量仪器以及相关的传感器、元器件、材料等六大领域，其中工业自动化测控仪器与系统包括温度/压力/流量检测仪表、变送/调节仪表、伺服执行器等，信息计测与电测仪器包括元器件参数测量仪器、通信测试仪器、电能计量仪表等，科学测试分析仪器包括质谱仪、气相色谱仪、热分析仪、振动试验机等，人体诊疗仪器包括彩色多普勒超声诊断仪、监护仪、PCR 仪、基因测序仪、磁共振成像 MRI、螺旋 CT 等，各类专用检测与测量仪器包括集成电路三维封装量测仪器、全站仪、GNSS 接收机等。精密仪器设备广泛应用于工业、农业、交通、科技、环保、国防、文教卫生、人民生活等，是先进制造技术的重要组成部分、制造业高质量发展的基础支撑，对促进科技进步和经济发展具有巨大的推动作用

资料来源：《广东省人民政府关于培育发展战略性支柱产业集群和战略性新兴产业集群的意见》

5.1.2 开放包容式的创新文化有利于激发创新创业

粤港澳大湾区整体呈现为背山面海式的格局，这种格局决定了它对外开放的自然地理基础。自秦汉时期开始，随着海上丝绸之路的不断延伸，中国岭南地区一直是中国对外开放的前沿。这推动广州、香港、澳门等城市逐步发展成为中国对外文化交流的重要文化平台（单菁菁和张卓群，2020）。城市群特殊的发展历史形成了岭南地区开放、务实、包容并蓄的文化。

粤港澳大湾区内有着中山、江门等侨乡，同时香港与澳门有着特殊的城市发展历史，这使得大湾区汇聚了传统岭南文化、华侨文化、葡语文化、英语文化等多种文化，这种高度多样性的文化更有利于激发创新创业（单菁菁和张卓群，2020）。

广东的侨乡文化具有几个突出的特征（冉琰杰和张国雄，2020），首先，出海谋生人数众多，海外移民返乡现象非常普遍，这意味着更大的人口流动性。其中，广东台山、梅州、潮汕地区都是非常典型的侨乡，这些地区往往存在着父携子、兄弟相携、亲友相伴式的出洋谋生现象。侨民的跨地域流动为当地带来了新的文化冲击，同时侨乡资本也往往成为刺激当地经济和产业发展的重要驱动力，侨乡的经济结构由此发生改变，从传统乡村经济转向对侨汇依赖与土地依赖并重（冉琰杰和张国雄，2020）。其次，外来文化与本地文化的交融，也塑造了粤港澳大湾区不同于中国传统城市群的特殊文化形态，这种富有活力、开放式的地域文化为创新创业提供了独特的土壤。

作为大湾区与世界对接的窗口，香港与澳门两个特别行政区的发展无疑更具特殊性。香港回归祖国后，中央推出了"一国两制"的伟大构想，强调"成立特区、制度不变、高度自治、港人治港"的方针，在香港回归后成立香港特别行政区，保持其资本主义制度与生活方式不变，香港的国际金融、贸易、航运、旅游和信息中心地位以及自由港、独立关税区的特殊地位也得以保留和发展。在一个中国的前提下，香港这种有利于创新的文化得到了最大程度的保留（辛艳，2017）。包容性与多元性是澳门文化最大的特征，开放与包容则是创新滋生的重要土壤，作为中国南部一个极其重要的对外开放交流窗口，澳门多样化的城市文化对推动粤港澳大湾区高质量创新体系的建设至关重要。

5.1.3 作为改革前沿阵地，创新环境不断优化

1978 年后，中国开启改革开放的进程，开始实施对外开放，其中珠三角作为国家改革的前沿迅速崛起。因为地缘邻近，港澳企业在这一轮新的历史机遇中迅速与珠三角建立了紧密的生产与资本联系，形成了"前店后厂"式的跨地域产业分工体系，由此开启了粤港澳区域合作的进程（任思儒等，2017）。"前店后厂"的模式充分挖掘了珠三角在生产要素成本方面的潜力与港澳在便捷的贸易网络与领先的生产者服务方面的优势，这种比较优势的发挥顺应了全球生产网络的重构，使得珠三角在短短几十年迅速崛起为全球不容忽视的制造业中心之一。这种辉煌的成绩来源于大湾区地带的一系列大胆的改革与制度创新，正是这种制度创新保持了粤港澳大湾区长久以来的经济增长活力与创新动力。

除了一系列经济增长与空间演化的制度变革，随着要素成本的转变与经济发展方式的变化，科技创新政策的重要性也在不断显现。通过制定政策法规来推动技术创新，从而提高区域的竞争力，已经是当前大湾区各级政府的核心议程。近年来，广东省政府层面与各地级市政府均密集出台了系列创新政策，以不断推动创新环境的改善。重点的政策方向包括（郭秀强和孙延明，2019）：优化科技创新创业环境、增加科技创新有效供给、扩大科技创新需求三个方面（表5-7），其中环境面政策工具是主要的政策着力点，侧重于优化政策创新服务和营造科技政策法律环境，供给政策则以支持研发投入和人才引进居多。这种密集的政策出台，不断推动大湾区在打造更优质创新环境上的制度创新。

表 5-7　珠三角科技型中小企业技术创新相关政策

序号	政策名称	发布时间	发布层面
1	《广东省推进个体工商户转型升级促进经济结构优化若干政策措施》	2017 年	广东省
2	《关于粤港澳人才合作示范区人才管理改革的若干政策》	2017 年	广东省
3	《广东省人民政府关于印发广东省进一步扩大对外开放积极利用外资若干政策措施的通知》	2018 年	广东省
4	《广东省加快构建开放型经济新体制行动方案》	2018 年	广东省
5	《广东金融服务实体经济防控金融风险深化金融改革的若干政策措施》	2018 年	广东省
6	《广东省人民政府关于印发实施粤港合作框架协议 2017 年重点工作的通知》	2017 年	广东省
7	《广东省发展改革委关于取消、下放和委托管理一批行政审批事项的通知》	2017 年	广东省
8	《广东省高新技术企业树标提质行动计划（2017—2020 年）》	2017 年	广东省
9	《关于印发广东省降低制造业企业成本支持实体经济发展若干政策措施的通知》	2017 年	广东省
10	《广东银监局关于广东银行业支持制造强省建设的实施意见》	2017 年	广东省
11	《广东省人民政府关于印发广东省加快促进创业投资持续健康发展实施方案的通知》	2017 年	广东省
12	《关于完善省属高校、科研院所科研仪器设备采购管理有关事项的通知》	2017 年	广东省
13	《关于我省深化人才发展体制机制改革的实施意见》	2017 年	广东省
14	《广东省国有控股混合所有制企业开展员工持股试点的实施细则》	2017 年	广东省
15	《广东省知识产权事业发展"十三五"规划》	2016 年	广东省
16	《广东省人民政府办公厅关于进一步促进科技成果转移转化的实施意见》	2016 年	广东省
17	《广东省人民政府关于深化标准化工作改革推进广东先进标准体系建设的意见》	2016 年	广东省
18	《广东省人民政府关于印发广东省科技创新平台体系建设方案的通知》	2016 年	广东省
19	《广东省促进科技成果转化条例》	2016 年	广东省
20	《广东省科学技术厅关于进一步改革科技人员职称评价的若干意见》	2015 年	广东省
21	《广东省经营性领域技术入股改革实施方案》	2015 年	广东省
22	《关于支持新型研发机构发展的试行办法》	2015 年	广东省
23	《广东省人民政府关于印发广东省企业投资项目实行清单管理意见（试行）的通知》	2015 年	广东省
24	《广东省人民政府关于印发广东省降低制造业企业成本支持实体经济若干政策措施的通知》	2017 年	广东省
25	《关于进一步完善省级财政科研项目资金管理的实施意见》	2017 年	广东省
26	《广东省自主创新促进条例》	2016 年	广东省
27	《广东省人民政府关于印发深化广东省级财政科技计划（专项、基金等）管理改革实施方案的通知》	2016 年	广东省
28	《广东省科学技术厅关于新型研发机构管理的暂行办法》	2017 年	广东省
29	《广东省人民政府关于提升"三旧"改造水平促进节约集约用地的通知》	2016 年	广东省
30	《公安部支持广东自贸区建设及创新驱动发展 16 项出入境政策措施》	2016 年	广东省

序号	政策名称	发布时间	发布层面
31	《广东省人民政府促进大型科学仪器设施开放共享的实施意见》	2015 年	广东省
32	《广州市促进科技成果转移转化行动方案（2018—2020 年）》	2018 年	广州市
33	《广州市专利工作专项资金管理办法》	2017 年	广州市
34	《广州市人民政府关于加快先进制造业创新发展的实施意见》	2016 年	广州市
35	《中共广州市委广州市人民政府关于加快聚集产业领军人才的意见》	2016 年	广州市
36	《广州市促进科技成果转化实施办法的通知》	2015 年	广州市
37	《广州市人民政府办公厅关于促进科技、金融与产业融合发展的实施意见》	2015 年	广州市
38	《广州市科技企业孵化器专项资金管理办法》	2015 年	广州市
39	《关于促进科技园区、孵化器、众创空间和天河中央商务区企业注册登记便利化的意见》	2018 年	广州市
40	《深圳市人民政府关于印发扶持金融业发展若干措施的通知》	2017 年	深圳市
41	《关于进一步完善高等院校和科研机构教学科研设备采购管理有关事项的通知》	2017 年	深圳市
42	《关于印发深圳市接收普通高校应届毕业生实施办法的通知》	2016 年	深圳市
43	《深圳市促进科技成果转移转化实施方案》	2016 年	深圳市
44	《关于支持企业提升竞争力的若干措施》	2017 年	深圳市
45	《关于促进人才优先发展的若干措施》	2016 年	深圳市
46	《促进科技创新的若干措施》	2016 年	深圳市
47	《关于打造创新驱动发展升级版的行动计划（2017—2020 年）》	2017 年	东莞市
48	《东莞市鼓励柔性引进海外专家来莞工作试行办法》	2015 年	东莞市
49	《关于广东惠州大学生创业孵化基地的管理办法》	2016 年	惠州市
50	《珠海市高层次人才住房保障办法》	2018 年	珠海市
51	《中山市科技企业知识产权质押融资贷款风险补偿办法》	2017 年	中山市
52	《广州市人民政府关于印发广州市建设国际科技产业创新中心三年行动计划（2018—2020 年）》	2018 年	广州市
53	《广州市人民政府办公厅关于印发广州市鼓励创业投资促进创新创业发展若干政策规定的通知》	2018 年	广州市
54	《广州市人民政府办公厅关于实施鼓励海外人才来穗创业"红棉计划"的意见》	2017 年	广州市
55	《广州市人民政府办公厅关于印发广州市新兴产业发展资金管理办法的通知》	2017 年	广州市
56	《广州市科技成果产业化引导基金管理办法》	2018 年	广州市
57	《广州市科技型中小企业信贷风险补偿资金池管理办法》	2015 年	广州市
58	《深圳市人民政府关于印发进一步促进就业若干措施的通知》	2018 年	深圳市
59	《深圳市人民政府印发关于加强基础科学研究实施办法的通知》	2018 年	深圳市
60	《深圳市人民政府印发关于以更大力度支持民营经济发展若干措施的通知》	2018 年	深圳市
61	《深圳市人民政府关于印发战略性新兴产业发展专项资金扶持政策的通知》	2018 年	深圳市
62	《深圳市人民政府关于印发强化中小微企业金融服务若干措施的通知》	2018 年	深圳市

序号	政策名称	发布时间	发布层面
63	《深圳市人民政府关于加强和改进市级财政科研项目资金管理的实施意见（试行）》	2018 年	深圳市
64	《深圳市人民政府关于印发鼓励总部企业发展实施办法的通知》	2017 年	深圳市
65	《深圳市人民政府关于印发深圳市院士（专家）工作站管理与资助办法（试行）的通知》	2017 年	深圳市
66	《东莞市进一步促进就业若干政策措施实施意见》	2018 年	东莞市
67	《东莞市人民政府办公室关于印发东莞市培养高层次人才特殊支持计划的通知》	2018 年	东莞市
68	《印发东莞市新时代创新人才引进培养实施方案的通知》	2018 年	东莞市
69	《东莞市"十百千万百万"人才工程行动方案的通知》	2018 年	东莞市
70	《印发《东莞市降低制造业企业成本全面推进实体经济高质量倍增发展实施方案》的通知》	2018 年	东莞市
71	《东莞市人民政府关于促进总部经济发展的若干意见》	2018 年	东莞市
72	《印发东莞市产业发展与科技创新人才经济贡献奖励实施办法的通知》	2018 年	东莞市
73	《东莞市鼓励柔性引进海外专家来莞工作试行办法》	2018 年	东莞市
74	《东莞市成长型企业人才扶持试行办法》	2018 年	东莞市
75	《东莞市"科技东莞"工程专项资金财务管理办法》	2018 年	东莞市
76	《东莞市开放型经济发展"十三五"规划》	2017 年	东莞市
77	《东莞市高新技术企业树标提质行动计划（2018—2020 年）》	2018 年	东莞市
78	《东莞市科技成果双转化行动计划（2018—2020 年）》	2018 年	东莞市
79	《东莞市加快新型研发机构发展实施办法（修订）》	2017 年	东莞市
80	《东莞市引进组建重大公共科技创新平台管理办法》	2018 年	东莞市
81	《关于印发中山市小微企业上规上限融资扶持专项资金管理办法的通知》	2018 年	中山市
82	《中山市人民政府办公室关于促进小微工业企业上规模的实施意见》	2018 年	中山市
83	《印发中山市优势传统产业转型升级行动计划（2018—2022 年）》	2018 年	中山市
84	《关于印发中山市科技创新创业投资引导基金管理办法的通知》	2018 年	中山市
85	《中山市人民政府办公室关于进一步促进科技成果转移转化的实施意见》	2017 年	中山市
86	《中山市市场采购贸易专利保护办法（试行）》	2019 年	中山市
87	《中山市引进高端科研机构创新专项资金使用办法》	2018 年	中山市
88	《江门市促进小微工业企业上规模工作方案》	2018 年	江门市
89	《江门市降低制造业企业成本支持实体经济发展实施方案（修订）》	2018 年	江门市
90	《江门市科学技术局江门市财政局关于江门市工程技术研究中心等科研机构建设资助试行办法》	2017 年	江门市
91	《江门市科学技术局关于江门市科技型小微企业技术交易的扶持办法》	2017 年	江门市
92	《关于支持上市企业、上市后备企业、股权挂牌企业和信用良好级企业开展研发融资的奖补办法》	2017 年	江门市
93	《关于促进高新技术企业发展补助资金试行细则》	2017 年	江门市

序号	政策名称	发布时间	发布层面
94	《关于激励创新型人才促进产业发展和创办科技型小微企业的奖励暂行办法》	2017 年	江门市
95	《关于企业重大科技创新平台建设资助实施办法》	2017 年	江门市
96	《关于印发江门市留学归国人员创新创业项目资助暂行办法》	2017 年	江门市
97	《珠海市院士工作站管理办法》	2018 年	珠海市
98	《珠海市科技信贷和科技企业孵化器创业投资风险补偿金资金管理办法（试行）》	2018 年	珠海市
99	《珠海市科技创新公共平台专项资金管理办法》	2018 年	珠海市
100	《珠海市独角兽企业培育库入库实施细则》	2018 年	珠海市
101	《珠海市产业核心和关键技术攻关方向项目实施暂行办法》	2018 年	珠海市
102	《珠海市民营及中小微企业发展专项资金管理暂行办法》	2016 年	珠海市
103	《关于印发珠海市实施工业企业培育"十百千计划"若干政策措施的通知》	2017 年	珠海市
104	《肇庆市科技孵化育成载体扶持办法》	2018 年	肇庆市
105	《肇庆市促进金融服务业发展的扶持办法》	2018 年	肇庆市
106	《肇庆市人民政府关于印发肇庆市高新技术企业扶持暂行办法的通知》	2018 年	肇庆市
107	《关于印发肇庆市新型研发机构认定和扶持暂行办法的通知》	2017 年	肇庆市
108	《关于印发惠州市总部企业认定和奖励资金管理办法的通知》	2018 年	惠州市
109	《印发惠州市促进外资发展若干政策措施的通知》	2018 年	惠州市
110	《关于促进科技孵化育成体系建设的意见》	2018 年	惠州市
111	《惠州市科学技术局促进新型研发机构发展的扶持办法（修订)》	2018 年	惠州市
112	《关于加快培育发展高新技术企业的实施意见》	2018 年	惠州市
113	《惠州市促进民营经济高质量发展的十条政策措施》	2019 年	惠州市
114	《关于修订佛山市科技创新团队资助办法的通知》	2018 年	佛山市
115	《佛山市人民政府办公室关于促进科技成果转移转化的实施意见》	2018 年	佛山市
116	《关于印发佛山市高新技术企业树标提质行动计划（2018—2020 年）的通知》	2018 年	佛山市
117	《关于进一步完善省级财政科研项目资金管理等政策的实施意见（试行)》	2018 年	佛山市
118	《关于印发佛山市科技创新载体后补助试行办法的通知》	2018 年	佛山市
119	《印发佛山市扶持新型研发机构发展试行办法的通知》	2016 年	佛山市
120	《〈佛山市进一步扩大对外开放实现利用外资高质量发展若干政策措施〉政策解读》	2019 年	佛山市
121	《佛山市促进高校科技成果服务产业发展若干扶持政策》	2018 年	佛山市
122	《佛山市服务贸易示范园区和示范企业认定管理试行办法》	2017 年	佛山市

资料来源：郭秀强和孙延明（2019）

2016 年，广东成立了全面深化改革加快实施创新驱动发展战略领导小组，启动了全面创新改革工作。广东建立了领导小组决策部署、省创新办统筹协调、牵头单位和责任单位组织实施的工作架构，建立和完善了研究决策、协调推进、评估督导、信息交流等一整套工作机制，有力地推动了全面创新改革试验各项工作。根据国务院批复，2016 年广东省制定了《广东省系统推进全面创新改革试验行动计划》（简称《行动计划》），系统提出了20 项具体发展任务和 117 项具体改革事项（包括国家授权改革事项 16 项，省级权限改革事项 101 项），逐项明确责任分工和进度安排，形成了广东系统推进全面创新改革试验的路线图和时间表。

广东将全面创新改革试验列为全省重大改革任务之一进行重点督查督办。积极开展先行先试，着力构建推进全面创新改革的长效机制，持续完善创新型经济体系框架。全面创新改革的深入推进标志着创新驱动发展成为粤港澳大湾区最核心的关键词之一，推动制度性变革来推动创新成为贯穿大湾区发展最核心的议程。

5.2 基于创新流数据的粤港澳大湾区创新体系空间结构

5.2.1 研究视角与研究数据

随着全球化的不断推进与信息技术对地理时空的持续压缩，城市群区域崛起为资本积累最重要的空间单元之一。中国自 1978 年改革开放后便掀起了城市群发展浪潮，最初是经济特区与沿海港口城市开放，而后，中国形成了"5+9+6"的城市群空间新格局（图 5-1），其中包括 5 个国家级城市群、9 个区域性城市群和 6 个地区性城市群（方创琳，2014）。在国家发展战略上，大力推动城市群建设，同时明确了京津冀、长三角、粤港澳大湾区国家级城市群的战略地位。这些城市群是推动城镇化的先锋地带，是当前中国经济增长的重要空间载体，同时也是锚定资本和技术的枢纽。

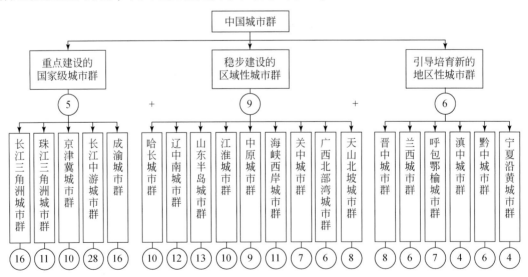

图 5-1 中国城市群选择的政策分类引导框架示意图

资料来源：方创琳（2014）

城市群的网络结构及其动态在近年来引起了学者的广泛关注。随着福特主义向后福特制生产范式的转型与信息技术对时空的压缩，资本、创新、知识逐步取代传统的生产要素，"流空间"视角正在成为理解城市群网络结构的重要切入点。目前为止，有大量的理论与实证研究刻画了不同维度的城市群空间网络，包括人流、物流、企业的总部与分支机构网络布局，航空与高铁等交通流，企业间异地投资，专利与论文的合作网络构建，以及城市间的制度合作网络等。这些要素与网络分析方法的结合，揭示了城市群功能性与制度性网络结构的特点，对理解技术与信息时空压缩下的城市群空间具有重要的意义。

作为中国经济增长前沿，珠三角与港澳的进一步深度融合也推动了粤港澳大湾区的崛起。大湾区内有香港和深圳两个世界级的金融城市，同时在环珠江地带也形成了佛山、东莞、中山等制造业大城。创新、创业与风险资本的交织全面展示了粤港澳大湾区的发展活力。相比于传统研究以专利合作或者论文合作作为切入点，从风险资本结构特征的视角来透视粤港澳大湾区城市群创新体系的空间结构可能会有更独特的发现。风险投资作为创新流要素的一种，直接为创意、技术、新商业理念提供资本，被广泛认为是企业家精神与经济发展的主要驱动力及地方创新基础设施的重要部分。

为了更深入理解粤港澳大湾区的风险资本网络结构及其跨尺度动态特征，本节以全国尺度的风险投资事件数据为基础，旨在回答两个问题：①粤港澳大湾区风险投资主体的区位特点如何？支撑大湾区风险资本流动的空间结构形态是怎样的？大湾区内风险资本的核心流向包括哪些？其行业类型异质性如何？②大湾区与全国主要城市间的风险资本连接特征如何？

本节所采用的风险投资数据来源于 CVSource 投资数据库。时间尺度为 2000 ~ 2018 年，数据属性包括风险投资机构名称、地址，接受风险投资企业（初创企业）名称、地址，行业类型，投资金额，以及投资机构资本所有制结构等。通过数据清洗、筛选与多渠道的缺漏数据补充，最终保留了全国尺度共 29 816 条风险投资事件数据（其中，大湾区内的风险投资事件数据共 2260 条），通过地理编码技术，建立粤港澳大湾区的风险投资事件数据库。

5.2.2 风险投资视角下的粤港澳大湾区创新体系空间结构特征

1. 粤港澳大湾区风险投资的增长

从风险投资事件的整体演变趋势看，在过去 19 年（2000 ~ 2018 年），粤港澳大湾区的风险资本市场活跃度在不同年份虽然有所波动，但总体保持增长趋势（图5-2）。2009年 10 月，中国的创业板市场正式开板启动，形成了对主板的重要补充，极大激发了中小型企业的创新创业活力，也对风险资本市场形成强大的推动。2014 年，"大众创业、万众创新"口号的提出，标志着企业家精神成为拉动经济增长的重要驱动力，此后风险资本进一步增长。2016 年后，随着上市监管政策的变化与全球整体金融环境的变化，风险资本出现了一定的回落。从总体的增长趋势看，粤港澳大湾区的风险资本市场的发展与大的国家政策节点基本相对应，表现为在波动中增长。

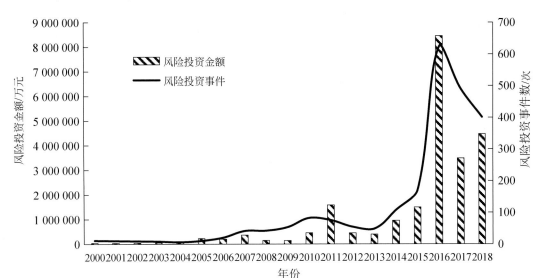

图 5-2   粤港澳大湾区 2000～2018 年的风险投资的增长趋势

资料来源：Wu 等 （2022）

2. 粤港澳大湾区风险投资主体的空间格局

采用地理编码技术建立粤港澳大湾区初创企业与风险投资机构的空间数据库，通过对大湾区的格网化处理（8km×8km），观察二者的空间格局（图 5-3）。空间编码的结果显示，初创企业集中分布在大湾区的核心城市，在广州和深圳两市形成了资本要素分布的高值区。风险投资机构的分布则明显更加集中在少数区域，主要分布在广州、深圳与香港的核心区。

从核心要素的空间分布格局上透视粤港澳大湾区的创新体系空间结构特征，可以明显看出，创新维度不同于生产维度，大湾区创新体系呈现出显著的空间极化特征，广州、深圳是这个体系中的绝对核心，集聚了绝大部分的创新要素。

3. 风险投资视角下的粤港澳大湾区创新体系结构

从网络联系角度，本节绘制了粤港澳大湾区基于风险投资金额与风险投资事件两个维度的风险资本联系地图，采用社会网络分析方法，确定了大湾区不同城市在风险投资网络中的节点价值，以此展现大湾区的创新体系结构（图 5-4）。

从风险投资金额看，深圳、广州、香港是第一层级的城市，这些城市的节点度中心性达到了 15.422、5.062、3.194（表 5-8）。进一步从点入度与点出度来看，深圳属于高投出与高吸收的风险资本城市，而香港在大湾区网络中属于典型的投出型城市，广州属于典型的吸收型城市。佛山与珠海是第二层级的城市。从网络联系的视角，除了原有的广州、深圳、香港之间的密切联系，香港和佛山之间、广州和珠海之间也有较高的资本联系强度。

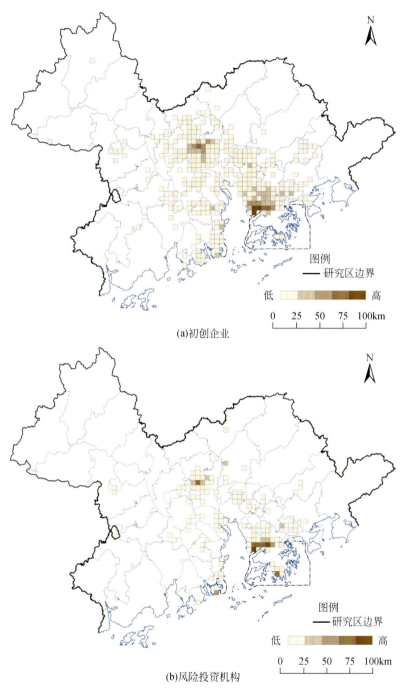

(a)初创企业

(b)风险投资机构

图 5-3　风险投资实体的分布

此图基于国家测绘地理信息局标准地图 ［审图号：GS（2019）4342 号］绘制，底图无修改

资料来源：Wu 等（2022）

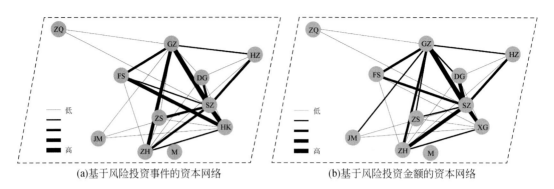

(a)基于风险投资事件的资本网络　　　　　(b)基于风险投资金额的资本网络

图 5-4　2000～2018 年粤港澳大湾区的风险投资网络

GZ-广州，DG-东莞，FS-佛山，SZ-深圳，HK-香港，M-澳门，ZH-珠海，ZS-中山，JM-江门，HZ-惠州，ZQ-肇庆

表 5-8　粤港澳大湾区 10 个城市的城市中心性

城市	基于风险投资金额			基于风险投资事件		
	节点度中心性	点出度	点入度	节点度中心性	点出度	点入度
深圳	15. 422	13. 227	12. 195	13. 44	13. 16	11. 175
广州	5. 062	2. 663	3. 701	4. 506	2. 708	4. 156
香港	3. 194	2. 905	0. 373	0. 638	0. 638	0. 125
珠海	1. 464	0. 794	1. 015	0. 7	0. 591	0. 553
佛山	1. 415	0. 256	1. 342	0. 327	0. 117	0. 327
惠州	0. 745	0. 357	0. 694	0. 311	0. 047	0. 311
东莞	0. 626	0. 134	0. 535	0. 576	0. 249	0. 568
中山	0. 474	0. 106	0. 463	0. 21	0. 047	0. 21
江门	0. 135	0. 06	0. 131	0. 086	0. 023	0. 086
肇庆	0. 053	0. 001	0. 053	0. 078	0. 008	0. 078

资料来源：Wu 等（2022）

从风险投资事件看，大湾区显示出了与资本总量不同的空间格局。深圳与广州是大湾区第一层级的城市，节点度中心性达到了 13.44 与 4.506，表明这两个城市是当前大湾区风险投资活跃度最高的城市，并且从节点度中心性上看，与其他城市拉开了较大的差距。珠海、香港、东莞在第二层级，外围城市肇庆、江门、惠州等的资本活跃度仍然不高。从网络联系的视角，深圳与香港、广州、珠海、东莞之间，以及广州与香港之间形成了非常强的资本联系。

4. 产业结构分异视角下的粤港澳大湾区创新体系结构

资本的流动是有方向性的，整体的网络联系的分析视角不能准确分析产业结构分异下的创新体系结构分异，以及容易忽略资本输入与输出的结构性差异。本节进一步对多类型的风险资本流动进行空间化，以更准确地展示粤港澳大湾区的资本流动格局（表 5-9）。

表 5-9　粤港澳大湾区核心产业的风险资本流向　　　（单位：万元）

流出地	流入地	风险资本总流向	流出地	流入地	文化传媒行业	流出地	流入地	制造业
深圳	广州	1 933 711.32	深圳	广州	65 729.12	香港	佛山	909 283
香港	深圳	1 613 602.98	珠海	广州	23 500	深圳	中山	265 839.7
香港	佛山	917 283	珠海	深圳	8 500	深圳	东莞	254 054.3
广州	深圳	523 978.16	广州	深圳	2 500	深圳	珠海	167 654.2
深圳	东莞	465 204.14	深圳	香港	2000	广州	佛山	166 751
流出地	流入地	互联网行业	流出地	流入地	金融业	流出地	流入地	医药健康行业
深圳	广州	592 699.39	香港	深圳	828 934	深圳	广州	117 038.2
广州	深圳	191 698	深圳	香港	158 373.3	香港	深圳	95 239
香港	广州	172 667.15	广州	深圳	137 041	深圳	东莞	69 500
香港	珠海	147 456	广州	香港	105 244.8	深圳	中山	63 300
香港	深圳	135 348.02	深圳	广州	97 690	广州	肇庆	41 300

注：表格仅展示主要的风险资本流动，反映粤港澳大湾区风险资本流动核心结构

从总体的资本流动格局上看，粤港澳大湾区呈现出核心城市主导型的风险资本结构，广州、深圳、香港是三个核心的资本输出地与接收地。最大的风险资本输出或输入基本均来自深圳和香港，大湾区最大的几个风险资本流动分别是深圳流向广州、香港流向深圳、香港流向佛山。可以看出，大湾区的主要资本流向集中在沿珠江两岸的核心城市，外围城市的网络参与度并不高。

本节进一步按照行业类型差异对风险资本的流动进行了细分，抽取了风险资本金额排在前五的行业类型来研究风险资本流动的行业类型分异。它们分别是制造业、互联网行业、金融业、文化传媒行业、医药健康行业，我们对这五类行业的风险资本的流向进行了空间化。

大湾区的风险资本流动呈现出显著的行业类型分异。不同行业类型的资本流向与地方的产业结构特征密切相关。从制造业领域的风险资本流动来看，作为大湾区内最典型的制造业城市，佛山、中山、珠海是风险资本最大的三个接收地。大湾区最大的制造业风险资本流向是香港流向佛山。

从互联网行业来看，风险资本的流向主要集中在广州和深圳这两个互联网产业最发达的地区。区域层面最大的资本流动是广州与深圳之间的相互投资，香港流向广州、香港流向珠海也在区域层面占据了非常大的比例。

从金融业来看，风险投资的流动更加集中在少数城市，深圳是大湾区最大的金融资本接收地，大湾区区域层面最大的资本流向是从香港向深圳的流动，这两个城市是湾区内最为重要的金融城市。

从文化传媒行业来看，广州成为大湾区最大的风险资本接收地，主要接收来自深圳、

珠海的投资。大湾区内最大的资本流向是从深圳流向广州，珠海在文化传媒行业的风险资本较为活跃，珠海流向广州和深圳的投资在区域层面较为突出。

从医药健康行业看，湾区内较大的几个资本流向是深圳流向广州、香港流向深圳。另外，在这一领域可见的一个现象是湾区外围城市也参与进了核心的投资网络，广州流向肇庆的投资也在区域层面较为突出。

5. 粤港澳大湾区在国家尺度创新体系中的位置

城际资本联系视角下的创新体系不仅存在于粤港澳大湾区尺度的城市之间，因为香港和深圳都是典型的世界级金融城市，所以必然存在着跨区域尺度的资本联系，仅从区域内部来分析资本网络容易忽略大湾区在国家尺度的创新体系中的重要枢纽功能。在国家尺度，本节筛选了与大湾区资本联系密切的城市，综合初创企业数量（被投资企业）、风险投资机构数量、风险投资事件数、风险资本金额等几个关键指标，选取排在全国前 20 名的城市，将它们视为风险投资领域活跃的城市，并添加进来作为国家尺度的研究背景。本节筛选出来的这 20 个城市与大湾区一起，其风险投资事件总数占到了总数据的 83%，足够支撑本节跨尺度风险资本结构分析。进一步，以创业板设立的时间（2009 年）作为节点，在 2009 年前后风险资本显现出了两种不同的增长态势。我们通过区分时间段来构建这个跨尺度的城市资本协同网络以便进一步研究城市网络的演化。由于绘图上的限制，我们没有全部展现城市间的所有联系，图中仅显示具有 10 个以上互相投资事件的城市联系（图 5-5）。

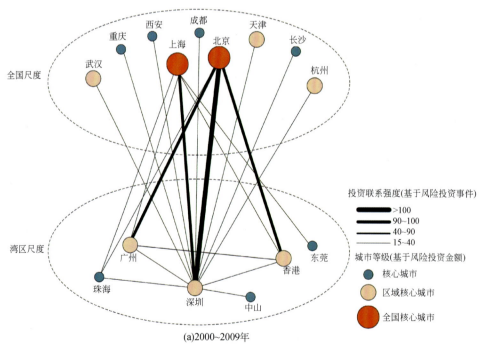

(a)2000~2009年

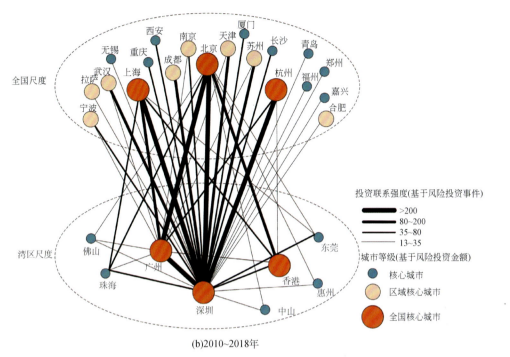

(b)2010~2018年

图 5-5 粤港澳大湾区中跨尺度资本协作网络的结构和演变特征

资料来源：Wu 等（2022）

图 5-5 显示大湾区跨尺度的风险资本联系网络结构，图中显示的城市点的大小代表了城市的风险投资金额（投出+接收；代表城市的资本活跃度），城市间的资本联系则用城市间互相投资的事件数来表示。从图 5-5 的网络结构可以得出以下几个结论。

（1）从湾区尺度来看，粤港澳大湾区很明显地形成了以广州、深圳、香港三个核心城市为主导的风险资本城市网络结构，网络结构的外围主要是东莞、珠海、中山和佛山等城市。从湾区尺度来看，大城市更偏向成为资本网络结构的核心，可见在大城市的创新更便于获得资本的资助。

（2）从国家尺度看，大湾区与全国的主要核心城市形成了更密集的资本联系网络。北京、上海和杭州同大湾区内部的广州、深圳和香港，形成了 6 个在国家尺度上非常突出的全国核心城市。此外，南京、天津、苏州、成都等区域核心城市也与大湾区形成了密集的资本联系，大湾区其余城市均未在区域尺度成为资本核心，这表明当前风险资本联系仍然主要发生在核心城市与核心城市之间。

（3）从城市网络的演化看，2000～2009 年，在全国尺度仅有北京、上海两个城市是全国核心城市，这两个城市主导了全国尺度的资本网络结构。2010～2018 年，大湾区全面融入全国的风险资本联系网络，广州、深圳和香港迅速崛起为全国性的资本核心。同样，2000～2009 年，全国尺度仅形成了涉及少数城市的资本网络结构，天津、武汉、杭州等区域核心城市参与到了大湾区的资本网络中，2010～2018 年，随着创新创业浪潮与风险资本的涌现，出现了更多区域核心城市与资本节点，整个网络结构变得更加复杂。这也表明国家资本市场制度与创新创业制度的进一步完善推动着城市间资本协同度的不断提升。

5.3 粤港澳大湾区构建高质量创新体系存在的问题

5.3.1 原始创新能力仍然不足

1. 基础研究能力相对薄弱

虽然广东 R&D 支出总量居全国首位，但基础研究投入一直偏少，2020 年基础研究投入的数据仍然低于应用研究与试验发展。广东基础研究载体数量偏少，与北京、上海差距明显。与此同时，在核心技术、关键零部件、重大装备等方面受制于人的问题尚未根本解决，85% 以上的芯片和 80% 以上的关键零部件依赖进口。基础研究、原始创新能力相对较弱，虽然广东高校数量位居全国第二、本科高校数量位居全国第五位，但缺乏世界级水平的大学和研究机构，关键核心技术攻关不足，导致科技产出不高、可持续发展后劲不足。

在过去发展中，有限的研发投入更多偏向技术端和产业端，导致对基础研究投入不够（表 5-10 和图 5-6）。2020 年广东基础研究经费仅占全社会研究与试验发展支出（即 R&D 经费）的 5.87%，低于中国 6.01% 的平均水平，与北京的 16.04% 和上海的 7.94% 仍有较大差距；政府研发投入、发表国际论文数不足北京的 1/3；广东全省建有 30 家国家重点实验室、23 家国家工程研究中心，也分别仅为北京的 1/4、1/3。随着广东经济发展不断迈向更高层次，浅层创新、二次创新已无法继续满足，加强原始创新早已势在必行。

表 5-10 广东基础研究、应用研究与试验发展的经费分布

年份	基础研究/万元	应用研究/万元	试验发展/万元	基础研究比例/%	应用研究比例/%	试验发展比例/%
2016	860 218	1 644 974	17 846 248	4.23	8.08	87.69
2017	1 094 211	2 155 998	20 186 075	4.67	9.20	86.13
2018	1 151 815	2 305 296	23 589 859	4.26	8.52	87.22
2019	1 418 552	2 472 767	27 093 570	4.58	7.98	87.44
2020	2 040 960	3 198 886	29 558 988	5.87	9.19	84.94

资料来源：《中国科技统计年鉴》

2. 原始创新能力仍然不足

基础研究短板仍然较为明显，原始创新能力不足，研究经费的投入结构不合理，主要为企业型的研发，政府投入的研究少。从广东 R&D 经费在不同部门间的分布与增长情况可以看出，主要的研发投入为工业企业型，高校、科学研究与技术开发机构偏少，研究机构数与 R&D 活动人员也集中分布在工业企业（表 5-11 和图 5-7）。

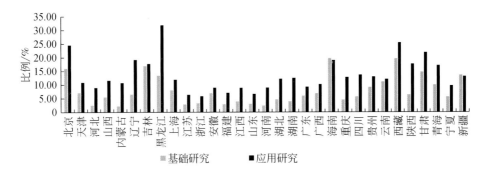

图 5-6　全国各省（自治区、直辖市）基础研究与应用研究比例分布

资料来源：《中国科技统计年鉴》

表 5-11　广东 R&D 活动的部门分布结构

指标		2012 年	2013 年	2014 年	2015 年	2016 年	2017 年	2018 年	2019 年
研究机构数/家	科学研究与技术开发机构	184	186	189	189	202	199	182	187
	高校	600	652	704	850	1 123	1 369	1 549	1 781
	工业企业	3 455	3 700	3 930	6 553	11 834	20 030	21 740	25 891
	研究机构数	4 756	5 030	5 333	8 164	14 311	23 318	25 484	32 347
R&D 活动人员/人	科学研究与技术开发机构	14 595	14 868	15 897	15 739	17 452	17 635	18 187	24 335
	高校	40 557	44 051	47 540	57 346	57 048	63 332	68 510	83 351
	工业企业	519 212	530 551	544 906	534 293	585 089	696 385	806 431	838 891
	R&D 活动人员	629 055	652 405	675 206	680 237	735 188	879 854	1 023 101	1 091 544
R&D 经费内部支出/亿元	科学研究与技术开发机构	39.1	44.8	53.64	63.98	73.74	83.84	81.76	112.16
	高校	44	45.8	49.82	62.97	108.08	137.53	153.12	185.78
	工业企业	1 077.9	1237.5	1 375.29	1 520.55	1 676.27	1 865.03	2 107.2	2 374.63
	R&D 经费内部支出	1 236.2	1 443.5	1 605.45	1 798.17	2 035.14	2 343.63	2 704.7	3 098.489

资料来源：《广东统计年鉴》（2013～2020 年）

基础研究投入占 R&D 经费比例偏低。根据《2020 年广东省科技经费投入公报》统计数据，2020 年，广东 R&D 投入达 3479.88 亿元，全省用于基础研究的经费投入为 204.10 亿元，基础研究所占比例为 5.87%，与发达国家 20% 左右的比例差距较大。从数据上可以看出，广东的基础研究投入还有很大的扩展空间。

3. 创新人才集聚度有待提升

高层次人才的数量仍然不足以支撑广东创新的可持续发展，这一直以来都是广东创新发展的痛点，广东拥有两院院士 35 位（数据更新至 2017 年），该数据是北京的 1/17，同样远远落后于国内另外两个创新型地区——上海与江苏。同样，以学术上比较有代表性的两大指标，国家杰出青年数量与国家优秀青年数量作为指标，数据上同样反映出广东与其

图 5-7 广东 R&D 经费在不同部门间的分布与增长情况

资料来源:《广东统计年鉴》（2013～2020 年）

他主要创新区的巨大差距。考虑到广东作为国内经济发展的龙头省份，打造粤港澳大湾区的战略更是将大湾区的战略定位之一定为打造国际科技创新中心，而领军人才与顶级人才的缺失，无疑反映了广东更深层次的一些问题，包括其崛起方式的弊端以及其基础教育、基础科研方面与全国其他主要创新发展地区存在的巨大不足。

从空间分布看，广东省内人才的分布也极不均衡。从地域分布来看，广东人才资源高度集中并持续流向经济发达的珠三角地区，从广东各市规模以上工业企业 R&D 活动人员的空间分布看（图 5-8），广东高于平均数的城市仅为广州、深圳、佛山、惠州、东莞 5 个城市，另外中山、江门的数量在平均线附近，这 7 个城市全部集中分布在珠三角。河源、梅州、阳江、云浮等外围城市人才分布极少。珠三角的规模以上工业企业 R&D 活动人员占到了整个广东的 94%，与广东东翼、西翼和山区差距巨大，不容忽视（图 5-9）。东西两翼和北部山区长期存在人才匮乏、人才流失严重的问题，广东的专家均集中在广州和深圳地区。

从人才引进与人才管理的体制机制看，第一是人才发展体制机制改革有待进一步深化落实。科学化、社会化的人才评价机制尚未健全，人才资助方式较为单一；人才服务市场化机制不健全，人力资源服务产业发展滞后，知识产权保护、融资税收等扶持人才创业政策、科技成果转化的服务机制有待完善。第二是高层次外籍人才引进仍然存在管理与体制机制障碍。外籍人才引进与管理上仍然有较大改善空间，党管人才工作机制有待完善，落实人才工作职责缺乏硬约束，各地之间存在人才工程分散化、人才政策同质化、人才载体碎片化等问题；区域人才发展不协调。第三是高层次人才社会保障制度不健全。根据《广东省人民政府印发关于进一步促进科技创新若干政策措施的通知》，试行港澳人才享受广东企业职工基本养老保险延缴政策，对达到法定退休年龄、累计缴费不足 15 年的可以延缴，对男性满 65 周岁、女性满 60 周岁时缴费年限仍不足 15 年的可予趸缴。该改革属于

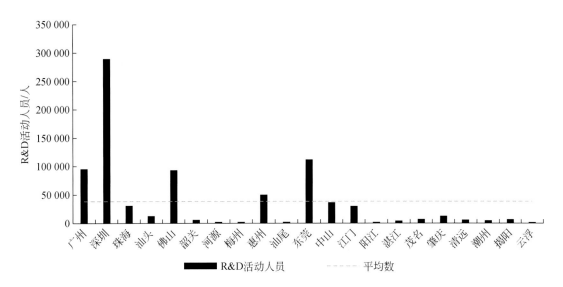

图 5-8　广东各市规模以上工业企业 R&D 活动人员
资料来源:《2020 广东统计年鉴》

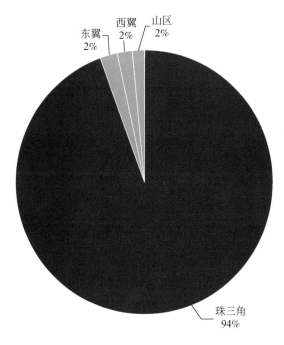

图 5-9　广东各主要经济区域规模以上工业企业 R&D 活动人员
资料来源:《2020 广东统计年鉴》

国家权限,需要由国家颁布《香港澳门台湾居民在内地(大陆)参加社会保险暂行办法》后授权推进具体改革事项。第四是公共基础设施配套与地区经济发展程度不匹配问题突出。地方在支持创新人才落地方面面临着公共服务资源匮乏的困境。以东莞为例，东莞部分镇街的经济体量与常住人口均已经超出其原先行政地位与户籍人口容量的公共资源匹配量，存在着户籍人口与常住人口倒挂严重等问题，公共资源配置，如学位等的增速远远未能跟上创新人才的流入量，给地方创新人才引进带来极大的现实困难。

人才培养上也存在较大的指标缺口。当前硕博士指标分配事权仍然主要在国家层面，高校研究生指标普遍存在缺口，比如作为广东知名高校之一的暨南大学有超过 900 个博导，但博士研究生指标只有 500 个左右。研究生培养指标分配上的缺口也限制了广东进一步培养更符合地方发展需求的高层次人才。

4. 核心技术"卡脖子"问题仍然突出

作为中国开放程度最高、经济活力最强的区域之一，大湾区在经济发展上领跑全国，然而，无论是传统行业，还是战略性新兴产业，大湾区关键核心技术"卡脖子"问题仍然突出。

1）核心技术攻关的体制机制改革仍有待新一轮的深入推进

为保障核心技术攻关工作的推进，广东推动了全面创新发展改革，从引导投资、提高科研人员收益、深化科技创新评价改革等多方面入手，深化对体制机制的改革以形成对核心技术突破的合力。然而，保障核心技术攻关的体制机制仍有待进一步深化。第一，要进一步激发研发人员的积极性，当前，在高校、科研院所中，人才评价改革工作仍然有待深化，对不同类型科研人员做好分类评价，制定系统完善的分类考核评价制度，建立教学、科研以及成果转化等业绩的等效评价机制，将专利创造、标准制定及成果转化等业绩作为高校教师和科研人员职称评审、绩效评价、考核激励的重要依据，这些工作仍然有待在下一轮全面创新改革中持续深入推进；第二，完善知识产权的权益分配机制以推动科研成果的落地仍然任重而道远，现有高校和科研机构仍然需要更多的时间与改革空间以完善知识产权管理体系，体制的不健全也使得知识产权转移转化困难，积极性较低；第三，如何通过股权转化或者收入减免等举措来刺激高新技术企业创新，机制设计仍然有待深化，减轻高新技术企业负担，远远不止是减轻高新技术企业和科技型中小企业的税收负担，支持符合条件的众创空间等新型孵化器、高新技术企业、科技型中小企业享受税收优惠，还需要进一步研究探索科技成果转化激励的个人所得税相关政策，对包括天使投资在内的各类创新投资，研究探索相关税收支持政策。这种系统性、结构性的制度设计仍然没有形成。

2）产业层次不高

大湾区制造业在全球产业链和价值链中大多处于中低端环节。广东作为制造大省，"广东制造"是中国制造业的领跑者，制造业资源丰富，在产业基础、产业配套体系、国内国外市场空间等方面都独具优势。但是目前，大湾区制造业在全球产业链和价值链中大多处于中低端环节，科技含量低，短板效应不容忽视，全省高新技术产业产品技术水平达到国际水平的仅占 20% 多。

3）关键核心技术受制于人

大湾区制造业的核心技术、关键技术和零部件大多仍依赖进口、受制于人，在利益分配中处于明显劣势，加之近年来发达国家不断推动制造业回流、发展中国家竞相承接制造业转移的"双向挤压"，"广州制造"存在综合成本过快上升使企业内部经营压力加大、国内外市场波动大、区域间产业竞争加剧等方面的不利因素，广东制造业转型升级受阻。必须抓住产业转型升级的关键期，快速补足短板，以占领中高端制造的制高点。

在广东各类企业中，拥有自主核心技术的企业不足 10%，绝大部分企业依靠引进技术，或者缺乏自有核心技术。广东制造业在高端装备制造方面，机器人、芯片、高档数控机床、精密模具、核心工业软件等关键技术和零部件 90% 以上依赖进口。在技术装备领域，比如家电行业，目前很多企业尽管技术装备先进，但大多使用进口设备，欧美等发达国家和地区对中国技术出口是有限制的，顶尖技术装备禁止向中国输出，即使是次一级的顶尖技术装备允许出口中国，使用条件上也有诸多限制。

在战略性新兴产业上，以软件行业为例，从 2019 年的广东鲲鹏生态伙伴大会发布的新闻数据来看，2019 年广东软件收入接近 1.2 万亿元，同比增长了 11.1%，排名全国前列；华为软件业务收入超 2000 亿元，保持千亿级收入规模；广东软件和信息服务业的企业在 5000 家以上，从业人员超过了 100 万人。然而，软件产业依旧大而不强，关键核心技术受制于人。整个软件产业"缺芯少魂"，基础软件、工业软件等缺乏核心技术，软件市场占有率低，生态产品少，而且更新迭代慢。

4）龙头企业较少，自主品牌竞争力不强

一是行业龙头企业少。以软件行业为例，企业发展规模不够大，业务收入不足亿元的中小企业占比超过了 80%，细分的领域龙头企业不多，缺乏具有国际影响力的品牌产品。

二是企业自觉创新积极性不高，研发投入强度低。制造业是广东实体经济的核心，民营经济占广东经济的半边天，尤其是中小企业的发展关乎广东经济的健康发展。企业作为科技创新的主体之一，要素成本持续上升、市场预期不稳定、实体经济面临困难较多，经济增长内生动力不足。2018 年广东制造业 500 强中有研发投入的企业 282 家，仅占 56.4%，而拥有自主核心技术的企业不足 10%。

通过独角兽企业的培育能力来看广东新技术的培育能力（图 5-10）。独角兽企业对创新生态系统极为敏感，根据普华永道在 2019 年一项针对中国独角兽企业的调研分析报告，全国的独角兽企业主要诞生、分布于北京、上海两个城市，这两个城市的独角兽企业占比达到了全国的 70%，相比而言，粤港澳大湾区三个核心城市深圳、广州、香港的比例分别为 9%、4%、3%，在数据上远远落后于北京、上海等主要城市，三个城市仅占 16%。

5.3.2 创新主体间的协同性有待提升

1. 创新主体之间的信息共享对接机制不健全

大规模的产学研活动最初是以"政府搭台，企业唱戏"来启动的，政府在中间充当了桥梁和中介的作用，所以当时也有称"官产学研"的。经过多年的发展，产、学、研各方信息传递和相互了解仍不够充分，信息不对称情况仍然相当普遍。一方面，院校大量好的

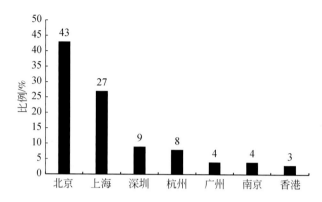

图 5-10　独角兽企业在全国主要城市的分布
资料来源：普华永道独角兽 CEP 调研报告，数据截至 2019 年 9 月底

成果不能很好应用，空耗大好时机；另一方面，大多数中小企业因缺乏技术储备，不能满足市场需求，不能引导消费、培育市场、创造新的增长点，企业的生存发展受到制约。在大中小企业协同创新的过程中，大企业一般是创新生态圈的构建者、创新平台的搭建者、中小企业创新成果的需求方，掌握的信息和资源丰富，资金相对充裕，在资金获取、市场进入等方面具有优势地位。但当前大企业在与中小企业协同创新过程中对中小企业开放创新资源的意愿不高。部分大企业向中小企业收取一定服务费，但中小企业所能支付的费用不能达到大企业的期望。也有一些大企业希望以股权方式换取中小企业股权或部分核心技术，但大多数中小企业并不希望大企业入股，尤其是行业相关的大企业入股，以避免核心竞争力受到控制。部分区域尝试以核心龙头企业获得的应收账款作为质押，为关联产业链中小企业提供融资服务，但核心企业配合意愿不强。由于合作中上述的知识产权共享、风险共担、利益共享机制中都存在多种问题，大企业创新牵引作用一直发挥不够。

2. 高校与科研院所考核评价机制不健全，阻碍产学研一体化进一步深入

尽管国家已出台了许多法规，但广东缺乏配套的实施细则、协调监督机制和良性循环机制，合作纠纷多，直接影响了产学研合作。当前的评价体系仅体现科技成果的"技术价值"，而忽略了"市场价值"，结果导致科研不是面向市场需求，仅是单纯追求学术价值和地位而进行的与实际脱节的研究。另外，许多大中型企业到科研院所寻求合作，仅着眼于找一些短平快的项目，缺乏从长远的观点考虑如何提高企业对新技术的吸收及开发能力。高校、科研院所好的可转换的成果少；高校、科研院所做研究的目标并不是产业化，而是论文的发表、申请专利、结题等，没有真正和产业化结合；国家大的政策特别是审计方面的政策收紧，税收改革尤其是增值税的改革导致高校、科研院所不再做技术登记；高校、科研院所的成果有国有资产的属性，在政策上面没有完全衔接打通；以上原因导致高校、科研院所在科技成果转化上比较谨慎。

3. 企业开展成果转化的利益共享与风险共担机制不健全

对科研机构和高校来说，其自身并不具备自我转化的资金能力和实力；对企业来说，其面对承担高风险的巨大压力，往往对很多高新技术成果望而却步，或者对大多数科技成果的转化工作，企业愿意承担部分风险，但不愿或者无力承担全部风险，而希望国家通过有关政策（如补偿）或风险投资机构、金融机构介入共同承担风险。产学研合作的层次较低，政策法规不健全。目前，产学研合作主要还是停留在技术转让、合作开发和委托开发等较低层次的合作上，而共建研发机构、共建科技工贸一体化的经济实体等高层次的合作还比较少，创新联合体等新的模式较少。

4. 科技成果转化存在体制机制不健全

科技成果转化政策落地实施渠道不够畅通。科技成果转化利好政策相继出台，但政策落地实施渠道尚未完全畅通。一是，一些管理部门对科技成果转化政策未进行深入研究，理解不到位；二是，从事科技成果转化服务的人员的力量薄弱，且往往身兼数职，要深入到各院各所，深入到一线科研人员，存在较大困难；三是，政策宣传力度不足，科研人员对科技成果转化实施路径不够了解和熟悉。同时，科技成果交易过程烦琐，流程多，完成转移转化需要的周期长，投入和产出之间存在着时间滞后，全程各个环节需要专职人员沟通衔接，稍有对接不到位，就会影响转化效率和降低对社会资本的吸引力。

科研评价体系不完善，成果转化激励不足。目前，科研评价体系不合理，导致科研人员重项目、论文、专著、鉴定成果和评奖，轻科技开发、成果转化和推广的现象仍然普遍存在，应用技术研发没有得到应有的重视，科技成果转化意识淡薄。部分高校和研发机构未将科技成果转化情况纳入科研单位分类考核评价体系，较少考虑科技成果转化及其权重，主要侧重于完成项目、发表论文等指标。由此，在现有的职称评定和激励机制下，教师和科研工作者往往只把精力专注在论文、著作、专利发表的数量和获得的奖励上，而对课题选择、成果是否符合市场需求、是否能转化为现实生产力方面考虑不足，从而导致后端缺乏完善全面的科研评价机制，主要围绕专利数、论文数评判其科学价值和技术价值，较少考评其技术成熟度和应用价值。因此，高校和科研院所普遍存在成果的价值性和实用性不强、脱离市场需求、高质量科技成果供给不足，以及成果转化率低等问题。

科技项目培育资金不足，成果产业化全链条尚未形成。科技成果转化是一个系统工程，涉及众多环节，具有周期长、见效慢、盈利模式不稳定的特点，需要投入大量的人力和物力。然而，当前对科技成果转化的支持仍然存在不足：一是缺乏专项财政资金对承接孵化高校科技成果转化的载体给予支持；二是缺乏专门的资金、政策支持非成果完成人参与高校科技成果转化工作；三是缺乏专业融资机构或投资基金对接服务高校孵化企业的融资需求，导致高校科技成果转化遇到瓶颈。

科技成果转化服务体系不健全，成果定价难。一是缺乏专业化服务机构，绝大部分高校、科研院所尚未设立专门的技术转移机构，用于科技成果转化的科技资源较为分散，专业化服务能力明显不足，缺乏专业可靠的第三方服务机构协助完成整合及管控工作。二是新产品价值评估无标准，成果定价难。当前我国产权交易市场等中介体系还不完善，专利价值第三方评估机构数量不足，专业度有限，对技术专利价值评估不够准确到位，难以适应市场需求。三是缺乏权威、专业一体化的科技成果交易平台，科技成果资源信息无法实现有效共享，对接渠道独有科技成果转化率较低，能与产业对接并快速产业化的更少。

技术转移人才短缺，专业素养待提高。专业化技术转移人才队伍建设薄弱。一是部分高校负责知识产权管理及科技成果转化的工作人员较少，甚至为兼职人员而无专业人员，面临技术转移人才匮乏的问题，科技成果的转化落地难度加大。二是技术经纪人从业人数激增，但是专业化人才培养机制不成熟，配套的职称评审体系尚未建立，其技术能力未能得到应有的承认，技术科技成果转化事业的吸引力不足。三是科技成果转化管理和服务人才的评价体系和激励机制未健全，尚存在空白，队伍建设标准未明确。同时，技术转移从业人员的科技成果转化全流程实务操作水平和能力也需全面提升。

5. 产学研深度合作机制有待健全

产、学、研得以真正贯通的关键在于企业、高校、公共研究机构之间能形成一个良性互馈的合作。然而，目前，高校、公共研究机构与企业的交流合作体系尚未建立。一方面，大学和公共研究机构大都没有专门的协调部门负责与企业交流；另一方面，即便设置了产学研合作窗口，但针对性人才仍然不足，导致缺少与企业进行交涉的专家和专业的事务人员（包括协调员、财政管理人员等）。高校以及公共研究机构与企业签订共同研究合约时，手续和决策需要较长的时间。高校和公共研究机构的办事手续复杂，且组织内的决策需要相应时间。

多维的科研人员评价体系尚未完全建立。在科研人员与教师的绩效评估上，尤其涉及职业晋升时，论文发表和科研费用等公共资金的获得更为关键。但是，研究人员参与产学研合作取得的研究成果多以专利的形式存在，产学研合作不被视为教育研究成果。因此，若缺乏公正评价系统或体系，在论文至上的评价氛围中，产学研合作对研究人员而言缺乏吸引力，难以激励其主动参与。

企业与高校的利益机制差异导致产学研合作难以大规模开展。与高校和公共研究机构倾向于时间周期较长的基础研究相比，企业的技术开发周期更短，这种时间尺度上的差异导致难以在产学研合作中制定长期的管理战略和业务战略。

作为产学研的重要抓手，广东的新型研发机构的建设目前还处于摸着石头过河的探索阶段。对新型研发机构等创新业态的管理制度仍然不够系统规范。目前，新型研发机构在管理上还存在制度设计不规范、不完善的突出问题，这一点是本研究针对科技厅的访谈与新型研发机构主体的调研中普遍反映的问题。例如，部分院校和地方政府共建的新型研发机构还没完全脱离传统事业单位的管理模式。对新型研发机构的认定与管理存在不规范，在科技设备购买中，当前省级科研机构可享受科技设备免税，此范围外则无法享受补贴，而新型研发机构还未能被认定为省级科研机构，在设备进口上面临着更高的成本，这打击了新型研发机构发展的积极性和可持续性。此外，广东新型研发机构相关政策与国内政策未完全对接，引进人才在职称评定、项目申报、住房保障、社保、子女入学等方面的问题还难以解决或者解决缓慢。

5.3.3 创新能力的地域配置与协同仍然任重而道远

1. 创新能力仍然存在较大的地域差异

湾区内区域科技创新发展的本底条件存在较大差距。当前，科技协同创新发展已成为广东重要的战略任务。但无论是创新的投入还是创新的产出，广东各地市间都存在巨大差距（图 5-11 和图 5-12）。2019 年全社会 R&D 经费在广东各市之间的分配差距巨大，最高的是深圳，R&D 经费支出 1328.28 亿元，广州次之，达到了 677.74 亿元，其中，在广东平均水平以上的仅为广州、深圳、佛山、东莞，可见 R&D 经费的投入集中在少数几个核心城市。从 R&D 经费在各类主体中的分布来看，企业 R&D 经费占据绝大部分，在结构分布中，深圳同样是最突出的城市，深圳的企业 R&D 经费在全省一枝独秀，达到了 1267.99 亿元，占到了该市 R&D 经费总额的 95% 以上，广州的结构分布稍显均衡。从图 5-12 中可以直接看出，珠三角核心城市广州、深圳、佛山、东莞占据了广东绝大部分的企业 R&D 经费投入。

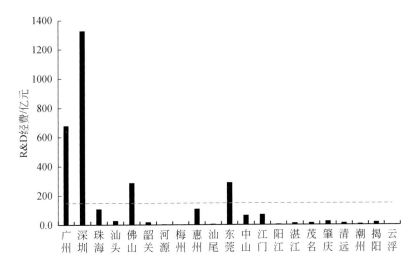

图 5-11 2019 年广东各市 R&D 经费数据

资料来源：《2020 广东统计年鉴》

从广东各市的创新产出看，以规模以上工业企业新产品产出情况作为指标，可以直观看出（图 5-13 和表 5-12），新产品产值主要分布在广州、深圳、佛山、东莞几个核心城市，高于平均值的城市全部分布在珠三角，广东外围城市所占比例极小。从规模以上工业企业 R&D 活动人员和经费的分布也不难看出，深圳与广州占据了绝大部分的科研投入，整个广东的创新发展呈现出强烈的计划特征。

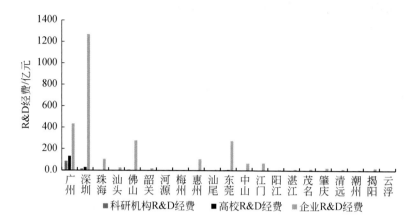

图 5-12　2019 年广东各市 R&D 经费结构分布

资料来源：《2020 广东统计年鉴》

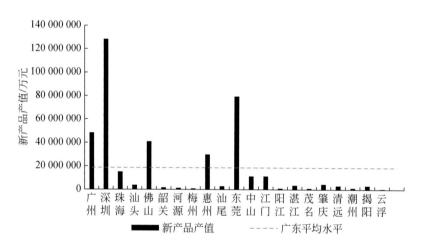

图 5-13　分市规模以上工业企业新产品产出情况

资料来源：《广东统计年鉴》

表 5-12　广东规模以上工业企业 R&D 活动人员和经费

地区		R&D 活动人员／人			R&D 经费内部支出／亿元		
		2017 年	2018 年	2019 年	2017 年	2018 年	2019 年
广东	广州	97 894	95 562	99 979	254. 86	267. 27	286. 24
	深圳	232 421	289 422	302 042	841. 10	966. 75	1 049. 92
	珠海	23 152	30 808	34 234	59. 09	82. 77	93. 33
	汕头	9 863	12 556	12 762	15. 43	19. 24	23. 26
	佛山	96 072	93 256	92 022	216. 02	235. 17	259. 71

续表

地区		R&D 活动人员/人			R&D 经费内部支出/亿元		
		2017 年	2018 年	2019 年	2017 年	2018 年	2019 年
广东	韶关	5 173	5 821	6 342	13. 27	14. 72	16. 88
	河源	2 123	2 030	2 320	3. 24	2. 96	3. 67
	梅州	2 214	2 072	1 859	2. 72	2. 75	2. 38
	惠州	43 255	50 199	56 291	80. 31	89. 32	99. 78
	汕尾	2 584	2 003	1 479	5. 83	6. 83	4. 65
	东莞	73 644	111 969	124 459	161. 42	221. 24	260. 57
	中山	45 301	36 620	31 176	76. 60	59. 28	59. 66
	江门	22 902	30 145	33 170	48. 45	58. 35	65. 07
	阳江	1 788	1 788	1 489	9. 76	3. 68	4. 77
	湛江	3 136	3 981	2 746	7. 82	8. 21	9. 12
	茂名	6 580	6 889	6 480	16. 56	10. 79	11. 94
	肇庆	11 611	12 524	10 640	23. 42	22. 03	23. 35
	清远	4 987	5 877	7 644	7. 01	10. 43	13. 12
	潮州	4 161	4 676	3 540	6. 27	5. 68	6. 04
	揭阳	5 697	6 571	6 970	13. 18	17. 18	19. 19
	云浮	1 827	1 662	1 247	2. 67	2. 57	2. 19
	全省	696 385	806 431	838 891	1 865. 03	2 107. 22	2 314. 84
按经济区域分	珠三角	646 252	750 505	784 013	1 761. 26	2 021. 20	2 314. 85
	东翼	22 305	25 806	24 751	40. 71	48. 92	53. 14
	西翼	11 504	12 658	10 715	34. 14	22. 68	25. 83
	山区	16 324	17 462	19 412	28. 92	33. 42	38. 25

资料来源:《广东统计年鉴》(2018~2020 年)

研究开发机构区域分布不平衡。2019 年,广东县级及以上政府部门属研究与开发机构主要集中分布在广州,广州是广东的研究中心,绝大部分的广东外围城市的研究水平都远在广东平均水平以下（图 5-14）。同样,创新要素也集中分布在珠三角创新的核心区,"广州–深圳–香港–澳门"科技创新走廊沿线,空间上呈现为一条明显的创新廊道。

2. 港澳与珠三角的协同创新仍然任重而道远

粤港澳创新合作具有一定基础,但是由于各种原因,粤港澳创新合作方面仍然存在一些问题。调研、访谈与收集的文献资料反映的最普遍的问题在于体制机制差异造成的创新要素流动障碍。这些典型创新要素主要包括资金、人才、知识产权保护等多方面。

(1) 科研资金跨境流动仍未形成制度规范,2019 年以来,国家和广东先后出台政策推动财政科研资金的跨境拨付,鼓励以港澳单独或牵头申报的形式申报广东省科技计划项

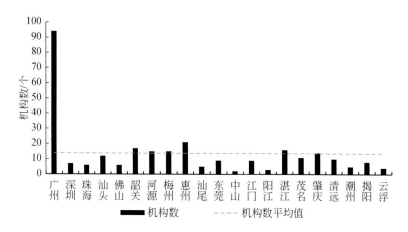

图 5-14　2019 年广东各市县级及以上政府部门属研究与开发机构基本情况

资料来源：《2020 广东统计年鉴》

目。然而，配套拨付手续与税收制度未完善，导致财政科研资金过境仍然存在时间与税务成本。在科研经费过境过程中，虽然当前对港澳科研经费的手续办理与税务处理都属于特事特办，有对应的绿色通道，但制度性规范仍未落实，如在国家外汇管理局的对外拨付中，科研经费未单独立项管理，国家税种中也并没有关于科研经费出境拨付的详细规定，依国家外汇管理规定，单笔 5 万美元以上资金仍需办理税务备案。同时，企业、科研机构等非财政科研资金过境仍然需要征收企业所得税或个人所得税（视资金接收方性质而定），科研资金过境仍然存在较高成本。以传统的粤港澳合作科研项目为例，在科研经费由广东省牵头单位拨付到香港的过程中，税费可能高达 20%。另外，香港经费拨款需要经过特区立法会批准，经费的拨付往往存在较大的审批难度。

（2）粤港澳职业资格互认仍然存在体制机制障碍。粤港澳三地职业资格认定规则存在差异，在法律法规、管理体制和标准体系方面的对接协调难度较大；同时，部分职业资格管理事权分布在国家各行业主管部门，未能统一授权推进，导致三地职业资格互认进展较为缓慢。部分职业资格认定是国家事权，尚未授权广东，目前推行职业资格证书都在国家规定的 144 条清单内，其他职业资格互认无省属权限。在专业技术人才方面，香港有些职业资格证与国家规定的 144 条不一致或有些专业技术职业资格省属无签名权限，无法达到互认。社会工作者资格互认由于社会意识形态差异已取消；执业药师方面由于社会地位、收入等在两地差异过大，香港完全无动力推行。进一步推行职业资格互认还需根据市场需求，在审计要求 36 项专业技术职业资格里面逐条讨论可行性。

（3）跨境知识产权互融互通、成果转换方面仍然有较大的提升空间。粤港澳三地知识产权互融互通的主要障碍在于三地授权制度存在差异。在专利申请注册方面，香港设有注册专利、原授专利制度，澳门设延伸专利制度，在香港、澳门特区政府有关部门获得授权的专利仍需向内地知识产权部门再次申请授权才能在内地使用并获得保护，导致双重申请注册。

（4）合作办学难以进一步深入推进。港澳高校提出港澳与内地合作办学应与中外合作办学区别对待，允许更灵活的合作模式，以及更大的办学自主权，高等专科及以下层次中外合作办学项目和机构仍实施教育部审批性备案办法。引进国外优质资源的渠道不够广，特别是部分省属和市属院校，因为综合水平在全球排名相对较低，境外知名度不高，加上地方院校在参与中外合作办学项目时主要是以各学院（系）为单位进行推动，校方积极性不高，而各学院（系）师资、资源等方面有限，导致在推动项目过程中容易出现较多问题无法解决或者项目实际落地跟预期目标差距较大。

课程引进、师资引进等方面协调难度较大。我国提倡中外合作办学是实现"不出国的留学"的重要手段，更是引进国际优质教育资源、借鉴各国教育成功经验、打造中国特色世界水平教育的试验田，而外方则或多或少认为中外合作办学是增加生源和创收的手段。此外，知识产权等方面要求的差异又使双方在教学资源建设（如教材建设）方面的合作存在困难，示范引领作用不够突出。如何充分发挥外方学校在合作办学中的示范引领作用、提升中方学校的办学水平仍然是下一轮全面推进合作办学创新改革的重点问题。合作办学当前在学科引进上仍然存在较大限制，对人文社会科学的引进力度不足；如何应对合作办学中存在的管理制度设计问题，如何加强中外合作办学中的党建工作，如何根据办学规模、人数等的变化及时优化调整党组织设置，并在课程教学内容、教师和管理人员等各方面切实把好政治关，如何保障党建工作和业务工作的整体推进，以及党组织政治核心和战斗堡垒作用的充分发挥，这些管理体制问题都有待进一步解决。

地方院校在中外合作办学上存在政策制定模糊、监管不规范等问题。政府层面出台了一系列针对中外合作办学的法律法规及相关规范性文件，但其对地方院校在实际操作过程中遇到的很多问题并没有明确的规定，加上政策制定相对较早，存在制度落后于现状的现象，不利于中外合作办学效率提升。同时，在中外合作办学过程中存在监管不到位的现象，部分地方院校会受到外方办学利益驱使，忽视教育公益性的本质，从中牟利，影响学生培养和能力提升。

5.4 粤港澳大湾区三地协同创新的战略对策

5.4.1 完善基础研究保障机制，提高原始创新能力

强化基础研究投入力度，围绕基础研究经费投入、经费使用管理、高等教育创新、开放创新等方面，形成更多的从"0"到"1"的突破。

1. 探索基础研究稳定、持续的财政支持机制

加大基础研究投入保障，引导企业和社会资本与国家科研经费互为补充。鼓励企业加大研发投入，对企业投入基础研究实行税收优惠。探索完善国家实验室和大科学计划管理机制，支持深圳在国家实验室运行管理、建设方式、内部设置、人才引进、科研攻关等方

面开展体制机制创新，打造基础研究特区。建立以信任为前提的顶尖科学家负责制，赋予其充分的人财物自主权和技术路线决定权，鼓励优秀青年人才勇挑重担。构建符合基础研究规律的人才评价激励机制，建立稳定体面的生活保障机制，营造宽松包容的创新生态。持续跟踪、招募世界顶尖科研人才和团队。

发挥省级基础与应用基础研究基金引领作用，探索覆盖基础研究项目全生命周期的稳定、持续的财政支持机制。建立健全多元化基础研究资助体系，倡导社会资金引入支持基础与应用基础研究，在企业税收或个人所得税方面给予一定奖励或优惠。建立国家、省、市三级财政科技资金投向基础研究领域的统筹机制，在材料、生命、信息、海洋、能源等广东优势领域开展多层次基础研究。

2. 完善基础科研项目成果评价机制

以强化基础研究向应用研究转化、促进科研和经济社会发展密切结合为导向，探索构建开放多元的科研评价体系，对不同学科、不同项目及不同类型的科研成果实施绩效分类评价制度，探索建立"长周期、低频率、少干预"的科研绩效评价机制。优化项目验收流程，将技术验收和财务验收合二为一。

5.4.2　健全核心技术攻关机制，提升产业发展位势

围绕构建开放型经济，依托国内强大市场牵引，高标准打造产业链集成、大中小企业协同的产业技术创新体系，夯实产业基础能力，提升产业链现代化水平。充分激发各主体创新动能，促进大中小企业深度交流合作，加强多主体协作创新，提升创新系统竞争力，助力实现科技自立自强。强化锻造长板与补齐短板齐头并进，探索关键核心技术攻关新型举国体制的"广东省路径"。

1. 完善关键核心技术攻关机制

健全社会主义市场经济条件下新型举国体制，打好关键核心技术攻坚战。围绕国家重大创新需求以及区域产业发展共性技术难题，进一步优化科技项目组织管理方式，集聚多方资源，探索"揭榜挂帅"等权责清晰、多元参与的联合攻关机制。依托国家科技计划管理的法人责任制经验，对于重大项目分解形成的一级任务，面向全球招募不同的项目经理人。对项目经理人赋予更大权限的经费监督管理权，由项目经理人决定下一级任务的分解，实行质量、安全、进度、成本管理，负责过程管理中的组织、协调、服务和监督作用。项目经理人对项目负最终责任。支持区域共同设立协同创新基金，利用市场化手段和方式，组织产业链上下游企业、高校、科研院所攻克一批对产业发展具有重大带动作用的关键核心技术。推进三地高校、科研院所、企业科研力量优化配置和资源共享，在新一代人工智能、新一代半导体、生物医药等新兴领域建设粤港澳联合实验室，联合开展技术攻关。支持在创新中心城市设立工业技术研究院，围绕产业界需求开展应用技术研发，提供工业技术服务，促进各行业前瞻技术信息交流。改革现有研发项目评审机制，建立政府官

员、智库专家、企业技术专家、高校和科研院所技术专家共同组成的专家库，加速完善小同行评议机制，保障项目设计和分配的战略高度和务实导向。围绕关键核心技术，攻关项目选题、组织、实施、管理、考核等环节，探索关键核心技术攻关政策。

制定关键核心技术攻关"动态清单"。以龙头企业为主，梳理关键技术和产品的供给图谱，并结合国家产业发展的战略布局，以及省科技创新、产业发展、企业发展等领域需求，引入由企业家参与的专家评议制度，制定广东关键核心技术攻关"补短板清单"和"锻长板清单"，按年度动态调整更新，形成紧密围绕产业发展需求制定关键核心技术攻关项目的常态化选题模式。

实施关键核心技术"揭榜挂帅"制度。选取若干重点领域作为试点，支持行业领军企业牵头，联合高校、科研院所、重大创新平台组建创新联合体，承接"揭榜挂帅"任务。在项目实施过程中，简化技术路径、任务设置、经费使用等方面程序，给予揭榜单位充分信任，同时强化结果导向、里程碑考核、科研诚信管理。

实施关键核心技术攻关"赛马制"。针对具有不同技术路线的同一科技计划或科研项目，在对申报单位进行专家评审的基础上，允许择优选择两个以上的牵头单位同时支持，进行平行立项，在经费支持上将单家确定式资助调整为多家优选考核式资助，强化竞争与考核，后期聚焦优势主体，给予集中持续支持。

实施关键核心技术攻关项目经理责任制。建立对重大原创性、颠覆性交叉学科创新项目的非常规评审机制和支持机制，并探索引入项目经理责任制的工程化管理机制，承担单位可将创新项目分解成若干子任务，分别面向全球招募项目经理人，并赋予他们更大的经费与人员管理权限。

建立关键核心技术攻关项目考核新机制。探索市场评价科技成果的新机制，发挥市场对技术研发方向、路线选择、创新要素配置的基础性作用，建立定标定额的评审制度，综合制定以科技创新质量、产业贡献为导向的评价指标体系，并以此指标体系，建立同行评议、代表作评议、中长期评议等制度。

完善关键核心技术攻关项目保障机制。对承担关键核心技术攻关项目的实施主体，在已有创新政策基础上，从税收、人才、奖励等方面给予一定的政策支持和资金倾斜，着重降低攻关技术和产品进入市场的门槛，缩短从技术成果到产品和商品的项目周期，提前明确项目的市场预期。

2. 健全产学研深度合作机制

支持企业牵头组建创新联合体，承担重大科技项目。引导区域重点研发创新机构相互合作布局，推动区域高校、科研院所的相互布局、全面渗透。结合地方优势领域，跨区域互设分支机构，共建研发平台，在更大范围内开展技术成果转移转化和联合攻关。建立高校联合培养机制，支持城市群内高校联盟建设，探索开展交换生、联合培养等计划项目，建立跨校学分互认机制，共享优秀教学资源。

5.4.3 优化创新要素资源配置，增强科技创新保障

系统谋划重大科技基础设施共建共用、数据共享、人才开放、科技金融创新等方面的改革探索，优化创新资源配置，提高资源使用效率。促进技术要素市场体系建设，围绕高端人才引进与有序流动、科技金融创新、数据要素管理、国有企业考核激励等方面，提升创新体系效能。

1. 完善创新人才引进与流动机制

构建"开放式"创新人才发展环境，建立紧缺人才清单制度，定期发布关键核心领域高层次人才需求目录。建立市场导向的人才吸引和认定机制，探索制定外籍"高精尖缺"人才认定标准。建立与国际接轨的全球人才招聘制度，在部分国有企业、高校、科研院所试点允许符合条件的境外人员担任法定代表人。推动粤港澳创新人才、专家的信息互通，加快粤港澳人才政策衔接，联合制定出台粤港澳高端创新人才引进计划。进一步支持经核准的港澳高校在粤开展合作办学，争取教育部同意设立香港理工大学（佛山）、香港公开大学（肇庆）、澳门科技大学（中山）、香港城市大学（东莞）等合作办学项目。实施高层次科技人才定向培养机制，探索建立资助"白名单"机制。

进一步打破户籍、身份、档案、人事关系等刚性制约，实现智力资源合理流动。深化户籍制度改革，调整完善积分落户政策。完善居住证制度，推进公共服务常住人口全覆盖。探索内地与港澳税制协调，完善跨境个人税收征管措施。建立科技人才区域一体化创新示范园，推进人才评价标准、人才计划、人才资质的跨区域互认，探索一证通行的人才资格证书互认制度，以及一点采集、多点共享、区域通行的人才服务模式。探索选聘科技人员跨城跨校跨园区任职，盘活科研存量。推动科技创新人员往来畅通，提升口岸通关能力，推动赴港澳"人才签注"尽快落地，签注有效期为 1~3 年多次往返，每次可逗留 14 天。对科技创新企业机构人员实行三年多次有效港澳商务签证。优化整合外国人就业居留事务，为申请该业务的外国人提供"一网式、一窗式"服务。允许持有外国人永久居留证的外籍人才担任科学中心内科研机构法人代表，牵头承担政府科研项目，确保其在粤创办科技型企业享受同等国民待遇。

2. 探索科技金融融资新模式

推动银行和金融机构设立科技支行，探索大湾区设立支持科技创新的专业银行，持续探索推进投贷联动、贷款保证金、专利综合保险、重大科技装备首台保险、创新产品首批次应用保险等科技金融创新产品和服务。加快建立贷款、保险、政府性融资担保相结合的专利权质押融资模式，探索以风险分担为核心的中小企业商标质押贷款模式。

参 考 文 献

陈广汉，谭颖 . 2018. 构建粤港澳大湾区产业科技协调创新体系研究 . 亚太经济，(6)：9.

方创琳 . 2014. 中国城市群研究取得的重要进展与未来发展方向 . 地理学报, 69（8）: 1130-1144.

郭秀强, 孙延明 . 2019. 广东珠三角地区创新政策分析——基于科技型中小企业技术创新视角 . 科技管理研究, 39（11）: 55-62.

冉琰杰, 张国雄 . 2020. 地域视野下的侨乡文化——以广东侨乡为例 . 广东社会科学,（6）: 9.

任思儒, 李郇, 陈婷婷 . 2017. 改革开放以来粤港澳经济关系的回顾与展望 . 国际城市规划, 32（3）: 7.

单菁菁, 张卓群 . 2020. 粤港澳大湾区融合发展研究现状、问题与对策 . 北京工业大学学报（社会科学版）, 20（2）: 8.

辛艳 . 2017. "一国两制" 构想在香港的成功实践及思考 . 南京: 南京财经大学 .

叶玉瑶, 王景诗, 吴康敏, 等 . 2020. 粤港澳大湾区建设国际科技创新中心的战略思考 . 热带地理, 40（1）: 13.

张飞飞 . 2013. 基于文化体验的文化遗产旅游纪念品设计研究——以澳门世界文化遗产为例 . 无锡: 江南大学 .

Wu K M, Wang Y, Zhong H G, et al. 2022. The pattern, evolution, and mechanism of venture capital flows in the Guangdong-Hong Kong-Macao Greater Bay Area, China. Journal of Geographical Sciences, 32: 2085-2104.

|第6章| 粤港澳大湾区科技创新人才队伍建设及打造人才高地的体制机制

科技创新是国家新时期的发展战略。历史经验表明,科技是第一生产力。从蒸汽机的发明创造到信息技术的广泛应用,人类社会的进步和发展离不开科技创新。科技创新驱动发展已成为政界、学界、工商界的共识(胡书川,2019;黄卓然,2019;刘佐菁等,2020)。《粤港澳大湾区发展规划纲要》提出要将粤港澳大湾区建成"具有全球影响力的国际科技创新中心"。2021年,中央人才工作会议指出要坚持"四个面向"深入实施新时代人才强国战略,加快建成世界重要人才中心和创新高地,并明确做出在北京、上海、粤港澳大湾区建设高水平人才高地的战略布局。建成人才高地是建设粤港澳大湾区国际科技创新中心的内在需求,也是国家对粤港澳大湾区的殷切期望。

6.1 科技创新人才的内涵

创新是科技人才的灵魂和关键内核,也是其重要使命和目标,故将相关人才称为科技创新人才。科技创新人才是科学人才和技术人才的略语,是在社会科学技术劳动中以自己较高的创造力、科学的探索精神,为科学技术发展和人类进步做出较大贡献的人(刘茂才,1987)。科技创新人才的概念内涵具有深刻的时代特征,从知识分子,到科技人才,到现在的科技创新人才。袁家军(2012)根据科技创新型人才的角色和作用将其分为5类:骨干、专才、将才、帅才和大家。科技创新人才资源在竞争发展中具有决定性作用,只有抢占了科技创新人才的制高点,才能占领科技创新的制高点(黄卓然,2019;郦苏菲等,2019)。只有人才结构与区域产业结构匹配契合,发挥好科技创新人才的效能,才能有效推动区域经济社会高质量发展(赵丽洁,2013)。

科技创新人才的分类多样。有的分为基础研究、应用研究、试验发展,即R&D分类,这也是政府统计部门常用的分类方法;有的分为基础前沿研究、应用技术开发和成果转化研究、科学传播和科技管理;有的分为基础科学研究、应用研究和技术开发、实验技术和科研条件保障、科技成果转移转化、社会公益研究、科技管理、创新创业等类别;有的分为探究学术型、整合学术型、应用学术型和教学学术型;有的分为教学型、科研型、科研教学型;有的按理、工、农、医、人文社科、经管法等分类。

考虑统计分析的可操作性,本研究所指的科技创新人才为R&D人员,即在科学技术领域,为增加知识总量,以及运用这些知识去创造新的应用而进行系统性、创造性活动的人才,包括从事基础研究、应用研究、试验发展三类活动的人才。

6.2 大湾区科技创新人才的分布特征

6.2.1 广东科技创新人才规模变化趋势

科技创新人才总量稳步增长。2000~2019 年广东科技创新人才总量逐步增长。广东 R&D 人员数量从 2000 年不到 10 万人的规模增加到 2019 年的 109 万人，增加了近 100 万人，增长了约 10 倍。与北京、上海、江苏、浙江等地相比，广东 R&D 人员数量及 R&D 人员全时当量仅 2000 年低于北京，自此之后，广东科技创新人才规模一路攀升，2010~2019 年，广东 R&D 人员总量及折算后的 R&D 人员全时当量均位居第一，科技创新人才总量依次是广东、江苏、浙江、北京和上海。2018 年、2019 年，广东 R&D 人员全时当量均约占全国 R&D 人员全时当量的 17.4%，接近全国总量的五分之一。从总的人才规模来看，广东在科技研发和实验应用方面有较大的投入和人力支持，科技创新人才高地建设有一定的成效。

广东科技创新人才数量增速高于浙江、北京、江苏、上海等地区。2000~2010 年，广东 R&D 人员全时当量增长了 3.2 倍，北京增长了 0.4 倍，上海增长了 0.5 倍。2015~2019 年，广东 R&D 人员数量、R&D 人员全时当量多年平均增长率分别为 12.6%、12.5%，北京 R&D 人员数量、R&D 人员全时当量多年平均增长率分别为 7.3%、6.3%，上海 R&D 人员全时当量多年平均增长率为 3.7%，江苏 R&D 人员数量多年平均增长率约为 6.2%，浙江 R&D 人员数量多年平均增长率为 10.0%。2000~2019 年，广东科技创新人才增长率相对较高，呈快速增长的趋势，说明广东对科技创新人才发展比较重视，科技创新势头发展迅猛。

6.2.2 广东科技创新人才密度变化趋势

广东人均科技力量低于北京、上海、江苏，但高于全国平均水平。总体来看，北京、上海、广东人均科技力量均高于全国平均水平，体现了经济大省（自治区）科技创新驱动经济发展的力度。从省际的差异来看，虽然北京、上海、江苏的地域面积没有广东大，总人口数量均没有广东多，但是人均 R&D 人员数量 2015~2019 年均高于广东。2015~2019 年，北京人均 R&D 人员占比为 18.3‰，江苏为 9.9‰，广东为 7.9‰，浙江为 7.5‰；北京人均 R&D 人员全时当量占比为 12.5‰，上海为 7.6‰，广东为 5.6‰。2015~2019 年，北京人均科技创新人才数量明显高于各地，体现了知识密集型的社会发展形态。广东人均 R&D 人员数量落后于北京、上海、江苏，可能原因如下：一是广东近年来受人口政策的影响，大量的人口落户粤港澳大湾区，总人口基数较大，导致人均相对较低；二是广东科技有较大的投入，柔性引进了大量的专家、学者，但是专家们在广东的有效科技时长较少。因此，广东在科技力量的投入方面需要进一步加强。

6.2.3　广东科技创新人才高被引学者分析

　　高被引学者代表高水平科技创新人才，广东在高水平科技创新人才聚集和培养方面无明显的竞争优势。2019 年中国高被引学者各地分布情况如图 6-1 所示，广东高被引学者数量位列全国第四位，居于北京、上海、江苏之后，北京高被引学者数量遥遥领先，表现出了强劲的科技创新人才聚集能力。与北京相比，广东顶尖科技创新资源不足北京一半，广东在此方面还有很大的进步空间。各地高被引学者数量与科技创新人才总量存在一定的正相关性。

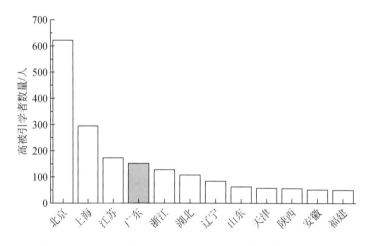

图 6-1　2019 年全国主要省（直辖市）高被引学者数量统计

　　2019 年中国高被引学者中，中国科学院共有 289 人入选，位居榜首，清华大学共有143 位学者入选，排名第二，北京大学、浙江大学分列第三、四位，分别有 107 位、97 位入选。通过聚类分析，基于广东高被引学者数量，可将各科技创新主体分为 4 个梯队，如图 6-2 所示。第一梯队为中山大学，高被引学者数量为 55 人，远高于广东其他科研院校；第二梯队为华南理工大学、中国科学院广州分院、南方科技大学，人数均超过 10 人；第三梯队科技创新研究主体数量较多，人数均介于 3～10 人，分别为华南农业大学、深圳大学、暨南大学、广东工业大学、华南师范大学、深圳华大基因研究院、汕头大学、南方医科大学、广州大学。第四梯队为广州医科大学、广州斯拜若科技有限公司、广东海洋大学，各有 1 人入选。从高被引学者分布情况来看，各大知名高校、科研机构仍是高水平科技创新的主要力量。值得注意的是，广州斯拜若科技有限公司有 1 人入选高被引学者榜单，说明该企业也重视科技研发，其决策科学在国际学术界也占领了一席之地。

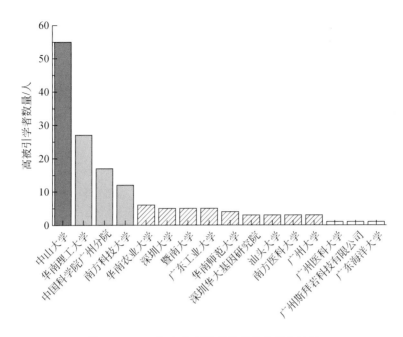

图 6-2　2019 年广东高被引学者分布机构统计

6.2.4　广东科技创新人才空间分布分析

　　广东各地科技创新人才分布存在较大的空间差异。选取 2017 年、2019 年两个时间节点来看，各地科技创新人才分布不均，科技创新人才主要分布在粤港澳大湾区广东 9 市，粤西、粤东、粤北科技力量尚且比较薄弱。从时间趋势看，2017～2019 年，增长相对较大的是东莞、清远、珠海和江门，分别增长了 69.0%、53.3%、47.9% 和 44.8%。其中，清远虽然增幅较大，但总的体量较小。清远的增长与其大力实施"以升促建"有关，"扬帆计划"助力清远争取到了相较粤东、粤西更多的科研经费及项目，带动了科技创新人才数量的增长。珠海增长与其出台的一系列创新创业团队和高层次人才管理办法有关。而东莞、江门的较大增长与大科学装置的布局和落地有关，重大科技创新载体带动了科技力量的增长。深圳、汕头增幅将近 30%，广州增幅为 2%，深圳、汕头的增长与其创新人才政策有关，近年深圳、汕头出台了较多的政策措施，相关措施对人才有较大的诚意和吸引力，多项措施为国内率先，而广州作为省会城市、千年老城，发展后劲略有不足。值得注意的是，汕尾、云浮、中山、阳江、梅州、潮州、肇庆、佛山、茂名出现了负增长，增速分别为 −42.8%、−31.7%、−31.2%、−16.7%、−16.0%、−14.9%、−8.4%、−4.2%、−1.5%，表现出了大湾区核心城市对周边城市的虹吸效应。其中，佛山出现负增长与佛山经济结构的调整和产业转型升级有关。

6.2.5 大湾区各城市科技创新人才总体规模

2010 年，广州、佛山、东莞、中山处于相同的规模，科技创新人才超过 2 万人，周边其他城市，惠州、肇庆、珠海、澳门、香港均在 2 万人以下。2015 年，广州、深圳科技创新人才超过 10 万人，东莞、佛山次之，超过 8 万人，惠州超过 5 万人，肇庆、江门、珠海、香港、澳门均在 2 万人以下。2019 年，深圳科技创新人才总量超过 25 万人，东莞、佛山、广州科技创新人才总量突破 10 万人，而惠州超过 8 万人，中山、江门、珠海超过 5 万人，肇庆、香港、澳门科技创新人才均在 2 万人以下。深圳自始至终都是粤港澳大湾区科技创新人才的高地。粤港澳大湾区作为一个整体，科技创新人才力量分布存在较大的不均衡特征。

2010～2019 年，深圳科技创新人才规模增长了 0.89 倍。2010 年及 2015 年，广州科技创新人才规模均大于东莞，而到 2019 年东莞科技创新人才规模超越广州成为紧随深圳之后的城市。东莞超越广州是从 2018 年开始的，2018 年东莞环比增加 52.04%，广州环比降低 2.38%。相比 2015 年，2019 年深圳（72.64%）、珠海（110.94%）、东莞（109.28%）、惠州（130.93%）、江门（88.64%）科技创新人才的增长率均超越粤港澳大湾区均值（57.67%）和珠三角均值（58.90%）。至 2019 年，粤港澳大湾区科技创新人才总量达到 80 万人，相较 2010 年的 35 万人，科技创新人才力量总体上有了较大的增长。

6.2.6 大湾区各城市科技创新人才空间密度

从人均科技创新人才密度来看（图 6-3a），深圳、珠海、佛山、中山均超过珠三角平均水平（0.97%），尤其是深圳和珠海人均科技创新人才密度较高，分别为 1.85% 和 1.21%。而广州、江门、肇庆、香港、澳门人均科技创新人才密度相对较低，分别为 0.59%、0.47%、0.26%、0.17%、0.36%。箱式图中箱体的大小可以表示数据变化的幅度，在本研究中可用来表示科技创新人才数量增长的幅度。广州、肇庆、香港、澳门箱体较小，表明常住人口的增速和科技创新人才的增速基本一致，而深圳、珠海、惠州、东莞箱体较大，说明科技创新人才有较大的增幅，人均科技创新人才密度较大，科技创新人才的增速高于人口的增速。

从地均科技创新人才密度来看（图 6-3b），深圳地均科技创新人才密度明显高于粤港澳大湾区其他城市，平均值为 113.62 人/km²，2019 年达到 151.21 人/km²。佛山（20.40 人/km²）、东莞（31.88 人/km²）、中山（19.73 人/km²）均值均明显高于珠三角平均水平（10.82 人/km²）。值得注意的是，澳门地均科技创新人才密度较高，这是由于其土地面积较小的缘故，其科技创新人才基本面并不大。肇庆（0.72 人/km²）、江门（2.28 人/km²）、惠州（3.21 人/km²）地均科技创新人才密度较小，体现了其地广人稀的科技创新人才分布特征。

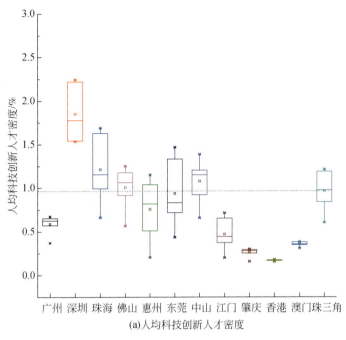

(a)人均科技创新人才密度

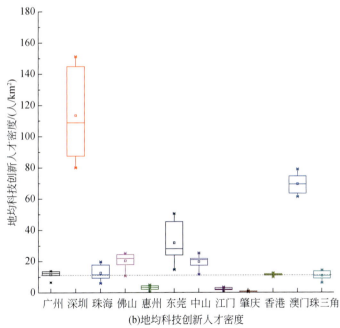

(b)地均科技创新人才密度

图 6-3　粤港澳大湾区科技创新人才空间密度

科技创新人才投入能够显著提升区域创新的绩效（苏屹和闫玥涵，2020）。深圳较高的科技创新人才密度说明，一方面，深圳重视科技创新，是名副其实的科技创新人才高地和科技创新增长极；另一方面，粤港澳大湾区其他地市科技创新人才还有较大的承载空间，科技创新人才队伍体系建设还有较大的优化空间。

6.2.7 大湾区各城市科技创新人才空间集聚特征

总体来看，深圳、东莞、佛山、中山科技创新人才聚集能力较强，惠州、江门、肇庆对科技创新人才的聚集能力较弱，广州、珠海、香港、澳门的聚集能力相对一般。2016～2019 年，深圳、肇庆的聚集能力与"十一五"和"十二五"相比无较大的变化，东莞、珠海的聚集能力变强，中山、澳门、佛山、香港、广州集聚能力下降，城市的科技发展活力降低。东莞离深圳较近，深圳较高的聚集能力形成科技创新人才溢出效应影响和带动了东莞的增长，而东莞紧随深圳的发展模式，有莞深联动的趋势。

6.3 大湾区科技创新人才分布影响因素

人才的聚集分布是政治、经济、文化、地理、环境、社会服务等多种因素共同作用的结果。山西历代人才的地理分布表明自然因素为人才提供维持生存所需的条件，人文因素为人才的成长和发展提供必需的保障（孙宁，2013）。现今看来，政府政策、区域经济社会发展水平、高等院校布局及自然环境等因素是驱动人才向发达地区集聚的因素（余国忠和方圆圆，2014）。但也有研究表明，薪资水平、高等院校分布、公共服务水平是决定人才流动及空间分布的主要因素（张波和丁金宏，2019），生活支出比、失业率、房价对人才分布无显著影响（王若宇等，2019）。而在东北地区的研究表明，人才流动最重要的影响因素是薪资待遇，个人能力提升和创业发展空间、经济发达程度、营商环境、社会关系复杂程度、就业岗位需求情况、资源气候环境的关注度等都会影响人才的流动和分布（郭美莹，2019）。也有学者指出，收入水平的差异并不是决定人才流动的唯一因素，整体效应才是决定人才理性流动的因素。整体效应除了经济上的收入增加等直接效应外，还包括由非经济因素所引起的间接效应，如生活水平、环境、服务水平等（李子彪等，2017）。本科及以上学历人才空间分布受到地方教育水平和包容性的正向影响，而专业技术人才空间分布受到金融因素的影响较大（张佳宁和李立勋，2020）。还有学者认为，高薪资待遇能够有效提升高学历人才集聚水平，但并未有效促进高技能人才集聚（齐宏纲等，2020）。总之，对人才分布的研究较多；在不同区域，针对不同人才群体，影响人才流动和分布的因素不尽相同。

对现有研究中关于人才分布的影响因素进行整理汇总，根据科技创新的特点，从经济发展、资源承载、社会发展、科技发展、公共服务、基础设施等方面甄别筛选出与科技创新人才分布相关的影响因素，通过问卷调研进行进一步分析。

6.3.1 影响因素问卷调查基本情况

本次问卷调研有效样本 630 份，基本情况如表6-1 所示。调研对象分布在大湾区 11 个城市，调研具有较高的覆盖度和广泛性，随机调研填写问卷人数最多的是广州和深圳，这也符合其人才密度高的分布特征。调研对象包括男性 389 人和女性 241 人，男性比例略高于女性，符合科技创新行业的性别比例特征。调研对象年龄分布为从 25 岁以下到 60 岁，其中 26～35 岁的人数占比超过总调研人数的 50%。调研对象为来自企业、高校、科研院所和其他单位的科技创新人才，其中企业和高校人数占了 70% 以上，符合企业和高校是大湾区科技创新的主要力量的特征。

表 6-1 问卷调查分类变量描述性统计分析

类别		频率/人	比例/%
城市	广州	166	26.4
	深圳	164	26.0
	东莞	60	9.5
	惠州	56	8.9
	佛山	55	8.7
	中山	34	5.4
	珠海	34	5.4
	澳门	20	3.2
城市	香港	15	2.4
	肇庆	15	2.4
	江门	11	1.7
性别	男	389	61.7
	女	241	38.3
年龄	25 以下	87	13.8
	26～30	226	35.9
	31～35	184	29.2
	36～40	83	13.2
	41～50	40	6.3
	51～60	10	1.6
创新主体类型	企业	287	45.6
	高校	200	31.7
	科研院所	69	11.0
	其他	42	6.7
	政府部门	32	5.0

6.3.2 问卷信度效度分析

信度检验是通过计算量表的 Cronbach's Alpha 系数的数值来检验量表的内部一致性。

一般而言，Cronbach's Alpha 系数大于 0.9 意味着量表的内部一致性非常高，当 Cronbach's Alpha 系数在 0.7~0.9 时，意味着量表的内部一致性较好；而当 Cronbach's Alpha 系数在 0.7 以下时，说明量表中各个题项不一致程度较高，量表需要修订。本次调查的 Cronbach's Alpha 系数高于 0.9，说明本次调查量表的内部一致性非常高，如表 6-2 所示。

表 6-2　信度分析

维度	Cronbach's Alpah 系数	项数/项
量表整体情况	0.954	25

信度考察的是量表里面所有题项的一致性，而效度则是具体考察每一个题项的能效性，即每一个题项对量表而言是否发挥了重要作用。根据探索性因子分析的结果，KMO 检验的系数结果为 0.953，检验的系数取值范围在 0~1，越接近 1 说明问卷的效度越好（表 6-3）。

表 6-3　KMO 和 Bartlett 的球形度检验

KMO 取样适切性量数		0.953
Bartlett 的球形度检验	上次读取的卡方	10 864.387
	自由度	300
	显著性	0.000

通过探索性因子分析，删除了"24 当地政府的执政效率"后，效度也完全达标，说明本次调查到的数据能够非常真实可靠地反映出城市生活基础保障、城市宜居宜业及发展条件、科技创新环境和氛围、科技创新人才工作情况。

基于探索性因子分析，城市气候、当地城市人文环境、城市自然资源承载能力、城市生态环境、城市生活品质、城市营商环境、城市生活节奏、城市发展前景属于维度 1，可解释的累计方差贡献率为 21.12%（表 6-4）。该维度定义为城市生活基础保障。

工作所在地的医疗环境、城市初级教育配套设施、城市就业机会、城市开放包容性、所在城市的基础设施、城市经济发展水平、所在城市的交通便捷性、当地的房价、当地工资待遇属于维度 2，可解释的累计方差贡献率为 39.44%（表 6-4）。该维度定义为城市宜居宜业及发展条件。

所在平台的科研实力、当地的科研环境和创新氛围、职称申报的便捷度、当地城市科技投入力度、职业发展空间属于维度 3，可解释的累计方差贡献率为 53.85%（表 6-4）。该维度定义为科技创新环境和氛围。

引用育留措施、敬才爱才惜才的氛围、城市营智环境–人才工作理念属于维度 4，可解释的累计方差贡献率为 65.08%（表 6-4）。该维度定义为科技创新人才工作情况。

所有题项的共同度均大于 0.4，且题项的因子载荷系数绝对值均高于 0.4，说明题项均已满足预期对应关系，效度良好，与专业判断情况完全相符。

表6-4 不同维度影响因素探索性因子分析旋转荷载矩阵

影响因素	1	2	3	4	累计方差贡献率/%
28 城市气候	0.804				
29 当地城市人文环境	0.802				
27 城市自然资源承载能力	0.793				
26 城市生态环境	0.759				
30 城市生活品质	0.657				
33 城市营商环境	0.645				
32 城市生活节奏	0.643				
25 城市发展前景	0.503				21.12
14 工作所在地的医疗环境		0.692			
13 城市初级教育配套设施		0.683			
11 城市就业机会		0.648			
12 城市开放包容性		0.634			
21 所在城市的基础设施		0.614			
22 城市经济发展水平		0.590			
18 所在城市的交通便捷性		0.561			
15 当地的房价		0.547			
23 当地工资待遇		0.503			39.44
19 所在平台的科研实力			0.758		
16 当地的科研环境和创新氛围			0.738		
17 职称申报的便捷度			0.707		
31 当地城市科技投入力度			0.577		
20 职业发展空间			0.575		53.85
342 引用育留措施				0.825	
343 敬才爱才惜才的氛围				0.803	
341 城市营智环境–人才工作理念				0.770	65.08

再次对不同维度的信度进行检验,各个分量表以及维度的 Cronbach's Alpha 系数全部高于0.8,说明信度状况良好,如表6-5所示。

表 6-5　不同维度影响因素的信度分析

维度	Cronbach's Alpha 系数	项数/项
城市生活基础保障	0.890	8
城市宜居宜业及发展条件	0.915	9
科技创新环境和氛围	0.874	5
科技创新人才工作情况	0.917	3
量表整体情况	0.954	25

6.3.3　不同维度影响因素现状分析

通过平均值反映现状的统计量，如表 6-6 所示。科技创新人才工作情况平均值达到 4.172，接近 5，说明人才工作对科技创新人才的分布非常重要。其次是城市生活基础保障，平均值为 4.091；再次是科技创新环境和氛围，平均值为 3.987；最后是城市宜居宜业及发展条件，平均值为 3.810。因此，要优先从科技创新人才工作情况、城市生活基础保障、科技创新环境和氛围、城市宜居宜业及发展条件方面改进人才工作，建设粤港澳大湾区科技创新人才高地。

表 6-6　不同维度影响因素现状分析

维度	样本数	最小值（M）	最大值（X）	平均值（E）	标准偏差
城市生活基础保障	630	1	5	4.091	0.693
城市宜居宜业及发展条件	630	1	5	3.810	0.741
科技创新人才工作情况	630	1	5	4.172	0.835
科技创新环境和氛围	630	1	5	3.987	0.651

6.3.4　不同维度影响因素在分类变量上的差异

通过 t 检验和单因素方差分析来分析不同维度影响因素在各分类变量上的差异（表 6-7 ~ 表 6-9）。城市生活基础保障、城市宜居宜业及发展条件、科技创新人才工作情况、科技创新环境和氛围在男性和女性上无显著差别，说明男性和女性对这些因素的需求是一致的。而年龄差异的分析发现，51 ~ 60 岁群体对城市生活基础保障、城市宜居宜业及发展条件有较强烈的需求，也就是说城市生活基础保障、城市宜居宜业及发展条件对 51 ~ 60 岁的科技创新人才分布影响更大。单位类别的差异性分析说明，在科研院所工作的科技创新人才对科技创新环境和氛围的需求要明显高于在企业、政府部门工作的科技创新人才，在高校工作的科技创新人才对科技创新环境和氛围的需求介于科研院所与企业、政府之间。

表 6-7　不同维度影响因素在性别特征上的 *t* 检验

维度	性别	数字	平均值	标准偏差	*t*	显著性（双尾）
城市生活基础保障	男	389	4.091	0.641	0.005	0.996
	女	241	4.091	0.772		
城市宜居宜业及发展条件	男	389	3.796	0.72	−0.463	0.644
	女	241	3.824	0.775		
科技创新人才工作情况	男	389	4.187	0.815	0.567	0.571
	女	241	4.148	0.867		
科技创新环境和氛围	男	389	4.001	0.768	0.85	0.396
	女	241	3.945	0.851		

表 6-8　不同维度影响因素在年龄上的差异性分析

维度	年龄/岁	*N*	平均值	标准偏差	*F*	*t*	多重比较
城市生活基础保障	25 以下	87	4.158	0.678	5.090	0.000	a
	26～30	226					a
	31～35	184					a
城市生活基础保障	36～40	83	4.158	0.678	5.090	0.000	a
	41～50	40					a
	51～60	10					b
城市宜居宜业及发展条件	25 以下	87	3.924	0.702	3.416	0.005	a
	26～30	226					a
	31～35	184					a
	36～40	83					a
	41～50	40					a
	51～60	10					b
科技创新人才工作情况	25 以下	87	4.218	0.772	1.316	0.255	—
	26～30	226					
	31～35	184					
	36～40	83					
	41～50	40					
	51～60	10					
科技创新环境和氛围	25 以下	87	4.044	0.706	1.840	0.103	—
	26～30	226					
	31～35	184					
	36～40	83					
	41～50	40					
	51～60	10					

表 6-9　不同维度影响因素在单位类别上的差异性分析

维度	单位类别	N	平均值	标准偏差	F	显著性	
城市生活基础保障	企业	287	4.031	0.719	1.532	0.191	—
	高校	200	4.141	0.618			
	科研院所	69	4.225	0.543			
	其他	42	4.098	0.843			
	政府部门	32	4.018	0.919			
城市宜居宜业及发展条件	企业	287	3.767	0.712	1.538	0.189	—
	高校	200	3.769	0.743			
	科研院所	69	3.942	0.682			
	其他	42	3.961	0.792			
	政府部门	32	3.912	0.978			
科技创新人才工作情况	企业	287	4.063	0.889	2.278	0.060	—
	高校	200	4.260	0.760			
	科研院所	69	4.271	0.703			
	其他	42	4.262	0.879			
	政府部门	32	4.271	0.913			
科技创新环境和氛围	企业	287	3.808	0.850	8.505	0.000	a
	高校	200	4.113	0.675			ab
	科研院所	69	4.336	0.546			b
	其他	42	3.952	0.913			a
	政府部门	32	3.950	0.989			a

6.3.5　不同维度影响因素相关分析

根据 Pearson 相关分析结果，各个变量之间均存在显著的相关性，且相关系数都大于 0，变量间存在正相关关系（表 6-10）。

表 6-10　不同维度影响因素相关分析

维度	城市生活基础保障	城市宜居宜业及发展条件	科技创新人才工作情况	科技创新环境和氛围	因素整体情况
城市生活基础保障	1				
城市宜居宜业及发展条件	0.708**	1			
科技创新人才工作情况	0.648**	0.541**	1		
科技创新环境和氛围	0.722**	0.645**	0.664**	1	
因素整体情况	0.918**	0.877**	0.762**	0.860**	1

＊＊置信度（双侧）为 0.01 时，显著相关

6.3.6 不同维度影响因素回归分析

（1）本次线性回归模型的拟合度良好，$R^2 = 0.501 > 0.5$，意味着本次的运算结果可以较真实可靠地反映出科技创新环境和氛围、城市宜居宜业及发展条件、城市生活基础保障情况对科技创新人才工作情况的影响。

（2）三个自变量之间不存在多重共线性，VIF 全部小于3。

（3）回归方程显著，$F = 209.777$，$P < 0.001$，意味着三个自变量中至少有一个可以显著影响因变量科技创新人才工作情况。

（4）城市生活基础保障可以显著正向影响科技创新人才工作情况（$\beta = 0.322 > 0$，$P < 0.01$）；城市宜居宜业及发展条件不能显著影响科技创新人才工作情况（$\beta = 0.059$，$P = 0.157 > 0.05$）；科技创新环境和氛围可以显著正向影响科技创新人才工作情况（$\beta = 0.393$，$P < 0.01$）。

最后，变量之间得出如下的回归方程：

科技创新人才工作情况 $= 0.701 + 0.055 \times$ 城市生活基础保障 $+ 0.044 \times$ 科技创新环境和氛围（表6-11）。

表 6-11　不同维度影响因素回归分析

维度	非标准化系数		标准系数 β	t	显著性	VIF
	B	标准错误				
常量	0.701	0.145		4.821	0.000	
城市生活基础保障	0.388	0.055	0.322	7.020	0.000	2.643
城市宜居宜业及发展条件	0.066	0.047	0.059	1.417	0.157	2.168
科技创新环境和氛围	0.410	0.044	0.393	9.270	0.000	2.258

注：因变量为科技创新人才工作情况

6.4　大湾区科技创新人才政策分析

科技创新人才政策在人才资源配置和分布中具有重要作用（苗绿等，2017；刘佐菁和陈杰，2019）。科技政策包括制定、执行科技政策的主体，科技政策的作用群体，科技发展战略方针，以及科技发展规划与科技管理政策等。目前，科技政策的研究主要集中在科技政策的形成机制和影响评价（吕燕，2012；袁梅，2019；周海燕等，2019）、政策的需求与供给（钱婉妍，2020；张秀妮和杨程凯，2020）、政策多维度计量分析等方面（刘佐菁等，2017；苏榕等，2019；张惠琴等，2019）。科技创新人才政策是科技政策的主要组成，其影响科技创新人才的全过程管理、服务和发展。而今，各地加大了对人才资源的开发力度，人才政策主要集中在对各类人才的引进，而激励评价等方面的政策相对较弱，人才政策各地同质化现象较严重（苏榕等，2019）。此外，一些政策的制定并未充分考虑各区域的发展定位、经济发展水平、教育方针等，政策的执行受到多种因素的影响，政策实施效果无法准确评价量化。

6.4.1 广东科技创新人才政策分析

广东在落实国家各项人才政策的基础上，颁布实施了一系列地方性的科技创新人才政策，这对广东科技水平的提升有较大的促进作用，但还存在一些问题。广东科技创新人才规模庞大但结构失衡（陈杰等，2017），博士人才密度和青年拔尖人才数量与北京、上海和江苏等地均有显著差距（陈敏等，2019），待遇奖励政策不到位造成科技创新人才流失，官僚化的学术管理体制及急功近利的浮躁氛围是影响科研工作的主要障碍（王友转，2017），广东科技创新人才投入和人才环境有较强的竞争力，但科技创新人才资源竞争力对标北京、江苏等地还有较大的上升空间（刘佐菁等，2018）。陈敏和苏帆（2020）将改革开放 40 年广东科技创新人才政策发展历程分为五个阶段，2017 年后为全面优化阶段。

广东科技创新人才规划政策落后于市场需求和经济发展的实际情况。广东高度重视人才战略，先后制定印发了关于人才队伍建设的一系列政策措施。其中，《广东省中长期人才发展规划纲要（2010—2020 年)》指出，"2015 年，高层次创新型科技人才总量达到3200 人，研发人员总量达到 37 万人年。2020 年，高层次创新型科技人才总量达到 5100人，研发人员总量达到 52 万人年，总体规模居全国前列"。而到 2020 年，广东已提前完成规划的目标，但是此目标落后于市场的实际需求，落后于国内经济发展较快的其他省份，落后于社会的发展速度。

对近 20 年来广东出台的科技创新人才相关政策进行筛选，最后筛出 23 条（表6-12），分析发现广东在 2015 年以后对科技创新和科技创新人才的重视程度逐渐加大，政策扶持支持力度逐渐攀升，2019 年出台相关的省级政策达到 6 条。广东颁布的科技创新人才相关政策以激励评价类和综合类为主，其中 2018 年《广东省人才发展条例》的出台奠定了人才兴粤的法律基础，将地方人才立法推向了新的高度，2019 年修订的《广东省自主创新促进条例》体现了广东顶层设计对科技创新的高度重视和自主创新决策的演进。由此也可以看出，随着社会的发展和对科技创新的深入推进，政策的制定向科技创新人才、创新驱动、改革发展等方面进行变迁。从政策制定的组织机构维度分析，广东省委、广东省人民政府及其办公厅、省委组织部、省人力资源和社会保障厅、省科技厅在科技兴粤、人才强粤的战略中参与度较高。通过政策本文的分析，发现广东以实施办法、方案类的具体政策为主，人才引进类的政策较多，但是引进后期的激励和培养措施不够完善，重引进、轻培养，相较北京、上海等地区的相关政策（苗绿等，2017；赵兴晨，2018），政策文件中关于改革、创新等的表述相对较少，政策突破创新力度较小。

表 6-12 广东制定印发的科技创新人才方面的政策措施

序号	文件名称	组织机构/区域	年份	政策类型	文种类型	政策要点
1	关于加快吸引培养高层次人才的意见	中共广东省委、广东省人民政府	2008	引进培养类	意见	吸引培养高层次人才
2	广东省中长期人才发展规划纲要（2010 - 2020 年）	中共广东省委、广东省人民政府	2010	引进培养类	规划	优先培养引进高层次科技创新人才，优先开发经济社会发展重点领域专门人才，统筹推进人才队伍建设和区域人才协调发展，推动人才发展重点工程，创新人才发展体制机制
3	广东省引进高层次人才"一站式"服务实施方案	中共广东省委组织部、广东省人力资源和社会保障厅、广东省发展和改革委员会等	2010	服务保障类	方案	国内外高层次人才"一站式受理、一次性告知、一条龙服务"
4	关于全面深化科技体制改革加快创新驱动发展的决定	中共广东省委、广东省人民政府	2014	引进培养类	决定	重点引进杰出人才、领军人才和青年拔尖人才，加快形成高层次人才集聚机制
5	广东省培养高层次人才特殊支持计划	中共广东省委组织部、中共广东省委宣传部等	2014	综合性	计划	遴选支持一批自然科学、工程技术和哲学社会科学领域的杰出人才、领军人才和青年拔尖人才
6	关于加快科技创新的若干政策意见	广东省人民政府	2015	激励评价类	意见	成果自处，职称评审，高层次人才居住保障
7	广东省经营性领域技术入股改革实施方案	广东省人民政府办公厅	2015	激励评价类	方案	经营性领域科技创新人才进行技术入股
8	关于进一步改革科技人员职称评价的若干意见	广东省人力资源和社会保障厅、广东省科学技术厅	2015	激励评价类	意见	全面深化科技体制改革，健全职称评审分类评价
9	广东省系统推进全面创新改革试验行动计划	广东省人民政府	2016	综合性	计划	优化提升"珠江人才计划"，深入实施"广东特支计划"，大力推进"扬帆计划"，集聚和培养科技创新人才，推进全国人才管理改革试验区（粤港澳人才合作示范区）建设，完善科技创新人才交流制度

序号	文件名称	组织机构/区域	年份	政策类型	文种类型	政策要点
10	关于大力推进大众创业万众创新的实施意见	广东省人民政府	2016	引进培养类	意见	支持落实境外人才来粤创业
11	关于进一步促进科技成果转移转化的实施意见	广东省人民政府办公厅	2016	激励评价类	意见	开展技术转移人才培养，组织科技人员开展科技成果转移转化，强化科技成果转移转化人才服务
12	关于鼓励高校科研院所科研人员创新创业有关人事管理问题的意见	中共广东省委组织部、广东省人力资源和社会保障厅、广东省教育厅、广东省科学技术厅、广东省财政厅	2017	服务保障类	意见	鼓励高校科研院所科研人员离岗创新创业
13	关于加快新时代博士和博士后人才创新发展的若干意见	中共广东省委组织部、广东省人力资源和社会保障厅、广东省机构编制委员会办公室等	2017	综合性	意见	实现博士和博士后人才"引得进、用得好、留得住、流得动、服务好"
14	关于我省深化人才发展体制机制改革的实施意见	中共广东省委	2017	综合性	意见	将人才发展列为经济社会综合评价指标，赋予人才更大经费支配权，支持团队自主创新，高层次、青年人才等的培养工程，支持科技人员创业兼职等
15	广东省人才发展条例	广东省第十三届人民代表大会常务委员会	2018	综合性	条例	人才培养、开发、引进、流动、评价、激励、服务、保障等工作
16	关于强化实施创新驱动发展战略进一步推进大众创业万众创新深入发展的实施意见	广东省人民政府	2018	综合性	意见	在更大范围、更高层次、更深程度上推进大众创业、万众创新

续表

序号	文件名称	组织机构/区域	年份	政策类型	文种类型	政策要点
17	协同推进科技创新人才发展行动方案	广东省人力资源和社会保障厅、广东省科学技术厅	2018	综合性	方案	推进博士和博士后倍增、科技创新人才引进、院士创新引领、基础与应用基础研究人才培养、产业技术创新人才培养等8个方面展开重点战略合作，共同服务广东科技创新人才
18	关于进一步促进科技创新若干政策措施	广东省人民政府	2019	综合性	方案	优化人才工程，人才引进、居留、社会保障等
19	关于在工程技术领域实现高技能人才与工程技术人才职业发展贯通的实施方案	广东省人力资源和社会保障厅	2019	激励评价类	方案	高技能人才、工程技术人才职称评审及评价
20	关于贯彻落实粤港澳大湾区个人所得税优惠政策的通知	广东省财政厅、国家税务总局广东省税务局	2019	激励评价类	方案	对在大湾区工作的境外高端人才和紧缺人才进行财税补贴
21	广东省建筑工程技术人才职称评价改革实施方案	广东省人力资源和社会保障厅、广东省住房和城乡建设厅	2019	激励评价类	方案	工程技术人才职称评审创新改革
22	关于省级财政科研项目资金的管理监督办法	广东省财政厅、广东省审计厅	2019	激励评价类	办法	科研机构和科研人员经费管理自主权
23	广东省自主创新促进条例	广东省第十三届人民代表大会常务委员会	2019	综合类	条例	创新型人才建设与服务，第三次修订

通过定量分析、定性分析和文本分析，对粤港澳大湾区 9 市及 2 个特别行政区的科技创新人才政策的外部属性、内部属性及关系网络进行研究，分析框架如图 6-4 所示。从科技创新人才政策时间演化特征分析其发展态势。从发文机构和发文文种分析话语权重的大小。从发文机构来看，以党委或政府名义印发的文件具有较高的话语权重，其次是以党委或政府办公厅（室）名义印发的文件，再次是以部门名义印发的文件。有时为了综合协调多个部门和高度重视，部分职能部门负责起草的政策会以党委或政府及其办公厅（室）的名义印发。另外，从发文机构的参与程度分析各机构的协作程度，涉及多个单位事权的文件会以职能部门名义联合印发。政策文件的类型分为外部属性类型和内部属性类型。根据法律效力和用途将政策文件外部属性类型主要分为法律条规、规划意见、办法方案细则 3

种类型。根据内容或目的将政策文件的内部属性分为综合性政策、引进选拔、培养开发、评价奖励、流动配置、保障服务 6 类。政策文件的发文字号具有唯一识别性，提取出政策文本内的发文字号，根据发文字号之间的引证关系网络分析不同区域政策间的关联关系。

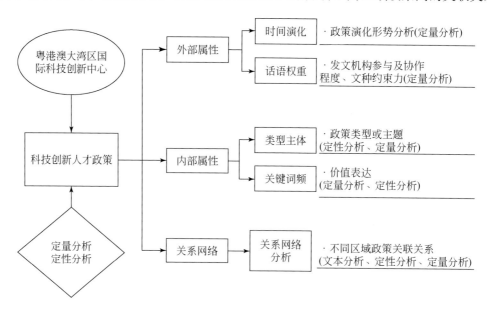

图 6-4　政策文件分析框架模型

6.4.2　大湾区各城市科技创新人才政策时间演化特征

粤港澳大湾区 11 个城市科技创新人才政策时间演化特征如图 6-5 所示。从各地 2000~2020 年科技创新人才政策总量来看（图 6-5a），各地科技创新人才政策总量相差较大，其中深圳、珠海、东莞、佛山颁布出台科技创新人才政策频次累计超过 30 份，广州、中山、江门超过 20 份，惠州、肇庆、香港、澳门均低于 5 份。自国家人才强国、科教兴国、创新驱动发展战略相继提出以来，粤港澳大湾区各城市科技创新人才政策数量总体上呈增长的趋势。政府价值取向和行政逻辑明显向科技创新进行了转变。

从时间演化特征来看（图 6-5b），粤港澳大湾区科技创新人才政策的发展经历了起步期、休眠发展期、爆发式发展期。2000 年，国家实施人才战略，广州、深圳、佛山、江门科技创新人才政策起步发展。2000~2008 年，科技创新人才政策发展缓慢，表现为休眠发展的特征。2010 年左右，各地出现小的增长。2018 年左右，各地人才政策密集出台，相关政策进行了较大的增长，其中 2018 年，珠海和东莞一年出台的科技创新人才政策超过 10 条。江门在 2000 年后即出台相关的政策，行政发力较早，但中间政策出现断层，政策缺乏连续性和可持续性。深圳、珠海、佛山、东莞等地虽起步较晚，但理念开放、执行力较强，在后期形成不断增长的势头。各城市科技创新人才政策时间演化的差异体现出各地对科技创新的重视程度以及科技创新人才发展行政价值的差异。

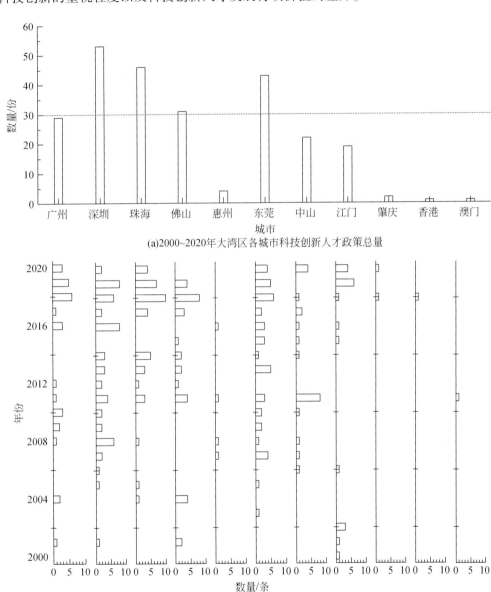

(a)2000~2020年大湾区各城市科技创新人才政策总量

(b)大湾区各城市不同年份科技创新人才政策数量

图 6-5　粤港澳大湾区科技创新人才政策时间演化特征

6.4.3　大湾区各城市科技创新人才政策话语权重分析

香港、澳门与大湾区广东 9 市法律制度和行政制度存在差异，故分别分析其政策文本的话语权重属性。香港的科技创新人才政策是由香港特别行政区创新科技署颁布实施人才入境计划，澳门则是由澳门特别行政区出台科技创新人才奖励行政法规。大湾区广东 9 市则是由人大、党委、政府及其组成部门等行政机关颁布实施相关的行政规范性文件。港澳科技创新人才发文主体比较单一，大湾区广东 9 市发文主体则比较多样。从发文主体来看（图 6-6a），市委、市政府及其办公厅（室）、人力资源和社会保障局是大湾区广东 9 市科技创新人才计划颁布实施的主要单位，住房和城乡建设局、财政局、教育局等单位为配合部门。从发文主体可以看出对科技创新人才政策的主导实施程度和重视力度。广州科技创新人才政策出台主要机构是人力资源和社会保障局，深圳主要是市政府，珠海为人力资源和社会保障局，佛山为市政府办公室，惠州为市委、市政府，东莞为市政府及其办公室，中山为市委和人力资源和社会保障局，江门为市政府，肇庆为市委、市政府及人才工作领导小组办公室。值得注意的是，深圳和珠海由人大常委会对人才工作进行了立法，为人才工作提供了法律依据，给予了法律保障，将地方人才工作推向了新的高度。

从图 6-6b 来看，各地发文机构以 1 个单位独立发文和 2 个单位联合发文为主。广州、珠海多于 4 个单位联合发文的情况占总发文量的比例超过 15%。联合发文体现了多部门协作开展科技创新人才工作的情况，但联合发文有利有弊。有研究发现，联合发文虽能避免政策趋同化，但是过多部门参与或导致政策制定周期较长及牵头单位不清晰等问题（盛亚和于卓灵，2015）。

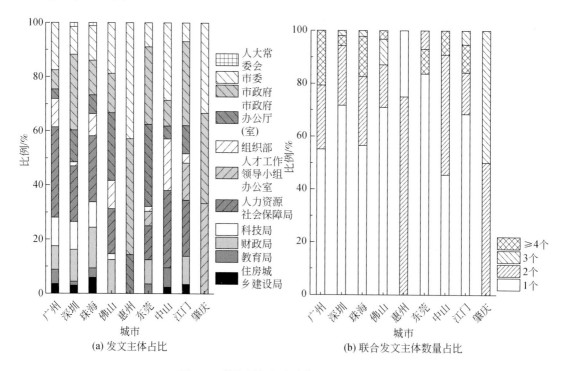

图 6-6　科技创新人才政策话语权重分析

6.4.4 大湾区九市科技创新人才政策属性分析

对各城市科技创新人才政策属性进行分析，如表6-13所示，内部属性分析发现广州的科技创新人才政策以保障服务类和综合性政策为主，深圳以引进选拔类和保障服务类为主，珠海同样以引进选拔类和保障服务类为主，佛山以保障服务类为主，东莞以评价奖励类和综合性政策为主，中山以评价奖励类和引进选拔类为主，江门以引进选拔类为主。不同城市政策的内部属性侧重点不同，体现了各地科技创新人才的发展情况和政府施政的价值重点。深圳、珠海、佛山、中山、江门大力引才，人才资源优势逐步凸显。广州、深圳、珠海、佛山、东莞等地注重人才的保障服务，积极解决人才在本地工作的后顾之忧。东莞相对注重人才资源的开发，引育并重，注重绩效的管理。人才流动属于人才发展的高级阶段，各地人才流动还未形成有效的政策保障。

表6-13 科技创新人才政策内外部属性 （单位：条）

政策类型		广州	深圳	珠海	佛山	惠州	东莞	中山	江门	肇庆
内部属性	引进选拔	3	14	12	8	2	5	6	9	1
	培养开发	3	2	4	1	0	5	0	0	0
	评价奖励	4	11	6	6	1	13	7	1	0
	保障服务	11	17	12	10	0	9	4	4	1
	流动配置	0	0	0	0	0	0	0	0	0
	综合性政策	8	9	12	6	1	11	5	5	0
外部属性	律法条规	0	3	2	0	0	1	0	0	0
	规划意见	8	5	4	9	1	7	5	6	1
	办法方案细则	19	39	33	22	1	30	13	10	0
	其他	2	6	7	0	2	5	4	3	1

外部属性分析发现，法律条规、规划意见、办法方案细则等共同构成了科技创新人才政策的体系，各地不断优化完善科技创新人才政策，逐渐形成了较为完善的科技创新人才政策体系。各地政策均以办法方案细则为主，说明各地均重视科技创新人才政策的落地实施。此外，除了注重办法方案细则，广州、佛山、东莞、江门还出台了相对较多的规划意见，同时注重地方科技创新人才政策的顶层设计。

6.4.5 大湾区各城市科技创新人才政策战略规划

城市的规划定位基于当前的发展基础和未来的发展方向，此定位既有政府对城市发展的定位，也有社会各界主流意识的定位。科技创新人才政策体系的发展受到城市规划定位及产业发展的影响，各城市定位不同，发展重点不同，也将导致科技创新人才政策发展相异，而产业定位的雷同也导致人才竞争的同质化。粤港澳大湾区广州、深圳、香港、澳门 4 个中心城市定位各不相同，广州定位为贸易、交通、科教中心城市，深圳定位为创新创意中心，香港为金融、航运、贸易三大中心，澳门为国际休闲旅游中心。其他重要节点城市也依据自身特征和发展方向分别进行了定位分工，定位分工的不同将导致人才需求和发展不同。但其中生物医药、电子信息、制造业重复布局、定位雷同，广州、深圳、珠海、佛山、中山、肇庆均重点发展生物医药，广州、深圳、珠海、佛山、惠州、东莞、中山、肇庆重点发展电子信息产业，佛山、东莞、中山、江门、肇庆重点发展制造业。雷同的产业定位将导致科技创新人才发展竞争激烈，人才发展趋于同质化。

各城市相继提出科技创新人才发展战略目标，并出台一系列的人才工程和政策措施。其中，广州、珠海、佛山、惠州、东莞、中山、江门、肇庆提出明确的时间节点和定量的人才发展计划，体现出较强的计划思想，香港、深圳定性提出人才发展目标，香港重点吸引未来科学和未来技术相关的高科技创新人才，澳门出台科技创新人才激励行政规范性文件。各城市的人才工程引才力度大，优惠措施详尽，政策涉足人才工作的各个环节和人才环境氛围的优化提升，对大湾区科技创新人才队伍的建设发挥了重要的作用，为人才高地的建设积累了丰富的经验。然而，大湾区各城市科技创新人才战略目标无统一的评价标准，引才数量计划无科学测算依据，人才规模、布局、结构有待进一步商榷。

6.4.6　大湾区各城市科技创新人才政策关系网络分析

对各地科技创新人才相关的政策文件进行关系网络分析，提取出共现网络和关键节点，如图 6-7 所示。市级层面，深圳、珠海两地对科技创新人才政策的聚焦程度较高，说明深圳、珠海各部门对科技创新发展达成了共识，行政行为聚焦科技创新；而广州、佛山、肇庆、江门未出现中心性特征或中心性特征不强，说明相关的政策文件未形成合力，未形成科技创新政策重心。

城市间政策文件的关联性不强，并未形成密集交错的网络。国家、省级的文件将各市的政策文件串联起来，形成了粤港澳大湾区科技创新人才政策链。省级层面，《关于加快新时代博士和博士后人才创新发展的若干意见》（粤组通〔2017〕46 号）、《广东省中长期人才发展规划纲要（2010—2020 年）》（粤发〔2010〕17 号）、《关于我省深化人才发展体制机制改革的实施意见》（粤发〔2017〕1 号）、《中共广东省委、广东省人民政府关于加快吸引培养高层次人才的意见》（粤发〔2008〕15 号）在科技创新人才工作方面发挥了重要的指导作用。国家层面，《关于深化人才发展体制机制改革的意见》（中发〔2016〕9 号）、《财政部 国家税务总局关于粤港澳大湾区个人所得税优惠政策的通知》（财税〔2019〕31 号）、《珠江三角洲地区改革发展规划纲要（2008—2020 年）》《国家中长期人才发展规划纲要（2010～2020 年）》《粤港澳大湾区发展规划纲要》是科技创新人才政策关键节点文件。

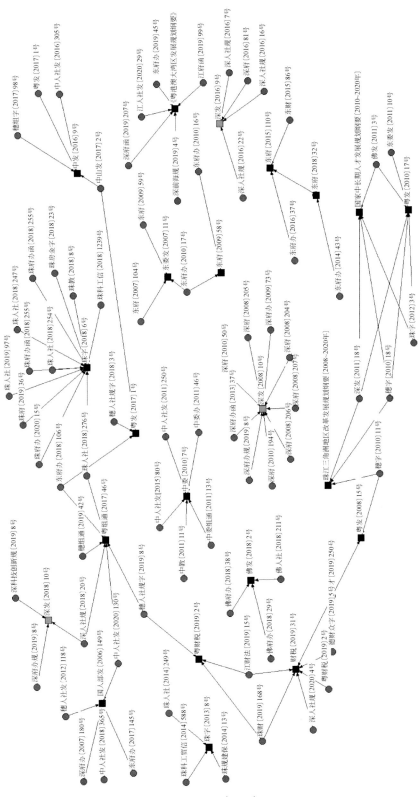

图6-7 粤港澳大湾区科技创新人才政策关系网络分析

6.4.7 大湾区科技创新人才政策经验借鉴

通过对大湾区内各城市的科技创新人才政策进行分析，发现各城市不断优化政策，在发展中探索实践出一些值得借鉴推广的经验做法。

（1）人才政策要有连续性。人才工程是一个长久的工程，人才工作需与时俱进，人才工作要根据内外部形势的变化不断优化更新。例如，"东莞特色人才特殊实施办法"先后经历了 2013 年暂行，2015 年正式实施，2016 年完善，2018 年调整，政策文件不断优化完善、查漏补缺、与时俱进。深圳博士后工作在 2000～2020 年至少经历了 4 次优化修订。不断的完善调整是为了政策能够适应当前阶段经济社会的发展，保持政策持久的生命力和延续性。

（2）科技创新人才政策文件的系统性。科技创新人才工作并非独立存在，需要协调内外部环境、各方面事项及衔接上下游的发展。因此，政策体系需要一系列系统的配套支持政策才能完整。例如，东莞"特色人才特殊政策实施办法"包括特色人才认定评定、专家配套资助、引进创新科研团队项目管理、财政配套经费管理、创新创业领军人才管理、特色人才个人所得税补贴、引进特色人才奖励、特色人才创业贷款贴息办理、住房补贴、居留和出入境、落户等事项办理、子女入学办理、医疗服务、社会保险等实施细则一系列系统的政策文件。广州也同时颁布了《广州市高层次人才认定方案》《广州市高层次人才服务保障方案》《广州市高层次人才培养资助方案》，形成了系统性的人才工作方案。

（3）政策文件的完整性。政策文件的语言表达、行文体例具有一定的专业性，其出台的背景、出台的目的有一定的特殊性，政策文件的制定出台是为了实现某一公共利益。因此，政策文件同时要有文件起草说明、政策解读才是完整的一套政策文件，并进行多渠道、多方位的宣传，力争应知尽知、充分发挥政策的效用。深圳、东莞、珠海政策文件较完整，既注重政策本文的质量和表达，又注重科技创新人才政策的起草、解读、宣传、实施等各环节，值得大湾区其他城市学习借鉴。

（4）政策文件管理的法治性。政策文件是政府行政管理服务使用的重要工具，具有严肃性、规范性和权威性。全面依法治国是坚持和发展中国特色社会主义的本质要求和重要保障，是大湾区一体化的重要路径。行政规范性文件的规范化、标准化管理有利于湾区各城市的协作和融合，有利于提升整个湾区的效能。例如，深圳将政策文件分成政府规范性文件和部门规范性文件进行管理。广州对政策文件进行了合法性审查，并注重政策文件的时效性、有效性管理。

6.5 世界三大湾区对粤港澳大湾区人才
高地建设的经验和启示

美国的纽约湾区、旧金山湾区和日本的东京湾区是世界三大一流湾区。纽约湾区是世界金融中心华尔街的所在地，是美国的核心经济地带，包含纽约、波士顿、费城和华盛顿四大城市群，城市化水平在 90% 以上。旧金山湾区是世界顶级高科技研发中心之一，其中的硅谷更是全球最具代表性的创新人才战略高地。东京湾区是日本的政治、经济和产业中心，其仅占日本国土面积的 1/30，却贡献了日本 GDP 的 1/3 以上。三大湾区崛起的原因各不相同，但都十分注重科技创新人才的战略布局。

6.5.1　体制机制

1. 健全的产学研和官产学研合作体制

综观世界三大湾区，都有各具特色的产学研合作活动。旧金山湾区以高校为主导，斯坦福大学不限制教授在企业任职，前提是教授按时按量完成学校教学和科研任务；加州大学旧金山分校专注于健康与生命科学，通过与生物产业相关科研机构合作，在旧金山湾区形成了生物技术和制药领域的创新企业集群；东京湾区以企业为主导，全方位多渠道培养科研人员，包括投资建设科研实验室、提供高校科研经费、鼓励兼职等。

官产学研体制则是在产学研的合作基础上增加了政府参与。从现有湾区经验看，政府在产学研中的角色主要有三种。

一是通过出台相应的政策法规规范科研成果的转化。美国联邦政府的《拜杜法案》规定，研究机构拥有政府资助科研成果的专利权，研发人员享有知识产权的转让收益，改变了科研专利属于出资人的状况。日本政府制定了《科学技术基本法》，致力于加快国家科技进步，改善创新企业环境。从 1996 年起，每期 5 年，一共 5 期的科学基本计划，为东京湾区的科技创新发展提供了良好的政策环境。政府推出的这些政策法规为产学研合作提供了重要保障，极大地激发了科研人员的工作热情，使得科研成果转化量有了明显增长。

二是对企业和大学提供经费资助。2016 年，通用电器公司将全球总部迁至波士顿，其中一个重要原因便是政府的经费支持。马萨诸塞州政府提供了 12 000 万美元的奖励金，波士顿政府提供了 2500 万美元的物业税减免额。同时，在人才培育上，政府也投入了大量经费。仅 2016 年，波士顿教育部门就获得 1.22 亿美元的基金预算费用，占年度总基金预算费用的 43.08%。

三是直接参与科技创新过程。例如，在东京湾区，政府会直接向重点高校派遣专业协调员，以促进科技成果的转化。在旧金山湾区，政府会向科技人才提出需求，由对方提供技术解决方案，然后政府采购合适的方案。在纽约湾区，政府会对项目进行投资，其中，"128 号公路高技术产业区"就是一个成功案例。学校、企业和政府为麻省理工学院的师生科研人员提供各种研究资源，师生可以将研究成果专利出售给企业或进行创业。官产学研的模式将人才、学校、企业、政府等优质科技与文化资源聚集在一起，通过互助合作推动科技创新发展。

2. 规范的科技创新人才制度

人才制度的规范化是提高人才资源利用效率的重要保障。

第一，在科技创新人才的管理方面，三大湾区都因地制宜建立了专业化、科学化和灵活化的人才管理模式。例如，美国注重以人为本，给人以发展空间，倡导柔性化管理。美国的大学会与创新型科技人才合作建立实验室、科研中心、工业中心等科研基地，并对创新型科技人员实行"松散式"管理模式。为保证科技创新的稳定性与应用性，大学可以根据需要招聘外籍在职的创新型科技人才。

第二，在科技创新人才的流动方面，三大湾区都建立了完善的人才资源流动制度。一是尊重人才的择业自由，尤其是硅谷，人才具有很强的流动偏好，鼓励跳槽文化。二是建立人才资源共享流动数据库，通过技术支撑系统掌握区域范围内人才流动的动态信息。三是整合各个人才资源管理系统，建立动态集中的人才信息网络，如东京形成了中央政府派出机构、地方政府管理机构、全市人力资源管理网络以及培训公司补充的人力资源系统。

第三，在科技创新人才的评价方面，三大湾区普遍建立了比较完善的社会化评价体系，包括行业协会开展的水平评价、职业许可制度、注册认证制度及资格认定制度等。一般而言，人才评价主要由专业能力认证和职业资格认证构成。其中，专业能力认证主要采取同行评议方式对标准程度较低、专业知识转移成本较高的领域的专业人员进行评价，如高校教师、科研人员等；职业资格认证由行业协会和政府共同管理，主要针对标准化程度高、专业知识转移成本较低的领域，如律师、医师、会计师等，通过考试方式进行评价。

3. 积极的政府与非政府支持

从三大湾区的发展实践看，地方政府和中央政府一般都会从宏观层面引导人才市场的发展，并做好基础工作。在纽约湾区，波士顿政府实施了多种税收减免政策，为商务成本高但能够创造大量就业岗位的企业和项目提供 10～15 年的特别纳税信用。个人方面，政府也会为购房定居的人才提供房地产税收优惠。同时，波士顿政府还致力于城市生活环境的改善，率先提出"绿色创新波士顿"的口号，在医疗、教育、公共交通、建筑施工与维修等公共服务领域全面展开与国际组织、环保技术企业和支持节能减排的科研机构、金融机构的合作，引入资金和最先进的环保技术、知识及理念。根据城市特色，波士顿政府投放约150亿美元发展隧道交通，把地面空间保留出来扩大绿化面积、兴建公园，为人才提供了良好的生活和工作环境。

在人才的引进和培养过程中，非政府组织也起到支持辅助的作用，科技创新人才可以在就业、创业、研发等方面获得诸多便利，以弥补政府职能和市场失灵。马萨诸塞州发展金融局作为一个非政府组织，以刺激业务、拉动经济增长和帮助社区发展为目标。该组织建立了再发展基金、新技术基金及文化设施基金，以帮助科研机构和用人单位贷款用于购置厂房、研发及生产设备等。

4. 重视基础研究的投入与支持

基础研究是所有科学技术的理论和知识源头，是科技创新的"总开关"。从世界科技强国的发展和世界三大湾区的发展看，基础研究在其中起到了至关重要的作用。20 世纪 50 年代以来，美国基础研究投入经费逐年稳步上升，2017 年达到 922.3 亿美元。其中，基础研究投入强度从 1953 年小幅波动上升到 1962 年的 11.69%；1962～1985 年长期稳定在 13% 左右；1985 年至今呈波动上升趋势，曾在 2003 年达到 18.81%，后逐渐稳定在 17.5% 左右，进入 21 世纪第二个十年后，又呈逐年上升态势，至 2019 年达到 28.10% 的峰值，2021 年回落到 26.88%。1965～1995 年，日本的基础研究投入经费从 428.5 亿日元快速上升至 20 413.4 亿日元，后缓慢波动上升至 2016 年的 21 260.3 亿日元。基础研究投入强度在 1968～1969 年处于谷底，但很快恢复，逐渐上升至稳定状态，在 1978 年达到峰值 16.28%，1981 年后稳定在 12% 左右，2019 年后超过 13%。而我国的基础研究投入强度，在 2017 年和 2018 年均为 5.5%，2021 年达到 6.09%，差距显而易见。

在法律制度和政策方面，世界科技强国和三大湾区也都对基础研究保持了长期稳定的支持。例如，1994 年，美国政府发布关于科学政策的总统宣言，即《科学与国家利益》，指出必须坚持长期和多样化的投资战略，促进广泛的基础研究。2006 年又宣布政府投入达 1360 亿美元的《美国竞争力计划——引领全球创新》，提出在基础研究方面，以及在人才和创造力方面领先世界。1995 年，日本出台《科学技术基本法》，明确提出"以科学技术创新立国"，尤其注重和推崇基础研究。1996 年通过《第一期科学技术基本计划》（1996—2000 年），强调提高创新性的基础研究能力。2016 年的《第五期科学技术基本计划》（2016—2020 年）提出，将投入 26 万亿日元用于研发，并强化战略性基础研究。

6.5.2 人才引进

1. 多元的人才吸引渠道

汇聚全球高端人才是湾区人才资源开发与利用的重要工作。世界三大湾区在人才吸引方面，都采取了较为开放而多元的手段。

第一，留学生政策和移民政策。美国为优秀的留学申请者提供优厚的奖学金待遇，如建立专门面向理工科博士的留学生奖学金制度。优秀留学生和攻读特定科学、技术、工程、数学（Science、Technology、Engineering、Mathematics，STEM）领域的留学生可增加获得人才绿卡的机会。在移民政策上，美国签证会向高级科学家和专业人员倾斜，从而为纽约湾区和旧金山湾区留住人才。通过吸引不同国家的留学生和移民，保持区域的创造力和活力。日本推出"留学生 30 万人计划"，放宽留学生条件，为东京湾区充实科技创新人才储备。

第二，国际项目合作。目前，美国已经与世界 70 多个国家和地区签署了 800 多项科技合作协议，纽约湾区和旧金山湾区依托区域内各大高校和研究机构，通过实施各种国际科技合作方案，吸引国外科学家，筛选科技创新人才，并通过柔性和灵活的方法引进人才。日本也提出"创新 25 战略"，通过创造基础研究项目、开放实验室职位、设立国际合作奖金等吸引世界科技创新人才到日本从事研究和展开工作。

第三，通过人才中介机构，包括猎头机构、行业协会和人才市场等吸引人才。在发达国家，猎头机制发展较为成熟，形成了种类多样的人才中介机构。其中，猎头机构致力于在全球寻找高端人才，已成为引进科技人才不可或缺的渠道。例如，美国通过提供资金支持和减免税收等方式推动猎头产业的发展，成立国际性猎头行业协会，支持并鼓励猎头企业进军国际高级人才市场，引导猎头企业为研究机构、企业招聘高层次人才。

除传统猎头公司外，还有一些行业协会、工会和在线人才市场等，满足不同类型人才挖掘的需要，构成人才引进的有效载体。目前，世界三大湾区的人才中介市场较为成熟，并建立了多元化的业务模式。"9·11"之前纽约地区的人力资源公司大约占美国的1/9，东京在官民协作的基础上成立了多元化的人才服务组织，服务对象覆盖了不同人群。

2. 丰富的人才激励手段

作为科技发展的第一资源，人才的开发和利用离不开良好的激励手段。通过设立科研奖、实施股权激励、探索特殊薪酬制等人才激励手段可以增强科技人才的获得感。世界三大湾区在人才激励方面，也积累了丰富的经验。

第一，设立科研奖。美国设置了各种类型的科研奖项，如国家技术奖等。同时，很多丰厚的奖励仅限于拥有绿卡或美国护照的人才，故也可以借此吸引一批高科技人才留在美国。日本则启动了"日本科学技术厅奖学金"，为高级研究人员提供优厚的研究经费补助。

第二，实施股权激励。硅谷大部分科技企业面向员工实施了持股激励计划，鼓励员工购买并持有企业的股份、期权，以增强科技人员的主人翁精神，充分调动其投身事业的积极性。通常采用的具体做法是，科技人才对自己开发的产品或专利（非专利）技术作价，并与注入的资本确定一个股份比例，各方以期权形式持有股份，在一定时期内（根据双方协议，如2~3年），科技人员用事前约定的价格购买公司规定比例的新股。

第三，探索特殊薪酬制。一些科技人员的岗位或者贡献是很难以特定标准给予特定薪酬的，于是一些地方探索了特殊薪酬制。例如，美国在《联邦公务员可比性工资法案》中规定，要为"关键职位"提供新的薪酬职权，同时也规定了"特殊薪酬权利"。这里的"关键职位"即是在科学、技术或专业领域上具有非常高水平的人。"特殊薪酬"即人事管理局可以为特殊专业人才提供特殊薪酬标准。

3. 灵活的柔性引援方式

科技创新人才的柔性引进能够突破工作时间、地点和方式的限制，摆脱传统的国籍、户籍等人事制度的约束，提高人力资源的利用效率，充分实现人才的多方面价值。美国十分重视人才柔性引进工作，利用各种机会，采取各种手段吸引外国人才。美国从1992年开始推动 H-1B 签证计划，以鼓励企业到海外市场招募具有特殊专长的外国人才。随着高新技术产业的蓬勃发展，自20世纪90年代以来，美国又先后三次增加 H-1B 的名额，从6.5万人增加到11.5万人再增加到19.6万人。如今，硅谷40%以上的技术人员为引进的外国人才。

日本针对科技创新人才，也制定了一系列灵活化政策，包括研究机构任期制研究人员的录用和大学教员的任期的法律，研究机构录用产业界外部人员的制度，休职制度（即高校科研人员可在原单位挂职，到企业任职开展研究工作），以及科研人员兼职制度等。松下公司等一大批跨国公司还在国外设立了大量的研究院所、实验室，有效汇集了全球科技创新人才。

6.5.3 人才培育

1. 一流的高等教育资源

三大湾区的高等教育资源较为丰富，拥有一批高水平大学，吸引了世界各地人才前来求学，成为科技创新人才的培育基地，极大地提升了湾区人才质量。旧金山湾区拥有 73 所大学，其中世界排名前 100 名的高校就有斯坦福大学、加州大学旧金山分校和加州大学伯克利分校等。纽约湾区则有哈佛大学、麻省理工学院、康奈尔大学、耶鲁大学、普林斯顿大学等世界著名高校。东京湾区拥有 225 所大学，占日本大学数量的 29%，以东京大学、庆应义塾大学、横滨国立大学等为代表的著名高校，大学生数量占全国总数的 50% 以上。

三大湾区的高校在科技创新人才的培育方面，也形成了一些鲜明特色。一是注重实用性，强调基础教育与研究实践的结合。例如，旧金山湾区的斯坦福大学每年向硅谷输送几千名科研人才，主要从事科技创新领域的研发工作。纽约湾区的圣何塞州立大学每年都培养出大量善于把新想法应用于实际的优秀工程师。二是鼓励科技创业。美国很多研究型大学都将科技创业作为一项目标定位，融入大学人才培养体系。通过学科交融的创业教育课程体系，以及内外部协同支持的科技创业实践体系等，培养大学生对商业市场的敏锐度、创业所需要的创业精神和创业技能。在硅谷，有 70% 左右的企业来自斯坦福大学师生的自主创业，硅谷整体收益中有一半以上来自斯坦福大学师生的创业收益。三是强调国际化。大力推进高等教育国际化，培养具有国际视野的科技创新人才。例如，日本与中国、美国、俄罗斯、印度等国家开展了多种国际化教育合作项目。为接收和派遣学生，聘请留学事务专职人员，不断完善留学相关手续，建立与留学生的交流环境等。

2. 多模式的人才培养体系

从三大湾区的教育发展看，三者都十分注重基础教育。美国和日本都很关注学生的创新能力教育，从小就培养学生的综合能力，包括做课题、演讲、实地参观和社会调查等，让学生在学习与实践中不断提升独立思考、创新创造的能力。日本还提出，"独创是国家兴亡的关键"，教育要成为"打开能够发挥每个人的创造力大门的钥匙"等理念。

一是创新职业教育。美国职业教育的主体为高中后教育，主要的机构有社区学院、地区职业教育中心、各类职业技术学校、工会和行业（包括公司）提供的培训、企业办的培训中心、联邦政府资助的培训项目等。作为科技领域增长最快的市场之一，为了紧跟科技发展步伐，培养高技术实用型人才，纽约政府出台多项措施以促进科技领域的就业，其中就包括创新职业教育。政府与企业联手创建新型高技术实用型人才培养基地，打造"高技术培训+就业直通车"的高技术人才输送管道。例如，与 IBM 公司合作创办职业技术学院高中预备学校，采用新型学制，学生在完成常规课程的同时，每天还接受 90 分钟的职业培训，由 IBM 公司的专业人员与学生结成一对一培训小组，学习公司需要的核心技术。

二是保障继续教育。在美国，继续教育的发展受到法律的保障。《成人教育法》明确要求所有企业雇主每年必须将全员工资总额的 1% 用于雇员的教育培训，如果不遵守规定，则须上缴同样数额的款项作为国家技能开发资金。波士顿还建立了终身教育制度，为人才深造提供了重要平台。波士顿的八所研究型大学均设有继续教育中心或学院，开设专业培训、认证课程、周末课程等多种课程，以满足不同人群的需求，同时也提升了当地人才质量。

3. 灵活的私人创新激励

推动社会发展进步的革命性创新往往产生于私人组织或非机构的个人。从三大湾区的科技创新成果看，很多创新都源于私人企业或者个人。例如，苹果公司及其创始人乔布斯，Facebook 及其创始人扎克伯格。同时，充分的市场竞争也为私人企业或个人创新提供了强大的竞争动力来改进产品和运行方式，让资本和劳动力得到更好的配置。

为鼓励私人创新，三大湾区采取了一系列重要举措，常见的有通过奖项和竞赛来激励创新。早在 2009 年，奥巴马就在创新战略的讲话中呼吁全美国人用智慧解决国家所面临的迫在眉睫的挑战，并制定相应的政策措施来加速私营经济对创新工具的运用，以及为私人部门提供较好的环境。具体包括：采用研发税收抵扣加快商业创新，将研发税收抵免永久化；通过有效的知识产权政策鼓励创意，支持并保护有效的知识产权；鼓励高增长、创新型的创业，为新企业拓展资本来源，签署《小企业就业法案》，推动区域性创新集群；推动更有创新性、开放和有竞争力的市场，保护并实现竞争，完善立法与法规评估等。

4. 广泛的企业孵化器

孵化器为企业提供了全程和全面的服务，不仅包括科技领域的培育，还有管理领域、市场领域方面的指导。美国企业孵化器协会明确把孵化器定义为利用资源网络为入孵企业提供商业及技术援助的渠道。世界其他湾区都聚集了大量的科技企业孵化器公司，不但对高新技术企业提供资金支持，而且在法律、政策、市场、融资等方面给予指导建议和咨询服务，为人才提供培育温床，帮助科技创业者加速技术成果的转化。

例如，创立于 2005 年的著名孵化器 Y-Combinator 是硅谷创业者的天堂，每年 1～3 月、6～8 月孵化两期。Y-Combinator 为每家公司投资 18 000 美元。成立于 2006 年的 TechStars，也是美国久负盛名的孵化器，在波士顿、纽约和西雅图都设有分点。TechStars 的孵化期为 3 个月，每批孵化约 10 支团队，向每名团队成员资助 6000～18 000 美元。Y-Combinator 和 TechStars 都要求获得受资助公司 6% 的股权。

6.5.4 人才环境

1. 良好的创新生态环境

良好的创新生态环境是打造创新人才环境的重要基础。综观世界三大湾区的发展，无论在社会制度、法律体系，还是基础设施方面，世界三大湾区都为科技创新提供了坚实保障。以硅谷为例，虽然它并不是政府计划的产物，但在其发展过程中，政府给予了大量的政策支持。例如，联邦政府投入大量资金扶持大学在国防、航天、通信、信息以及材料领域进行大规模的基础研究，培养世界一流科技人才；州政府和地方政府也致力于硅谷基础设施建设，兴办各类职业与技术类教育，为企业培养各梯级的人才。

目前，旧金山湾区已经形成比较完善的创新生态系统。科技企业几乎按照硬件、互联网、软件的顺序从旧金山湾南边依次移向北部的旧金山市区，同时还有风投一条街、著名孵化器、斯坦福大学、共享办公空间等。纽约湾区也在积极学习和赶超，探索新的合作共享方式，不断提升创新的生态系统。例如，创建共享工作空间和打造创新空间，加强科技创新人才和投资者的联系，帮助科技创新人才从世界各地加速融入初创社区，并将先进技术与医疗保健、能源、交通、传媒、娱乐等相结合。例如，波士顿的公共创新中心——District Hall 为创新团体提供了公共办公区域、教室、会议室等，为他们的交流讨论提供了足够的空间。

在基础设施方面，纽约湾区已形成由轨道交通、地面交通、海运、空运等多方式组合的交通体系，公共交通十分发达，为科技人才的工作和流通提供了重要便利。波士顿政府还提出"绿色创新波士顿"的口号，根据城市特色，发展隧道交通，把地面空间保留出来扩大绿化面积，兴建公园、街心花园、休憩处、喷水池等，为科技人才打造良好的生活环境，吸引他们常驻波士顿。

2. 开放的创新文化氛围

湾区的国际化鼓励多元化的价值观，推动了跨文化的人才交流。世界三大湾区的社会氛围都是自由开放、相互包容的。美国著名经济记者约翰·迈克德维特和安德里安·伍尔德利奇将硅谷的创新文化概括为10条"文化簇集"：能者在上的公司信仰；对失败极度宽容的理念；对"背叛"（流动）的容忍态度；精诚合作的精神；嗜好冒险的行为；全新的投资理念；热衷改变自己的位置；对产品而不是金钱的痴迷；机会的慷慨分布；分享财富的强烈倾向。总之，求新求变、挑战权威、鼓励冒险、宽容失败的创新文化氛围，已经成为推动硅谷持续前进的动力引擎。

3. 完善的科技中介服务机构

美国的科技创新中介服务体系十分完善，科技中介服务机构类型多且专业化程度高，主要包括技术转移服务机构、人力资源服务机构、金融资本服务机构和管理信息咨询服务机构等，可以为科技人才提供优质的信息咨询、技术支持和资金保障等服务。其中，人力资源服务机构起到高校与企业的纽带作用，在整个全球范围为高科技公司寻找和选拔合适的高端人才，同时通过高校的人力资源共享网络加强了企业和人才的联系。在硅谷，科技创新人才一旦提出好的产品创意或专利技术，便能够利用各种专业性的中介服务机构进行商事登记、成果转化、资金筹集、公司上市等方面的操作。专业化、链条式的服务体系，使得科技创新人才能将精力专注到自己擅长的研发领域上，发挥专业特长，同时也有利于实现社会利益最大化。

6.6　建设大湾区科技创新人才高地的对策建议

人才资源开发一般要经历从量变到质变的过程，发展阶段会面临人才整体实力不强、国际化程度较低、人才治理体系有待加强、人才生活保障环境需要提升等问题（汪怿，2017；邹小龙，2020），掌握此规律有助于精准施策，提高决策的效能。大湾区科技创新人才资源的开发有与其他地方共性的问题，也有个性的问题。大湾区人口众多，但是科技创新人才数量、质量和结构还有较大优化的提升空间。根据北京、上海等地的发展规律及大湾区科技创新人才现阶段的特点，提出以下参考建议。

6.6.1　科技创新文化氛围和精神内核的塑造

一是通过学习强国、继续教育、专题培训等平台和形式深化各级政府部门对科教兴国、人才强国、创新驱动发展等战略的认识和理解。各级领导干部不断更新知识结构，提升科学素养，增强通过科技创新推动社会治理现代化的能力和水平。

二是通过创新创业大赛、科技活动周、科普活动等营造科技创新的氛围，正确看待科技创新过程中的各种困难和挑战，优化全社会鼓励创新、包容创新的机制和环境。理性认识科技人才较高的培养成本，提供科技人才自由思考和创造的时间和空间，保障研究的独立、客观。通过物质激励、荣誉奖励鼓励科技人员勇于创新、善于探索。

三是坚定科技创新的理念。科学认识科技人才对企业、产业及社会发展的促进作用，对人类生活方式及社会组织方式的变革作用，逐步提高科技创新人才的待遇，提升科技强国的职业认同感和责任感。

四是树立更广泛、更大格局的人才观。人社、科技、统计等部门联合学术界、产业界重新定义科技创新人才的界定范围，明确科技创新人才和技能人才的区别。科技创新人才应包括在高校、科研院所、企业、政府等从事自然科学、人文社科研究和工程应用的高密度知识创造和应用型人才以及高层次科技管理服务人才，贯通科技创新价值链基础研究、应用研究、试验发展的各个环节。

五是注重人文、艺术、哲学社科的均衡发展，注重人才生态的建设。人文艺术和科学技术相辅相成。人文、艺术、哲学社科等从精神层面或者规则秩序层面提高了社会系统的稳定性和高效性。人才需要物质生活，更需要高品质的精神生活，通过精神层面的支持以进一步激发人才的活力和创造力。百花齐放，百家争鸣，重视人文、艺术、哲学社科人才的引育和支持。

6.6.2　加快科技创新人才体系的建设

一是重视党政人才队伍建设。党管人才是我国人才工作的一项原则。党政人才对科技政策的制定和执行起决定性的作用。选拔具有科研背景或经历的高层次技术人才进入党政领导队伍,重用学者型的领导干部,各级领导班子切实配备科技副职,形成科技创新的用人导向,优化干部结构。

二是加强事业单位科技管理服务人才队伍的建设。提升科技管理服务部门的服务意识和专业水平,减少行政干预对科技创新人才的束缚和不良影响。由业务主管部门加强科研项目管理、基金管理、职称管理等工作人员的选拔使用及监督培养。

三是注重科技创新领军人才的使用。发挥顶级科技人才的人格魅力和吸引力,通过顶级高层次人才来吸引培育更多优秀人才加入区域发展,或通过引进顶级人才团队中的成员间接吸引顶级资源支撑助力广东科技的发展。减少行政干预,发挥领军科技人才的主动性和能动性,形成人尽其才的使用机制和干事创业的工作氛围。

四是重视青年科技创新人才。通过引进、培育青年人才,厚植人才沃土,瞄准受到良好教育或训练的青年科技人才进行大力引进和培育。按专业大类或实际研究方向进行人才引进。引育并重,注重人才引进后的培育和本土化。同等对待引进人才和本土青年人才。通过各类重大项目、解决实际工程需求和基础科研攻关的历练来培养青年科技创新人才。同一项目申报不限最高项数,鼓励从不同角度开展研究,年度立项数量不进行设限,根据申报人数和申报书的质量等实际情况进行动态调节。

五是推动科技创新人才国际化。鼓励和吸引国际性的组织在广东境内设立分支机构,通过国际性组织宣传展示粤港澳大湾区的发展。大力支持科技人才走出去,通过"科技外交",加强海外科技平台的建设、项目的推进、技术理念的交流和人才的联合培养。支持外籍人才公平参与大湾区的科技计划、科研项目,邀请外籍人才参与科技决策咨询。

6.6.3 提升湾区科技创新环境竞争力

一是加大高校毕业生引进力度。逐步放宽落户限制,尤其是大湾区中心城市的周边区县要加大引才力度,从而疏解中心城区人口、教育、医疗、住房等方面的压力,同时增加对湾区人才的供给和储备。持续提升各行各业人力资源的素质,畅通人才流动的渠道和途径。取消或放宽户口、政治面貌、身份、年龄等限制,构建健康的人才流动环境,以建设青年友好型城市为目标导向制定工作计划措施。

二是建立梯度化的人才引进和培养机制。通过高级、中级、初级人才的配备,优化人才层次结构。帮助青年人才明确职业发展方向和路径,各单位制定系统的人才效能提升方案,传帮接带、新老交替,挖掘培养后备人才。

三是增加普通高等院校和科研院所研究技术系列事业编制数量。让科研人员无后顾之忧,安心探索科技创新"无人区",静心进行科技创新创造与发明发现,提供年轻科技创新人才稳定的科研环境和创造环境,提高湾区的基础研究能力和原始创新水平。

四是创新项目管理方式。将省、市、高校、科研院所自然科学基金委员会和哲学社会科学规划办公室或处室进行重组合并,管理分类不分家,自然科学和社会科学规划管理相关职能继续保留，研究人员可根据兴趣跨界进行项目申报和研究，以此减少科研人员多头对接的情况，同时增加学科的交叉、交流和融合。统一省自然科学和哲学社会科学的项目管理平台，不断优化项目评审方式、评审要求、评审专家组成及申报管理系统等。参考国家自然科学基金项目管理方式，无纸化办公，提高项目申报的效率，并对参评项目给出明确的评审结论和意见，提高项目评审的阳光公开透明性及项目完善改进的方向。

五是促进湾区人才融合发展。对接国家部委加大"香江学者计划""澳门青年学者计划"等项目的资助力度，积极探索科技创新人才的柔性流动模式。设立"湾区人才工程"，加强熟悉粤港澳三地情况且能够促进三地交流融合发展的人才的培育和使用。通过粤港澳项目的合作和优势互补，加快粤港澳之间人员源源不断地沟通和了解、流动与融合，促进粤港澳大湾区各城市间的国内大循环。

6.6.4 加强科技创新人才政策的表达和管理

一是政府部门及科技相关的第三方智库加强对政策的评估，不断进行政策的优化完善，实现政策闭环设计，提高政策兑现质效。适度前瞻制定政策，勇于对政策突破创新，及时修编完善相关政策，增强科技创新政策的时效性、灵活性、针对性、精准性、连续性和系统性。

二是与时俱进，由人社部门负责对不同学科、不同行业、不同领域的创新人才进行分类评价，由第三方研究机构对评价效果进行评估。从人才的待遇、职业发展空间、行业发展前景等方面优化科技创新人才的激励评价机制，通过政策创新，激发人才的活力，提升科技创新人才的创造力和竞争力。

三是加强科技创新人才政策及其他政策的严肃性和规范化管理，由法制部门对政府规范性文件和部门规范性文件进行合法性审查，提升人才工作的法治化水平。对政策制定的背景、依据等起草说明文件、政策解读文件进行规范化管理，责任单位加强政策的解读和宣传。由政务服务数据管理单位对接港澳，建立粤港澳大湾区阳光政务平台，提升政策一体化水平，促进湾区政务协同发展。

四是错位发展，共建共享。粤港澳大湾区要建成国际科技创新中心，需要各城市明确发展目标，科学合理定位，错位互补发展，避免恶性竞争、同质化发展。健全人才流动体制机制，畅通不同科技创新主体人才流动的渠道和路径，加速人才、技术、资源的流动、环流和回流，通过溢出效应平衡珠江西岸及粤北地区的人才资源。优化科技管理结构，提高政府的治理能力和治理水平，提升科技管理部门的服务意识和专业水平，减少行政干预对科技创新人才的束缚和影响，提高城市发展的硬实力和软实力及人才吸引力。

参 考 文 献

陈杰，刘佐菁，陈敏，等 . 2017. 广东省科技人才发展战略优化研究——基于中关村人才特区建设的经验 . 生产力研究，302（9）：65-69，92.

陈敏，刘佐菁，陈杰，等 . 2019. 完善青年科技人才支持政策对策建议——以广东省为例 . 科技管理研究，39（6）：29-34.

陈敏，苏帆.2020.改革开放40年广东科技人才政策发展历程研究.科技管理研究，40（7）：53-59.

郭美莹.2019.东北地区人才流失的空间分布特征及影响因素分析.沈阳：辽宁大学.

胡书川.2019.习近平科技创新论述研究.成都：西南财经大学.

黄卓然.2019.钱学森科技创新人才培养思想研究.长春：东北师范大学.

李子彪，石晨晓，徐英华.2017.科技与经济双因素下京津冀科技人才分布模型研究.技术与创新管理，38（3）：279-285，319.

郦苏菲，王杨，阮妹，等.2019.全球热点城市科研人员流动性分析.文献与数据学报，1（3）：45-55.

刘茂才.1987.人才学词典.成都：四川省社会科学院出版社.

刘佐菁，陈杰.2019.科技资源配置水平评价及区域差异研究.科技管理研究，39（11）：93-100.

刘佐菁，陈杰，苏榕.2018.广东省科技人才竞争力评价与提升策略.科技管理研究，38（22）：134-141.

刘佐菁，陈杰，余赵，等.2020.创新型经济体系建设的湾区经验与启示.中国科技论坛，285（1）：126-133，142.

刘佐菁，江湧，陈敏.2017.广东近10年人才政策研究——基于政策文本视角.科技管理研究，37（5）：38-42.

吕燕.2012.科技创新政策评估研究综述.科技进步与对策，29（19）：156-160.

苗绿，王辉耀，郑金连.2017.科技人才政策助推世界科技强国建设——以国际科技人才引进政策突破为例.中国科学院院刊，32（5）：521-529.

齐宏纲，戚伟，刘盛和.2020.粤港澳大湾区人才集聚的演化格局及影响因素.地理研究，39（9）：2000-2014.

钱婉妍.2020.基于文本量化分析的长三角区域科技创新政策变迁的制度逻辑研究.杭州：浙江大学.

盛亚，于卓灵.2015.科技人才政策的阶段性特征——基于浙江省"九五"到"十二五"的政策文本分析.科技进步与对策，32（6）：125-131.

苏榕，刘佐菁，苏帆.2019.十九大以来国内科技人才政策新态势分析及其对广东的启示.科技管理研究，39（20）：129-134.

苏屹，闫玥涵.2020.国家创新政策与区域创新系统的跨层次研究.科研管理，41（12）：160-170.

孙宁.2013.山西省历代人才的地理分布与地域分异.太原：山西师范大学.

汪怿.2017.面向全球科技创新中心建设的人才政策评估及发展对策.科学发展，108（11）：15-22.

王若宇，薛德升，刘晔，等.2019.基于空间杜宾模型的中国高学历人才时空分异研究.世界地理研究，28（4）：134-143.

王友转.2017.广东省青年科技人才发展现状及对策分析.科技视界，194（8）：104-105.

余国忠，方圆圆.2014.我国人才分布现状及主要影响因素.信阳师范学院学报（自然科学版），27（2）：204-207.

袁家军.2012.高层次创新型科技人才培养规律.石油教育，175（6）：3-4.

袁梅.2019.S市科技人才政策效能评估及优化.苏州：苏州大学.

张波，丁金宏.2019.中国省域高端人才空间分布及变动趋势：2000—2015年.干旱区资源与环境，33（2）：32-36.

张惠琴，邓婷，曹文蕙.2019.政策工具视角下的新时代区域人才政策效用研究.科技管理研究，39（19）：43-49.

张佳宁，李立勋.2020.珠三角人才空间分布格局演变与影响因素.中山大学学报（自然科学版），

59（2）：120-130.

张秀妮，杨程凯 . 2020. 陕西省科技领军人才与产业的匹配分析 . 竞争情报，16（2）：17-24.

赵丽洁 . 2013. 区域科技人才创新能力与经济发展协调性研究 . 太原；太原理工大学 .

赵兴晨 . 2018. 政策工具视角下津沪科技人才政策对比研究 . 天津；天津大学 .

周海燕，聂鑫，鲍祥生 . 2019. 广东省科技人才政策效果评估研究 . 广东石油化工学院学报，29（6）：78-82.

邹小龙 . 2020. 重庆市科技人才政策实施的问题与对策研究 . 重庆；西南大学 .

第 7 章 | 香港在粤港澳大湾区及"一带一路"科技创新体系建设中的作用

当前，国际科技博弈已进入白热化阶段，科技创新是赢得全球百年变局主导权的关键所在。香港是我国参与国际科技博弈的前沿阵地，更承担着参与粤港澳大湾区建设、共同打造国际科技创新中心和"一带一路"功能平台、更好融入国家发展大局等重大战略任务。香港科技创新在教育与人才培养、国际合作、知识产权保护等方面具有较大优势，但在应用研究、成果转化和创新创业方面存在一定问题。对此，本章提出加强香港应用创新研究，畅通创新链与产业链，提升国际科技创新枢纽功能，建设全球知识产权交易中心，推动中国优质科技资源全球化布局，加强资本与科技资源深度融合等合作路径。

7.1 香港的创新资源

"支持香港成为国际创新科技中心，发挥内地和香港各自的科技优势，为香港和内地经济发展、民生改善作出贡献，是在香港实行'一国两制'的题中应有之义"。为促进香港特别行政区政府积极参与粤港澳大湾区建设与"一带一路"倡议，建设成为国际科技创新中心，本章对香港的高等教育资源及人力资本、国家科技创新基地及国家科学技术奖、香港本地科技创新资助项目及香港与内地的科技合作情况进行了梳理归纳，发现香港创新资源丰富、科技实力雄厚，具有成为国际科技创新中心的资源基础。

7.1.1 教育与科技创新基础扎实

1. 高等教育亚太领先

香港高等教育资源丰富。依据教育部 2021 年发布的《拥有学士或学士以上学位授予权的香港高等学校名单》，香港共有 22 所高等学校，其中 15 所高校目前可面向内地招收本科生或研究生。其中，8 所高等学校由香港特别行政区大学教育资助委员会（University Grants Committee，UGC）（简称教资会）资助，包括香港大学、香港中文大学、香港科技大学、香港城市大学、香港理工大学、香港浸会大学、岭南大学和香港教育大学。

香港多所大学在世界上具有优良的学术声誉，教学和学术研究成就在亚太地区名列前茅，高等教育的国际化水平较高。在国际四大榜单［世界大学学术排名（ARWU）、泰晤士高等教育（THE）世界大学排名、QS 世界大学学科排名、U.S. News 世界大学排名］上，5 所高校（香港大学、香港中文大学、香港科技大学、香港城市大学、香港理工大学）均位于世界前 400 名（表 7-1）。在 ARWU 2020 学科国际排名中，香港大学、香港中文大学、香港科技大学、香港城市大学、香港理工大学五所大学的计算机科学与工程、机械工程、自动化与控制、统计学、金融学等学科排名大多居于国际前 100 名；而在生物学和人类生物学领域，香港的大学实力较弱，均没有排进前 100 名。一流的院校和学科建设吸引了众多的留学生群体来港求学，2018/19 学年香港教资会资助的 8 所大学的生源中，香港外地生源占比高达 77.36%，其中中国内地占比 52.78%，亚洲其他地区占比 21.11%，其他地区占比 3.47%。

表 7-1　香港高校的世界大学排名

高校名称	ARWU 2020	U. S. News 2021	QS 2021	THE 2021
香港大学	151～200	83	22	39
香港中文大学	101～150	95	43	56
香港科技大学	301～400	109	27	56
香港城市大学	201～300	162	48	126
香港理工大学	201～300	170	75	129
香港浸会大学	701～800	607	264	351～400
岭南大学	—	—	571～580	—
香港教育大学	801～900	—	—	—

—表示未在榜单内。

资料来源：国际四大榜单官网

2. 政府重视科技创新

香港特区政府高度重视教育与科技创新，不断增加经费投入。香港公立高校的新增研究项目主要来源于特别行政区政府的支持。香港特别行政区政府鼓励高等教育界进行学术研究，每年均向教资会资助大学提供研究拨款。香港教资会于 1991 年成立了香港研究资助局（Research Grants Council，RGC）（简称研资局），专门负责鉴定优先资助领域并提供基金支持。2009 年，香港特别行政区政府动用 180 亿港元设立研究基金。2012 年，香港特别行政区政府向该基金注资 50 亿港元，为高等教育界提供更多研究资源，其中 30 亿港元用作资助可颁授学位的自资院校的研究项目。2018 年，香港特别行政区政府向基金额外注资 30 亿港元，以期带来投资收益，为修读教资会资助研究院研究课程的本地学生提供学费豁免。2019 年，香港立法会财务委员会又批准向基金注资 200 亿港元。另外，香港教资会也提供资金运营香港博士研究生奖学金计划及卓越学科领域计划，以作支持本地研究发展的用途。

香港长期以来资助个人自由探索研究项目。香港研资局设立了"优配研究金"（个人研究）、"杰出青年学者计划"（个人研究）及"人文学及社会科学杰出学者计划"（奖学金），为表现卓越或潜质优厚的学者提供额外资助。"杰出青年学者计划"于 2012/13 年度成立，旨在培育新进学者，帮助他们为日后的教学及研究事业做好准备；"人文学及社会科学杰出学者计划"于 2012/13 年度成立,旨在为拥有优良研究成果纪录的人文学和社会科学学科资深研究员提供延长补假及资助,让他们能专心从事研究和写作,每个获批项目的资助金额最高为 100 万港元(包括雇用替假教师及其他职员的薪金、工干支出、生活费津贴及发表研究成果的费用),获资助项目最长为期 12 个月。

20 世纪 90 年代以来,香港逐步强化了协作研究项目的资助,重点打造涉及生物科学、环境科学、社会科学及信息科学等学科的"卓越学科领域计划"和"主题研究计划"。1996 年,教资会在全面评估香港的高等教育情况后,发表了一份报告。教资会建议受资助的院校尽展所长、精益求精,把现有的优势发展为卓越学科领域。由此,教资会于 1998 年推出"卓越学科领域计划",2012 年起,"卓越学科领域计划"交由研资局管理。截至 2022 年,教资会/研资局已推行了十轮计划,共拨款 18.5 亿港元,资助 30 个卓越学科领域项目。香港研资局管理的研究基金还资助有利于香港长远发展的"主题研究计划"(协作研究),的目的是集中教资会资助大学的学术研究力量,研究对香港长远发展具有策略重要性的主题。"主题研究计划"设有四个研究主题(促进健康、营造可持续发展的环境、加强香港作为地区及国际商业中心的策略地位,以及推动对香港起重要作用的新兴研究及创新项目),四个研究主题下共设有 19 个具挑战性的题目。

香港特别行政区政府设立创新及科技基金,为产业创新研发与科技水平的提升提供资金支持。基金分为支持研究及发展、推动科技应用、培育科技人才、支援科技初创企业、培养创科文化五大类,下设创新及科技支援计划、内地与香港联合资助计划、粤港科技合作资助计划、伙伴研究计划、企业支援计划、投资研发现金回赠计划、公营机构试用计划、科技券、再工业资助计划、创科生活基金、研究人才库、再工业化及科技培训计划、创科实习计划、大学生科技初创企业资助计划、创科创投基金、一般支援计划、专利申请资助计划 17 类资助项目。截至 2023 年 3 月,已核准项目 50 000 余项,拨款 346 亿港元。

3. 国家重大奖项丰硕

香港学者多次获得国家重大奖项,获奖项目以化学领域和医学领域为主。香港科研人员主持或参与的项目曾两次在化学领域获得国家自然科学奖一等奖,五次在医学领域获得国家科学技术进步奖特等奖或一等奖,而国家技术发明奖仅五项(均为二等奖),且国家自然科学奖获奖数量远多于另外两类奖项。从 2002~2019 年香港学者获得国家科学技术"三大奖"的数量变化情况来看,香港学者主持的项目先后获得 2006 年度和 2017 年度国家自然科学奖一等奖,分别是香港大学支志明教授完成的"金属配合物中多重键的反应性研究"项目和唐本忠教授等完成的"聚集诱导发光"项目;而在国家科学技术进步奖方面,范上达教授等完成的"成人右叶活体肝移植"获得 2005 年度国家科学技术进步奖一等奖,香港大学学者参与的"胃癌恶性表型相关分子群的发现及其序贯预防策略的建立和应用"项目获得 2008 年度国家科学技术进步奖一等奖,香港大学和香港中文大学学者参与的"肿瘤血管生成机制及其在抗血管生成治疗中的应用"项目获得 2012 年度国家科学技术进步奖一等奖,香港中文大学学者参与的"IgA 肾病中西医结合证治规律与诊疗关键技术的创研及应用"项目获得 2016 年度国家科学技术进步奖一等奖,香港大学学者参与

的 "以防控人感染 H7N9 禽流感为代表的新发传染病防治体系重大创新和技术突破" 项目获得 2017 年度国家科学技术进步奖特等奖。

7.1.2 人力资本优势突出

1. 顶尖科研人才集聚

瑞士洛桑管理学院公布《2019 年世界人才报告》,香港在世界排名第 15 名,在亚洲排第 2 名。从顶尖科研人才来看,中国科学院院士、中国工程院院士是高端人才的代表,香港的中国科学院院士、中国工程院院士共计 49 位(含外籍和逝世者),其中中国科学院院士 31 位,中国科学院外籍院士 7 位,中国工程院院士 7 位,中国工程院外籍院士 4 位。中国科学院院士中,数学物理学部 4 位、化学部 9 位、生命科学和医学学部 6 位、地学部 2 位、信息技术科学部 2 位、技术科学部 8 位;相对而言,香港的中国工程院院士数量较少,仅有信息与电子工程学部 1 位、能源与矿业工程学部 2 位、农业学部 1 位、医药卫生学部 3 位、工程管理学部 1 位(兼)①,机械与运载工程学部,化工、冶金与材料工程学部,土木、水利与建筑工程学部,以及环境与轻纺工程学部尚没有香港的学者。

2. 引才力度逐步增强

2006 年,香港特区政府开始推行 "优秀人才入境计划",2018 年香港公布首份香港人才清单,旨在更有效及聚焦地吸引高质素人才,以配合香港经济高增值及多元化的发展。截至 2023 年,清单现时涵盖商业支援、创意文化表演艺术、发展及建造、环境技术服务、金融服务、医疗服务、创新科技、法律及争议解决服务、海事服务共 9 个行业领域下的 51 项专业。此外,香港特区政府于 2018 年 6 月推出 "科技人才入境计划",为海外和内地科技人才来港从事研发工作实施快速处理安排。涵盖的范围包括通信技术、人工智能、生物科技、网络安全、数据分析、数码娱乐、金融科技、绿色科技、集成电路设计、物联网、材料科学、微电子、量子技术或机器人技术范畴的研发工作。

3. 人力资源结构改善

香港人口中曾受高等教育的人数和从事专业/辅助专业职级的人数均持续增加。香港接受高等教育人数正不断上升。根据香港特区政府统计处于 2018 年发布的《香港的人力资本情况》,曾受专上教育或从事专业/辅助专业职级的人数占香港 15 岁及以上人口的比例由 2006 年的 23% 上升至 2016 年的 33%。在劳动人口中,从事专业/辅助专业职级兼具有专上教育程度人士的比例由 2006 年的 13% 上升至 2016 年的 17%。此外,香港人力资源与本地以服务业为主的经济结构正蓬勃发展的情况相吻合。在以商科为主的热门学科修读人数过去 10 多年内持续攀升的同时,专业/辅助专业人员的数量在过去 10 年不断增加。

---

① 陈清泉院士兼任能源与矿业工程学部院士和工程管理学部院士。

4. 人才培训范围扩大

香港开展多层次的人才培训政策，促进人才就业与创新协同发展。创新及科技基金设立了 "研究人才库" 资助计划，整合了此前的 "研究员计划" 和 "博士专才库" 两项资助项目，旨在鼓励专业人士投身创新与科技行列。特区政府还推出再工业化及科技培训计划，以 2∶1 配对形式资助本地企业人员接受高端科技培训，特别是与 "工业 4.0" 有关的培训。为进一步协助年轻人装备技能，打好信息科技基础去选择相关科技范畴的大专课程以至最终投身创科行业，政府已预留 5 亿港元在信息科技增润计划下推行 "中学 IT 创新实验室计划"，向全港所有公帑资助的中学提供财政资助，设立 "IT 创新实验室"，提升校内信息科技设施，以及在传统的课堂学习以外举办更多与信息科技相关的课外活动。

7.1.3 科技创新平台众多

1. 国家重点实验室

国家重点实验室自主性不断增强。从 2005 年开始，香港大学、香港科技大学、香港浸会大学等高校先后获得科技部批准，成立了 16 所国家重点实验室伙伴实验室，即香港与内地科研领域相近的国家重点实验室签署合作协议，进行紧密的科研合作。2018 年，科技部与香港特区政府签署了《内地与香港关于加强创新科技合作的安排》，涵盖科研、科技合作平台与基地建设、人才培养和成果转移转化等六个合作领域。同时，香港的 16 所国家重点实验室伙伴实验室正式更名为国家重点实验室，使得香港的重点实验室具有和内地重点实验室同等的地位，拥有更大的自主性。

2. 国家工程技术研究中心香港分中心

聚焦优势领域，已建成 6 家国家工程技术研究中心香港分中心。科技部批准成立的国家工程技术研究中心是国家科技发展计划的重要组成部分。2012 年，科技部同意由香港应用科技研究院作为试点，在香港成立首个国家工程技术研究中心香港分中心。2015 年，分别依托香港城市大学、香港理工大学、香港科技大学又新建了 5 个分中心。当前，这些国家工程技术研究中心香港分中心重点聚焦于专用集成电路系统、贵金属材料、轨道交通电气化与自动化、钢结构、重金属污染防治、人体组织功能重建六大领域，为香港产业与科研之间的协同发展搭建了 "桥梁"。

3. 本地科技基础设施

香港科技基础设施数量不断增加，科技创新及应用能力不断提升。科技基础设施包括数码港、香港生产力促进局、香港科技园公司、汽车科技研发中心、香港应用科技研究院、香港纺织及成衣研发中心、物流及供应链多元技术研发中心、纳米及先进材料研发院、InnoHK 创新香港研发平台等。在特别行政区政府推荐下，科技部于 2017 年 11 月将香港科技园公司认定为"国家级科技企业孵化器",继续推动香港初创科技企业的孵化和培育。2018 年 9 月,科技部宣布依托香港商汤集团建设"智能视觉国家新一代人工智能开放创新平台",以促进国家人工智能技术创新和产业生态发展。

7.1.4 与中国内地科技合作广泛

1. 科技部与国家自然科学基金委员会对香港的项目资助

科技部出台了一系列支持两地科技创新合作的政策。2004 年,科技部与香港特区政府工商及科技局(现创新及科技局)签署《内地与香港成立科技合作委员会协议》,共同成立内地与香港科技委员会。重点促进两地在信息技术、电子技术、生物技术、新材料技术、先进制造技术及设备、环境保护及中医药等领域的人才交流、研究项目应用、科技转移和商品化等科技交流和合作。2018 年,科技部出台关于中央财政科技计划(专项、基金等)支持港澳地区创新发展的若干规定,签署内地与香港关于加强创新科技合作的安排和联合资助研发项目的协议,以促成中央财政经费过境港澳事项。2019 年年初,科技部明确将国家重点研发计划中"变革性技术关键科学问题""发育编程及其代谢调节""合成生物学"三个重点专项作为试点对港澳特区开放,香港中文大学、香港城市大学等 14 所"经内地与香港、内地与澳门科技合作委协商确定的港澳高校",可牵头或参与申报项目。

国家自然科学基金委员会也于 2019 年度面向港澳特区依托单位科学技术人员,试点开放国家自然科学基金优秀青年科学基金项目(港澳)申请,香港获选的研究项目涉及不同学科领域,包括医学、生命科学、管理科学、物理学、数学、化学、工程学、计算机科学、地理学等,每人获资助 130 万元在香港进行研究。此外,科技部还推进建立科研经费跨境使用的长效机制,执行内地与香港联合资助计划,实施国家重点研发计划港澳台科技创新合作重点专项。

2. 与粤港澳大湾区的科技创新合作

科技合作资助计划促进粤港科技合作。2004 年 9 月,粤港双方首次推出了"粤港科技合作资助计划",鼓励粤港两地的大学、科研机构和科技企业加强合作,推动粤港两地在高科技及科技成果转化方面的工作,提升两地企业的生产力和竞争力。2018 年 5 月,中央政府宣布容许香港的大学和科研机构直接申请及承担"深港创新圈"计划及广东省财政科技计划项目。至今已有不少香港的科研单位获得广东和深圳的资金,用以研发项目或建立实验室。截至 2019 年 10 月底,该计划中 287 个项目获创新及科技基金拨款支持,拨款总额约为 8.9 亿元。香港特别行政区政府和深圳市人民政府于 2017 年签订《关于港深推进落马洲河套地区共同发展的合作备忘录》,在落马洲河套地区共同发展港深创新及科技园,其并制定相关配套支持政策以促进两地在人员、资金、货物、信息等方面更高水平流通。港深创新及科技园已发展成为香港历来最大的创新园区,吸引国内外顶尖企业、研发机构和高等院校进驻,为香港和深圳科技创新带来新的发展空间和机遇。港深创新及科技园以创新和科技为主轴，建立重点科研合作基地，并将在园内配套建设相关高等教育、文化创意和其他配套设施。

粤港澳联合实验室致力于建设一流创新基地、打造原始创新高地、实现前瞻性基础研究和引领性原创成果重大突破。2019 年启动建设首批 10 家联合实验室，为粤港澳大湾区经济社会发展提供了关键性支撑。特别是在新冠疫情防控科技攻关中，粤港澳呼吸系统传染病联合实验室、粤港新发传染病联合实验室等 5 家联合实验室在病毒溯源、治疗药物、快速检测及公共支撑服务上做出了积极贡献。当前香港与粤港澳大湾区其他城市围绕基础研究、人工智能、新一代信息技术、新材料、先进制造、生物医药、海洋、环境、智慧城市和现代农业等重点领域建设联合实验室，通过发挥港澳地区的国际化优势和广东改革开放先行先试优势，瞄准世界科技前沿，汇聚粤港澳创新资源，创新科研合作模式，为打造高水平科技创新载体和平台做出新的更大贡献。

7.2 香港的专利资源特征

发明创造代表了一个地区应用技术创新的能力和水平，并以专利资源为集中体现。为剖析香港以专利资源为基础的应用技术创新状况，本节重点分析香港的专利资源特征。首先，依托于 incoPat 专利数据库筛选确定香港专利资源，分析香港专利的申请、授权、增长率等数量特征，解析香港专利的类型、专利申请主体以及专利价值等；其次，就专利的行业构成与高质量专利的行业组成进行重点分析；最后，从专利的转让与许可两方面，分析香港专利的转移转化情况。

7.2.1 专利申请与授权

近 20 年来，香港专利申请呈指数型增长趋势，但专利授权情况存在周期性波动起伏。从历年专利申请的数量及其发展趋势看，1998～2018 年香港专利申请数量从 1998 年的 62 件增长至 2018 年的 4708 件，呈现出一种指数型的增长态势（图 7-1）。尤其是自 2006 年以来，申请专利数量突破三位数并总体呈增长趋势，2016 年申请专利数量首次突破 4000 件，到 2018 年香港专利年申请量已达到 4708 件。由于专利申请与授权之间存在数个月的时间差，因而香港同年专利的授权数量相比于申请数量略少，但总体增长趋势保持一致。从授权专利的增长率来看，香港专利授权情况存在周期性波动起伏（图 7-2）。1998～2000 年、2000～2003 年和 2005～2010 年存在明显的三个周期变化。1998～1999 年、2000～2001 年和 2005～2007 年是香港申请与授权专利的增长率最大的三个时段。2010 年以来，香港的专利申请与授权进入新的阶段，申请专利的年增长率整体较为平稳，使得申请专利以较为平稳的速度逐年增加。

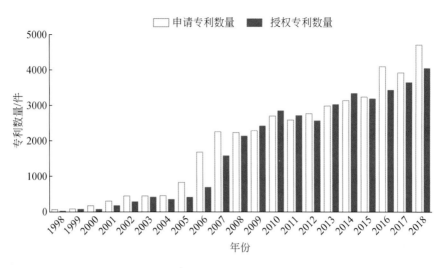

图 7-1 香港申请与授权专利数量变化（1998～2018 年）

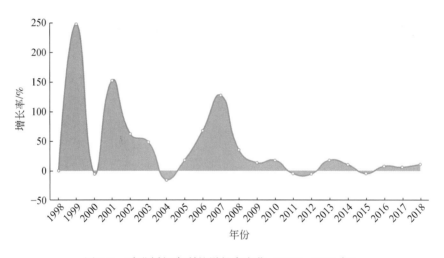

图 7-2 香港授权专利的增长率变化（1998～2018 年）

专栏 7-1 香港专利的检索与分析范围

　　专利是由官方机构赋予发明者的法律权利，专利拥有人在限定期间和地区内可享有有关发明的专利，并可就有关发明进行工商业方面的开发。专利被视为透视知识经济的窗口，专利的数量与质量是衡量一个地区创新的资源、状况、能力与活动的重要指标。专利数据是研究地区的技术及知识应用发展情况的主要数据支撑。基于专利数据，可从同族专利、行业构成、转移转化以及跨国合作等不同维度衡量一个地区创新的不同方面。

考虑到数据丰度与获取便捷程度，本章的分析主要基于 incoPat 专利数据库进行。在 incoPat 专利数据库中，以申请人地址为"香港"进行专利检索，共检索出 133 072 件专利/108 863 个专利族①。但在这种检索方式下，会存在两种需要注意的情况，一种是香港与深圳存在联合研发；另外一种是青岛、天津、赣州等城市存在地名名称中有"香港"的情况，会导致检索的结果数量多于申请人在香港的结果。因此，本报告以申请人的地址为"中国香港"且申请人所在省市为"香港"为检索词进行严格限制，共检索出 51 688 件专利/45 314 个专利族。本报告重点对 45 314 个专利族进行数量统计、技术分析，并对申请主体、申请地域与专利价值等进行了分析。考虑到 1997 年 7 月 1 日香港主权回归中华人民共和国，1998 年香港进行了专利法的修改，以及发明专利从申请到公开一般需要 3 ~ 18 个月时间，为保证分析结果的有效性与一致性，设置分析的起止时间为 1998 ~ 2018 年。

香港专利的有效率较高，2018 年专利的有效率在 90% 以上。有效专利是专利权仍处于法定有效期内的专利。在符合缴付续期费的规定下，香港的标准专利有效期最长为 20 年，短期专利有效期最长为 8 年。从香港的有效专利数量和专利的有效率的时间趋势来看，2000 年以前申请的专利的合法保护期已过。而 2000 年以来的专利，距离当前时间越近，专利有效率越高。2018 年，香港授权专利 3232 件，其中有效专利 2921 件，专利的有效率在 90% 以上。

7.2.2 专利的类型

技术类别构成分析表明，香港在医学、电子元器件、计算机和计算等技术分支的创新热度高。香港前 10 的专利大类构成中，A61（医学或兽医学；卫生学）、H01（基本电气组件）、H04（电通信技术）、G06（计算；推算或计数）等排在前列，可以看到香港在医学、电子元器件、计算机和计算等方面具有较为显著的创新优势（表 7-2）。从不同类型专利的申请时间序列来看（图 7-3），在 2005 年以前，不同类型专利的申请数量均较少，类型分布也较为均衡。2006 年以来，A61（医学或兽医学；卫生学）、H01（基本电气组件）、H04（电通信技术）、A47（家具；家庭用的物品或设备；咖啡磨；香料磨；一般吸尘器）等类型专利的申请数量逐渐增多。2016 年以来，G06（计算；推算或计数）和 B60（一般车辆）的专利申请数量开始逐渐增多。这些变化，从产业发展角度体现了香港申请专利的质量在不断提升，因而其技术复杂度也越来越复杂。

---

① 同族专利是指在不同国家（或地区）以不同（或相同）语言公开的与同一发明相关的专利文献的集合，又称作专利族。

表 7-2　1998～2018 年香港不同类型专利的数量分布（IPC 分类-大类和小类）

	IPC 分类号（展示前 10 位）	专利数量/件	比例/%
IPC 大类	A61（医学或兽医学；卫生学）	2082	4.59
	H01（基本电气组件）	2013	4.44
	H04（电通信技术）	1955	4.31
	G06（计算；推算或计数）	1935	4.27
	A47（家具；家庭用的物品或设备；咖啡磨；香料磨；一般吸尘器）	1763	3.89
	B60（一般车辆）	1249	2.76
	H02（发电、变电或配电）	1224	2.7
	G01（测量；测试）	1120	2.47
	F21（照明）	883	1.95
	A63（运动；游戏；娱乐活动）	842	1.86
IPC 小类	G06F（电数字数据处理）	1154	2.55
	F21V（照明装置或其系统的功能特征或零部件）	835	1.84
	H01L（半导体器件）	774	1.71
	A61K（医用、牙科用或梳妆用的配制品）	717	1.58
	A47J（厨房用具；咖啡磨；香料磨；饮料制备装置）	671	1.48
	A61P（化合物或药物制剂的特定治疗活性）	556	1.23
	H04L（数字信息的传输，如电报通信）	553	1.22
	B65D（用于物件或物料贮存或运输的容器，如袋、桶、瓶子、箱盒、罐头、纸板箱、板条箱、圆桶、罐、槽、料仓、运输容器；所用的附件、封口或配件；包装元件；包装件）	544	1.2
	F21Y（涉及光源的构成或类型或者所发射的光的颜色与小类 F21K、F21L、F21S 和 F21V 相结合的引得分类表）	538	1.19
	H04N（图像通信，如电视）	526	1.16

　　技术构成小类分析表明，香港在数字技术、医学领域正在形成新的创新优势，而伴随产业发展的转型，香港在半导体等电气组件方面的创新优势正在减弱。2012 年以来，G06F（电数字数据处理）的年专利申请数量基本保持在 100 项以上，2018 年新增 156 件。A61K（医用、牙科用或梳妆用的配制品）的专利申请数量虽然略有起伏，但总体优势明显，2017 年的专利申请数量达到了 96 件。此外，A61P（化合物或药物制剂的特定治疗活性）的专利申请数量总体也随着时间增长，其优势逐渐突出（图 7-4）。综合来看，这体现了香港在数字技术、医学领域正在形成新的创新优势。至于 H01L（半导体器件），其相关专利申请单高峰期主要出现在 2009～2012 年，2011 年当年的半导体相关的专利申请数量高达 130 件，但此后专利申请数量逐渐减少，表明香港在半导体等电气组件方面曾具有创新优势，但随着产业发展的转型，其创新优势也在逐渐发生着转移。

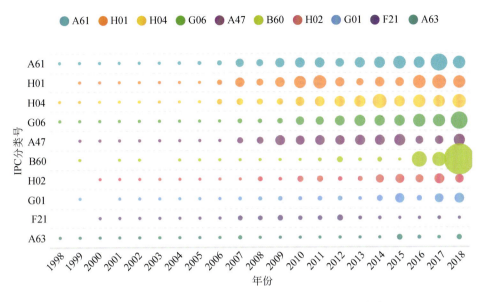

图 7-3　1998～2018 年香港专利分类申请情况（IPC-大类）

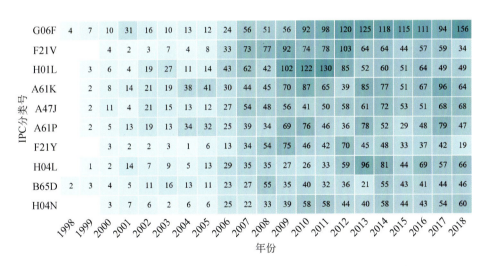

IPC分类号	1998	1999	2000	2001	2002	2003	2004	2005	2006	2007	2008	2009	2010	2011	2012	2013	2014	2015	2016	2017	2018
G06F	4	7	10	31	16	10	13	12	24	56	51	56	92	98	120	125	118	115	111	94	156
F21V			4	2	3	7	4	8	33	73	77	92	74	78	103	64	64	44	57	59	34
H01L		3	6	4	19	27	11	14	43	62	42	102	122	130	85	52	60	51	64	49	49
A61K		2	8	14	21	19	38	41	30	44	45	70	87	65	39	85	77	51	67	96	64
A47J		2	11	4	21	15	13	12	27	54	48	56	41	50	58	61	72	53	51	68	68
A61P		2	5	13	4	13	34	32	25	39	34	69	76	46	36	78	52	29	48	79	47
F21Y			3	2	2	3	1	6	13	34	54	75	46	42	70	45	48	33	37	42	19
H04L		1	2	14	7	2	5	13	29	35	35	27	26	33	59	96	81	44	69	57	66
B65D	2	3		4		5	11	16	23	27	55	35	40	32	36	21	55	43	41	44	46
H04N			3	7	6	2	6	6	25	22	33	39	58	58	44	40	58	44	43	54	60

图 7-4　1998～2018 年香港专利分类申请情况（IPC-小类）

7.2.3　专利的申请主体

　　香港专利的申请主体包括企业、个人、高等院校、机关团体、科研单位和其他 6 类。从不同类型主体的专利申请比例来看，企业和个人申请者是香港最主要的专利申请主体；

其中，企业累计申请了 34 564 件专利①，占香港专利申请总数的 76.29%，个人申请者累计申请了 9252 件专利①，占比为 20.42%。从不同类型主体的数量变化来看，2005 年以来，香港积极申请专利的企业不仅数量较多，且增长十分迅速。2018 年，企业的专利申请专利数已经逼近 4000 件，达到 3914 件。与此同时，个人申请者累计申请了近 900 件。根据专利所属申请人（专利权人）的专利数量统计排名，前十位的申请人中企业主要包括蔚来汽车有限公司、斯凯奇中国有限公司等制造业企业，六福集团、周大福珠宝集团等珠宝设计行业企业，冠捷投资有限公司等金融行业企业，以及香港应用科技研究院有限公司等科技转化行业企业②。尤其是，蔚来汽车有限公司的专利申请量接近 1800 件，而斯凯奇中国有限公司的专利申请量也超过千件，为 1129 件。

高等院校的专利创新活力下降、科研单位的创新能力不足，是限制香港创新水平进一步提升的巨大掣肘。相对而言，高等院校、机关单位、科研单位等的专利申请数量与专利申请比例均较少。高等院校累计申请了 1649 件专利，占香港专利申请总数的 3.64%。从时间变化看，高等院校专利申请的数量在 2014 年最多，为 219 件，此后数量日益减少，到 2018 年仅申请了 149 件专利。香港理工大学和香港科技大学等高校在前十位的申请人中占据了重要的位置，其中香港理工大学申请的专利数量为 485 件，而香港科技大学的专利申请数量则为 387 件。其次，机关单位和科研机构单位分别累计申请了 140 件和 85 件专利，无论是从数量还是比例上看，香港科研机构的创新活力均较弱。香港物流及供应链管理应用技术研发中心、中国科学院深圳先进技术研究院以及香港科大霍英东研究院等科研单位通过科研合作与共同研发的途径在 2009 年和 2010 年均有 30 件以上的专利申请，但此后专利申请数量急剧减少，到 2018 年仅有香港纺织及成衣研发中心有限公司申请了 5 件专利。

专利申请人所在的行业，对其专利申请的数量具有明显的影响。从不同类型申请人在不同行业的专利申请情况看，香港企业与个人的创新优势主要集中在制造业，尤其集中于制造业细分类型中的电气机械和器材制造业、其他制造业和文教、工美、体育和娱乐用品制造业；高等院校、机关团体和科研单位的创新活力则主要集中于电气机械和器材制造业、计算机、通信和其他电子设备制造业、仪器仪表制造业和专用设备制造业等行业（表 7-3）。不同类型的申请人在各技术领域的专利分布情况反映了申请人侧重的技术领域、技术方向和技术实力。例如，蔚来汽车有限公司的专利申请主要集中在 G06F（电数字数据处理）和 H04L（数字信息的传输，例如电报通信）领域。香港应用科技研究院有限公司的专利申请则主要集中于 H01L（半导体器件）、H04L（数字信息的传输，例如电报通信）和 H04N（图像通信，如电视）。同时，资本要素也聚焦于技术领域，如冠捷投资有限公司的专利申请主要集中于 G06F（电数字数据处理）和 H04N（图像通信，如电视）。香港科技大学、香港中文大学和香港大学的专利申请主要聚焦于医学领域，尤其是

---

① 有一些为企业和高等院校联合申请，或企业和个人联合申请，在分开统计时，会被记两次。

② 本次界定的专利，为申请人地址在香港，向中华人民共和国国家知识产权局、欧洲专利局、WIPO、香港知识产权署等机构提出的专利申请。

在 A61K（医用、牙科用或梳妆用的配制品）和 A61P（化合物或药物制剂的特定治疗活性）等领域。综合来看，电气机械和器材制造业是各类申请人申请最为集中的行业；计算机、通信和其他电子设备制造业、仪器仪表制造业、专用设备制造业、通用设备制造业等设备制造业是企业和科研单位共同聚焦的领域。

表 7-3　香港不同类型申请人在不同行业的专利申请情况　　　　（单位：件）

行业代码	行业名称	企业	个人	高等院校	机关团体	科研单位	其他
C38	电气机械和器材制造业	8334	1943	270	24	4	4
C41	其他制造业	5632	1330	7	9	4	3
C24	文教、工美、体育和娱乐用品制造业	3419	1149	30	10	0	4
C39	计算机、通信和其他电子设备制造业	3637	552	350	10	27	1
C40	仪器仪表制造业	2246	593	259	17	21	3
C35	专用设备制造业	1899	689	242	18	13	4
C34	通用设备制造业	1766	862	71	5	2	5
C21	家具制造业	1553	451	0	1	1	1
C19	皮革、毛皮、羽毛及其制品和制鞋业	1358	156	1	1	0	9
I63	电信、广播电视和卫星传输服务	145	221	163	4	3	5
C33	金属制品业	1093	519	37	13	1	4

7.2.4　专利的价值分析

近年来，香港专利的价值总体上呈现出不断提升的态势，但较低价值等级的专利仍占有较大比例。专利的价值度评分主要从专利技术先进性、技术稳定性和保护范围三个方面综合反映专利的质量，从而可以客观展示香港在专利申请与创新方面的竞争力。从不同价值的专利的时间变化来看（图 7-5），2005 年以前，香港各类具有不同价值的专利在增长趋势上没有明显分异，2006～2011 年主要是中低价值的专利数量增长较快，2012～2018年中高价值的专利与中低价值的专利均呈现出较快的增长态势。具体表现为专利价值度为5～9 的专利在 2012～2018 年当年占比逐年升高，而价值度为 5 以下的专利申请数量明显下降。从不同价值等级的专利比例组成来看，价值度为在 5 及以下的专利占总数的51.98%，价值度为 6 及以上的专利占比为 48.02%。其中，以价值度为 2、9 和 5 的专利数量最多，分别占了总数的 16.70%、14.91% 和 14.36%。相对而言，香港低价值等级的专利数量较多，表明在技术创新领域香港仍具有较大的提升空间。

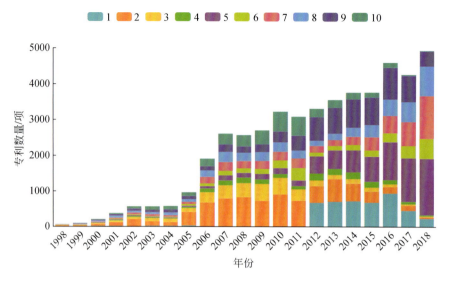

图 7-5　1998～2018 年香港专利申请的价值度变化

数字 1～10 为专利价值度高低，数字越大，价值越高

7.2.5　专利的转移转化

专利技术作为一种无形资产，是技术资产的重要组成部分。首先，专利的产权可以作为资本投入通过与合作者一起成立公司、办厂、技术入股等方式实现产业化。其次，专利权人还可以通专利权转移与许可的方式，来加速专利的转移转化。专利的转让是指专利权人作为许可方将其发明创造的专利的所有权或持有权转移受让方，通过专利权转让合同取得专利权的当事人，即成为新的合法专利权人。专利许可则是指专利权人作为许可方将自己的专利使用权允许被许可方在一定时间和范围内使用。

21 世纪以来，随着香港产业的发展与创新能力的提升，其专利申请、授权与转让的数量不断增长。从历年专利转让数量看（图 7-6），2008 年转让专利数量突破 50 件，达到 86 件，次年突破 100 件，达到了 119 件。其后，分别于 2011 年突破 200 件并接近 300 件。2017 年，香港转让专利数量首次突破 500 件，达到了 561 件。可能受专利的授权周期影响，2018 年的转让专利数量略有下降，回落至 525 件。

香港企业主体的技术输出活跃度较高。根据已转让的专利数量统计情况，前 10 位转让人中，有 8 位是企业主体，包括蔚来汽车有限公司、日本电气株式会社、基伍知识产权（新加坡）私人有限公司、江森自控日立空调技术（香港）有限公司、安克科技有限公司、创科实业有限公司、日立空调·家用电器株式会社、新科实业有限公司，另外两位是个人申请人张武学和范继良。前十转让人中，以蔚来汽车有限公司的转让数量最多，并且远多于其他转让人，其转让专利数量高达 1605 件，而排在第二的日本电气株式会社的转让专利数量为 106 件，其余转让人的转让专利数量则分别在百件以下。

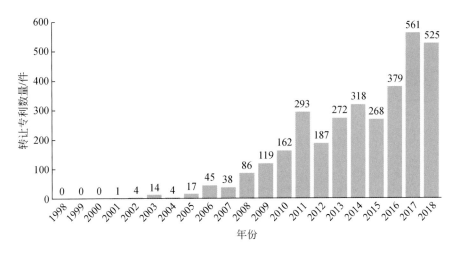

图 7-6 香港历年转让专利数量变化

从专利转移的地域角度分析,香港的专利转移呈现出三种不同的圈层式的扩散传递模式。香港的专利转移一是向香港本地以及广东和深圳等粤港澳大湾区邻近城市就近扩散,如联想创新有限公司(香港)受让专利数量超过百件,港大科桥有限公司受让专利 37 件。二是向安徽、湖南、重庆等内陆省市通过企业的"总部–分支"机构进行通道扩散,如前 10 位受让人中(表 7-4),蔚来(安徽)控股有限公司总共受让专利 1573 件,其转让主要来自蔚来汽车有限公司,应该属于同一集团企业内部的知识产权一体化的布局安排,而湖南海翼电子商务股份有限公司受让专利 82 件,尊福珠宝(重庆)有限公司受让专利 35 件。三是向新加坡和日本等国转移进行等级扩散,如受让专利数量超过百件的基伍知识产权(新加坡)私人有限公司主要从事知识产权服务与交易业务;此外,日立江森自控空调有限公司受让专利 88 件,江森自控日立空调技术(香港)有限公司受让专利 43 件。

表 7-4 香港专利前十位的受让人及受让数量比例统计 （单位:件）

排序	受让人	受让专利数量
1	蔚来(安徽)控股有限公司	1573
2	基伍知识产权(新加坡)私人有限公司	125
3	联想创新有限公司(香港)	104
4	日立江森自控空调有限公司	88
5	湖南海翼电子商务股份有限公司	82
6	黄剑鸣	60
7	江森自控日立空调技术(香港)有限公司	43
8	张武学	38
9	港大科桥有限公司	37
10	尊福珠宝(重庆)有限公司	35

从香港转让专利的技术类别来看，主要集中于医学、电气组件、电子计算和日用品等技术领域（表7-5）。专利转让第一大类是A61（医学或兽医学；卫生学），总数为2082件，占香港转让的专利总数的6.51%，表明香港在医学领域具有较强的技术创新扩散能力。H01（基本电气组件）次之，转让专利超过2000件，为2013件，占比为6.29%。转让专利数量超过1000件的类别包括H04（电通信技术）1955件、G06（计算；推算或计数）1935件、A47（家具；家庭用的物品或设备；咖啡磨；香料磨；一般吸尘器）1763件、B60（一般车辆）1249件、H02（发电、变电或配电）1224件和G01（测量；测试）1120件，占香港转让专利总数的比例依次为6.11%、6.05%、5.51%、3.90%、3.82%和3.50%。此外，F21（照明）类别的专利转让数为883件，占比为2.76%。A63（运动；游戏；娱乐活动）类别的专利转让数为842件，占比为2.63%。

表 7-5　香港不同类别专利转让统计

IPC 分类号（大类）	专利数量/件	比例/%
A61（医学或兽医学；卫生学）	2082	6.51
H01（基本电气组件）	2013	6.29
H04（电通信技术）	1955	6.11
G06（计算；推算或计数）	1935	6.05
A47（家具；家庭用的物品或设备；咖啡磨；香料磨；一般吸尘器）	1763	5.51
B60（一般车辆）	1249	3.90
H02（发电、变电或配电）	1224	3.82
G01（测量；测试）	1120	3.50
F21（照明）	883	2.76
A63（运动；游戏；娱乐活动）	842	2.63
G02（光学）	768	2.40
H05（其他类目不包含的电技术）	748	2.34
B65（输送；包装；贮存；搬运薄的或细丝状材料）	702	2.19
B62（无轨陆用车辆）	700	2.19
F16（工程组件或部件；为产生和保持机器或设备的有效运行的一般措施；一般绝热）	650	2.03
A45（手携物品或旅行品）	609	1.90

相比专利转让，香港许可专利的数量不足300件，前10位许可人均为企业。据统计，香港共许可专利274件，且主要发生于2007年以来。2007年，香港许可的专利仅有2件，次年上升至17件，随后在2009年跃升至41件，并于2010年达到专利许可的峰值，为51件。此后，香港专利许可的数量在波动中递减，到2018年香港专利许可的数量回落至12件。从主要的专利许可人角度分析，香港排在前十的专利许可人中，许可专利在20件以上的企业有两家，分别为明门香港股份有限公司（许可了29件），以及冠捷投资有限公司

（许可了 20 件）。其次，许可专利在 15 件以上的公司有 4 家，雅达电子国际有限公司和马士科技有限公司均许可了 19 件，在线宝科技有限公司和宝钜儿童用品香港股份有限公司均许可了 16 件。其后为震雄资产管理有限公司和维珍妮国际（集团）有限公司，均许可了 10 件以上。

从被许可人角度分析，香港的专利总共许可 84 个的对象，全部为企业主体；许可地区分布较为分散，主要分布于深圳、惠州、厦门、杭州、北京等多个城市。从被许可的专利数量排在前十的企业看，主要包括明门（中国）幼童用品有限公司、宝钜（中国）儿童用品有限公司等生产儿童用品的企业，利胜电光源（厦门）有限公司、雅达电子（罗定）有限公司、惠州市互赢机电有限公司、冠捷显示科技（武汉）有限公司和震雄机械（深圳）有限公司等电子、机械生产和加工企业，丽晶维珍妮内衣（深圳）有限公司、丽晶维珍妮内衣（深圳）有限公司等内衣设计生产企业，深圳新昌塑胶用品有限公司，艾康生物技术（杭州）有限公司、吉林中聚新能源科技有限公司、冠捷科技（北京）有限公司等材料类、新能类和科技企业，以及北京友宝科贸有限公司、北京友宝昂莱科技有限公司、北京友宝科斯科贸有限公司等科技零售企业。其中，除了明门（中国）幼童用品有限公司被许可的专利数量达到 29 件，利胜电光源（厦门）有限公司和雅达电子（罗定）有限公司被许可的专利数量为 19 件；丽晶维珍妮内衣（深圳）有限公司、宝钜（中国）儿童用品有限公司和冠捷显示科技（武汉）有限公司被许可的专利数量在 10 件以上外，其余企业被许可的专利数量均在 10 件及以下。

7.3 香港的基础科研能力

强大的基础科学研究是粤港澳大湾区建设国际科技创新中心的基石。当前，新一轮科技革命和产业变革蓬勃兴起，科学探索加速演进，学科交叉融合更加紧密，一些基本科学问题孕育重大突破。对香港的基础科研能力进行分析，发现近年来香港的基础科研发展迅猛，最主要的研究方向集中在工程科学、自然科学和商学，在人文社科领域竞争力最强。人工智能、生命科学和生物医学、材料科学和金融学四个优先发展领域发展势头良好，中国内地现已成为香港人工智能、生命科学和生物医学、材料科学最主要的合作伙伴，美国是香港金融学领域最大的合作区域。

7.3.1 香港科研论文发表概况

香港的机构和个人在 1997～2020 年共发表了超过 14.3 万篇研究论文，总体上香港科技论文发表量逐年上升。通过检索香港 1997～2020 年发表的所有 SCI 和 SSCI 论文发现，香港大学的论文发表量最多，共发表 54 387 篇论文，占香港所有发文量的 37.78%，其次为香港中文大学（18.81%）、香港理工大学（17.62%）、香港城市大学（14.51%）和香港科技大学（10.70%），相对而言，香港浸会大学（4.79%）和香港教育大学（1.85%）论文发表量较少。外部合作机构中，中国科学院位居榜首，与香港合作发表论文 10 684

篇，占比 7.42%，中山大学（3.21%）、清华大学（2.01%）、北京大学（1.89%）、上海交通大学（1.82%）、南京大学（1.76%）等中国内地高校已成为香港最主要的外部科研合作机构。此外，加州大学和伦敦大学分列香港外部合作科研机构的第三名和第六名（表 7-6）。

表 7-6　香港主要科研机构与科研合作机构

香港科研机构名称		发文量/篇	占比/%
香港科研机构	香港大学	54 387	37.78
	香港中文大学	27 081	18.81
	香港理工大学	25 368	17.62
	香港城市大学	20 885	14.51
	香港科技大学	15 409	10.70
	香港浸会大学	6 893	4.79
	威尔斯亲王医院	5 316	3.69
	香港教育大学	2 664	1.85
科研合作机构	中国科学院	10 684	7.42
	中山大学	4 627	3.21
	加州大学	3 308	2.30
	清华大学	2 889	2.01
	北京大学	2 725	1.89
	伦敦大学	2 658	1.85
	上海交通大学	2 617	1.82
	南京大学	2 530	1.76

注：占比=机构发文量/香港论文发表总量。存在合作论文的情况。合作论文会重复计算，因此加和大于 100%

　　香港科学研究主要的资助机构可分为中国内地、香港本地和国外机构三个部分，中国内地是最主要的资助来源（表 7-7）。中国国家自然科学基金委员会和香港研究资助局是最主要的两大资助机构，分别资助了 32 386 篇和 21 798 篇论文，占比 22.50% 和 15.14%。此外，国家重点研发计划（2.80%）、中央高校基本科研业务费（2.49%）、中国科学院（1.77%）、广东省自然科学基金（1.42%）、中国博士后科学基金（1.30%）、科技部（1.03%）等广泛资助了香港的研究成果，香港本地的资助机构以香港研究资助局（15.14%）、香港理工大学（2.73%）、香港大学（2.68%）、香港城市大学（1.96%）、香港中文大学（1.26%）为主。国外资助机构主要为美国卫生与公共服务部（2.16%）、美国国立卫生研究院（2.12%）、澳大利亚研究理事会（1.22%）等。

表 7-7　香港科学研究主要资助机构

资助机构	论文数量/篇	占比/%
国家自然科学基金委员会	32 386	22.50
香港研究资助局	21 798	15.14
国家重点研发计划	4 025	2.80
香港理工大学	3 936	2.73
香港大学	3 857	2.68
中央高校基本科研业务费	3 587	2.49
美国卫生与公共服务部	3 109	2.16
美国国立卫生研究院	3 058	2.12
香港城市大学	2 815	1.96
中国科学院	2 546	1.77
广东省自然科学基金	2 047	1.42
中国博士后科学基金	1 868	1.30
香港中文大学	1 813	1.26
澳大利亚研究理事会	1 761	1.22
科技部	1 482	1.03

7.3.2　香港科学研究主要方向

1. 研究方向发文量排名

在香港所有研究论文当中，工程学占比最高，共有 27 256 篇论文发表，占所有论文的 19.08%。物理学（9.84%）、计算机科学（8.99%）、材料科学（8.97%）、化学（8.83%）、科学技术及其他（6.41%）、商学与经济学（5.03%）、生态环境科学（5.02%）均占总发文量的 5% 以上，数学（4.97%）、心理学（3.43%）、生物化学与分子生物学（2.91%）、电子与通信学（2.77%）、肿瘤学（2.58%）、神经学（2.52%）、光学（2.11%）的研究成果也比较可观，均超过了总发文量的 2%（表 7-8）。

表 7-8　香港各研究方向发文量排名

排名	研究方向	发文量/篇	占比/%
1	工程学	27 256	19.08
2	物理学	14 052	9.84
3	计算机科学	12 846	8.99

续表

排名	研究方向	发文量/篇	占比/%
4	材料科学	12 812	8.97
5	化学	12 612	8.83
6	科学技术及其他	9 156	6.41
7	商学与经济学	7 184	5.03
8	生态环境科学	7 172	5.02
9	数学	7 100	4.97
10	心理学	4 895	3.43
11	生物化学与分子生物学	4 160	2.91
12	电子与通信学	3 961	2.77
13	肿瘤学	3 688	2.58
14	神经学	3 597	2.52
15	光学	3 012	2.11

2. 研究方向竞争优势排名

香港人文社科领域研究竞争力最强。RCA 指数显示，香港最具优势和竞争力的学科为亚洲研究、区域研究、城市研究、语言学、社会工作、商业与经济学、发展研究等人文与社会科学，建筑施工技术、自动化控制系统、电子与通信学、计算机科学、机器人学等工程科学，以及结合和补充医学、牙科与口腔外科医学等生命科学与生物医学（表 7-9）。

表 7-9　香港各研究方向优势度排名

排名	研究方向	发文量/篇	占香港总发文量的比例/%	RCA
1	亚洲研究	93	0.07	5
2	区域研究	857	0.60	4.41
3	建筑施工技术	2499	1.75	3.94
4	城市研究	759	0.53	3.69
5	运筹学与管理学	2 781	1.95	3.43
6	语言学	1 250	0.88	3.04
7	运输	1 371	0.96	2.87
8	社会工作	598	0.42	2.77
9	自动化控制系统	2 284	1.60	2.73
10	电子与通信学	3 961	2.77	2.64
11	计算机科学	12 846	8.99	2.46
12	结合和补充医学	646	0.45	2.44
13	公共管理	877	0.61	2.42

续表

排名	研究方向	发文量/篇	占香港总发文量的比例/%	RCA
14	商业与经济学	7 184	5.03	2.28
15	机器人学	422	0.30	2.23
16	社会科学–数学方法	509	0.36	2.23
17	发展研究	376	0.26	2.17
18	通信	642	0.45	2.13
19	牙科与口腔外科医学	1 764	1.24	2.11
20	教育学	2 714	1.90	2.00

3. 研究方向分类

电信学、计算机科学、工程学、商业与经济学等方向是香港的优势大方向（图 7-7）。依据发文量和 RCA 分类后发现，香港拥有四个最明显的 "优势大方向"，分别为电信学、计算机科学、工程学和商业与经济学。材料科学、科学技术及其他、生态环境科学、数学、心理学、肿瘤学、光学等同样作为优势大方向，但优势度相对较低。而物理学、化学、生物化学与分子生物学、神经科学和神经病学、药学的论文发表量较大，但是 RCA 低于 1.0，因此被定义为 "非优势大方向"，即香港在这些学科投入的创新资源较多，但学科的优势在全球创新网络中并不明显。另外，亚洲研究、区域研究、社会工作、公共管理、发展研究等社会科学，建筑施工技术、自动化控制系统、机器人学等工程科学，运筹学与管理学、商业与经济学等商科，以及结合和补充医学、牙科与口腔外科医学等医学学科为香港的 "优势小方向"，尽管这些学科发文量较小，但是在世界范围内占据较大优势（表 7-10）。

表 7-10　香港研究方向分类

分类	研究方向
优势大方向	电信学、工程学、计算机科学、商业与经济学、材料科学、科学与技术（其他主题）、生态环境科学、数学、心理学、肿瘤学、光学
非优势大方向	物理学、化学、生物化学与分子生物学、神经科学和神经病学、药学
优势小方向	亚洲研究、区域研究、建筑施工技术、城市研究、运筹学与管理学、语言学、运输、社会工作、自动化控制系统、结合和补充医学、公共管理、机器人学、社会科学中的数学方法、发展研究、通信、牙科与口腔外科医学、教育和教学研究、建筑学、信息科学与图书馆科学、社会科学（其他主题）、文化研究、老年病学和老年医学、地理学、听力学和语言病理学、康复医学、胃肠病学和肝脏病学、真菌学、声学、遥感、影像科学、力学、医学信息学、家族研究、计算生物学、艺术、眼科学、护理学、能源和燃料、精神病学、气象学和大气科学、自然地理学、电影广播电视、生物医学社会科学、材料科学、政府和法律、国际关系、肿瘤学、人口学、社会问题、病毒学、传染病学、地质学、产科医学和妇科医学、艺术与人文（其他主题）、社会学
非优势小方向	其他

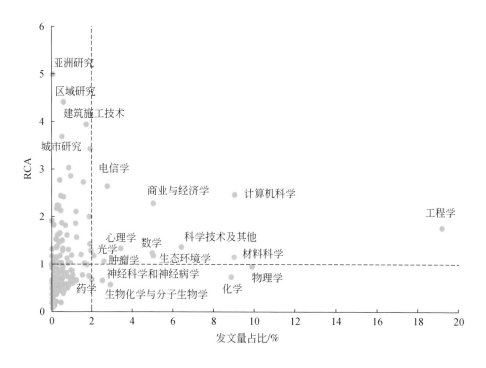

图 7-7　香港各研究方向的发文量与竞争优势

专栏 7-2　优势学科领域识别方法

　　本节对香港的论文发表情况进行了统计分析。首先，根据论文发表量的大小识别出香港在各学科领域参与的广泛程度；其次，为了避免研究方向本身属性的特点带来的发文量差异，参照产品复杂性理论，设置学科优势指数：

$$RCA_j = \frac{x_j / \sum_j x_j}{\sum_i x_{ij} / \sum_i \sum_j x_{ij}} \tag{7-1}$$

式中，RCA_j 为香港在 j 学科领域进行科学合作时具有的相对优势；x_j 为香港在 j 学科的发文量；x_{ij} 为国家或地区 i 在 j 学科的发文量，式（7-1）表示香港某学科领域发文量占比与世界范围内某学科占比之间的相对比例，当 $RCA_j > 1$ 时，香港在 j 学科领域具有学科优势。

　　最后，从论文发表量和 RCA 指数两个维度，对学科进行划分：①优势大学科，指发文量占比超过 2% 且 RCA > 1.5 的学科，优势大学科发文量大、竞争力强，是香港科研人员广泛参与、关注并占据优势的学科，是香港科研能力的代表与领军学科；

②优势小学科，指发文量占比低于2%且RCA>1.0的学科，优势小学科尽管不是香港的主流学科，但是竞争力强，在世界科研竞争中占据较为领先的地位；③非优势大学科，指发文量占比高于2%且RCA<1.0的学科，非优势大学科发文量大，较多机构和科研人员参与其中，但是还未在国际创新网络中形成较强的竞争优势；④非优势小学科，指发文量占比低于2%且RCA<1.0的学科，非优势小学科发文量小，且不具备竞争优势，是香港发展科研待发展的领域。

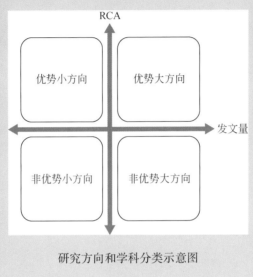

研究方向和学科分类示意图

7.3.3 香港优先发展的学科领域

特区政府鼓励业界向香港有优势或有需求的产业进发，优先在港发展人工智能和机器人科技、生物科学、智慧城市、金融科技和新材料等。由此，本书将其中四个优先发展方向的对应研究方向（人工智能、生命科学和生物医学、材料科学、金融学）进行了分析和研究。

四个优先发展方向的成果发表量总体上呈现上升趋势，2019年发文量激增，其中材料科学研究增长最快，人工智能研究增长最慢。如图7-8所示，香港人工智能研究呈现"两阶段"特征，2008年金融危机以来，开启了第二轮快速增长期，2019年已发表接近400篇论文。香港生命科学与生物医学研究自2000年起年增长率保持在20%以下，但是该领域在2019年实现大幅增长，增长率近70%。香港的材料科学研究成果近年来快速增长，2019年论文发表量突破2200篇，远远超过历史水平，这与中国内地对其的资助与科研合作高度相关。香港在金融学领域的论文发表量呈现波动增长趋势，2006年增长率最高时可达85.71%，负增长最快的年份出现在2002年，论文发表量较2001年减少了46.15%，2019年，香港金融学领域的科研成果增长迅速，共有153篇论文发表，同比增长71.88%。

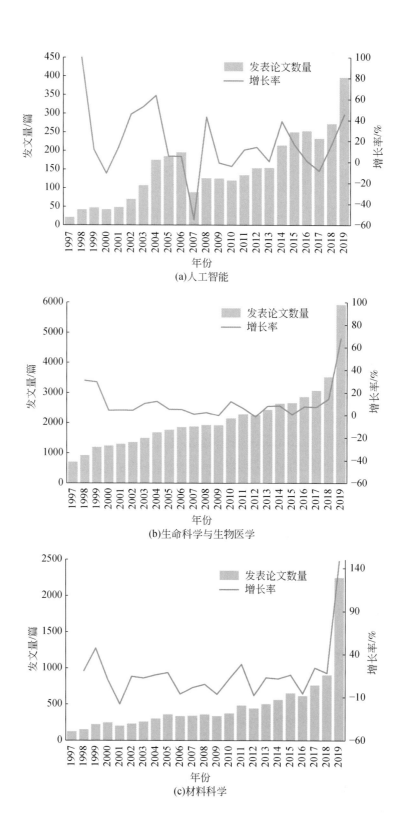

(a)人工智能

(b)生命科学与生物医学

(c)材料科学

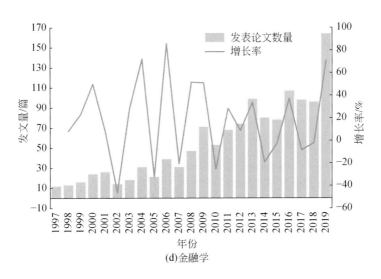

图 7-8　香港优先发展学科发表论文数量与增长率（1997～2019 年）

香港本地高校各有优势，中国内地科研机构和香港本地高校在四个领域参与广泛。香港城市大学和香港理工大学是香港人工智能科研领域的"排头兵"，中国科学院出现在香港人工智能领域发文量的第 7 名，内地的高校如哈尔滨工业大学、深圳大学、南方科技大学、中山大学等也参与到了香港人工智能领域的合作当中。香港大学是香港生命科学与生物医学领域最重要的科研机构，发文量占比 50.28%，中国科学院和中山大学是香港最重要的合作机构，伦敦大学、加州大学、哈佛大学等国外高校与香港的合作较为密切。材料科学领域，香港本地高校和中国内地的高校与科研机构占据绝对优势地位，前 15 名的研究机构全部为香港本地高校和中国内地的高校与科研机构，中国科学院是香港材料科学领域最重要的合作机构。香港大学、香港科技大学、香港中文大学、香港城市大学、香港理工大学是香港金融学发展的五大领衔高校，在金融学领域香港与内地的主要合作主体为上海财经大学和北京大学；与其他国家的合作中，美国的加州大学、得州大学，新加坡国立大学和新加坡南洋理工大学均是香港金融学的重要合作机构。

中国内地是香港四个优先发展学科的最主要的资助来源地，其中在人工智能和材料科学领域资助力度较大，国外机构在生物医学和金融学方面相对其他两领域资助成果较多。中国内地为香港四个优先发展学科提供了坚实的资金支持，中国国家自然科学基金委员会、中国教育部中央高校基本科研业务费、国家重点研发计划、广东省自然科学基金、江苏省自然科学基金、中国博士后科学基金、国家高技术研究发展计划等来自中国内地的机构和项目对香港优先发展领域的研究进行了广泛的资助。香港研究资助局均为四个优先发展领域的第二大资助机构，美国卫生与公共服务部与美国国立卫生研究院在生物医学领域累计资助 4872 篇论文成果，累计占比 9.02%，美国国家科学基金会和美国能源部在材料科学领域分别资助了接近 2% 的论文成果，新加坡教育部、美国国家科学基金会和加拿大社会科学与人文科学研究委员会在金融学领域有所支持。

美国是香港金融学领域最大的合作区域，并且远远领先于其他国家和地区。美国与中国香港在金融学领域共合作发表 556 篇论文，占比 38.77%，远远领先于其他国家。澳大利亚和中国香港合作发表了 102 篇论文，占比 7.11%；其次为加拿大和英国，均发表了 96 篇论文，占比 6.70%；再次为新加坡和中国内地，分别发表 92 篇和 85 篇论文，分别占比 6.42% 和 5.93%。此外，韩国、中国台湾、德国、法国、瑞士、印度与中国香港合作论文占比均在 1% 以上。从时间变化的角度看，中国内地在 2007 年以前未与香港合作发表过金融学领域的论文，从 2008 年开始逐渐发展起来，2017 年论文发表量与澳大利亚和加拿大持平，仅次于美国；2018 年超越除美国外的其他国家，成为香港金融学领域第二大合作区域，2019 年继续保持在第二的位置，但与美国的差距还在扩大。

7.4　香港的科研合作网络

以香港与"一带一路"合作伙伴和粤港澳大湾区其他城市的科研合作为主线，对香港的科研合作网络进行刻画，分析发现"一带一路"合作伙伴与香港合作研究方向以应用科学和自然科学为主，最具竞争力的研究方向以自然科学和生物医学为主；香港与粤港澳大湾区其他城市合作研究方向较为综合与全面，最有优势的研究方向为生物和医学领域，数学、商业与经济学需进一步加强合作。香港与各国家和地区已经形成了差异化的合作战略，具有科研合作的中转与枢纽功能，未来各地区可通过香港积极与世界其他区域寻求科研合作。

7.4.1　香港科研主要合作区域

中国内地和美国是香港最重要的科研合作伙伴。中国内地和香港共合作发表 25 136 篇论文，占比 17.46%；美国和中国香港合作发表 23 739 篇论文，占比 16.49%。英国（8.15%）、澳大利亚（6.30%）、加拿大（4.16%）、新加坡（3.30%）、德国（3.02%）、日本（2.91%）、中国台湾（2.87%）、法国（2.24%）分列第 3~10 位，其余位于前列的合作区域以发达国家为主。在发展中国家当中，与香港合作最多的为印度（1.25%）、巴西（1.05%）、俄罗斯（0.96%）、泰国（0.73%）等国。从演变的角度看，中国内地与香港在 2008 年之后加强了合作，于 2012 年超越美国并扩大优势，目前已成为香港科研最重要的合作伙伴。

7.4.2　"一带一路"合作伙伴

1. 科研合作发展情况

"一带一路"合作伙伴在香港科研合作中的重要性逐年增加。"一带一路"合作伙伴与香港合作论文占香港总发文量的比例由 1997 年的 4.29% 增长到 2019 年的 47.41%，"一带一路" 合作伙伴逐渐成为香港重要的科研合作区域（图7-9）。

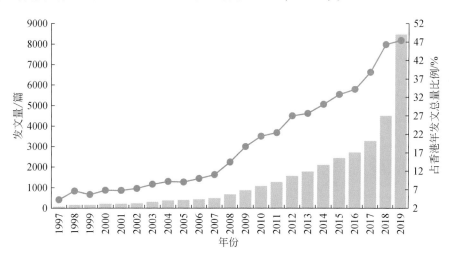

图 7-9　香港与 "一带一路" 合作伙伴合作发文量与占比情况（1997～2019 年）

2. 合作研究方向

"一带一路" 合作伙伴与香港合作研究方向以应用科学和自然科学为主。香港与 "一带一路" 合作伙伴发文量最大的研究方向依次为工程学、材料科学、物理学、化学、计算机科学等，其中工程学总计发表 7668 篇论文，占比 19.93%。"一带一路" 合作伙伴与香港进行合作研究时最具竞争力的方向以自然科学和生物医学为主。古生物学、热带医学、天文学和天体物理学、寄生物学、真菌学是 "一带一路" 合作伙伴与香港合作时最具竞争优势的研究方向（表 7-11）。

表 7-11　香港与 "一带一路" 合作伙伴合作研究方向排名

排名	发文量排名			竞争优势排名	
	研究方向	发文量/篇	占比/%	研究方向	RCA
1	工程学	7668	19.93	古生物学	2.03
2	材料科学	4085	10.62	热带医学	1.94
3	物理学	3901	10.14	天文学和天体物理学	1.77
4	化学	3844	9.99	寄生物学	1.72
5	计算机科学	3712	9.65	真菌学	1.59
6	科学与技术（其他主题）	3458	8.99	农业	1.50
7	环境科学与生态学	2525	6.56	遥感	1.47
8	数学	1907	4.96	矿物学	1.45
9	商业与经济学	1566	4.07	昆虫学	1.45
10	电信学	1209	3.14	进化生物学	1.41
11	肿瘤学	1154	3.00	自然地理学	1.40

排名	发文量排名			竞争优势排名	
	研究方向	发文量/篇	占比/%	研究方向	RCA
12	生物化学与分子生物学	1111	2.89	科学与技术–其他主题	1.40
13	心理学	1020	2.65	细胞生物学	1.39
14	能源和燃料	965	2.51	地球化学和地球物理学	1.36
15	神经科学和神经病学	945	2.46	生物多样性与保护	1.34
16	光学	837	2.18	气象学和大气科学	1.34
17	细胞生物学	824	2.14	医学研究与实验	1.32
18	药理学和药剂学	821	2.13	电化学	1.31
19	地质学	791	2.06	环境科学与生态学	1.31
20	运筹学和管理科学	787	2.05	过敏症	1.30

注：有的论文为跨学科研究，涉及多个研究方向，加和时会重复进行计算

优势大方向数量多、竞争力强。通过对合作研究方向进行分类，发现工程学、材料科学、物理学、化学、计算机科学、科学与技术（其他主题）、环境科学与生态学、电子与通信学、肿瘤学、能源和燃料、光学、细胞生物学、药学、地质学、运筹学和管理科学为优势大方向，意味着这些为香港与共建"一带一路"国家合作的主流方向，且优势明显，具有一定的排他性。古生物学、热带医学等为优势小方向，而数学、商业与经济学、生物化学与分子生物学、心理学、神经科学和神经病学为非优势大学科（图 7-10 和表 7-12）。

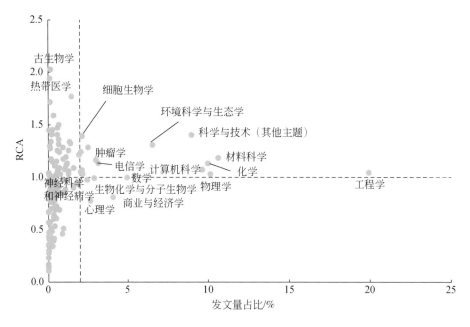

图 7-10　香港与共建"一带一路"国家合作研究方向

表7-12　香港与共建"一带一路"国家合作研究方向分类

类别	研究方向
优势大方向	工程学、材料科学、物理学、化学、计算机科学、科学与技术（其他主题）、环境科学与生态学、电信学、肿瘤学、能源和燃料、细胞生物学、药理学和药剂学、地质学、运筹学和管理科学
非优势大方向	数学、商业与经济学、生物化学与分子生物学、心理学、神经科学和神经病学
优势小方向	古生物学、热带医学、天文学和天体物理学、寄生物学、真菌学、农业、遥感、矿物学、昆虫学、进化生物学、自然地理学、地球化学和地球物理学、生物多样性与保护、气象学和大气科学、研究和实验医学、电化学、过敏医学、水资源、渔业、遗传学、毒理学、食品科学和技术、自动化和控制系统、传染病学、兽医学、植物学、行为科学、结合和补充医学、动物学、生物工程和应用微生物学、生命科学和生物医学（其他主题）、免疫学、影像科学、精神病学、热动力学、设备和仪器、运输、计算生物学、心血管系统和心脏病学、建筑学、胃肠学和肝病学、林学、冶金和冶金工程学、病毒学、解剖学和形态学、结晶学
非优势小方向	其他

3. 合作的国家和地区及其合作领域

亚洲和欧洲是香港与"一带一路"科研合作的重点区域。香港与134个"一带一路"合作伙伴有科研合作，其中与51个国家的合作论文超过100篇，主要合作国家和地区为新加坡（12.37%）、韩国（7.31%）、意大利（6.92%）、马来西亚（3.93%）、俄罗斯（3.59%）、以色列（3.45%）、南非（3.43%）、奥地利（3.29%）、新西兰（3.29%）等。

香港与"一带一路"合作伙伴合作领域各有侧重。中国香港与新加坡的合作更加"专"和"精"，总体来看可总结为应用科学、生物医学、商业与经济学三个方面的合作领域。中国香港与韩国在医学方面的科研合作优势明显，另外在商业与经济学、环境科学等领域具备较大优势。香港与其他"一带一路"合作伙伴的科研合作受香港自身学科发展情况影响，以物理学、天文学和天体物理学和大量的医学领域合作为主。

4. 主要合作平台及其合作领域

中国内地的高校和科研机构是香港与"一带一路"进行科学合作的主要平台。

中国科学院是香港与"一带一路"开展科研合作的最主要平台，共合作发文4641篇，占香港与"一带一路"合作伙伴合作发表论文的12.04%，物理学是其合作最多的研究方向，材料科学（跨学科）为首位合作学科。中山大学、南京大学、浙江大学、中国科学技术大学、上海交通大学、清华大学、华南理工大学等中国内地高等院校与香港保持了较为紧密的合作。在国外的合作平台中，新加坡的两所高校新加坡国立大学和南洋理工大学占据最主要位置，其中新加坡国立大学排名第3，仅次于中国科学院和中山大学与香港的合作发文量，南洋理工大学位于第6。此外，俄罗斯科学院、以色列特拉维夫大学、南非开普敦大学、马来西亚的马来亚大学分别位列第15、17、18、19名，是香港在"一带一路"合作伙伴重要的合作平台。

香港与"一带一路"合作伙伴的优势合作方向和学科极具特色，香港具有较强的

"科研中转站"潜力。以中国香港–中国内地和中国香港–新加坡的科研合作为例，中国香港与中国内地的科研合作以自然科学和应用科学为主，其中与中山大学在生命科学与生物医学领域具有一定优势。相比之下，中国香港与新加坡国立大学在经济学领域优势明显，与新加坡南洋理工在工程学、计算机科学方面具有较强优势（表7-13）。

表7-13　香港–"一带一路"主要科研合作平台

排名	名称	国家/地区	发文量/篇	占比/%	首位合作研究方向	首位合作学科
1	中国科学院	中国	4641	12.04	物理学	材料科学（跨学科）
2	中山大学	中国	3631	9.42	物理学	粒子物理学
3	新加坡国立大学	新加坡	2195	5.70	工程学	经济学
4	南京大学	中国	1730	4.49	物理学	粒子物理学
5	浙江大学	中国	1665	4.32	工程学	电子和电气工程
6	南洋理工大学	新加坡	1478	3.83	工程学	电子和电气工程
7	中国科学技术大学	中国	1445	3.75	物理学	粒子物理学
8	上海交通大学	中国	1284	3.33	物理学	粒子物理学
9	清华大学	中国	1162	3.02	物理学	粒子物理学
10	华南理工大学	中国	1138	2.95	工程学	电子和电气工程
11	山东大学	中国	1116	2.90	物理学	粒子物理学
12	暨南大学	中国	985	2.56	化学	环境科学
13	北京大学	中国	939	2.44	科学与技术（其他主题）	材料科学（跨学科）
14	深圳大学	中国	907	2.35	工程学	材料科学（跨学科）
15	俄罗斯科学院	俄罗斯	894	2.32	物理学	粒子物理学
16	中国科学院大学	中国	885	2.30	物理学	粒子物理学
17	特拉维夫大学	以色列	856	2.22	物理学	粒子物理学
18	开普敦大学	南非	839	2.18	物理学	粒子物理学
19	马来亚大学	马来西亚	830	2.15	物理学	粒子物理学
20	华中科技大学	中国	802	2.08	工程学	电子和电气工程

7.4.3　粤港澳大湾区

1. 科研合作发展情况

香港与粤港澳大湾区的合作发文量逐年增长，占香港总发文量比例整体呈现上升趋势。从发文数量上来看（图7-11），香港与粤港澳大湾区各城市的科研合作逐渐增强，比例的增长呈现阶段性特征。1997~2004年，比例平缓增长，2004~2006年经历了一轮小幅增长，2008~2018年增长较快，粤港澳大湾区在香港科研网络中的重要性快速增强。

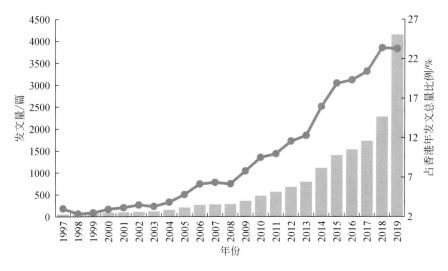

图 7-11　香港与粤港澳大湾区合作发文量与占比情况（1997~2019 年）

2. 合作研究方向

香港与粤港澳大湾区合作研究方向较为综合与全面。最大的合作研究方向为工程学、物理学、计算机科学等应用科学和自然科学，与此同时，生物化学与分子生物学、肿瘤学、细胞生物学等生物医学领域合作科研成果丰富，商业与经济学占比 2.21%，是香港与粤港澳大湾区社会科学领域最主要的研究方向。最有优势的研究方向为生物医学领域。寄生物学、热带医学、细胞生物学等生物医学领域为最具优势的合作方向（表7-14）。

表 7-14　香港与粤港澳大湾区合作研究方向排名

排名	发文量排名			竞争优势排名	
	研究方向	发文量/篇	占比/%	研究方向	RCA
1	工程学	4209	20.25	寄生物学	2.15
2	材料科学	2694	12.96	热带医学	1.98
3	化学	2666	12.83	细胞生物学	1.98
4	物理学	2482	11.94	结合和补充医学	1.73
5	科学与技术–其他主题	2296	11.05	科学与技术–其他主题	1.72
6	计算机科学	2036	9.80	矿物学	1.68
7	环境科学与生态学	1477	7.11	气象学和大气科学	1.67
8	生物化学与分子生物学	851	4.10	渔业	1.65

续表

排名	发文量排名			竞争优势排名	
	研究方向	发文量/篇	占比/%	研究方向	RCA
9	电子与通信工程	752	3.62	电化学	1.64
10	肿瘤学	697	3.35	医学研究与实验	1.60
11	细胞生物学	632	3.04	药学	1.48
12	药理学和药剂学	613	2.95	自然地理学	1.47
13	能源和燃料	576	2.77	植物学	1.47
14	数学	570	2.74	化学	1.45
15	神经科学和神经病学	565	2.72	材料科学	1.45
16	光学	488	2.35	天文学和天体物理学	1.44
17	商业与经济学	459	2.21	生物工程学和应用微生物学	1.43
18	心理学	397	1.91	能源和燃料	1.42
19	地质学	373	1.80	环境科学与生态学	1.42
20	医学研究与实验	355	1.71	设备和仪器	1.41

优势大方向众多、竞争力强，数学、商业与经济学需进一步加强合作。工程学、材料科学、化学、物理学、科学与技术（其他主题）、计算机科学、环境科学与生态学、生物化学与分子生物学、电子与通信工程、肿瘤学、细胞生物学、药学、能源和燃料、神经科学和神经病学、光学15个研究方向为香港与粤港澳大湾区科研合作的优势大方向，涉及自然科学、应用科学和生命科学与生物医学，社会科学领域缺乏相应的优势研究方向。数学和商业与经济学被划分为非优势大学科，说明香港在这两个研究方向与粤港澳大湾区的科研合作不足，需进一步提升和强化。此外，寄生物学、热带医学、结合和补充医学等学科优势明显但发文量较小，被划分为优势小方向（表7-15和图7-12）。

表7-15　香港与粤港澳大湾区合作研究方向分类

类别	研究方向
优势大方向	工程学、材料科学、化学、物理学、科学与技术（其他主题）、计算机科学、环境科学与生态学、生物化学与分子生物学、电子与通信工程、肿瘤学、细胞生物学、药学、能源和燃料、神经科学和神经病学、光学
非优势大方向	数学、商业与经济学
优势小方向	寄生物学、热带医学、结合和补充医学、矿物学、气象学和大气科学、渔业、电化学、医学研究和实验、自然地理学、植物学、天文学和天体物理学、生物工程学和应用微生物学、设备和仪器、聚合物科学、生命科学与生物医学（其他主题）、海洋学、地球化学和地球物理学、影像科学、水资源、过敏医学、毒理学、遗传学和遗传性、机器人学、计算生物学、宗教学、食品科学和技术、发育生物学、遥感、昆虫学、免疫学、微生物学、冶金和冶金工程学、营养和饮食学、地质学、医学信息学
非优势小方向	其他

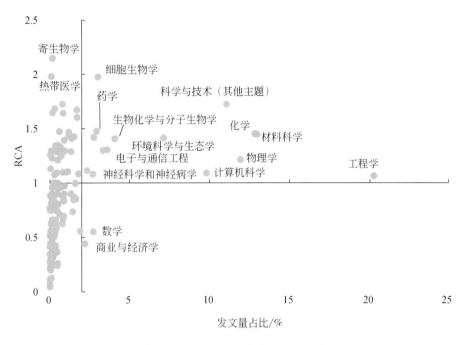

图 7-12　香港与粤港澳大湾区合作研究方向分类示意图

3. 香港与粤港澳大湾区各市科研合作网络

广州和深圳是香港与粤港澳大湾区科研合作网络中最重要的两个节点，香港与深圳的科研合作不断增强。从合作发文量上来看，广州和深圳远远超过其他地市，澳门和珠海是粤港澳大湾区科研领域的第二梯队，东莞和佛山为第三梯队。

香港与粤港澳大湾区的科研合作具有地域优势和特色。香港–广州的合作优势在于生命科学和生物医学、环境科学、地球科学以及其他自然科学领域，香港–深圳在应用科学领域优势明显，工程学、材料科学、化学、科学与技术（其他主题）、计算机科学等为最具优势的主要研究领域。香港–澳门的特色研究领域集中在商业与经济学、社会科学（其他主题）、教育和教学研究等社会科学领域，工程学、计算机科学、自动化和控制系统等具有较强的优势与合作基础。香港–珠海的合作优势在工程学、计算机科学、商业与经济学、运筹学和管理科学等领域，双方在这些领域已形成了一定的合作基础，且具有较好的发展潜力（表 7-16）。

表 7-16　香港与广州、深圳、澳门合作发文量及其主要研究方向

排名	城市	合作发文量/篇	占比[①]/%	优势主流合作方向
1	广州	11 340	72.16	环境科学与生态学、肿瘤学、生物化学与分子生物学、细胞生物学、神经科学和神经病学、药学、地质学、气象学和大气科学、医学研究与实验、心理学、天文学和天体物理学

排名	城市	合作发文量/篇	占比[①]/%	优势主流合作方向
2	深圳	9 614	61.17	工程学、材料科学、化学、科学与技术（其他主题）、计算机科学、物理学、电信学、生物化学与分子生物学、能源和燃料、光学、设备和仪器、自动化和控制系统、力学、生物工程学和应用微生物学、遗传学、微生物学、冶金和放射学、核医学和医学成像、冶金工程学、电化学
3	澳门	1 012	6.44	工程学、计算机科学、精神病学、心理学、商业与经济学、药理学和药剂学、社会科学（其他主题）、电信学、神经科学和神经病学、教育和教学研究、儿科、公共事业环境和职业健康、自动化和控制系统
4	珠海	435	2.77	工程学、计算机科学、商业与经济学、运筹学和管理科学、电信学、气象学和大气科学、神经科学和神经病学、药理学和药剂学、数学、天文学和天体物理学、光学、社会科学（其他主题）、心理学、力学、自动化和控制系统

①论文存在多位作者合作撰写的情况，一篇论文会根据作者所在城市被计算多次

4. 主要合作平台及其合作领域

粤港澳大湾区与香港进行科研合作的主要合作平台为中山大学、中国科学院、深圳大学、华南理工大学、暨南大学、南方科技大学、中国科学院深圳先进技术研究院和澳门大学。各个平台具有一定的特色和优势，如中山大学与香港科研合作的优势方向主要为自然科学研究、生命科学与生物医学和商业与经济学领域，中国科学院与香港科研合作的优势方向集中在自然科学领域，侧重基础研究。而深圳大学、南方科技大学、中国科学院深圳先进技术研究院、华南理工大学与香港的科研合作应用性明显，产业化能力较强。暨南大学与香港的合作以生命科学和生物医学领域为特色优势，澳门大学与香港的合作更具综合性和广泛性，应用科学、生命科学和生物医学、社会科学领域的优势较为均衡（表7-17）。

表7-17 粤港澳大湾区与香港科研合作主要平台

名称	优势主流合作方向
中山大学	物理学、环境科学与生态学、肿瘤学、天文学和天体物理学、细胞生物学、商业与经济学、神经科学和神经病学、气象学和大气科学
中国科学院	物理学、材料科学、科学与技术（其他主题）、环境科学与生态学、天文学和天体物理学、地质学、气象学和大气科学、地球化学和地球物理学
深圳大学	工程学、计算机科学、材料科学、物理学、化学、科学与技术（其他主题）、电子与通信、数学、能源和燃料、施工和建筑技术、商业与经济学、设备和仪器、运筹学和管理科学、生物工程学和应用微生物学、自动化和控制系统、心理学

续表

名称	优势主流合作方向
华南理工大学	工程学、材料科学、化学、计算机科学、物理学、科学与技术（其他主题）、聚合物科学、电子与通信、能源和燃料、自动化和控制系统、光学、力学、运筹学和管理科学、施工和建筑技术
暨南大学	化学、科学与技术（其他主题）、环境科学与生态学、细胞生物学、生物化学与分子生物学、药理学和药剂学、神经科学和神经病学、光学、肿瘤学、研究和试验医学、商业与经济学、食品科学和技术、数学、植物学、气象学和大气科学
南方科技大学	材料科学、化学、物理学、科学与技术（其他主题）、环境科学与生态学、能源和燃料、数学、电子与通信、光学、冶金和冶金工程学
中国科学院深圳先进技术研究院	工程学、材料科学、计算机科学、化学、科学与技术（其他主题）、电子与通信、能源和燃料、光学、放射学核医学和医学成像、设备和仪器、自动化和控制系统、电化学
澳门大学	工程学、计算机科学、精神病学、心理学、药理学和药剂学、商业与经济学、神经科学和神经病学、生物化学与分子生物学、数学、教育和教学研究、社会科学（其他主题）、公共事业环境和职业健康、施工和建筑技术

7.4.4　构建以香港为核心的科研合作网络

香港具有科研合作的中转与枢纽功能，与各地的科研合作领域各具特色和优势。研究发现中国香港与中国内地科研合作的优势领域和香港与"一带一路"合作伙伴有较大的重叠，和中国香港与粤港澳大湾区有一定重叠的领域，和中国香港与美国、英国、东盟、日本等国家和区域有较大不同，这意味着香港在不同地区的科研合作网络中发挥的作用是不同的。未来，香港具备成为不同地区之间进行科研合作的平台和枢纽的潜力，表7-18和表7-19分别给出了设置联合实验室的相关指引，各地区可通过香港积极与世界其他区域寻求科研合作。

表7-18　中国内地–香港–国际联合实验室学科设置指引

合作区域	优先合作学科
中国内地–"一带一路"合作伙伴	环境科学、多学科科学、肿瘤学、运筹学和管理科学、地球科学（跨学科）、工程（跨学科）、天文学和天体物理学、运输科学和技术、环保和可持续发展科学、水资源、粒子物理学、材料科学（生物材料）、自然地理学、生物学、核物理学、矿物学、量子科学和技术、渔业、寄生物学、热带医学、昆虫学
中国内地–香港–美国	计算机科学（信息系统）、多学科科学、电子与通信、肿瘤学、生物化学与分子生物学、应用数学、运筹学和管理科学、计算机科学（软件工程）、神经科学、细胞生物学、数学（跨学科应用）、医学研究和实验、气象学和大气科学、天文学和天体物理学、粒子物理学、数学和计算生物学、地球化学和地球物理学、毒理学、生物学、影像科学和、海洋学、核物理学、细胞与组织工程、古生物学、寄生物学、昆虫学、材料科学（造纸和木材）

续表

合作区域	优先合作学科
中国内地–香港–英国	多学科科学、肿瘤学、粒子物理学、医学研究和实验、神经科学、天文学和天体物理学、地球化学和地球物理学、核物理学、生物学、古生物学、寄生虫学、材料科学（造纸和木材）、地球科学（跨学科）、环保和可持续发展科学、地质工程、自然地理学、地质学、土壤科学、量子科学和技术、渔业、热带医学
中国内地–香港–东盟	计算机科学（信息系统）、多学科科学、计算机科学（人工智能）、肿瘤学、光学、运筹学和管理科学、计算机科学（软件工程）、医学研究和实验、工程（跨学科）、天文学和天体物理学、运输科学和技术、水资源、粒子物理学、数学和计算生物学、材料科学（生物材料）、自然地理学、生物学、计算机科学（控制论）、核物理学
中国内地–香港–日本	环境科学、多学科科学、肿瘤学、生物化学与分子生物学、药理学和药剂学、神经科学、地球科学（跨学科）、细胞生物学、医学研究和实验、气象学和大气科学、天文学和天体物理学、冶金和冶金工程学、粒子物理学、数学和计算生物学、材料科学（生物材料）、自然地理学、生物学、海洋学、核物理学、矿物学、量子科学和技术、古生物学、昆虫学、建筑学、鸟类学

注：优先合作学科指香港–中国内地与香港–国际均具有优势的学科，在设立联合实验室时具备强强联合的双赢效应

表7-19　粤港澳大湾区–香港–"一带一路"联合实验室学科设置指引

合作区域	优先合作学科
粤港澳大湾区–香港–"一带一路"合作伙伴	环境科学、多学科科学、肿瘤学、地球科学（跨学科）、遗传学、免疫学、微生物学、生物医学工程、天文学和天体物理学、环保和可持续发展科学、水资源、粒子物理学、材料科学（生物材料）、病毒学、自然地理学、生物学、医学信息学、核物理学、矿物学、量子科学和技术、渔业、寄生虫学、过敏医学、热带医学、昆虫学
粤港澳大湾区–香港–美国	计算机科学（信息系统）、多学科科学、电子与通信、肿瘤学、生物化学与分子生物学、神经科学、细胞生物学、医学研究和实验、遗传学、免疫学、气象学和大气科学、微生物学、天文学和天体物理学、粒子物理学、数学和计算生物学、地球化学和地球物理学、病毒学、毒理学、生物学、影像科学、医学信息学、海洋学、核物理学、细胞与组织工程、发育生物学、寄生虫学、过敏医学、昆虫学、宗教学
粤港澳大湾区–香港–英国	多学科科学、肿瘤学、神经科学、地球科学（跨学科）、医学研究和实验、遗传学、免疫学、微生物学、天文学和天体物理学、环保和可持续发展科学、粒子物理学、地球化学和地球物理学、病毒学、自然地理学、生物学、医学信息学、核物理学、地质学、量子科学和技术、发育生物学、渔业、寄生虫学、过敏医学、土壤科学、热带医学
粤港澳大湾区–香港–东盟	计算机科学（信息系统）、多学科科学、计算机科学（人工智能）、肿瘤学、光学、医学研究和实验、遗传学、免疫学、微生物学、天文学和天体物理学、水资源、粒子物理学、数学和计算生物学、材料科学（生物材料）、病毒学、自然地理学、生物学、计算机科学（控制论）、机器人学、医学信息学、核物理学

续表

合作区域	优先合作学科
粤港澳大湾区-香港-日本	环境科学、多学科科学、肿瘤学、生物化学与分子生物学、药理学和药剂学、神经科学、地球科学（跨学科）、细胞生物学、医学研究和实验、遗传学、免疫学、气象学和大气科学、微生物学、天文学和天体物理学、冶金和冶金工程学、粒子物理学、数学和计算生物学、材料科学（生物材料）、病毒学、自然地理学、生物学、海洋学、核物理学、矿物学、量子科学和技术、过敏医学、昆虫学、宗教学

注：优先合作学科指香港-粤港澳大湾区与香港-国际均具有优势的学科，在设立联合实验室时具备强强联合的双赢效应

7.5　香港在 "一带一路" 与粤港澳大湾区科技创新中的功能、不足与合作策略

本节在前述香港创新的资源基础、专利特征、科研能力和合作网络等分析的基础上，凝练出香港在 "一带一路" 与粤港澳大湾区科技创新中承担着的原始创新的策源地、技术创新的经验池、科技合作网络的重要节点以及科技教育与科学普及的高地等功能，同时其也存在着研发投入不足与市场规模较小导致驱动本地科技创新的供给与需求两头不足，基础科研、教育与市场需求不符限制了其应用技术创新能力提升，以及技术创新与产业协调性差从而弱化了其在 "一带一路" 和粤港澳大湾区中的创新功能等不足。据此，提出应促进香港积极融入 "一带一路" 和粤港澳大湾区建设，携手共建国际科技创新中心，构建香港与 "一带一路" 及粤港澳大湾区开放型融合发展的区域协同创新共同体，促进人才、产业与创新协同发展等合作策略。

7.5.1　香港在 "一带一路" 与粤港澳大湾区科技创新中的功能

粤港澳大湾区创新体系是 "一国两制" 制度背景下形成的特殊区域创新系统，制度和边界在粤港澳大湾区全球-地方创新网络发展和演化过程中发挥着不可忽视的作用（张虹鸥等，2021）。边界内外差异化的行政、法律、制度体系引起了学界的重视，认为粤港澳大湾区创新驱动发展研究不得不关注 "一个国家两种制度三个关税区" 制度安排下的空间联动和协调体系（安宁等，2018；刘云刚等，2018；刘毅等，2019，2020；康蕾和刘毅，2020；叶玉瑶等，2020，2022；陈德宁等，2022）。跨制度背景下创新要素的集聚、流动过程、组织特点和创新体系的重构是重要的研究议题。

香港作为粤港澳大湾区创新体系的重要组成部分，对粤港澳大湾区的创新体系的协调发展与功能发挥具有重要意义。香港作为全球金融、贸易和航运中心，拥有联通世界的独特优势，其科研与教育体系与欧美等发达国家高度接轨，国际资源集聚能力强，汇集了大量的全球优秀人才。香港拥有多所全球一流学府，基础科研实力深厚，创新创业环境优越，法律框架完善，知识产权保护、科技成果转化等配套服务体系健全（游玎怡等，

2020；赵晓斌等，2018）。香港是广州-深圳-香港科技创新走廊的重要节点，其金融资本优势对大湾区创新创业具有重要价值，香港的国际化优势将为粤港澳大湾区嵌入全球创新网络创造一定的便利条件，同时香港如能更好地实现与大湾区其他城市的协调发展，将会为整个大湾区释放更大的创新驱动力。

当前，粤港澳大湾区一定程度上面临着西方世界的技术封锁，加之新冠疫情带来的不确定性，外部环境正在变得日益复杂和严峻。香港对粤港澳大湾区科技创新体系的独特作用更加凸显。因此，需要对香港的创新体系、创新功能进行深入的研究，明确其在粤港澳大湾区科技创新体系中的功能与定位，更好地发挥其功能优势。

1. 香港是"一带一路"与粤港澳大湾区原始创新的策源地

香港高校强大的基础科研能力是"一带一路"和粤港澳大湾区建设国际科技创新中心的基石。1997 年以来，香港高校发表了大量具有国际声誉的高水平、原创性研究成果。通过检索香港 1997～2020 年发表的所有 SCI 和 SSCI 论文发现，1997～2020 年香港共发表了超过 14.3 万篇研究论文，其中绝大多数为高校所发。其中，香港大学的论文发表量最多，共发表 54 387 篇论文，占香港所有发文量的 37.78%；其次为香港中文大学（18.81%）。此外，香港理工大学、香港城市大学和香港科技大学的论文发表量也均占香港发文总量的 10% 以上。香港高校强大的基础科研能力与原创性学术产出，是香港在"一带一路"和粤港澳大湾区科技创新的重要基础。

香港顶尖人才汇聚，科技创新能力总体排名较靠前，《2020 年全球创新指数》报告中，深圳-香港-广州科技集群位居世界第二。香港在全球 131 个经济体中排名第 11 位，在亚洲地区的排名仅次于新加坡和韩国，尤其在商业与经济学等人文社科等软学科领域具有世界竞争力，在信息及电子与通信、计算机科学、工程学领域排名较靠前。从顶尖科研人才来看，香港的中国科学院院士、中国工程院院士共计 27 位，其中中国科学院院士 20 位，中国工程院院士 7 位（2020 年 5 月统计）。香港科研人员主持或参与的项目曾两次在化学领域获得国家自然科学奖一等奖，五次在医学领域获得国家科学技术进步奖特等奖或一等奖。瑞士洛桑管理学院公布的《2019 年世界人才报告》中，香港在世界排第 15 名，在亚洲排名第 2 名。

香港科学探索加速演进，作为原始创新策源地的功能与能力不断提升。近年来，香港重点学科交叉融合更加紧密，人工智能、生命科学和生物医学、材料科学和金融学四个优先发展领域发展势头良好。2012 年以来，香港分批先后在医学科学、信息科学、化学科学、生物科学等领域成立了 16 所国家重点实验室伙伴实验室，依托内地的创新资源与内地建立了紧密的科研联系。科技部同意由香港应用科技研究院作为试点，在香港成立首个国家工程技术研究中心香港分中心。2015 年，分别依托香港城市大学、香港理工大学、香港科技大学又新建了 5 个分中心。这些国家重点实验室和国家工程技术研究中心香港分中心重点的建设，提升了香港作为原始创新的策源地的功能与能力。

粤港澳致力于联合建设一流创新基地，打造"一带一路"的原始创新高地。香港目前拥有数码港、香港生产力促进局、香港科技园公司、汽车科技研发中心、香港应用科技研究院、香港纺织及成衣研发中心、物流及供应链多元技术研发中心、纳米及先进材料研发院、InnoHK 创新香港研发平台、智能视觉国家新一代人工智能开放创新平台等一大批科技基础设施。2019 年又启动建设首批 10 家联合实验室，为粤港澳大湾区经济社会发展提供了关键性支撑。粤港澳联合实验室致力于建设一流创新基地、打造原始创新高地，瞄准人工智能、新一代信息技术、新材料、先进制造、生物医药、海洋、环境、智慧城市和现代农业等重点领域的世界科技前沿，汇聚粤港澳创新资源、创新科研合作模式，为"一带一路"和粤港澳大湾区打造高水平原始创新高地。

2. 香港是"一带一路"与粤港澳大湾区技术创新的经验池

香港市场经济发达，具有依托于市场主体进行科技创新的经验。香港经济发展首先得益于香港高度发达的市场经济，使得资源得以在市场中得到相对有效的配置。其次，香港具有良好的营商环境，在贸易自由、金融体制、低税收与完善的市场监管机制等方面拥有着强大的优势。根据世界银行《2020 年全球营商环境报告》，香港的营商条件在全球 190 个经济体中排名第 3，在亚洲排名第 2。在高度发达的市场经济环境下，香港的企业也越来越认识到创新的重要性。工商机构投入的研发费用自 2005 年以来始终排在第一位。2018 年香港工商机构的研发投入已经达到 120.25 亿港元，占到香港当年本地研发总支出的 49.1%。

香港具有相对完善的创新统计，在社会创新氛围培育方面具有基础。香港具有相对完善的创新统计，有助于培育全社会重视创新的氛围与环境。根据香港创新表现、创新活动、创新重点等，香港特区政府在不同年份向社会公众提供了多种类型的创新活动统计资料，包括《香港创新活动统计》《香港-知识型经济统计透视》等。在香港特区政府的持续推动下，企业、高校和科研单位，对研发及创新的重要性的认识得到了一定程度的提升，社会组织通过举办各类科技创新比赛、讲座、科技工作坊等多种形式，使香港重视科技创新的社会氛围日益浓厚。

香港在知识产权保护方面，可为"一带一路"和粤港澳大湾区建设提供国际化的经验借鉴。知识产权能够为知识生产者的收益提供合法保障，是最为经济、有效和持久的创新激励。权威公信的法律与知识产权制度，是开展知识产权保护与交易的必备条件。香港国际化的法律环境和法治实践，可以在较大程度上缓解东西方国家之间因法律体系不同而产生的不信任等问题，有效降低交易成本。同时，香港拥有国际标准的知识产权保护制度，为知识产权保护与交易提供了良好的交易制度环境。此外，香港拥有大量的产权交易机构及专业人士，能够面向不同行业提供全面优质的服务。随着"一带一路"的建设，香港与内地、东南亚国家、"一带一路"合作伙伴将进行更加频繁而紧密的联系与互动。在这种情况下，香港的经验与发展路径，为"一带一路"合作伙伴与中国共同探索出符合多方利益的产权保护、交易与保险等方面的制度安排提供了必要的实践知识与借鉴参考。

依托于"一国两制"的制度优势，持续强化中的中央部委与香港特区的合作，为"一带一路"建设提供了良好的合作范本。2004 年，科技部与香港特区政府工商及科技局签署《内地与香港成立科技合作委员会协议》，共同成立内地与香港科技合作委员会。

2018 年，科技部与香港特区政府签署《内地与香港关于加强创新科技合作的安排》及《科学技术部与香港特别行政区政府创新及科技局关于开展联合资助研发项目的协议》，为内地与香港共同推动各项创新科技合作提供了行动指南和纲领，其中包括促成中央财政经费过境香港的有关事项。2019 年初，科技部明确将国家重点研发计划中"变革性技术关键科学问题""发育编程及其代谢调节""合成生物学"三个重点专项作为试点对港澳特区开放。国家自然科学基金委员会也于 2019 年度面向港澳特区依托单位科学技术人员，试点开放国家自然科学基金优秀青年科学基金项目（港澳）申请。2018 年 5 月，中央政府宣布容许香港的大学和科研机构直接申请及承担"深港创新圈"计划及广东省财政科技计划项目。至今已有不少香港的科研单位获得广东省和深圳市的资金，用以研发项目或建立实验室。截至 2019 年 10 月底，该计划中的 287 个项目获创新及科技基金拨款支持，拨款总额约为 8.9 亿元。中央部委与香港特区的这一系列日益密切的科技合作，为"一带一路"建设提供了良好的合作范本。

3. 香港是"一带一路"和粤港澳大湾区科技合作网络的重要节点

便捷的区位条件与国际化的资源汇聚能力，使得香港成为"一带一路"和粤港澳大湾区科技创新合作的重要节点。首先，香港地处亚洲中心要冲，位置得天独厚，只需 4 小时机程，即可从香港飞往亚洲各主要市场，而全球一半以上人口，居于香港 5 小时航程范围内，香港港口航线遍达世界逾 500 个目的地。所以，香港被认为是连接"一带一路"的超级联系人与创新合作的重要门户城市。香港作为国际金融、航运、贸易中心和国际航空枢纽，拥有高度国际化、法治化的营商环境以及遍布全球的商业网络，是全球最自由经济体之一。再次，立足于东西方价值观交汇的社会体系，香港形成了开放包容的社会文化。最后，对接英美主流的教育体系及评价标准，香港搭建了世界领先的教育与科研环境，并拥有健全的司法和知识产权保护制度。在与国际接轨的法律、知识产权保护体系与商业体系下，香港构建了通达全球的知识、技术、资讯、资本、人才流动网络体系。这些优势条件共同形成了香港贯通中西、资源汇聚的巨大优势，是"一带一路"和粤港澳大湾区科技创新合作的重要节点。

香港与"一带一路"合作伙伴的科研合作在特色优势领域已经具备了基本的枢纽功能。研究发现，"一带一路"合作伙伴在香港科研合作中的重要性逐年增加。香港与 134 个"一带一路"合作伙伴有科研合作，其中与 51 个国家的合作论文超过 100 篇。香港与"一带一路"合作伙伴合作论文占香港总发文量的比例由 1997 年的 4.29% 增长到 2020 年的 47.41%，"一带一路"合作伙伴逐渐成为香港重要的科研合作区域。从学科领域来看，香港与"一带一路"合作伙伴进行合作时最具竞争力的研究方向以自然科学和生物医学为主，尤其是古生物学、热带医学、天文学与天体物理学、寄生物学、真菌学等领域。亚洲和欧洲是香港与"一带一路"合作伙伴科研合作的重点区域，尤其是与新加坡、韩国、意大利、马来西亚、俄罗斯、以色列、南非、奥地利、新西兰等众多"一带一路"合作伙伴合作发表了众多的学术论文。从合作平台看，俄罗斯科学院、以色列特拉维夫大学、南非开普敦大学、马来西亚的马来亚大学分别位列第 15、17、18、19 名，是香港在"一带一路"合作伙伴重要的合作平台。

香港与粤港澳大湾区各主要城市的科研合作关系不断强化,形成了优势明显且各具特色的合作方向。中国内地与香港在 2008 年之后加强了合作,于 2012 年超越美国并扩大优势,目前已成为香港科研最重要的合作伙伴。香港与粤港澳大湾区主要城市的科研合作研究方向较为综合与全面,寄生物学、热带医学、细胞生物学等生物学和医学领域为最具优势的合作方向。分城市来看,香港-广州的合作优势在于生命科学和生物医学、环境科学、地球科学以及其他自然科学领域;香港-深圳在应用科学领域优势明显,工程学、材料科学、化学、科学与技术(其他主题)、计算机科学等为最具优势的主要研究领域;香港-澳门的特色研究领域集中在商业与经济学(其他主题)、教育和教学研究等社会科学领域,在工程学、计算机科学、自动化和控制系统等领域具有较强的优势与合作基础;香港-珠海的科研优势在工程学、计算机科学、商业与经济学、运筹学和管理科学等领域。

在专利技术创新与转移转化方面,香港与粤港澳大湾区、中国内地具有良好的合作基础。香港前 10 的专利大类构成中,A61(医学或兽医学;卫生学)、H01(基本电气组件)、H04(电通信技术)、G06(计算;推算或计数)等排在前列,可以看到香港在医学、电子元器件、计算机和计算等方面具有较为显著的创新优势。与之对应,香港专利转让的技术类别主要集中于医学、电气组件、电子计算和日用品等技术领域。从专利转移的地域角度分析,香港的专利转移呈现出三种不同的圈层式的扩散传递模式。具体来看,香港的专利转移,一是向香港本地以及广东和深圳等粤港澳大湾区邻近城市的就近扩散;二是向安徽、湖南、重庆等内陆省市通过企业的"总部-分支"机构进行通道扩散,属于同一集团企业内部的知识产权一体化的布局安排;三是向新加坡和日本等国转移进行等级扩散。综合而言,香港与粤港澳大湾区各城市、中国内地,以及新加坡和日本等周边国家在技术创新合作方面具有良好的合作基础。

4. 香港是"一带一路"合作伙伴与粤港澳大湾区科技教育与科学普及的高地

香港在高等教育与科学普及领域具有世界竞争力,是科技教育与科学普及的高地。香港高等教育资源丰富,拥有 20 所高等学校,其中香港大学、香港中文大学、香港科技大学、香港城市大学和香港理工大学等多所大学在世界上具有优良的学术声誉,长期保持在 ARWU、THE、QS 和 U.S. New 国际四大榜单前 400 名,教学和学术成就在亚太地区名列前茅,其计算机科学与工程、机械工程、自动化与控制、统计学、金融学排名大多居于国际前 100 名。一流的院校和学科建设吸引了众多的留学生群体来港求学,香港外地生源占比高达 77.36%,其中中国内地占比 52.78%,亚洲其他地区占比 21.11%,其他地区占比 3.47%。在工程科和科技科、商科和管理科、理学科等主要学科类方面,香港年均培养超过 15000 人规模的学生人数。

7.5.2 香港在"一带一路"与粤港澳大湾区科技创新中的不足

1. 香港研发投入不足与市场规模较小，导致驱动本地科技创新的供给与需求两头不足

香港的研发投入与经济规模不相称，资本投入对创新的拉动作用有待提高。创新需要持续的研发投入作为支撑，大量的研究已经证明资本投入对一个经济体创新能力提升和科技产出增加具有较为显著的拉动作用。近年来，伴随着香港四大支柱产业的竞争优势相对下降，香港特区政府不断增加研发支出，以提升香港的创新活力，但从相对规模和占 GDP 比例来看，仍处于较低水平。香港回归之初，香港本地研发支出占 GDP 比例只有 0.43%，2015 年提升至 0.76%；2018 年香港本地研究及发展总开支为 244.97 亿港元，同比上升 10%，占当年 GDP 的比例增长至 0.86%。然而，同期深圳研发投入约 1000 亿元，研发经费投入强度为 4.2%，香港不及深圳的四分之一。在粤港澳大湾区"9+2"各城市中，香港研发投入占 GDP 比例仅高于澳门，低于 2.23% 的全国平均水平。显然，这一比例是与香港经济发展水平极不匹配的，资本投入对香港创新的拉动作用仍有待提高。

本地市场规模小，科技产业缺失，科技创新成果转化落地难。香港高校的生物、化学、医药、桥梁工程、电机与电子学科等学科具有规模优势，不少学科更是具有全球竞争力，但由于香港本地市场规模偏小且产业链不齐备，其在通信、设备制造、生物医药等领域的技术创新成果的更新壁垒与升级成本要高于粤港澳大湾区的广州、深圳等城市。例如，由于香港本地市场相对较小，大数据相关的技术创新成果难以维持低成本的运营与升级运作。检测检疫行业与仪器设备即使有新的专利在不断申请和授权，但本地的制造商也早已不具备加工的产业链，因而也就不具备成套加工的成本优势。此外，产业迁移与部分行业缺失，进一步导致研发成本与转化成本提高。2009～2012 年，香港在 H01L（半导体器件）领域的专利申请量较高，但此后申请数量逐渐减少，表明香港在半导体等电气组件中的创新优势随着产业发展的转型已经逐渐发生了转移，驱动产品进行技术升级的需求有所下降。

2. 香港基础科研、教育与市场需求不符，限制了其应用技术创新能力的提升

在以基础研究为核心的评价体系下，香港应用技术创新产出严重不足。香港的研发投入以政府推动为主，政府投入又以基础研究为重，这就使得香港科技创新研究长期偏重基础研究，应用研究成果产出的数量比例长期处于较低水平。无论是从科研人员规模还是研究经费开支角度看，高等院校都是香港科技创新活动的最重要的主体。从投入来看，高校的研究经费主要来源于政府投入，政府对高校的拨款依据"研究评审工作"（Research Assessment Exercise，RAE）的结果来分配。RAE 评价机制中 80% 的权重是依据学术论文发表的档次。因此，大量高校的科研工作主要聚焦于理论与学术探讨。这在成就香港基础科研优势的同时，也使其在产出方面缺乏应用技术研究与将科技成果进行市场转化的动力。此外，香港高校在招聘教师与教师晋升过程中，也参照 RAE 评价体系进行绩效考核与职称评审，层层推进之下导致高校的教师越发重视基础研究。因而，在高质量论文的产出不断提升的同时，香港成果转化率则相对较低。

教育与市场需求脱轨，导致高技能人才大量流失。尽管香港的大学在科学与工程学科的基础研究、应用研究保持着世界前列的水准，但多数前沿基础研究成果因与当地市场需求不符而转化不足。香港 5 所应用科学研究院以及香港理工大学、香港科技大学许多科研成果研发出来后被束之高阁。香港科学、技术、工程、数学（STEM）毕业生在港的工作前景不如商业、金融等专业的毕业生，也不及医科及法律专业的毕业生，因此从生源供给和人才储备上逐渐形成了一个供求不足的恶性循环，无法为香港本地的高科技产业发展提供适配性较高的技术人才。此外，第一太平戴维斯（Savills）发布的生活/工作指数（Live-work Index）显示，2018 年香港的创业成本位居全球第二，仅次于纽约；员工的薪酬可达到 7.68 万英镑/a，高于伦敦、东京、巴黎、旧金山等创新城市经济体。香港创业失败的机会成本较高催生了相对保守的创业文化。加之创业经验不被社会视为工作经验，创业培训指数低于世界平均水平，创业者面临较大的家庭与社会压力，导致创新创业的比较收益与获得感较低。

技术创新能力不足，导致香港新经济增长点难以有效形成。尽管近 20 年来，香港专利申请呈指数型增长趋势，但从专利的绝对数量来看，其累计专利申请总数仅 45 314 条，远低于同时期粤港澳大湾区的广东、深圳、珠海和佛山等城市。此外，美国、日本、韩国和新加坡等发达经济体的经验表明，创新活力较高的国家或地区，其发明申请和发明授权的比例一般较高。而香港的专利中超 40% 是外观设计，价值相对较大的发明申请和实用新型的比例均低于 30%；无论是与美国、日本、韩国和新加坡等发达经济体相比，还是与中国内地的北京与上海，或者与粤港澳大湾区内的其他主要城市相比，香港在高价值专利的占比方面均存在一定的差距。香港在 119 个国家或地区中排名 78，排名居于后 35%，不仅低于英国、美国、德国等西方发达国家，也低于同属亚洲的新加坡，与仍处于发展中水平的中国内地相比也存在较大的差距。相较之下，香港在技术创新方面严重落后于周边国家和地区，其技术创新能力不足导致其新经济增长点难以有效形成，低质量的专利成果也难以成为推动香港经济转型发展的新动力。

3. 技术创新与产业协调性差，弱化了香港在 "一带一路" 和粤港澳大湾区中的创新功能

香港的制造业行业缺乏竞争力，导致技术创新与产业的协调性较差。2018 年香港服务业占比高达 93.1%，是全球服务业主导程度最高的经济体之一。这种超高的服务业比例，从一方面看，反映了香港产业结构的高级化与成熟；但从另一方面看，也反映出香港经济发展存在着明显的结构性矛盾。制造业是技术创新的需求之源与转化场所。香港制造业比例相对过低，导致其缺乏技术创新的动力。其次，香港经济的结构性问题不仅是产业结构问题，制造业内部也存在着深层次矛盾难以突破。香港制造业 GDP 占比仅 1.0% 左右，现

存的制造业主要是一些传统劳动密集型产业。根据发展规律，当一个地区的人均 GDP 达到 1.5 万美元以上时，劳动密集型制造业将失去竞争力，技术密集型产业将建立起来，并向高技术产业转变。而香港人均 GDP 已超过 4.8 万美元，但严重缺乏技术密集型产业，尤其是高技术产业。从创新与产业的协调性角度来看，香港过早脱离了实体经济，导致香港制造业中的技术创新无法创造更高的价值，从而导致香港在新一轮技术产业革命中，经济转型和优势重塑的难度大大增加。

香港的技术创新、资本与产业发展与粤港澳大湾区其他主要城市的需求存在脱节风险。自中国内地改革开放之后，香港凭借其灵活自由的市场体制、资本与技术优势以及良好的国际商贸网络，帮助中国内地迅速改善了落后的产业结构，进而以巨大的制造业规模占领了国际市场。这一时期，香港与中国内地，尤其是粤港澳大湾区的广州、深圳、珠海等城市形成了优势互补的协作模式，提升了双方的竞争优势。但当前来看，在新一轮产业与技术变革中，由于当前广州、深圳等地经济产业结构，特别是在制造业领域出现明显的科技化、智能化、柔性化趋势，与香港产业经济轻工化、服务化、资本化的特点不协调，香港技术创新、产业结构与内地发达地区需求存在脱节风险。香港在高科技产业领域发展长期缺少内在和外在动力，与地区的研发体系及高科技产业链缺少紧密合作的网络，在新一轮的产业经济体系中难以有效发挥作用。

7.5.3 打造香港与粤港澳大湾区其他城市协同互补的科技创新合作政策体系

1. 促进香港积极融入"一带一路"和粤港澳大湾区建设，携手共建国际科技创新中心

面向"一带一路"和粤港澳大湾区国际科技创新中心建设，推进内地和香港的"双轮"驱动。根据《2020 年全球创新指数》报告，全球创新策源地均是由前沿科学与技术创新的"双轮"共同推动的，打造具有世界级竞争力的科技创新中心，要重视基础科研与保护原创，但同时也必须立足基础科学突破着力推进技术创新，"双轮"驱动将成为全球创新策源地崛起的关键所在。通过对香港的基础科研能力进行分析，发现近年来香港的基础科研发展迅猛，在人文社科领域具有较强的竞争力，在人工智能、生命科学和生物医学、材料科学和金融学四个优先发展学科上发展势头良好。从合作对象来看，中国内地现已成为香港人工智能、生命科学和生物医学、材料科学最主要的合作伙伴。此外，香港在人才培养、法律环境、配套服务与国际市场等方面，一方面与以深圳为代表的内地城市有良好的互补性；另一方面，深圳、东莞、佛山和惠州等地制造业集聚，为香港技术创新成果的转移转化提供了良好的产业转化载体，可通过产业协作调节人才供需与人力资源流动。面向"一带一路"和粤港澳大湾区国际科技创新中心建设，内地和香港须向着科技创新的"双轮"驱动目标调整。

围绕内地和香港的重大科技创新需求，依托香港各大学的优势学科，加强重点学科领

域的跨地域合作。依托香港城市大学和香港理工大学等高校重点发展人工智能,进一步促进其与中国科学院、哈尔滨工业大学、深圳大学、南方科技大学、中山大学等进行产学研多方合作。依托香港大学等高校重点发展香港生命科学和生物医学领域,促进其与中国科学院、中山大学以及伦敦大学、加州大学、哈佛大学等进行多方合作,进一步提升香港在 "一带一路" 和粤港澳大湾区建设中的原始创新能力。以中国科学院为重要合作对象,加强香港高校和中国内地的高校与科研机构的强强联合,持续推进材料科学领域发展。依托香港大学、香港科技大学、香港中文大学、香港城市大学、香港理工大学等重点金融学强势高校,进一步促进其与上海财经大学、北京大学,美国的加州大学和得州大学,以及新加坡国立大学和新加坡南洋理工大学等在金融领域的深度合作,尤其是深度融合数字金融与金融科技领域,激发交叉学科的创新活力。

紧抓第四次产业革命契机,建设全球科技创新高地和新兴产业重要策源地。进入 21 世纪以来,全球科技创新进入空前活跃的时期,新一轮科技革命正在重构全球创新版图。以云计算、人工智能、智能制造、物联网、3D 打印等为标志的新一轮产业与科技革命正在全方位多领域深层次地改变着传统的经济形态。全球主要经济体积极推出和布局自己的科技战略和政策。在此背景下,香港应立足于电子与通信学、计算机科学、工程学、商业与经济学等优势大方向,鼓励香港与 "一带一路" 及粤港澳大湾区大力发展创新科技,拥抱新经济,前瞻性布局一系列新科技、新业态与新项目。发挥香港在金融、基建等方面的优势,加大在科研创新方面的投入,增加在新科技新业态上的资源投放;大力发展金融科技,深化生物医药领域合作。鼓励各界向香港有优势或有需求的产业进发,优先在港发展人工智能和机器人科技、生物科学、智慧城市、金融科技和新材料等,建设全球新一轮科技创新高地与新兴产业重要策源地。

2. 持续优化香港科研环境,提升科技成果对 "一带一路" 和粤港澳大湾区建设的针对性

优化香港科研评价体系,改善科研经费投入结构,提高科研资金利用效率。在科技经费投入方面,一方面要鼓励香港特区政府持续提升研发经费投入,保持与其经济规模相称的科技创新投入比例,并大力鼓励工商机构和社会机构持续提升研发投入;另一方面要改善投资结构,引导科研经费优先流向两地契合度高的领域。在经费使用方面,优化香港现有的以基础研究为导向的创新评价体系,改革大学绩效指标及科研资助机制,组建由政府、业界和科研人员共同组成的基金委员会,引导学者重新将学术重点投入到社会实效领域。支持香港研究资助局和创新科技署适当增加应用基础和技术研发类的考核指标,如引入专利被引率、专利转让获利、学校培养企业和风险资本投资等评价指标,促进香港在技术创新领域的能力提升与创新氛围改善。

加强与 "一带一路" 合作伙伴的创新联系与战略合作的针对性。香港具有科研合作的中转与枢纽功能,与 "一带一路" 合作伙伴和粤港澳大湾区的科研合作领域各具特色与优势。研究发现,香港与中国内地科研合作的优势领域和香港与 "一带一路" 合作伙伴有较大的重叠,在工程学、材料科学、物理学、化学、计算机科学等自然科学和应用科学领域

的科研成果丰硕，而古生物学、热带医学、天文学与天体物理学、寄生物学、真菌学等小学科是香港与"一带一路"合作伙伴合作时最具优势的研究方向，后续要加强经济学、社会学等人文学科的交流与科研合作。未来，香港可借助相关国际组织，加强优势学科合作，形成劣势学科互补，通过与企业、研究机构、高校、政府、金融、中介服务等机构合作，建立长期稳定的多元化创新合作机制。

面向国家发展大局，强化香港科技产出满足国家需求的能力。香港特区政府可与粤港澳大湾区主要城市设立联合科技创新基金，为提升产业创新研发与科技水平提供资金支持。鼓励香港要面向中国发展大局，积极参与国家科技重大专项、国家重点研发计划等重大项目，产出一批满足国家需求的应用导向的重大科技合作成果。构建形式多样的合作机制，推动香港卓越研究的成果在深圳、广州、东莞等粤港澳大湾区核心城市以及"一带一路"合作伙伴进行转让转化，提升香港与"一带一路"合作伙伴和粤港澳大湾区科技创新合作的平台和枢纽功能。

3. 构建香港与"一带一路"及粤港澳大湾区开放型融合发展的区域协同创新共同体

借助香港强大的资源汇集能力，打造汇通中外的世界级优势资源汇聚平台。作为国际自由港，香港能够获取很多内地难以得到的信息、技术、设备等重要资源，起到缓冲国际矛盾、促进交流互动的作用。"一国两制"使香港有机会成为国外和内地的缓冲地带和桥梁纽带，在购买先进仪器、引进海外团队、开展合作研究等方面具有更多弹性。这不仅是香港自身科研的一大优势来源，更为培养创新人才、辐射带动粤港澳大湾区科技创新发展做出独特贡献。从吸引和打造国际企业、走向国际市场来看，香港既可以为重视中国市场又心存疑虑的外国资本和企业提供一种"两全"选择，也可以为中国企业和产品走向世界提供更多经验和便利，共同打造汇通中外的世界级优势资源汇聚平台。

持续完善知识产权保护制度，建设世界一流的专利转移与交易中心。香港以前实行转录制度，专利申请人必须先在香港以外指定专利当局提交相应申请。2019 年，香港引入了原授专利制度，为专利申请人在香港寻求标准专利保护提供了另一途径。在新制度下，专利申请人可直接在香港提交标准专利申请，不再局限于"再注册"制度规定。实施新专利制度是香港专利制度发展的里程碑，有助促进香港发展成为世界一流的知识产权交易及专利转移中心。面向未来，香港应持续完善专利保护制度，促进专利保护继续向国际化、法治化、便捷化方向挺进。同时，应充分发挥香港的检验和认证优势，将香港作为内地的国际认证中心，协助粤港澳大湾区的科研成果、产品、技术标准等争取国际认可和认证，进而打造世界一流的科技创新交易圈。

4. 深化香港与"一带一路"及粤港澳大湾区的产业合作，促进人才、产业与创新协同发展

充分发挥内地和香港优势，提升香港与"一带一路"及粤港澳大湾区的科技交流互动的多样性。鼓励香港与粤港澳大湾区及"一带一路"具有条件的国家和地区，谋划

建立大学科技创新联盟；以粤港澳大湾区院士联盟为依托，强化高层次人才与科技联盟的日常运作，增强粤港澳大湾区的院士学术交流、科技咨询和科普工作的高度、广度和密度。推动和协调中国科学院与香港六所大学的科研合作积极性，尤其是合作共建的 22 个联合实验室以及涉及中国科学院研究所的 6 个国家重点实验室之间的交流合作。依托粤港澳大湾区科技集群多方创新主体，搭建重点技术创新合作渠道，促进香港的高等院校及研究机构与深圳、广州等粤港澳大湾区内城市的企业间的业务联系与合作。鼓励有条件的科研院所、企业设立联合科技研发中心，建立持续性的研发合作平台，设置更多的产业孵化与培育中心，积极实现知识链、资本链、产业链联动战略，加速科技与经济的深度融合。

开展多层次人才培养模式探索，以产业融合促进香港与粤港澳大湾区的人才流动。开展多层次的人才培训模式探索，推动香港和内地研究生的联合培养教育。完善创新及科技基金、人才库与项目库建设相关政策体系，鼓励更多专业人士投身创新与科技行列。举办学术会议、学术研讨会和培训等，推动香港科教与产业融合发展。组织开展科普教育活动，增进大众对科技的兴趣，进一步提升香港及粤港澳大湾区科技创新的社会氛围。充分利用《内地与香港关于建立更紧密经贸关系的安排》及其补充协议、《粤港合作框架协议》、服务贸易自由化等制度框架，持续放宽人才引进约束，促进香港和粤港澳大湾区主要城市的科技人才交流。进一步扩大专业服务资格互认的行业范围，制定相应的实施细则，增加两地专业资格互认的途径，简化专业服务人员赴港工作、培训入境的手续；明晰香港专业人员的资格认证操作措施，加强深港两地专业人才的交流与融合合作。

参 考 文 献

安宁，马凌，朱竑 . 2018. 政治地理视野下的粤港澳大湾区发展思考 . 地理科学进展，37（12）：1633-1643.

陈德宁，吴康敏，吴家瑜，等 . 2022. 欧盟跨边界合作研究对粤港澳大湾区协同治理的启示 . 热带地理，42（2）：283-292.

康蕾，刘毅 . 2020. 粤港澳大湾区优化发展的关键要素特征及其功能升级 . 地理研究，39（9）：2015-2028.

蓝雪，刘承良，罗荣婧，等 . 2021. 中美博弈下的经济权力空间动态性与异质性 . 地理科学进展，40（5）：825-838.

刘承良，桂钦昌，段德忠，等 . 2017. 全球科研论文合作网络的结构异质性及其邻近性机理 . 地理学报，72（4）：737-752.

刘毅，王云，李宏 . 2020. 世界级湾区产业发展对粤港澳大湾区建设的启示 . 中国科学院院刊，35（3）：312-321.

刘毅，王云，杨宇，等 . 2019. 粤港澳大湾区区域一体化及其互动关系 . 地理学报，74（12）：2455-2466.

刘云刚，侯璐璐，许志桦 . 2018. 粤港澳大湾区跨境区域协调：现状、问题与展望 . 城市观察，（1）：7-25.

叶玉瑶，王景诗，吴康敏，等 . 2020. 粤港澳大湾区建设国际科技创新中心的战略思考 . 热带地理，

40（1）：27-39.

叶玉瑶，王翔宇，许吉黎，等 . 2022. 新时期粤港澳大湾区协同发展的内涵与机制变化 . 热带地理，
    42（2）：161-170.

游玎怡，李芝兰，王海燕 . 2020. 香港在建设粤港澳大湾区国际科技创新中心中的作用 . 中国科学院院
    刊，35（3）：331-337.

张虹鸥，吴康敏，王洋，等 . 2021. 粤港澳大湾区创新驱动发展的科学问题与重点研究方向 . 经济地理，
    41（10）：135-142.

赵晓斌，强卫，黄伟豪，等 . 2018. 粤港澳大湾区发展的理论框架与发展战略探究 . 地理科学进展，
    37（12）：1597-1608.

第8章 欧盟科技一体化研究对构建粤港澳大湾区协同创新共同体的启示

欧盟在促进创新资源跨境流动、合理布局要素、降低流通成本、打造创新合力方面积累了丰富的实践经验，这些经验对粤港澳大湾区构建协同创新共同体具有借鉴意义。本书结合文献调研、系统性文献综述、科学计量和社会网络等方法，分析了欧盟科技一体化建设取得的成功经验，剖析了粤港澳大湾区构建协同创新共同体的基础条件，并对粤港澳深化协同创新提出了对策建议。本书发现，欧盟的科技创新一体化建设进程是沿着科技基础设施建设统筹—科技计划统筹—科技资源全面战略统筹推进的，统筹过程中重视区域协调性、领域协调性、系统开放性和制度完备性。分析粤港澳大湾区的合作基础，珠三角内部科技合作和跨境科技资源衔接均取得进展，但是仍然存在科技资源分布严重不均、知识产权制度性障碍明显、科技创新系统开放性不足、跨境的创新资源要素流动受阻、战略统筹落实难等问题。围绕上述问题，本书建议从四个方面促进粤港澳大湾区协同创新共同体建设，一是优化多边战略协调组织机制，重点完善粤港澳三地协同创新顶层设计，优化内地与香港科技合作委员会、内地与澳门科技合作委员会组织架构，已有架构基本为学界代表，区域以广深港澳为主，应扩充业界代表及增加重要地市代表；二是以科技设施共建共享作为深化科技合作机制的先导性任务，从跨境国家级、省级实验室体系建设，以及重大科技基础设施共建共享等方面率先进行科技合作长效机制探索，推动粤港澳科技合作做实做优；三是设立高层次的粤港澳三地政府间知识产权专责委员会，完善三地行政、司法保护部门常态化协调机制，推动跨区域知识产权政策协调；四是充分尊重"一国两制"，善用软手段推动战略衔接。

8.1 科技一体化理论与粤港澳大湾区协同创新共同体建设

经济学家贝拉·巴拉萨提出了经济一体化概念，他认为经济一体化既是一个过程，又是一种状态（孟庆民，2001）。就过程而言，它包括旨在消除各国经济单位间差别的种种举措；就状态而言，则表现为各国间各种形式的差别待遇的消失。后来"一体化"概念逐渐扩展。现在，一体化过程既涉及国家间经济，也涉及政治、法律和文化，或整个社会的融合，是政治、经济、法律、社会、文化的一种全面互动过程（楚树龙和耿秦，2003）。由于它涉及主权实体间的相互融合并最终成为一个在世界上具有主体资格的单一实体，因而它不同于一般意义上的国家间合作，涉及的也不仅仅是一般国家间政治或经济关系。一体化的基本特征在于自愿性、平等性和主权让渡性，其核心是国家主权的让渡是一个长期、渐进的过程，在这过程中制度化和法律化就成为实现一体化的基本前提和保障。

就区域科技一体化而言，从字面上看，可以理解为"区域科技"的"一体化"，是指整合区域内部科技资源和科技活动，侧重于区域内部的联合与互动。关于区域科技的概念，清华大学吴贵生等（2004）曾给出了广义和狭义的两个概念。区域科技的广义定义是：区域内科技资源（科研机构、人员、仪器设备、科技基础设施等）和科技活动的总和，包括中央、地方甚至跨国公司研究发展机构及其一切科研活动；狭义的定义是："根植"或服务于区域经济社会发展的科技资源和科技活动的总和。但是无论从广义还是从狭义的角度定义，区域科技都可以看成是一个系统或体系，即"区域科技系统"或"区域科技体系"。区域科技是一个复杂的系统，就其构成要素而言，一般包括以下几个部分：一是科技投入，包括科技人力资源、科技经费、科技基础设施等；二是科技产出，包括实际的知识创新成果，如科技论文论著、技术发明专利、科研方法与实验数据等；三是投入和产出之外的科技活动，包括基础研究、应用研究和实验开发以及科技成果的产业化过程；四是科技体制和科技运行机制，包括官产学研的紧密结合和政府机构的协调等作用的发挥。

我们认为，区域科技一体化可以理解为不同区域在科技领域实现了全面深度的合作，无论是科技投入、科技产出，还是其他各类科技活动，无论是政府的还是民间的，都形成了互补的、相互依赖的、稳定的、持久的合作关系。区域科技一体化的发展中，政府起着主导作用，大学、研究机构和公司是其中的行为主体，区域共同市场是发展合作的基础和舞台。政府主导推进区域科技联合，目的在于追求区域间统筹和谐发展的共赢局面。

推动区域科技一体化的空间动力机制是复杂的，既有科技资源区域差异与互补的地理动力基础，又有发展与创新所引起的竞争推动，还有区域形象塑造及利益共同导向的目标诉求。从本质上看，区域科技一体化发展的过程是区域地方政府之间博弈—均衡的结果，是一种建立区域科技合作框架，达成区域共同利益最大化的制度安排。

另外，区域科技一体化不是一蹴而就的，而是分阶段逐步实现的。根据科技一体化过程中区域空间结构的演变情况，区域科技一体化可分为边界效应屏蔽阶段、初级阶段、扩散发展阶段和区域空间一体化阶段，如表8-1所示（马勇，2011）。

表8-1　区域科技一体化的发展阶段及特征

发展阶段	主要特征
边界效应屏蔽阶段	区域间关系泾渭分明，相互作用通道不畅，科技活动被边界隔离屏蔽；区域内部呈现离散孤立状态
初级阶段	区域间科技合作以单纯要素交流为主；区域间合作交流渠道和机制狭窄，孤立点对点式合作；区域内部呈现极化效应，科技中心产生
扩散发展阶段	区域间行政壁垒开始突破；区域间科技合作领域拓展，线对线式合作增多；区域内科技合作占主体；区域内科技中心向四周地区扩散，知识主要是区域内溢出
区域空间一体化阶段	区域间科技要素自由流动；区域间科技合作表现为全方位的协调与规划；区域科技经济发展迈入一体化发展阶段，共同研究区格局基本形成，表现为区域间知识溢出及点线面网相结合的立体式合作；区域内科技格局相对稳定

2019 年 2 月 18 日，《粤港澳大湾区发展规划纲要》（简称《规划纲要》）对外公布。《规划纲要》的主要内容就是"一个中心，一个愿景，七大重点，四项措施"。"一个中心"，就是支持港澳融入国家发展大局。"一个愿景"，就是建设富有活力和国际竞争力的一流湾区，成为扎实推进高质量发展的示范。"七大重点"，就是明确了建设国际科技创新中心、加快基础设施互联互通等七个重点领域。"四项措施"，就是加强组织领导、推动重点工作、防范化解风险、扩大社会参与。《规划纲要》指出，在"一国两制"下，粤港澳社会制度不同，法律制度不同，分属于不同关税区域，市场互联互通水平有待进一步提升，生产要素高效便捷流动的良好局面尚未形成。科技是第一生产力，提升粤港澳大湾区整体的竞争力，科技一体化也不可或缺。构建粤港澳大湾区协同创新共同体是建设国际科技创新中心的核心任务之一。

对比表 8-1，粤港澳大湾区科技创新一体化仍然在初级阶段。"以史为鉴，可以知兴替"。粤港澳大湾区科技一体化如何做需要借鉴历史经验，以避免走弯路走错路。与全球其他湾区相比，粤港澳大湾区有自己的"区情"，其他湾区均是一个国家内部的融合，粤港澳大湾区的情况较为复杂，除了"一国两制三关税区"的现实情况外，还有各个城市之间地位、发展的不平衡性。相比较而言，欧盟在促进创新资源跨境流动、合理布局要素、降低流通成本、打造创新合力方面积累了丰富的实践经验。这些经验对粤港澳大湾区具有借鉴意义。鉴于此，本研究从科技一体化发展历史演进的视角，总结欧盟科技一体化建设的经验，结合粤港澳大湾区科技合作形势，为粤港澳大湾区协同创新共同体建设提供有益参考。

8.2 欧盟科技一体化建设历程与成功经验

8.2.1 欧盟形成的历史背景

统一欧洲的想法过去只是哲学家和空想家的梦想。法国文学家雨果曾在人文主义的理想启发下，构想了一个和平的"欧洲合众国"[①]。第二次世界大战结束以后，渴望和平的人民决心结束仇恨和对抗，建立起来一个新的欧洲。1945～1950 年，包括罗伯特·舒曼、康拉德·阿登纳、阿尔契德·加斯贝利和温斯顿·丘吉尔在内的欧洲领导人开始着手说服欧洲人民走进新纪元。西欧的新结构基于共同利益，建立在保证法制和国家平等的条约之上。法国外交部长罗伯特·舒曼采纳了经济学家和外交家让·莫内提出的意见，于 1950 年 5 月 9 日正式提出建立欧洲煤钢共同体，由一个共同机构对欧洲部分国家的煤炭开采进行管理。战争的原料变成了各国和解与实现和平的工具，这是一种务实而又充满象征意义的方式。

---

① 方丹 P. 欧盟问题十二讲 . http://www. eeas. europa. eu/archives/delegations/china/documents/more_info/12_lessons_zh. pdf[2021-09-14].

从经济角度看，为了实现规模经济和寻找新客户，欧洲公司需要比本土更广阔的市场，统一的欧洲单一市场可解决这个问题。再者，欧洲单个国家人口占世界人口比例较小，在经济、社会、科技、商业和政治方面，欧盟比各个成员国单独行动更有影响力，共同行动和共同话语权拥有附加值。新兴经济体如中国、印度和巴西都将不断进步，并可能成为全球超级大国。这使欧洲国家团结一致取得"集团效益"来保持全球影响力的必要性越来越大。这是欧盟成立的历史原因。

8.2.2　欧盟科技一体化的发展历程与现状

欧盟一体化包括经济、政治、军事等方面的一体化（李世安和刘丽云，2003），各个方面之间相辅相成。经济、政治、军事的一体化需要科技一体化作为支撑，科技一体化也需要政治、经济一体化作保障。欧盟科技一体化是欧盟一体化的必然产物，同时，又反过来对欧洲一体化及其在国际上的地位产生重要的影响，为欧洲的经济繁荣和政治独立奠定基础。

按照科技一体化形式、内容的阶段性区别，欧盟科技一体化大致可分为如下三个阶段，且沿着科技基础设施建设统筹—科技计划统筹—科技资源全面战略统筹推进。

1. 初级阶段（20 世纪 50 年代至 1972 年）

大型科技基础设施建设中，单个国家无力承担如此大的工程，如核能、航空航天等。但这些研究领域又具有十分重要的战略意义。共同的利益点促使了大型科技基础设施和管理它的跨国科学实验室的产生。跨国实验室的建设和运营，是欧盟国家科技资源共享的示范和探索。

2. 探索阶段（1973～2001 年）

1973 年，欧共体推动了拉尔夫·达伦多夫（Ralf Dahrendorf）提出的研究、科学及教育工作计划（Working Program in the Field of "Research, Science and Education"），欧盟的科技一体化开始了全面的组织体系、法律法规政策体系的建设。1984 年，第一框架计划开始执行，预算为 32.71 亿埃居（欧洲货币单位，后改为欧元）。其中，67% 的预算投入到以信息技术和能源为代表的工业研究领域。实际上，它的推出确立了未来欧洲合作的模式。第一框架计划的设立也得到了欧洲许多大型跨国集团的支持，它们认为欧共体应该出资对协作研发项目进行资助。由于出台非常紧迫和仓促，第一框架计划在组织形式上只是超国家层面研发计划的初步尝试，仅仅是把各个分散的项目集合起来，还不具备法律基础，也不具有自由筹集和支配科研资金的权利。

1986 年，欧洲《单一欧洲法案》出台，明确提出"强化欧洲产业的科学与技术基础，鼓励其拥有更强的国际竞争力"的战略目标，从而确立了欧共体发展科技的法律地位，并将科技政策与欧共体的经济政策、社会政策等放到了同样重要的位置。第二框架计划将欧洲信息技术研究发展战略计划、欧洲产业技术基础研究计划和欧洲高级材料研究计划等多项已经运作的领域性计划纳入其中（徐峰，2018）。由于第二框架计划的地位和作用在《单一欧洲法案》中得到确认，因此可以认为第二框架计划是欧洲全面努力制定欧共体科技战略的开始。

1990 年欧共体推出第三框架计划，该计划首次将生命科学列为重点研究领域，并将人力资源与人员流动作为专项单列，也体现出欧盟对促进欧洲各国间科研人员流动的重视。

1993 年《马斯特里赫特条约》（也称为《欧盟条约》）正式生效，欧共体更名为欧洲联盟（简称欧盟）。欧盟条约明确规定，框架计划将欧盟进行的所有非核心研究开发活动全部纳入自己管理范围，从而使框架计划真正成为一个涵盖全欧洲的大型研究与技术开发计划。

在这一阶段，欧盟科技一体化逐渐加深，制度体系逐渐完善，合作模式逐渐成熟。

3. 统一研究区建设阶段（2002 年至今）

欧洲研究区计划于 2002 年前后推出，建立"欧洲研究区"是欧盟的一项政治战略，有其深刻的历史背景及必要性和紧迫性。几十年来，虽然通过一系列大型研究与开发计划的实施，推动了欧盟科技联合；调动了各成员国的研究与开发的积极性；相对集中了欧洲的人力和财力，促进了欧洲地区的科技进步；提高了欧洲企业的国际竞争力。然而，与其强有力的竞争对手相比，在研究与开发方面，欧盟仍存在着不少差距和弱点。尤其是随着成员国的增多，各国的科技政策、科研经费及科研水平千差万别；加之政出多门、各行其是的致命弱点，造成了欧洲研究与开发的极大脆弱性。其主要问题如下（金启明，2002）。

（1）各国科研经费总额差异较大，造成了欧洲整体科研经费不足，极大地限制了研究与开发的发展。2001 年，美国、日本的研究与开发总投入分别占 GDP 的 2.7%、2.9%，而欧盟仅占 1.7%。

（2）因各成员国皆有自己的研究与开发计划，欧盟很难集中使用全欧的科研力量，特别是精英力量。研究与开发工作相对分割，重复研究不可避免；人力和财力资源浪费巨大。

（3）各成员国的研究机构信息流动不畅。

（4）尚未建立全欧专利管理条例。欧洲专利局 EPO 作用待发挥。

（5）信息与通信技术的开发与应用对增强欧洲整体经济竞争力、改善人民生活质量以及保护欧洲社会模式发挥着越来越大的作用。欧盟在该领域的研究与开发还落后于竞争对手。

（6）面对未来科技发展的严峻形势，欧洲尚未形成一种手续简便、条件优惠的项目招投标体系，不少成员国的高水平研究机构和研究人员，特别是欧洲东扩的 13 个候选国及第三国的科研机构与人员很难参与欧盟的重要研究与开发项目。

（7）尚未建立一个系统的成员国、地区和欧洲的研究与开发网络。

（8）欧盟凝练研究开发优先领域的意识不足。

为了解决上述问题，欧盟提出了欧洲研究区概念，并将第六框架研究计划作为落实欧洲研究区战略的抓手。第六框架计划的宗旨就是以创建欧洲研究区为指南，落实欧洲研究区计划。

欧盟科技一体化的终极目标是提升欧洲整体的创新能力，促进经济社会发展。迄今为止，其在多个方面取得了成效，如建立了跨国协商机制，减少了各国之间的恶意竞争和科技资源重复投入，凝聚了欧盟的科研力量，增强了欧盟在基础科学和大科学层面的科研实力，促进了欧盟各地区的科研发展均衡性，从科技层面加速了欧盟经济一体化进程，为欧洲树立了良好的国际科技合作形象，增加了欧盟科学研究领域的开放性，吸引了发展中国家的创新资源等。

根据欧盟统计局（Eurostat）公布的数据，2018 年欧盟成员国中 25～64 岁科学家和工程师数量为 1720 万人，较 2017 年增加了 4%。科研人员数量排名方面，英国①第一共 330 万人（占全欧盟的 19%），德国排名第二共 310 万人（18%）；其次是法国 170 万人（占全欧盟的 10%），西班牙 140 万人（占全欧盟的 8%），波兰 120 万人（占全欧盟的 7%）；意大利排名第六，科研人员数量达 100 万人。

欧盟的研发投入位居世界前列。欧盟统计局 2019 年 9 月发布的最新数据显示，2017 年，欧盟各国研发投入总量约 3200 亿欧元，研发投入强度（即研发投入占 GDP 的比例）为 2.06%，与世界其他主要经济体相比，位居韩国（4.55%）、日本（3.20%）和美国（2.78%）之后，与中国（2.13%）的投入水平相当。研发投入的增长主要来自企业研发投入的增长。分地域来看，在欧盟成员国中，2017 年研发投入强度最高的国家是瑞典（3.33%），其次是奥地利（3.16%），之后是丹麦（3.06%）、德国（3.02%）、芬兰（2.76%）、比利时（2.58%）。2017 年有八个成员国报告的研发支出低于其 GDP 的 1.00%。这些国家加入欧盟的年限较短，其中研发投入强度最低的国家是罗马尼亚（0.50%），其次是拉脱维亚（0.51%）和马耳他（0.55%）。

欧盟对科技创新领域的支持也从早期的欧洲信息技术研究发展战略计划、七个框架计划，发展到了目前正在实施的"地平线 2020"计划。多年来，欧盟框架计划的发展一直伴随着欧盟的一体化进程。"地平线 2020"的预算总额达到了 770 亿欧元。如今，欧盟框架计划已成为当今世界规模最大、最具影响力的政府科技创新规划之一，在欧盟对科技研发的投入中，80% 左右的资金都用于框架计划。"地平线 2020"重新设计了整体研发框架，聚焦卓越科学、工业领袖和社会挑战三大战略目标，简化和统一了旗下的各个资助板块，保留了合理的政策，简化了难以操作或重复烦琐的项目申请和管理流程。"地平线 2020"中期评估的结论认为："地平线 2020"计划最初设定的干预原则和目标依然有效，加强欧盟的科学基础、缩小创新差距和保持产业领导力仍然是计划的主要目标②。实施效率方面，"地平线 2020"计划比欧盟第七框架计划更加高效，行政机构实施预算 60%，项目拨款时间缩减 110 天，大规模简化参与规则，大大改善了运营状况。"地平线 2020"计划的效果显而易见，提高了欧盟整体的吸引力，项目申请者来自 130 个国家，且超过一半

---

① 2020 年 1 月 31 日，英国正式退出欧盟。
② 张晅昱 . 欧盟"地平线 2020"计划中期评估的研究启示 . https://www.sohu.com/a/234610592_468720［2021-09-14］.

的申请者是新加入的，形成了不同国家、组织、科学学科和部门之间的合作。

欧洲研究区已经建设成为欧洲科技一体化的基础。自欧洲研究区战略提出以来，欧洲着力建设一个基于内部市场向世界开放的统一研究区域，研究人员、科学知识和技术在该市场中自由流通。其目的是使欧盟及其单个成员国的研究投资收益最大化；避免国家层面不必要的重复研究和基础设施投资；并提高欧洲研究界的效率。

重大基础设施方面，欧洲科研基础设施战略论坛（The European Strategy Forum on Research Infrastructures，ESFRI）通过弹性和有效的科技政策制定机制制定了《欧洲研究基础设施路线图》（以下简称《ESFRI 路线图》），以设定优先事项、升级现有设施并共同建立欧洲感兴趣的新研究基础设施的方式，形成会员国和联系国之间共同长期积累和使用的知识池、资源池和资金池。迄今为止的五版《ESFRI 路线图》（2006 年、2008 年、2010年、2016 年和 2018 年）促成了 55 项欧洲研究基础设施的开发，其中 37 项已经实施，涉及能源、卫生、食品和社会文化创新环境等科学和技术的所有领域，带动近 200 亿欧元投资①。《ESFRI 路线图》对在国家层面上促进研究基础设施的战略方法也产生重要影响，因为近年来有 22 个会员国制定了国家路线图，其中许多参考了《ESFRI 路线图》的制定方法并与《ESFRI 路线图》保持较好的一致性。

在建设统一的科研人力资源市场方面，欧盟启动了一项名为欧洲科研人员网络（EU-RAXESS）[前身为欧洲研究区–欧洲流动人员中心网络（ERA-More）]的跨国计划，旨在解决研究人员流动性障碍并增强欧洲与世界之间的科学合作。EURAXESS 服务网络遍布40 个欧洲国家，拥有 600 多个工作人员为研究人员服务，可在流动性和职业发展问题上为他们提供免费帮助。如今，EURAXESS 每年处理与科研人员流动相关的问题超过 450 000项。研究人员主要在入学条件、住宿、税收、健康保险以及资金机会等方面寻求帮助。研究人员还可以从 EURAXESS 提供的职业指导、陪伴和培训课程中受益。此外，EURAXESS提供了面向研究人员、研究组织和需要研究人员的私营企业的综合招聘工具。该门户网站列出了整个欧洲的研究职位空缺、资金和托管机会。EURAXESS 门户网站拥有超过 100000 个注册用户和 16 000 个注册组织。EURAXESS 在网络用户中非常流行，目前每月注册的网页浏览量超过 160 万次。在吸引国际人才方面，欧盟推出了 Euraxess Worldwide 项目。Euraxess Worldwide 项目的工作人员通过他们的网站、每月通信、活动和任务，将欧洲作为研究目的地，吸引国际人才，同时发展和活跃研究人员网络。Euraxesa Worldwide 项目在以下国家和地区拥有专门的团队：东盟（重点关注新加坡、泰国、印度尼西亚、马来西亚和越南）、拉丁美洲和加勒比（专注于巴西、阿根廷、智利、墨西哥和哥伦比亚）、中国、印度、日本、韩国和北美洲。

章程和守则的重要作用在于为研究人员开发一个有吸引力、开放和可持续的欧洲劳动力市场。《欧洲研究人员宪章》是一套一般原则和要求，规定了研究人员及其雇主和资助者的作用、责任和权利。《研究员征聘行为守则》规定了征聘和甄选过程的透明度，确保

---

① 中国科学院科技战略咨询研究院. 欧洲 ESFRI 发布 2018 年科研基础设施路线图 . http://www.casisd.cn/zkcg/ydkb/kjqykb/2018/kjqykb20181111/201811/t20181113_5170511.html（2018-11-13）[2021-09-14].

所有申请人的平等待遇。为了推动章程和守则的实施，欧盟还推出了研究人员人力资源战略（HRS4R）。通过严格的程序和机制，机构评选出"科学研究人力资源卓越奖"，然后在 EURAXESS 门户网站、机构网站和宣传材料上公布。这种评选，促进了科学研究人力资源的配置。另外，为了解决科研人员流动的社会保障问题，欧盟于 2017 年建立了第一个泛欧多雇主企业年金基金 RESAVER。该基金允许研究人员在国家间流动时仍然隶属于同一个养恤基金，解决了科研人员流动障碍，并促进了从事研究的组织之间的国际合作。荷兰、意大利、匈牙利、奥地利和比利时已经加入 RESAVER。欧洲研究区建设的另一重要目标是实现研究中的性别平等。*SHE Figures* 2018：*Gender in Research and Innovation* 报告显示整体在改善。就博士毕业生而言，性别均衡实际上已经实现。

8.2.3 欧盟科技一体化的特点及成功经验总结

总结来看，欧盟的科技一体化建设具有战略性、竞争性、公平性和开放性等特点。制度的衔接逐步细化，为其推进提供了保证。

1. 战略性

1）区域战略性

欧盟对每个国家主要负责的科学领域进行统一部署，并根据不同国家科学发展特点，给予特定形式支持。早在 20 世纪 90 年代，欧盟委员会就出台了对欧盟未来科技发展方向至关重要的《增长、竞争力与就业白皮书》。该白皮书首次明确提出把欧洲层面上的协调活动也作为欧盟科技发展中除增加投资和技术成果应用外的第三个重点发展方向。随后的第四框架计划（FP4）中也明确强调了这一点：FP4 要关注那些能改善共同体与国家的研究计划之间的协调以及共同体与其他国际层面的科学活动之间的协调（靳仲华和周国林，2005）。欧盟认为，如果不对欧盟层面和国家层面的科学活动进行战略协调，就会导致不必要的重复，资源得不到合理的配置。数字电话公共交换系统的研制就是一个典型的例子。在欧共体国家中，当时在研制的同类系统不少于 9 台，如果算上德国罗伦茨公司与美国国际电话电报公司合作研制的"12 号系统"，就有 10 台之多。与之相比，美国当时研制的同类数字电话公共交换系统仅 3 台（包括 12 号系统），日本只研究了 2 台。其结果是欧共体国家几乎花费了 70 亿美元，相当于日本的 4 倍和美国的 2 倍，类似这种重复研究的现象在欧共体国家内部是普遍的（杨逢珉和张永安，2008）。以往欧盟的协调方法主要是各成员国与欧盟负责研发的官员自发沟通，独立做出决定。这种沟通方式很难奏效。因此，欧盟从 FP4 起，启用了三种新的协调方式。其一是为了支撑战略协调建立了科技统计体系。欧盟委员会下属的科技研究委员会（Scientific and Technical Research Committee，CREST）启动了专门对成员国中欧共体研发政策的影响进行评估的计划；欧盟委员会也于 1994 年成立了欧盟统计局，专门公布欧盟及各成员国与科技相关的数据统计表。此外，在政治层面上，欧盟委员会于 1994 年在德国柏林召开了第一届负责科技事务的部长级非正式会谈，交流各国的国家政策的执行，探讨欧洲层面的科技活动的未来，为政策协调工作提供了平台（Guzzetti，1995）。

除了协调欧盟及各成员国的研究活动外，经过多年的摸索，欧盟的科技政策定位也遵循1993年生效的《马斯特里赫特条约》确立的辅助性原则：只有在成员国采取的政策不能充分实现，而欧共体采取政策由于范围和效果的原因能更好地实现的情况下，欧共体才可以制定并执行政策。这一原则为欧盟和成员国之间的关系提供了一个促进协调以取得平衡的空间，既可以保证欧盟立法的灵活性，也可以保持成员国的身份和各成员国立法的多样性（段志云和秦国华，1997）。

2）领域战略性

欧盟关注的科学领域也随着时代发展进行战略性调整，其调整过程如表 8-2 所示，信息技术、环境和能源、生命科学及材料科学是最重要的四个领域，通过战略性调整，欧盟确保其科学技术始终处于全球第一梯队水平。

表 8-2　FP4 ~ FP7 优先发展科学领域的资助额度及比例

优先发展领域	FP5		FP6		FP7	
	资助额度/百万欧元	占比/%	资助额度/百万欧元	占比/%	资助额度/百万欧元	占比/%
信息技术	3600	24	3791	21	8172	16
环境和能源	2125	14	2294	13	3965	8
生命科学	2413	16	3091	17	7900	14
材料科学	2705	18	1537	9	3183	6

框架计划是在 ESPRIT 的基础上演化而来的（A. P. C. 和张德安，1989）。因此，信息技术既是框架计划的传统领域，也是最大的优先投资领域。欧盟认为，信息技术对欧盟的未来发展有重要作用，据统计，欧盟经济中的一半收益由信息技术的商业运行获得，这个领域年交易额达到了 20 000 亿欧元，为欧洲提供了 1200 万个就业机会。FP7 中，信息技术领域的资助额度高达 81.72 亿欧元。

环境和能源领域是仅次于信息技术领域的一大重点，FP1 资助金额为 32.7 亿欧洲货币，占总投入的比例高达 50%。但是在后续框架计划中，环境和能源领域方面的资助骤然降低，FP7 中环境和能源研究预算比例仅为 8%。究其原因，欧盟层面上的研究方向发生了根本性转移，更加关注与美国和日本的经济与技术竞争，导致了这一领域的衰落（唐秀丹，2005）。

材料科学领域在前五个框架计划中无论是投资金额还是所占比例都是比较稳定的，一直保持在 15% ~ 20%。但是从第六个框架计划起，此领域的重要性大幅下降，投资占比明显降低。

2. 竞争性

1）项目竞争性

欧盟科技计划的项目研究资金是否得到有效配置能体现一国研究创新系统的有效性。

以项目的发展前景和竞争力决定项目资金的分配，在机构评估的基础上以机构研究创新能力的卓越性决定机构资金分配的数量，既能够使有限的公共资金得到最佳利用，也能激发研究机构的研究和创新积极性，有利于进一步提高所产出的知识的质量和知识转化率。目前，以项目竞争力决定公共资金投入的方式已经被所有欧盟成员国采用，并且有 21 个国家将此写入国家研究与创新战略中。2014 年的"欧洲研究区调查"显示，接受调查的成员国中，平均 64% 的公共资金配置是以项目的优劣为依据的，其中 4 个成员国所有的公共资金配置都采用此种方式。对项目进行同行评议的方式也已经被所有成员国采用，这些措施有利于提高国家研究与创新财政支出的效率。政府对公共机构的拨款建立在机构评估的基础上，是有效使用公共资金的又一措施，已经有 17 个成员国采用了这种方式配置机构资金。在接受 2014 年 "欧洲研究区调查" 的 22 个国家中，18 个国家的研究基金机构在进行机构资助时采用这种资金配置方式①。2016 年《欧洲研究区发展报告》显示，所有成员国均在不同程度上使用竞争性的方式配置机构资金。但是成员国在分配公共研究资金的具体方式上还有很大不同，还没有在成员国间建立一个共同认可的具体实施准则。

2）设施建设竞争性

科技创新离不开大型科研设施的建设与维护。欧盟对此的态度是在确保欧盟利益的前提下，优先考虑设施建设方和运营方提供方案的竞争力，并确保建设方和运营方的权益。以欧洲核子研究中心的泡室建立为例，各国都相继表示了建设的意愿，但是英国率先提出了建设的可行性方案，而且独资修建。由于当时英国该领域的优势研究地位以及其方案竞争力大，其投资比例高达 25%（Hermann et al.，1987），最后，欧洲核子研究中心决定由英国修建，并给予英国科学家特殊的研究优势，如英国科学家能获得 25% 的设施使用时间，而且所有在该设施中进行的研究项目必须要有英国科学家参与。此后，法国的泡室兴建也采取了类似的模式进行。

目前，欧盟支持的大科学装置在优先考虑科学性基础的前提下，各国都可以对设施的建设提出竞争性方案。欧盟从不同方案中，遴选出最好的设施建设计划与实施国家，从而确保设施的建设是高效的。

3. 公平性

1）区域公平性

欧盟框架计划的本意是要促进欧洲整体科学实力的提高，使欧洲能缩小与美国和日本之间的技术差距。但是，鉴于各成员国的压力，公平原则通过《单一欧洲法令》进入了 FP2 的政策制定标准：在保证科技实力的同时，研发计划要鼓励那些促进欧盟经济和社会联合的研究，也要对社会和谐及广泛发展有所贡献。同时，欧盟还提出了利用旨在促进区域经济发展的结构资金来改善落后地区的科研基础设施、提高落后地区科研人员的研究水平，并为这些地区提供研究资金。通过这种方式保证若干年后，欧盟所有地区的科研实力能在同一条起跑线上。这种方法也能减缓落后地区的人才流失现象。在结构资金的帮助

① European Commission. 2014. European Research Area Facts and Figures 2014.

下，希腊成立了克里特岛研究中心。不久，这个研究机构就成为生物学研究领域的佼佼者，在欧洲的多个研究计划中表现活跃（高洁和袁江洋，2015）。

随着欧盟的东扩，各成员国、各地区之间的科研实力的差距进一步加大，公平和效率问题仍然有待解决。

2）科研设施使用公平性

如上文所述，在设施的建设与运营初期，为了尽快产出科研成果，欧盟的大型设施优先考虑竞争性。随着设施的运行年限增长，其逐步过渡到以科学性为优先考虑原则并兼顾不同欧盟国家的科学家使用需求。以欧洲核子研究中心的设施使用为例，经过长年的科研合作之后，欧洲核子研究中心的科学家在设施进行项目研究的过程中不再倾向于优先选择本国同行，而是把能否可以更好地完成科研工作、更容易合作作为首要选择条件。因此，设施的使用时间竞争越来越公平，国家科学的背景被进一步淡化，科学家可以随意选择合作对象。而欧洲核子研究中心的设施时间遴选工作小组也更多以科学性为前提进行设施使用时间批准。

4. 开放性

1）国际科技合作开放性

随着欧盟进一步东扩，越来越多的欧盟国家在制定国家研究与创新发展战略时将国际科技合作作为重要内容，《欧洲研究区发展报告》指出，已经有半数以上的欧盟国家鼓励将国际科技合作纳入到国家创新战略，比较明确的有奥地利、保加利亚、捷克、德国、丹麦、西班牙、法国、匈牙利、意大利、马耳他、波兰、罗马尼亚、荷兰、葡萄牙、瑞典、爱沙尼亚以及斯洛文尼亚。领先的国家，诸如德国，其国际科技合作资助金额比例高达 30%。

此外，欧盟地区的人员流动频繁也是国际科技合作的重要特点之一。欧盟一直推动不同国家的研究人员自由流动。有研究表明，流动性强的研究人员的研究影响力比从来没有到国外进行交流的研究者高近 20%。为了持续推动研究人员的流动，欧盟推动了 EURAXESS 网络的发展，有些欧盟成员国规定公共机构的研究职位招聘必须发布在 EURAXESS 上，从而吸引国际科研人员（Gourova and Sanopoulos，2010）。《欧洲研究区发展报告》显示，2016 年欧盟 28 国的国际科研人员数量平均增长率达 7.8%，有效推动了欧盟地区的国际科技合作的开展。

2）科研设施使用开放性

基础研究设施是开展创新的基础条件，尤其是在一些重大科研项目中，其起到关键作用。促进基础研究设施的国际共建与共享是欧盟科技计划的重要内容之一。为此，欧盟成立了"欧洲基础研究设施战略论坛"（ESFRI）（樊潇潇等，2019），推动了欧盟范围内的设施共建与共享。ESFRI 确定了《ESFRI 路线图》，并建立了共建共享的通用机制。2016 年欧盟委员会发布的《欧盟科研基础设施开放共享章程》（European Charter for Access to Research Infrastructures）（简称《章程》）是指导欧盟基础研究设施开放共享的文件，该章程有 7 个部分，分别是前言、宗旨、适用范围、术语、原则性规定、行为指南、章程修订

（贾无志，2018）。

《章程》提供了 3 类开放共享的模式：卓越科学模式（Excellence-driven Access）、市场规则模式（Market-driven Access）和普惠模式（Wide Access）。3 类开放共享模式的目标各不相同，权利和义务亦不同，各基础研究设施运营单位依据自己选择的开放共享模式制定不同的开放共享规则。①卓越科学模式。这种模式下，申请者提出开放共享申请后，由内部或外部同行专家对其申请是否属于科学卓越、原始创新进行评估，或者从技术和伦理等方面评估其开放共享申请是否具有可行性，若专家意见是肯定的，申请者就可以获得最好的基础研究设施、科研资源和服务。这种开放共享模式可以促进跨地域和跨学科的科研合作。②市场规则模式。这种模式主要是指用户和基础研究设施单位通过签订协议就开放共享的费用达成协议，并且这个协议一般不对外公开。③普惠模式。依据这种模式，基础研究设施单位尽其所能向用户提供大量的科研数据和数字化服务。

8.3　粤港澳大湾区科技合作基础与当前形势

8.3.1　珠三角九市科技合作现状

1. 科技创新制度衔接条件

从顶层制度设计看，珠三角九市的科技合作主要有三个最为主要的机制。

一是通过省政府的相关部门进行内部协调与资源分配。例如，广东省科技计划、广东省自然科学基金、广东省工业和信息化厅各类扶持计划等。这是省层面推动各地进行科技合作的重要抓手。比较欧盟的框架计划来看，广东已经形成了科技计划体系，但是尚缺乏系统性、连续性和统筹性，而且也缺乏后续评价与改进机制。

二是通过重大科研机构与平台进行各地市之间的科技合作。科研机构层面，国家实验室、广东省实验室等科研机构在各地市均设有分支机构，依托分支机构的协调，促进地市之间的科技合作。此外，广东省科学院等省级科研机构在各地市的分支机构也能在一定程度上促进各地市的科技合作；在平台层面，广东省重大科技支撑平台、野外台站等能有效推动科研机构进行科技合作

三是依托大科学装置，形成设施—项目—团队—机构的链条式科技合作。以东莞散裂中子源为例，其有效地串联了广州、深圳以及东莞的研究机构及团队，产生许多重大科研成果产出，并对接了国内外科研资源。从大科学装置分布看，广州、深圳、东莞、惠州、江门均有部署，基本形成了围绕珠三角的大科学装置设施集群。目前，广东省内的主要大科学装置如下。

（1）国家超级计算广州中心。国家超级计算广州中心由广东省人民政府、广州市人民政府、国防科技大学、中山大学共同建设，其超算系统"天河二号"于 2013 年建成并正式投入使用，曾于 2013 年 6 月至 2016 年 5 月，连续六次在世界超级计算机 500 强排名中

位列榜首。

（2）国家超级计算深圳中心。国家超级计算深圳中心于 2009 年成立，由中国科学院与深圳市政府共建，是隶属深圳市科技创新委员会的事业单位，实行企业化管理。

（3）东莞散裂中子源。东莞散裂中子源是国家"十一五"期间部署建设的重大科技基础设施项目，于 2012 年 10 月正式在东莞市开工建设，2016 年底完成全部土建工程。目前，散裂中子源科学中心配备的 4 台谱仪已完成包括港澳地区在内的 600 多项用户课题。

（4）惠州加速器驱动嬗变研究装置（CiADS）。该设施于 2015 年底获得国家发展和改革委员会立项批复，于 2017 年底动工，建设周期为 6 年，由中国科学院近代物理研究所与广东省政府共建，CiADS 项目法人单位是中国科学院广州分院。惠州 CiADS 由一个散裂中子源和一个次临界反应堆构成，研究领域为中子特性、探测物质微观结构和运动研究，可进行 DNA、结晶材料、聚合物等物质的微观结构研究。

（5）惠州强流重离子加速器（HIAF）。该设施于 2015 年底获得国家发展和改革委员会立项批复，于 2017 年底动工，建设周期为 7 年，由中国科学院近代物理研究所与广东省政府共建，法人单位为中国科学院近代物理研究所。HIAF 研究领域为核物理和核天体物理基础的研究。

（6）江门中微子实验。江门中微子实验二期于 2015 年 1 月启动建设，在 2018 年底完成全部土建工程，2020 年投入运行并开始物理取数，运行至少 20 年。本项目属于中国科学院战略性先导科技专项（A 类），建成后将着力解决国际中微子研究中下一个热点和重大问题：中微子质量顺序，并开展超新星中微子、地球中微子、太阳中微子等天体物理研究，巩固我国在中微子研究领域的领先地位。

（7）大亚湾反应堆中微子实验。大亚湾反应堆中微子实验于 2007 年动工，2012 年 10 月 19 日正式进入运行模式。大亚湾反应堆中微子实验是国家级大型基础科学研究项目，也是中美两国在基础研究领域规模最大的合作之一，建设期间有俄罗斯、捷克的贡献，运行期间增加了智利合作成员。国内合作单位共 18 个，涵盖国内高能物理研究方向的大部分高校和科研院所，香港大学、香港中文大学、中山大学均是本项目合作单位。

（8）国家基因库。国家基因库依托深圳华大基因研究院组建和运营，2016 年正式启动，是我国唯一、全球第四个国家级基因库，已存储多种生物资源，样本超过 1000 万份。

2. 产业链科技合作特点

产业链层面的科技合作比较广泛，在国际上通常以产学研合作专利作为重要指标衡量一个区域产业链层面的科技合作。基于此，本研究以珠三角产学研合作专利进行分析，探寻区域间的产业链合作趋势。以 incoPat 专利数据库为数据源进行分析。

从分析结果看，深圳市内部机构合作占比为 34.16%，与珠三角其他城市合作的占比为 12.58%，与省外机构合作占比为 52.43%（表 8-3）。这反映出，深圳的科技创新以省外对接为主、市内对接为辅。显然，深圳联合开展科技创新的需求主要从广东省外获得满足，而鲜与珠三角其他城市合作，这显示出深圳对珠三角其他地市的专利创新的带动作用较弱。珠海的外省合作占比也较高。这表明深圳、珠海的科技创新体系更为开放，与省外联系更密切。

表 8-3　珠三角地区各地市产学研内外专利合作占比

城市	产学研总专利数/件	珠三角内部合作/%	省内非珠三角区域合作/%	本市内部合作/%	外省合作/%
深圳	8 344	12.58	0.83	34.16	52.43
广州	10 474	25.31	1.91	57.75	15.03
东莞	1 702	21.03	0.00	59.34	19.62
佛山	1 738	33.83	0.86	50.23	15.07
肇庆	225	28.44	3.11	54.22	14.22
江门	449	17.37	0.89	69.71	12.03
珠海	648	25.46	1.08	23.92	49.54
中山	415	24.10	1.93	42.41	31.57
惠州	410	88.05	0.24	12.68	21.71

资料来源：incoPat

城市产学研合作情况更多与当地的高校能力相关。城市内部合作比例高，主要是当地高校与地区需求匹配度较好或者高校服务地方经济的作用较为明显。从产学研合作专利总数量看，广州、深圳合计占比 77.1%，广州、深圳、佛山和东莞合计 91.2%，珠三角基本形成了广州—深圳—佛山—东莞的稳定产业链科技合作创新走廊。珠三角其他城市在产业链层面的科技合作能力较弱，基本为技术输入型地区。

3. 高校科技合作特点

本研究运用 ESI 数据库，以在 22 个 ESI 学科领域里进入前 1% 的珠三角高校为统计对象，根据"总引用次数"，检视该地区高校不同学科的发展概况。

ESI 数据统计一般是以十年来计算，数据每两个月滚动更新一次，机构进入 ESI 前 1%，即将全球各个机构在过去十年发表文章的总引用次数进行排名，进入排名前 1%。表 8-4 是进入 ESI 前 1% 排名的高校的国内排名情况。从表 8-4 可以看出，目前中山大学呈现一枝独秀的情况，其优势学科众多，华南理工大学在生物与生化以及化学两个领域可以尝试与中山大学进行合作，而华南农业大学可在植物与动物科学领域与中山大学开展科技合作。由于其他高校相关领域的学科在全球不具优势，以及难以具有可以匹配实力的学科团队支撑，因此较难产生科技合作与产出。

表 8-4　进入 ESI 前 1% 排名的珠三角高校的国内排名（TOP20）

序号	高校	中山大学	华南理工大学	华南农业大学
1	农业科学		9	16
2	生物与生化	9	18	

续表

序号	高校	中山大学	华南理工大学	华南农业大学
3	化学	16	18	
4	临床医学	4		
5	计算机科学			
6	经济与商学			
7	工程科学		18	
8	环境/生态学			
9	地球科学			
10	免疫学	7		
11	材料科学		12	
12	数学			
13	微生物学	9		
14	分子生物与遗传学	7		
15	神经科学与行为	11		
16	药理学与毒物学	10		
17	物理学	12		
18	植物与动物科学	14		10
19	心理学/精神病学			
20	一般社会科学	13		
21	交叉科学			
22	空间科学			
合计/个		11	5	2

8.3.2 粤港澳科技合作现状

从 Web of Science 的文献数据来看（图 8-1），在香港与内地几大片区的合作中，香港与广东的联系紧密度在 2017 年前后明显增强。

至 2019 年底，已经有 6 所香港高校在深圳建立了 72 家科研机构，承担 1128 项国家、省、市级科研项目，转化 2692 项科技成果，注册企业 79 家。2018 年，科技部依托香港商汤集团建设"智能视觉国家新一代人工智能开放创新平台"，香港人工智能科技进一步融入国家人工智能发展规划和建设。

2019~2020 年，广东省科技厅分别启动第一批和第二批共计 20 家粤港澳联合实验室建设，共有包括香港中文大学、香港大学、香港理工大学、香港城市大学、香港科技大学、香港浸会大学在内的多家香港机构参与建设了其中的 19 家。这些实验室重点围绕人工智能、新一代信息技术、新材料、先进制造、生物医药、海洋、环境、智慧城市和现代

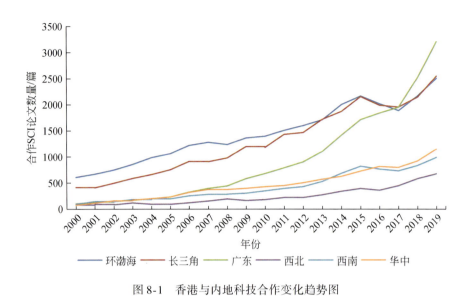

图 8-1　香港与内地科技合作变化趋势图

农业等重点领域。

8.3.3　粤港澳大湾区协同创新共同体建设形势

1. 积极因素

1）粤港澳科技资源有互补性

随着国家以及广东省政府对科技创新愈发重视，珠三角的科技资源优势愈发明显，一是科研项目的数量越来越多，资助金额也越来越大，对国内甚至国外的科研人员都具有非常大的吸引力；二是科研设施水平逐步接轨国际水平，如大科学装置等，广东省境内已有8个，并争取在"十四五"与"十五五"期间继续增加对这种全球领先科研设施的部署数量与涵盖范畴，这是港澳所不能实现的。

另外，珠三角有着全国，乃至全球最为完备的产业链体系，特别是在信息技术、生物医药、先进制造等产业尤为明显。港澳作为地域狭小的区域，其本身不具备实施大规模产业化的条件。大部分港澳高校的优势学科与研究方向主要集中在基础领域。此前由于珠三角的产业链水平还处于低端环节，其与港澳高校的科技成果存在结构错配问题。随着华为、中兴、华大基因等技术型企业迅速崛起，港澳高校与珠三角企业的合作将更为紧密，如澳门目前就有四所国家重点实验室［中药质量研究国家重点实验室（澳门大学与澳门科技大学共同设立）、模拟与混合信号超大规模集成电路国家重点实验室（澳门大学设立）、智慧城市物联网国家重点实验室（澳门大学设立）、月球与行星科学国家重点实验室（澳门科技大学设立）］，其与珠三角产业发展方向密切关联。

2）港澳高校的国际地位优势有待发挥

截至 2019 年 7 月，港澳两地共有 9 所高校 94 个学科上榜，覆盖 21 个 ESI 学科领域，仅有空间科学中尚无一所港澳高校进入 ESI 前 1%。

香港地区有 7 所高校、共计 87 个学科进入 ESI 前 1%，覆盖 21 个 ESI 学科领域，凸显出该地高校的学科整体的强劲竞争力。其中，香港大学、香港中文大学分别以 20 个、19 个位居学科竞争力第一梯队；第二梯队依次是香港理工大学（13 个）、香港浸会大学（12 个）、香港科技大学、（11 个）和香港城市大学（11 个）；香港教育大学位居第三梯队，仅有一个学科进入 ESI 前 1%。

澳门地区有 2 所高校、共计 7 个学科进入 ESI 前 1%，覆盖 6 个 ESI 学科领域，学科总体发展较香港地区弱。其中，澳门大学 6 个，澳门科技大学 1 个。值得注意的是，与 2017 年 9 月数据相比，澳门科技大学新晋上榜。

在国际学术界，港澳高校的国际学术水平与地位已经得到高度认可，其优势与地位是内地高校难以在短时间内赶超的。特别是香港高校由于采用英联邦形式教育模式，其在欧美国家中的认可程度非常高。基于此，港澳高校成为内地科技成果与科学技术向外拓展延伸的一个良好窗口。

此外，可以通过香港高校与"一带一路"合作伙伴的学校进行学术上的合作，促进合作伙伴的发展，如双方的教授、科技人员共同做一些有兴趣的研究，达到双赢。"一带一路"合作伙伴发展经济、工业等需要各类型的专业人才，香港在培养人才方面具有成熟的经验，可为这些国家提供借鉴。

在投融资层面，香港是全球高度国际化的金融城市，加强与港澳高校的合作，可以充分利用国际风险投资资金，快速推进科技成果转化，并进军国际市场，实现国际市场竞争力的快速提升。

3）科技合作体制机制探索在有序推进

2018 年，香港 24 名院士就曾联名向国家自然科学基金委员会发表公开信，争取可以参加国家级科研项目的申报。针对 24 名香港院士的联名信，科技部、财政部发布《关于鼓励香港特别行政区、澳门特别行政区高等院校和科研机构参与中央财政科技计划（专项、基金等）组织实施的若干规定（试行）》的通知，提出多条惠及港澳科技发展的措施，其中反映最集中的"国家科研项目经费过境香港使用问题"获解决。2019 年，广东省科技计划也开放向港澳地区高校申报，并已成功实现第一笔科研资金跨境拨付。

自科技部与香港特区政府签署《内地与香港关于加强创新科技合作的安排》以来，香港与内地的科技合作迈入了新阶段。各种制度衔接的研究和实践正在紧锣密鼓地进行中。珠三角与港澳科技合作的深化迎来历史机遇。

2. 不利因素

1）知识产权问题尤为突出

科技合作的前提是准备合作各方的知识产权，只有良好的知识产权制度，科技合作才能不断深化。目前，大湾区涉及珠三角九市及港澳地区，"一国两制三关税区"，香港法律属于普通法系，广东和澳门法律则属大陆法系。港澳回归后，尤其是中国加入世界贸易组织以来，中国在世界贸易组织形成了"一国四席"，而国民待遇原则是《巴黎公约》、《伯尔尼公约》和 TRIPS 协议等知识产权条约的基本原则，这就意味着粤港澳的交往既是单一制主权国家中的区际交往，又是世界贸易组织体制下平等成员之间的交往。由于内地与港澳之间在知识产权保护对象、保护期限以及权利的取得方式等方面有较大差别，内地与港澳之间的知识产权纠纷及法律冲突也凸显出来，如澳门著名的品牌在内地被他人抢注，江苏某卷烟厂的"某烟"商标在澳门被抢注等。目前，大湾区知识产权合作至少还存在以下障碍：一是知识产权制度不一致、管理体制不统一。三地遵从不同的知识产权法规，香港设有注册专利、原授专利制度，澳门有延伸专利制度，在国家知识产权局获得授权的专利必须分别向港、澳特区政府有关部门再申请再获批后才能在两个特区取得授权。由于制度不一致，三地双重申请注册、双重收费，延长了知识产权申请注册的审查授权周期，增加了创新主体的申请获权成本。二是知识产权服务平台不通畅。三地虽然各自建立了知识产权运营交易、信息服务、维权援助机构和平台，但相互之间没有实现信息融合、资源共享，未推进实质性合作。跨境知识产权纠纷处理机制方面，由于法律体制各异，目前最为有效的解决方式是仲裁和调解。三地相关机构，如广东省知识产权保护中心等，都在积极推动三地认可的仲裁机构落地，但是仍然存在权威性和认受性的问题。

在调查中发现，部分港澳学者不愿意与内地开展科技合作，主要是害怕自身知识产权得不到保障，维权难度较大。因此，港澳学者在选择科技合作对象时还是以欧美国家科研人员为主，而科研设施也主要选择欧美国家的科研设施。例如，超算中心的应用，随着珠三角拥有"天河二号"等超算设施，广州、深圳两地都拥有了国家级超算中心，但是香港地区的科研学者在使用超算时，有相当一部分是用欧洲国家的超算，而不选择内地的，有些甚至不知道广州和深圳有超算中心的存在。

2）港澳优势学科与珠三角产业链需求存在一定错位

从港澳高校的优势学科看，相当一部分集中在金融、管理、社会学等行业，而理工科的传统优势学科也主要偏基础研究，其与珠三角的产业链技术需求存在一定错位现象。由于港澳高校的评价导向基本沿用英国模式，如 REF 等，往往重视学术论文发表的影响力，而忽视成果的应用（占比只有 5%～15%），导致"英国发明技术，美国实现技术"现象的出现。虽然近年来已经有所改善，但固有的评价体系依然存在。此外，香港特区政府对学校一向奉行自由市场化原则，技术转化到市场环节并没有得到较多的政府支持。这进一步导致了相当一部分香港高校的科研团队重论文、轻专利应用的现象。以华为为例，香港部分高校在信息技术领域有一定的优势，而澳门也有国家级的模拟与混合信号超大规模集成电路国家重点实验室。但是华为前沿基础性研究很少与香港或者澳门高校合作。从华为合作专利看，其与湾区外的高校合作居多。因此，港澳优势学科领域如何密切与珠三角产业技术需求对接仍有待解决。

3）跨境融通体制机制障碍仍然存在

从欧盟的案例可以看出，良好的体制机制是科技合作得以开展的重要保障，包括科研人员自由流动机制、科研资金使用机制、科研项目管理机制等。但目前粤港澳大湾区相关的科技合作机制还有待完善。

（1）科研人员自由流动机制。

《粤港澳大湾区发展规划纲要》明确提出，构建国际科技创新中心的任务。国际科技创新中心建成的重要条件之一就是全球科研人员可以自由地在湾区内流动，从而促进科技创新的发展。目前，港澳地区人员来粤尚属方便，但是在粤的科研人员想要过境到香港参与科技合作或者参加学术会议仍然存在许多制约。一个科研事业单位的年度出境次数受到严格的限制，可能一个科研人员每隔几年才有一次出境的机会，严重阻碍了与港澳高校科技合作的发生，也不符合科技创新规律。

（2）科研项目管理机制。

一是虽然科研资金可过境使用，但是如何监管仍然有待解决，资金跨境监管成本仍然较高。二是境内外经费管理制度衔接不足。在我国，科研项目支出发票报销，科研支出类别划分、后期审计监管等都已经形成了相对完善的机制，但港澳高校在这方面尚处于探索阶段。

8.4 构建粤港澳大湾区协同创新共同体的启示和建议

8.4.1 完善三地协同创新顶层设计制度，快速提升区域共治水平

欧盟一体化能实现的关键之一是拥有诸如欧洲议会等的顶层协商与沟通机制。粤港澳大湾区牵涉主体更多也更为复杂。因此，需要创新性地建立顶层设计制度，这样才能有效推动相关政策落地实施。一直以来，粤港合作联席会议和粤澳合作联席会议在推动粤港澳区域合作发展中发挥着重要作用。《粤港澳大湾区发展规划纲要》首次把香港、澳门纳入国家区域发展战略规划，有利于港澳加快融入国家发展大局，也有利于更好地发挥港澳在国家经济发展和对外开放中的独特功能与地位。因此，开展和实施粤港澳大湾区协同创新共同体建设，一方面要突出国家层面推进粤港澳大湾区建设领导小组的作用，统筹推进粤港澳大湾区发展规划，研究解决粤港澳大湾区协同创新重大问题，为大湾区的建设与发展规划的高效实施提供制度保障，使港澳更好地融入国家发展大局；另一方面要加强组织协调载体的建设，优化内地与香港科技合作委员会、内地与澳门科技合作委员会组织架构。已有架构基本为学界代表，区域以广深港澳为主。应扩充产业界代表及增加湾区重要地市代表，共同研究科技基础设施建设、重点产业创新合作、重大科技项目等重要事项。

8.4.2 破解体制机制障碍，促进湾区跨境创新要素便捷流动

欧盟科技一体化最大的特点就是创新要素能在欧盟地区自由流动。基于此，一体化的市场环境是促进大湾区创新要素跨境顺畅流通、实现三地产业共同升级、培育湾区国际竞争合作新优势的重要基础，也是推动体制机制创新实现湾区协调发展的重要突破点。因此，国家相关部委和粤港澳三地要加快研究破解市场一体化的体制机制障碍，推进湾区人

才、物资、资金、信息等要素的顺畅流动。

在科技创新环境营造方面，要重点改善湾区社会民生，建设公共服务共享体系是关键。建议由国家牵头，联合相关部委与粤港澳三地政府，推动粤港澳三地的科技人员自由流动，扫除居住就业、创新创业等方面的障碍。调整税收政策、过境签证、边检制度、居留许可等牵涉到"一国两制"以及中央事权的敏感议题，更需要国家相关部委牵头负责与港澳的协调；同时，对影响湾区内科技人才流动的公共服务障碍的细节问题，如跨境交通卡、医保社保等关系着全面实现大湾区城市群生活的同城化，则需要粤港澳三地密切合作与协商加以解决。在物资流动方面，湾区要完善两地口岸执法机构的机制化合作，推进检验检疫、认证认可、标准计量等方面的合作。在信息联通方面，探索在广东自贸区三个片区针对科研、金融等用途建设国际通信专用数据通道，构建与港澳直连互通的互联网环境，使大湾区成为全球科研信息互通互融的理想之地。

在科技创新体系建设方面，一是构建跨区域重大科技计划。从欧盟的经验看，一个细致、具有战略性，并融合各方需求的科技框架计划，是欧盟协同创新共同体形成的关键抓手。基于此，建议由国家、广东省、香港以及澳门四方各自按比例出资，以国家自然科学基金为依托，建立湾区-国家自然科学基金联合基金，并以此为基础形成粤港澳大湾区的"框架计划"。在科研资金流通方面，继续深化科研资金跨境管理探索。此外，还应积极探索香港科研资金跨境到珠三角的可行性，逐步探索科研资金双向流动的管理体制。二是探索共建区域重大科技平台和重大科技设施群。争取国家层面部署更多重大科技创新平台和科技创新基础设施落户大湾区，吸引港澳科研团队依托其开展研究工作，进一步提升粤港澳大湾区国际科技创新中心竞争力。

8.4.3 加快知识产权保护制度衔接，促进科技成果转移转化

知识产权制度是技术到产业化的重要基础，欧盟正因为有着全球最为完善的知识产权制度，才使区域的科技创新具有溢出效益。基于此，完善大湾区内的知识产权保护制度，是未来大湾区成为全球科技与产业融合典范区域的关键所在。基于此，提出以下建议。

一是构建大湾区联动执法新机制。大湾区是我国知识产权产出最为密集的地区，且知识型产业经济发展迅猛，知识产权保护需求强烈。鉴于三地法律体制不同、地方保护及异地执法难等情况，建议广东省向中央全面深化改革委员会及国家相关行政、司法机构提出申请，构建大湾区内以及大湾区与其他地区联动执法的知识产权保护新机制，实现立案互认、证据互认、合作联动，为全国知识产权保护维权进行探索性试验；建立大湾区统一的专利、商标申请中心，加快专利和商标确权和互认；借鉴欧盟做法，探索建立大湾区跨境海关同盟，并扩大海关同盟的保护适用范围，加强三地海关与相关知识产权保护机构的合作，加大知识产权侵权执法力度。

二是完善大湾区知识产权协作机制。在粤港、粤澳、泛珠三角合作基础上，建立大湾区知识产权合作协调机制，设立高层次的粤港澳三地政府间知识产权专责委员会，完善三地行政、司法保护部门常态化协调机制，推动跨区域知识产权政策协调。推动三地知识产

权政府部门签署《粤港澳大湾区知识产权合作备忘录》，成立大湾区知识产权合作联盟，全面深化知识产权领域合作。研究建立粤港澳跨区域联合研发成果的知识产权权益分配机制，激励粤港澳协同创新。

三是构建大湾区纠纷解决分工协作机制。依托香港完善成熟的仲裁制度和高素质的仲裁员队伍，建立大湾区知识产权国际仲裁中心，完善仲裁规则；依托澳门优秀的葡语法律人才资源，建立大湾区葡语系国家知识产权仲裁中心；依托广东省知识产权纠纷人民调解委员会，建立大湾区知识产权维权调解中心；充分发挥大湾区各类行业协会、调解中心、中介服务机构作用。

四是建立大湾区知识产权贸易平台体系。以深圳和香港已有的知识产权贸易平台为牵头单位，积极联动珠海横琴及广州等地的知识产权运营平台，统筹大湾区知识产权资源，规范有序建设符合国际知识产权贸易规则的交易平台；以中新广州知识城为试点，开展知识产权运用与保护综合改革试验，推动知识产权制度、金融、协同保护、创造孵化等领域的创新，主动加强与世界知识产权组织的对接与交流，推动大湾区知识产权保护和运用与国际接轨。

8.4.4 尊重"一国两制"，充分结合软手段推动粤港澳战略衔接

"一国两制三关税区"是粤港澳大湾区的基本区情。香港在科技创新中的部分优势，以"一国两制"为前提。善用"一国两制"，促进关键创新要素的非对等流动，能使香港成为扩大开放、推动创新的前沿阵地。应更多地使用软性措施，实现粤港澳的战略衔接。例如，加强粤港澳三地智库建设，鼓励面向香港的经济、社会发展战略研究，通过战略咨询建议，启发和影响香港科技创新体系建设走向。促进香港与内地在经济、社会、文化、制度各个层面的融合、协同发展。再如，通过共同举办学术交流活动，软性对接各自的科技计划。

参 考 文 献

楚树龙，耿秦. 2003. 世界、美国和中国——新世纪国际关系和国际战略理论探索. 北京：清华大学出版社.

段志云，秦国华. 1997. 马斯特里赫特条约及其主要缺陷. 全国经济管理院校工业技术学研究会第六届学术年会.

樊潇潇，李泽霞，宋伟，等. 2019. 重大科技基础设施预先研究管理解析及思考. 科技管理研究，39（2）：6.

高洁，袁江洋. 2015. 科学无国界：欧盟科技体系研究. 北京：科学出版社.

贾无志. 2018. 欧盟科研基础设施开放共享立法及实践. 全球科技经济瞭望，33（5）：5.

金启明. 2002. 欧盟创建欧洲研究区战略. 全球科技经济瞭望，8：10-12.

靳仲华，周国林. 2005. 欧盟科学技术概况. 北京：科学出版社.

李世安，刘丽云. 2003. 欧洲一体化史. 石家庄：河北人民出版社.

马勇. 2011. 欧盟科技一体化研究. 上海：华东师范大学.

孟庆民 . 2001. 区域经济一体化的概念与机制 . 开发研究，2：47-49.

唐秀丹 . 2005. 欧盟环境政策的演变及其启示 . 大连：大连理工大学 .

吴贵生，魏守华，徐建国，等 . 2004. 区域科技浅论 . 科学学研究，6：572-577.

徐峰 . 2018. 欧盟研发框架计划的形成与发展研究 . 全球科技经济瞭望，33（6）：25-32.

杨逢珉，张永安 . 2008. 欧洲联盟经济学 . 上海：上海人民出版社 .

A. P. C. ，张德安 . 1989. 欧共体的信息技术研究开发战略规划（ESPRIT）（文摘）. 世界科技研究与发展，（1）：80.

Gourova E，Sanopoulos D. 2010. Knowledge transfer and mobility：EURAXESS role in Europe. Proceedings of the 7th WSEAS International Conference on Engineering Education.

Guzzetti L. 1995. A Brief History of European Union Research Policy. Brussels：European Commission.

Hermann A，Krige J，Belloni L，et al. 1987. History of CERN. Amsterdam：North-Holland Physics Publishing.

第9章 以色列经验对中国香港优化科技 创新体系的启示

以色列的科技创新享誉全球，以色列与中国香港在诸多方面具有相似之处，本章旨在调研以色列科技创新体系构建经验，为香港未来的发展提供参考。本章结合文献调研、科学计量和面板数据分析等方法，分析以色列科技创新取得的成功经验，并揭示香港科技创新体系突出短板。本研究认为以色列科技创新有四点成功经验：一是科技外交促进了研发国际化；二是政府多举措撬动了产业 R&D 投资；三是政府大力促进了人才的国际化和多元化；四是高校集群对创新创业形成了强力支撑。与以色列相比，香港科技投入少且投入结构不尽合理，科技人才引育质量待提升，香港高校聚集了绝大部分的科学研究力量，但是服务经济与社会发展的作用不足。本研究认为，香港特区政府应该从四个方面改进香港科技创新体系：一是主动融入祖国发展大局，利用"飞地"模式双向拉动科技创新；二是吸引国际研发机构和成果转化机构落户香港，提升香港作为全球科技创新网络节点城市的地位；三是试点打造世界级创业型大学，推动部分高校重视第三使命，致力于服务地方经济与社会发展；四是通过软举措提升国际科技合作的质量，包括积极的科技外交、举办全球性科技博览并与广深等城市的国际化行动协同联动。

9.1 引　　言

《粤港澳大湾区发展规划纲要》将"具有全球影响力的国际科技创新中心"作为大湾区战略定位之一。大湾区由香港、澳门两个特别行政区和广东省的九个城市组成。香港长期作为连接内地与国际市场的门户，有着独特站位和特殊优势。以科创枢纽建设来加速香港未来转型，有利于发挥香港在粤港澳大湾区中的比较优势、释放出新的发展潜力。

长期以来，香港在基础研究方面领跑大湾区。据统计，近 5 年来，香港科技人员发表论文总数居大湾区第二（广州第一），而高被引论文数量、论文总下载量和引用量均居大湾区第一。然而，据世界知识产权组织发布的《2021 年全球创新指数》，近三年来，香港创新投入与产出名次有所下降。在全球创新指数综合评价指标体系的二级指标"知识与技术输出"（Knowledge and technology outputs）中，得分仅21.6 分，位居全球第 62 位。而在该二级指标体系下的三级指标"知识扩散"（Knowledge diffusion）中，位居全球第 128 位。以色列与香港人口规模最为接近，均具备基础研究实力雄厚、本地市场狭小、供应链基础缺乏等特点。总结以色列科技创新体系建设的经验对香港科技创新体系的完善有借鉴意义。

据经济合作与发展组织统计，以色列研发投入占 GDP 的比例约 4.5%，常年居世界领先阵营。人均拥有初创企业数量全球领先，被誉为"创业之国"，是全球技术合作网络的重要节点。我国学者很早就关注到了以色列的科学技术发展。《全球科技经济瞭望》1995～1996 年发表了有关以色列的一系列文章，涉及以色列软件产业（普喜彬，1995a）、能源产业（普喜彬，1995b）、通信产业（普喜彬，1995c）、专利制度（普喜彬，1995d）、高技术孵化器（普喜彬，1996e）、科技工业园发展概况（普喜彬，1996f）等。2001 年，苏启林（2001）基于以色列风险投资协会（IVC）的数据分析了当时以色列创业投资发展的情况，他认为以色列创业投资迅猛发展的关键是：①设立双边 R&D 基金，积极参与国际创业投资；②设立亚泽马（Yozma）基金，培育以色列创业投资市场。余建华（2001）分析以色列的教育体系认为，该体系具有鲜明的特征：一是文化层面追求知识、尊师重教，且政府提供了有效支持及法律制度保障；二是全民教育体系广泛高效、结构平衡；三是科研体制符合国情、官产学研合作顺畅，且高科技创新重点突出。2004 以来，我国学者对以色列的研究热情逐渐高涨，发文量有明显增加。刘卿和翟东升（2004）关注到了以色列国防工业发展的策略变换，认为国防技术运用于民用工业中对以色列经济发展起到了很好的促进作用。潘光（2004）尝试从文化发展的角度解析以色列民族文化与科教兴国之间的耦合关系。姚福根（2006）从多方面介绍以色列孵化器及其运行机制，指出凡进入以色列孵化器的高新技术项目，尽管政府出资 85%，创业者不出资，但两年毕业时的股权分配是：创业者占股权的 50%、孵化器占 20%、投资者占 20%、职工占 10%，这一分配方案使各方的利益都得到了兼顾，各方的积极性都得到了充分激励。江沿（2007）分析了以色列节水农业，并提出我国西部大开发应该借鉴其经验，发展农业科技，向农民传播农业知识。潘光（2009）总结了与以色列建交 17 年以来，中国-以色列关系演进全过程中的动力和障碍。张琼妮和张明龙（2011）研究认为，以色列能够建立高效的创新活动运行机制主要得益于三点：一是通过首席科学家制度提高创新活动决策水平；二是通过多层次研发机构提高科技成果转化水平；三是通过科技计划导向机制提高整个社会研发水平。2013 年，姜勇等（2013）分析了 1958 年以来以色列高等教育体制改革的三个阶段，认为 21 世纪以来，以色列第三阶段的高等教育体制改革，壮大了其他各种类型的高等教育机构，逐渐降低了公立综合性大学在校学生的比例，破除了"教育垄断联盟"。原本的教育垄断联盟完全脱离了社会大众，偏离了原本应该服务大众的职责。改革后，相对于从前高等教育机构自主监管和学院专项管理的体系，新的高等教育体制加强了以色列国家对各类大学的直接监管，虽然市场调控依然发挥较大作用，但是政府的影响力得以形成。也有教育学者对以色列基础教育（祝怀新和卢双，2018）、职业教育体系（孙翠香，2018）做了分析研究。

近年来，我国学者对以色列问题的研究愈加深入。有学者从历史学的角度，对以色列首席科学家制度（李晔梦，2017）、以色列人才战略（李晔梦，2019）、以色列科研管理体系演变（李晔梦，2021）进行了深入剖析，认为以色列科研管理体系的成功得益于政府角色履行到位、体制机制有切实保障、责任分摊与受益机制明晰、社会文化环境养成等因素。艾仁贵（2017）分析了以色列高技术移民政策发展史，他认为高技术人才的流入为以色列崛起成为举世闻名的科技创新强国提供了关键支撑。范鸿达（2017）指出，以色列对国家"犹太属性"的强调，促进了犹太移民的流入。张倩红和刘洪洁（2017）从企业与市场、人才与教育、创新产出与专利认证、政府体制与基础环境揭示了以色列的科技创新成效，结合我国的现状，认为我国应该在加大科技投入、完善政策法规、推行引智计划、增强中小企业创新活力、创建高校产业园区、营造创新的文化氛围等方面借鉴其经验。陈奕等（2018）从研究前沿性、科研成果产业化与国际学术合作三个方面分析了以色列理工学院的运作模式。胡海鹏等（2018）分析认为借鉴以色列经验，广东应当建立广东决策咨询制度，完善广东孵化培育政策，大力发展海外风险投资，建立军民融合创新发展机制，培育复合型的科技成果转移转化人才队伍。

总体来看，我国对以色列科技创新的解读已经较为丰富。但是鲜有研究将其与香港联系在一起。研究以色列创新创业体系建设的成功经验，对香港补齐科技创新短板，发展成为粤港澳大湾区科技创新枢纽有重要借鉴意义。鉴于此，本研究从科技政策、科技管理、科技资源、创新创业等多维度比较分析以色列与中国香港科技创新体系的异同，剖析香港基础研究优势难以转化为经济优势的原因，提出优化香港科技创新环境的思路和建议。

9.2 以色列科技创新体系发展历程及现状

9.2.1 以色列科技管理体制机制发展历程

以色列建国后以"科技立国"为指导思想建设国家科技创新体系。其建设历程主要分为三个阶段。第一阶段是 1948 年至 20 世纪 60 年代初期的奠基阶段；第二阶段是 20 世纪 60 年代至 90 年代初期，以引导、促进民用企业的集群化发展为主；第三阶段是 20 世纪 90 年代初期至今，为成熟发展阶段。

1. 第一阶段：1948 年至 20 世纪 60 年代初期

首先，第一次中东战争结束时本-古里安总理旋即责成国防军组建"科学指挥部"，旨在依托其统领下的军事研发形成并维持针对阿拉伯国家的技术性优势。其次，政府主导创建了基础性的科研体系，1949 年，本-古里安筹建研究理事会（Research Council）指导完善以色列科研机构的建制工作。20 世纪 50 年代，研究理事会先后组建了数个政府级研究机构，诸如纤维研究所、国家物理实验室、生物研究所等。1961 年，以色列科学与人文学院的成立标志着政府主导建构的国家科研体系已基本成型。

2. 第二阶段：20 世纪 60 年代至 90 年代初期

该阶段以引导、促进民用企业的集群化发展为主（张倩红和刘洪洁，2017）。20 世纪 60 年代起，以色列国内外环境的骤变对国家创新体系的构建提出了新要求。1962 年，政府主动将劳动密集型的进口替代战略调整为资本密集型的出口导向型战略，鼓励发展技术附加值高的产业。1968 年，以色列政府首次组建研讨科技政策的卡察斯基委员会（Katchalski Committee），并做出了为军事高科技研发注入大量资金、筹建首席科学家办公室（Office of the Chief Scientist，OCS）的决议。

1969 年，以色列 13 个内阁部门均创办了主管科研工作的首席科学家办公室。其中，以色列工业和贸易部关注优先工业活动的财政激励。用于研究的大部分公共赠款由工业和贸易部通过首席科学家办公室提供。据统计，至 20 世纪 90 年代初期，工业和贸易部首席科学家办公室针对私营企业的研发资助中，同行业研发资助项目金额占比约 90%。以色列国防部直接资助与国防有关的研究项目，很多时候，军队在高科技劳动力形成初期充当其第一雇主。许多信息和通信技术领域的初创公司可以追溯到创始人以前受雇于陆军实验室。农业部通过农业研究组织（The Agricultural Research Organization，ARO）直接参与研发。以色列科学技术部主要通过主导科学研究战略来影响研发。国家基础设施部通过其首席科学家和研究司直接参与研发，资助具有直接中短期应用潜力的研究。以色列移民吸收部是一个重要的行动者，因为它在吸收 20 世纪 90 年代初以来移民到以色列的受过教育的人口方面发挥了作用，这些移民几乎占全国总人口的 20%，约占技术劳动力的一半。

在以色列科学技术部的支持下，以色列科学院制定了未来技术发展的战略计划。以色列基础设施委员会就国家科学基础设施问题向科学技术部提供咨询建议。以色列高等教育委员会由教育、文化和体育部长担任主席，教育、文化和体育部是管理以色列高等教育（包括教学和研究在内）的国家机构。高等教育委员会下属的规划和预算委员会（The Planning and Budgeting Committee）拥有向高等教育机构支付全部授权预算的专属权力。高等教育委员会与私营部门密切合作指导教育重点发展领域，同时也对研究基础设施建设负责。

3. 第三阶段：20 世纪 90 年代初期至今

20 世纪 90 年代以来，为迎合全球经济一体化的趋势，以色列政府审时度势地出台新政策、成立新机构，国家创新体系更趋成熟。首先，政府完善了技术创新的资金供给体系，引导创建了本土风险投资业。工业和贸易部的首席科学家办公室先后出台了 4 类技术研发资助计划：竞争性研发计划、预种子与种子计划、促进投资与创新采用计划、预竞争和长期研发计划。这些计划为企业和高校的技术创新提供了充足的资金支持。以色列政府在 1993 年出资 1 亿美元成立亚泽马国有风险投资公司，其中，8000 万美元资金投向 10 支处于创建初期的私营风险投资基金，另外 2000 万美元资金直接投资给高科技企业。亚泽马项目成功募集了国内外私有资本，孕育了以色列本土风险投资业，助推高科技产业的蓬勃发展。其次，政府全方位推动技术创新的国际合作。自 20 世纪 90 年代起，以色列先后与加拿大（1994 年）、新加坡（1997 年）、韩国（2001 年）等国筹建了双边研发基金会以促进双边企业的联合研发。与美国、德国、法国、印度等 40 多个国家签订了双边科技合作协定，合作领域涉及基础研究、能源、农业、电子通信、软件等。以色列作为第一个非欧洲国家参与了欧盟框架计划，得以利用欧洲的先进技术、研发平台与研发资金为本国高科技企业创造进军全球市场的机遇。此外，政府设立管理、指导与统筹创新工作的专职机构，2016 年 1 月以色列国家技术与创新总局（NATI）成立，取代经济部的首席科学家办公室，直接统领以色列产业研发中心（MATIMOP）。该局的成立旨在为进军全球市场的初创企业解决发展性难题，诸如应对国际市场的高度依赖性、外来融资的波动等。它的成立标志着以色列国家创新体系的进一步成熟。

9.2.2 以色列科技创新体系的成功经验

1. 开展科技外交促进了研发国际化

以色列创新的国际化以及以色列经济与全球创新产业的联系，首先是通过与国家和跨国公司签订国际协议来实现的。这有助于深化以色列与世界领先国家和地区的双边关系。1977 年，以色列与美国建立了以色列-美国工业研究与发展基金会（Israel-U. S. Binational Industrial R&D Foundation，BIRD）。该基金会自成立以来，与美国领先公司（如拜耳集团、伊士曼柯达公司、通用动力公司、IBM 公司、摩托罗拉公司、宝洁公司、SanDisk 公司、Spansion 公司、Telcordia 公司）批准了 950 多个项目。另外，作为第一个加入欧盟框架计划的非欧盟国家，以色列创新主体提交的 3000 多个项目获得批准，涉及 4435 名参与者，其中 2450 名为学术研究人员，1270 名为工业研究人员，715 名为来自其他领域的研究人员（Dyduch and Olszewska，2018）。此外，双边科学基金会、双边农业研究开发基金和双边科学技术基金会促成了两个科技创新系统的融合发展。

科技合作是以色列外交中的重要部分。以色列开展的对外科技合作不仅仅是一种知识交流或商业交易，还包含了合作伙伴利益的政治上的相互理解。研发合作背后的国家实际利益与地缘政治需求和雄心壮志密切相关。这尤其适用于与北美的合作。近年来，以色列在谋求外交关系的多样化，以色列与非西方国家或地区（如韩国、新加坡以及中国和印度）建立了更密切的联系。例如，与印度企业集团 Shapoorji Pallonji 在加纳合作建设波浪能发电站，与中国合作建立了第一所以色列大学——广东以色列理工学院。这种平衡和多样化战略与国际关系中自由和独立的新现实主义愿景有关。

2. 多举措撬动产业 R&D 投资

1984 年，以色列政府颁布了《工业研究和开发鼓励法》，旨在鼓励以色列公司投资研发项目，政府与企业共同承担研发项目风险，只要是政府资助的研发项目，就可获得研发预算 30% ~66% 的资助。1985 年，以色列政府颁布实施了《产业创新促进法》，明确以色列政府支持产业科技创新的相关政策。1990 年，《投资促进法》细化了以色列高科技企业的投资补贴、税收减免等优惠政策。2002 年，《以色列税收改革法》生效，对风险投资、证券交易、直接投资等主动性资本的收益税进行了调整，进一步推动了高新技术企业的发展。2011 年，《天使法》实施，规定凡是投资以色列高科技企业的法定纳税人，均可豁免与其投资额相当的赋税额度，进一步激发了投资初创企业的活力（徐剑波和鲁佳铭，2019）。

在过去几十年中，以色列高科技产业发展的关键因素之一是不断增加的风险资本

(Venture Capital，VC)。据 2021 年 2 月以色列风险投资协会发布的数据①，2015～2020
年，以色列高技术投资保持了持续快速增长，就人均 VC 可用性而言，以色列排名全球第
一。为了鼓励合格风险投资基金的投资者，以色列政府引入了若干机制，包括 1993 年的
Yozma 计划，该计划允许对以色列信息技术行业投资产生的收入免税。2016 年底，以色列
对《鼓励资本投资法》进行了修订，将高科技公司的公司税从 25% 降至 6%～12%，具体
取决于公司的性质。它还制定了股息和资本利得税的额外税收优惠（2018 年国际投资协
定）。

自 20 世纪 90 年代初期以来，中东和平进程推进阿拉伯国家抵制运动退潮，受以色列
企业私有化改革以及以色列政府大力吸引外资等良好环境的影响，全球科技巨头在以色列
的投资与研发进入高潮。此后跨国企业在以色列运营的主要模式是将并购企业就地转化为
研发中心。被收购企业的 80% 都成了研发中心或并入到跨国企业在以色列的现有研发中
心。至 2015 年，谷歌、通用汽车、美国高通公司和德国电信等 270 余家大型跨国企业在
以色列设立了 320 多家研发中心。就以色列创新驱动型经济的发展而言，本土企业在与跨
国企业的密切交往中受益良多：既可充分吸收外来资金也可汲取跨国企业的管理经验。提
升自身的竞争力同时还能够搭乘国际巨头企业的营销顺风车迅速在国际市场上推销以色列
创新成果，以此摆脱国内市场狭小的禁锢。

数据显示，2012 年，以色列企业及海外研发投入占比为 84%，政府和高校的投入占
比为 12%。以色列风险投资协会发布的数据显示，2010～2020 年，190 个风险投资机构在
以色列投资了 188.69 亿美元，其中大部分来自海外。这表明，以色列的创新生态系统受
外国跨国公司和大型企业研发投资者青睐。当然，这也是基于以色列具备研发根植的土壤
条件，如政府鼓励研发、当地劳动力素质水平较高等。

3. 大力促进人才结构国际化多元化

以色列建国时仅有 65 万犹太人口，吸引各地的犹太人前来定居是新国家的基本国策，
政府也一直把提升人力资源质量作为国家发展的基础。《以色列独立宣言》指出："以色
列国将向散居世界各国的犹太人敞开移居的大门，将全力促进国家的发展以造福所有的居
民。" 1950 年以色列政府颁布了《回归法》，规定所有具有犹太身份的人（包括个人、家
庭、社区）都可以移民以色列，即《回归法》赋予每个犹太人以移民身份来以色列定居
并成为其合法公民的权利。1952 年，以色列议会又通过了《国籍法》，规定每位年满 18
岁的犹太人只要一踏上以色列国土就拥有以色列公民身份。从 1948 年到 20 世纪末，超过
80 个国家和地区的 300 多万犹太人移居到以色列。以色列犹太移民在不同时期的来源地比
例各不相同，1952～1957 年，亚非裔移民占比超过 70%，而 20 世纪 80 年代末和 90 年代，
俄裔犹太移民占绝大多数。1949～1989 年，涌入以色列的移民中，拥有博士和高级职称以
上的不下 10 万人。1990 年来自苏联的移民中，超过 2/3 具有学士或以上学历，其中工程

---

① IVC. 2021. Israeli Tech Ecosystem. https://www.ivc-online.com/Portals/0/RC/POSTS/IVC_Israeli_Entrepreneurial___
FEB_2021_Final.pdf? ver=2021-02-07-115759-273&timestamp=1612691886497［2021-09-14］.

师占 24%、科研人员占 21%、技术人员占 14%、医务人员占 11%。在俄裔犹太科技移民提出的 1000 余项科研课题中，400 多项得到批准并获资助。以色列实施的一系列人才引进计划（表 9-1）对人才集聚起到了重要的推动作用。

表 9-1 以色列主要的国家层面人才引进计划（董洁等，2020）

计划名称（设立时间）	计划目标	主要内容
Shapira 基金（1970 年）	为移民科学家提供津贴	由科学吸收中心管理，规定移民科学家回归第一年，为其支付全部薪水，第二年支付 50% 薪水，之后支付 30% 薪水，减轻雇主压力
Gileadi 项目（1994 年）	为苏联移民提供大学研究岗位	为来自苏联的高知识移民科学家提供 300 个大学研究岗位，聘期为 3 年
KAMEA 项目（1998 年）	为移民人才提供更多的大学科研岗位	Gileadi 项目扩展为 KAMEA 项目，60% 经费来自移民吸收部，经费用于撰写著作和论文、开拓领域研究、举办专业研讨会
Gvahim 青年引才计划（2006 年）	吸引具有潜力的青年技术移民	包含了就业项目、创业加速器项目、职业实习项目，项目主要为技术移民提供就业指导和帮助
60 年归国计划（2008 年）	吸引居住在海外的以色列人才	鼓励海外人才回国发展，政府通过制定优惠政策，减轻海外人才归国创业压力
卓越研究中心计划（2010 年）	吸引优秀研究人员	提高以色列学术研究水平，吸纳 2400 名顶级研究员和海归科学家，建立研究中心
引进人才计划（2013 年）	吸引海外高素质人才归国	提供 3.6 亿美元配套资金，为国外以色列人才归国提供生活和工作支持
高等教育五年改革计划（2014 年）	吸引海归以色列学者	高等教育委员会引进 1000 多名高端海外人才支撑科研工作
Zuckerman STEM 领导力项目（2019 年）	吸引欧美国家博士后研究人员与以色列研究人员合作	私人企业家出资 1 亿美元，资助项目包括：博士后计划、Zuckerman 计划；资助创建实验室完成项目计划

除了高技术移民之外，以色列提升人力资本的另一有效途径是加强本土人才培养。1980～2009 年，以色列高等院校的数量大规模增长。这得益于实施的高等教育体系改革计划（The Higher Education Reform Plan）。2017 年，以色列共有 62 个高等教育机构，其中研究型大学 9 所［包括 8 所研究型大学（Ariel University 部分国家不承认）和 1 所开展远程教育的开放大学］，公立学术学院 20 所、私立学术学院 12 所、公立师范学院 21 所①。

据统计，2010～2020 年，以色列高等教育经费投入实现翻倍，从 2010 年的 69 亿新锡

① Israeli Education Higher for Council. 2019. The Israeli Higher Education System-2010-2019：A Decade of Academic Excellence：Doubling Budgets, Accessibility, and Reinforcing Research. https：//che. org. il/wp- content/uploads/2019/11/16. 10-% D7% 9C% D7% A7% 98-% D7% A0% D7% AA% D7% 95% D7% A0% D7% 99% D7% 9D-% D7% 9E% D7% A2% D7% A8% D7% 9B% D7% AA-% D7% 94% D7% 94% D7% A9% D7% 9B% D7% 9C% D7% 94-% D7% 94% D7% 92% D7% 91% D7% 95% D7% 94% D7% 94-% D7% 91% D7% 99% D7% A9% D7% A8% D7% 90% D7% 9C_ eng-US. pdf ［2021-09-14］.

克尔增加至 2020 年的 118 亿新锡克尔。以色列 25~64 岁人口受高等教育比例仍然保持世界第二位（图 9-1）。工程技术的学习在以色列广受欢迎。教育的包容性也大为改善，计算机科学相关学科的女性数量实现翻倍；2016~2020 年，来自低收入家庭的高等教育入学学生增加了 8 000 人；阿拉伯学生首次超过了 50 000 人，过去 5 年中，来自埃塞俄比亚的学生增加了 35%；40 岁以上的人也可以返回高校深造。

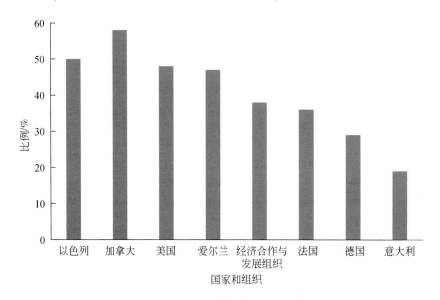

图 9-1　25~64 年龄段受过高等教育的人口比例领先的国家与经济合作与发展组织平均水平比较

近年来，以色列高等教育改革的另一个目标是大力推进教育国际化进程。为了调动教师的积极性，7 所大学也都不同程度地进行了内部治理结构的调整，由建立之初的德国大学模式逐渐向美国大学模式过渡，如设立终身教职（须经过国际同行的认定）；推行大学教师带薪休假制度，并保证他们参加国际学术会议及其他国际交流活动的经费，以鼓励其开展国际合作并保持与国际同行的密切联系。

据世界经济合作与发展组织的数据，目前以色列的留学生约占学生总体比例的 3%，主要来自欧洲和北美（图 9-2）。以色列政府也鼓励本国学生通过学生交换项目或联合培养项目赴国外高校学习。

4. 高校集群有效支撑创新创业活动

教育是高校的第一使命。高等教育通过传递和积累科学技术而发挥再生产科学技术的功能。高等教育对已有的科学技术进行加工，并使之为新一代人所掌握和继承，得以世代相传，不断丰富，由此为新的科学发明和技术创新奠定基础。此外，高等教育通过创造、发明新的科学技术来发展科学技术，这是高校的第二使命——"研究"。将研究成果推向应用是高校的第三使命。高校作为学术性机构，在科学研究、技术开发及其成果的应用领域具有天然的优势，作为知识创新和技术发明场所，高校特别是研究型大学无疑能够为发

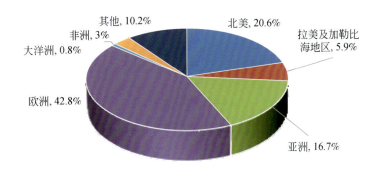

图 9-2　以色列外国留学生来源结构

展科学技术做出巨大的贡献（杨德广，2002）。

　　以色列研究型大学在推动世界领先领域的变革方面作用明显。据 Web of Science 数据库的数据，2001～2021 年，以色列的 7 所大学，共发表了 260 051 篇论文，占全国总量的 71.39%；另据 ESI 数据库的检索结果（表 9-2），特拉维夫大学、希伯来大学分别有 20 个、19 个学科进入了全球前 1%。以色列理工学院、本古里安大学均有 16 个学科进入了全球前 1%。以色列高校注重研究成果转化，开设创业教育课程，并明确提出要培养企业家精神，为本校学生和教职工提供优质的、系统的科技创新创业服务，促进知识产品的商业化和技术的转化。目前，特拉维夫大学、以色列理工学院、希伯来大学、本古里安大学、魏兹曼科学研究所等已经形成了成熟的科技创业系统（王志强和朱黎雨，2020；刘琼和温兴琦，2021）。据全球著名咨询公司 Startup Genome 2021 年发布的报告，特拉维夫大学位居全球创新创业高校第 5 位。以色列理工学院，希伯来大学、本古里安大学也能进入全球前 50①。以色列高等教育集群是技术转化的主要实施者，其处于科技创新网络的关键节点，与国际实验室、孵化器和加速器、风险投资建立了深度信任的合作机制，这就使得高等教育集群能灵活地、精准地在多样的伙伴中选择适合的伙伴，早期的公司和初创企业不仅可以获得高校系统的企业成长培训机会，还可以获得专业的技术培训和资本资助。

表 9-2　以色列 7 所研究型大学进入全球前 1% 的学科情况

学科	特拉维夫大学	希伯来大学	以色列理工学院	本古里安大学	魏兹曼科学研究所	巴伊兰大学	海法大学
材料科学	1	1	1	1	1	1	
地球科学	1	1		1	1		
动植物学	1	1		1	1	1	1
分子生物与基因	1	1	1	1	1		

---

　　① The Times of Israel. 4 Israeli universities in top 50 entrepreneurs list. https：//israelactive. com/israel-is-inclusive-global/4-israeli-universities-in-top-50-entrepreneurs-list/ ［2021-11-30］.

续表

学科	特拉维夫大学	希伯来大学	以色列理工学院	本古里安大学	魏兹曼科学研究所	巴伊兰大学	海法大学
工程	1	1	1	1		1	
化学	1	1	1	1	1	1	
环境与生态	1	1		1	1	1	1
计算机科学	1		1	1			
空间科学	1						
临床医学	1	1	1	1	1	1	1
免疫学	1	1	1	1	1		
农业		1	1	1			
商业与企业	1	1					
社会学	1	1		1	1	1	1
神经科学与行为	1	1	1	1	1	1	1
生物与生物化学	1	1	1	1	1	1	
数学	1	1	1		1		
微生物学	1	1					
物理学	1	1	1		1		
心理学	1	1		1		1	1
制药与毒理学	1	1	1	1			
总计	20	19	16	16	14	10	6

9.3　香港科技创新发展存在的主要问题

9.3.1　香港科技投入少且结构待优化

香港回归中国之前，政府对科技与创新的投入极少，R&D 研发投入在 1995 年只有 6.59 亿港元，相当于本地生产总值的 0.25%。香港特区政府成立以后，科技与创新活动被提到重要议事日程，政府大幅增加对研发的投入。1998 年以来，香港特区政府对研发的投入持续增加。2007~2019 年的研发投入及占 GDP 比例见图 9-3，2019 年香港研发投入达到了 263.3 亿港元，研发投入占 GDP 比例达到 0.92%，虽然有提升，但与国际标准（3%）仍有明显的差距。

香港的研发投入大部分用于资助高等教育机构，其所占总投入的比例基本在 50% 以上。而用于政府机构的投入呈上升趋势，但总量依然较小（低于 5%）。就资助的学科领域而言，2020 年受资助最多的是信息科技领域（20.82%），其后为电气及电子（7.38%）

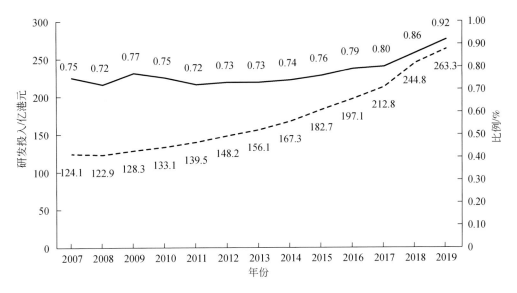

图 9-3　香港研发投入及其占 GDP 比例年度趋势变化

资料来源:《香港统计年刊》

和制造技术（7.06%）领域。材料科学、生物科技、环境技术、中医药等领域也是香港科技的重点领域。

根据《香港统计年刊》提供的数据，香港科研人员数量呈现上升趋势，其中，高校是研发力量主要来源，占总比例58.29%（表9-3）。相对应地，近5年来，工商机构研发人员占比持续走低。综上来看，香港企业创新主体地位尚未体现。

表 9-3　香港研发人员历年数量及比例变化　　　　（单位：人）

项目	2009 年	2014 年	2015 年	2016 年	2017 年	2018 年	2019 年
工商机构研发人员数量	10 475	12 146	12 217	12 318	12 792	13 156	13 748
高等教育机构研发人员数量	12 157	16 374	17 191	18 134	18 655	19 482	20 643
政府机构研发人员数量	649	648	701	830	908	938	1 025
总计	23 281	29 168	30 109	31 282	32 355	33 576	35 416
工商机构研发人员占比	44.99	41.64	40.57	39.38	39.54	39.18	38.82
高等教育机构研发人员占比	52.22	56.14	57.10	57.97	57.66	58.02	58.29
政府机构研发人员占比	2.79	2.22	2.33	2.65	2.80	2.80	2.89

资料来源：香港统计年刊

另据SCI检索的数据，香港的知识创造高度集中在香港高校，比例达到了93.82%，高于以色列22.43个百分点（表9-4）。从ESI前1%的机构数量来说，香港的机构数量整体偏少，究其根源也在于除高校外，具备研发能力的机构少（表9-5）。

表 9-4　香港–以色列 2001～2021 年 SCI 发文数量及比例比较

国家/地区	SCI 总发文量/篇	大学发文量/篇	大学在知识创造方面的占比/%
香港	256 609	240 750	93.82
以色列	364 244	260 051	71.39

表 9-5　香港–以色列全球 ESI 前 1% 学科数量比较　　　（单位：个）

学科	香港	以色列	比较
材料科学	6	6	
地球科学	5	5	
动植物学	3	7	↓
多学科交叉	1		
分子生物与基因	3	8	↓
工程	6	7	
化学	6	6	
环境与生态	7	8	
计算机科学	6	4	↑
空间科学		1	
临床医学	12	21	↓
免疫学	2	10	↓
农业	3	4	
商业与企业	6	2	↑
社会学	8	12	↓
神经科学与行为	4	11	↓
生物与生物化学	6	9	↓
数学	4	5	
微生物学	1	3	↓
物理学	5	5	
心理学	5	10	↓
制药与毒理学	6	5	
总计	105	149	

9.3.2 香港科技人才引育质量待提升

2018 年 8 月，香港特区政府制定人才清单，符合要求的申请人经评核后，可在"优秀人才入境计划"的"综合计分制"下获额外分数，从而更有效和聚焦地吸引世界各地的优秀人才，配合香港经济的高增值及多元化发展。政府现正重新核定人才清单，以更准确地反映就业市场的最新趋势；以及进一步扩大香港的人才库，"优秀人才入境计划"的配额自 2020 年起由每年 1000 个增加至 2000 个。目前，获准来港的人才和专业人士一般首次留港年期为两年，而往后的延长逗留期限则为"3+3"年。其中，顶尖人才如获准在港工作或逗留不少于两年，以及在上一评税年度的薪俸税应评税入息达 200 万港元或以上，可在申请延期逗留时获准延期逗留六年。另外，根据"优秀人才入境计划"，以"成就计分制"获批准来港人士一般首次入境可获准在港逗留八年。

香港特区政府于 2018 年 6 月推出"科技人才入境计划"，为海外和内地科技人才来港从事研发工作提供便利通道。自 2020 年 1 月起，该计划适用范围由原来只限于香港科技园公司和香港数码港管理有限公司的租户及培育公司，扩大至全港所有进行指定科技范畴研发活动的公司，而指定科技范畴亦由原来的 7 个增加至 13 个；然而，从成效上来看（表 9-6），该计划实施效果不尽如人意。有报道指出，该计划首年名额定 1000 个，截至 2020 年 2 月，创新科技署只批准了 321 人，与政府的预期差距甚大。

表 9-6　香港人才汇聚主要政策及实施成效[1]　　　　（单位：个）

入境计划/政策		2017 年	2018 年	2019 年	2020 年	2021 年(1~7 月)
一般就业政策[2]	申请数目	42 680	44 963	45 288	17 688	7 539
	获批数目	39 952	41 592	41 289	14 617	6 471
	被拒数目	1 114	921	1 147	910	436
输入内地人才计划[3]	申请数目	13 998	15 623	16 413	9 026	6 395
	获批数目	12 381	13 768	14 053	6 995	5 354
	被拒数目	373	249	365	415	247
优秀人才入境计划[4]	申请数目	1 932	3 314	5 896	3 966	2 489
	获批数目	411	555	874	1 709	906
	被拒数目	585	985	1 861	2 482	3 190
非本地毕业生留港/回港就业安排[5]	申请数目	9 420	10 254	10 992	7 644	3 941
	获批数目	9 331	10 150	10 799	7 154	3 541
	被拒数目	0	0	1	13	16
输入中国籍香港永久性居民第二代计划[6]	申请数目	133	125	94	68	46
	获批数目	80	71	55	37	25
	被拒数目	0	0	0	1	2

续表

入境计划/政策		2017 年	2018 年	2019 年	2020 年	2021 年（1～7 月）
科技人才入境计划⑦	申请数目	不适用	29	84	131	38
	获批数目		24	75	116	36
	被拒数目		0	0	0	0

①同一年的获批或被拒个案未必全部为该年所提出的申请个案。

②"一般就业政策"适用于有意申请来港就业的专业人士（内地的中国居民除外）。

③"输入内地人才计划"适用于内地中国居民申请来港就业。

④"优秀人才入境计划"旨在吸引高技术人才或优才来港定居。计划的年度配额于 2017～2019 年为 1000 个；自 2020 年起有关年度配额增至 2000 个。获批数字为获分配名额数目。

⑤"非本地毕业生留港/回港就业安排"旨在吸引有资格的非本地毕业生留港/来港工作。

⑥"输入中国籍香港永久性居民第二代计划"旨在吸引已移居海外的中国籍香港永久性居民的第二代，于海外申请回港工作。

⑦"科技人才入境计划"于 2018 年 6 月推出。计划为海外和内地科技人才来港从事研发工作，实施快速处理安排。合资格公司可向创新科技署申请配额。上述数字为获发配额的公司为合资格人士向入境处申请工作签注/进入许可的数目

从人才的培养质量看，香港与以色列之间存明显差距。2020 年，香港 15 岁以上人口受教育程度结构中，专上教育人口占比 34.5%（表 9-7）。据经济合作与发展组织的统计数据，OECD 内部初等到高等教育公共支出占 GDP 的平均比例为 4.9%，而以色列该比例达 6.2%，香港达 5.15%。对比毕业生的结构来看（表 9-8），香港博硕士的比例比以色列低 8 个百分点以上。

表 9-7　香港 15 岁以上人口受教育程度　　　　　（单位:%）

受教育程度	2010 年	2015 年	2016 年	2017 年	2018 年	2019 年	2020 年
小学及以下	22.2	18.9	18.7	18.2	17.9	18	17.9
初中①	15.6	15.2	14.9	15.1	15	14.9	14.4
高中②	36.4	35.1	34.8	34.6	34	33.2	33.2
专上教育	25.8	30.8	31.6	32.1	33.1	33.9	34.5

①具初中教育程度的人士是指具中一至中三教育程度或同等学历的人士。

②具高中教育程度的人士是指具中学旧学制的四至七年级及新学制的四至六年级或同等程度，毅进计划/毅进文凭以及工艺程度教育的人士。

资料来源:《香港统计年刊》2010～2020 年

表 9-8　香港和以色列高校毕业生博硕士所占比例

时间	以色列		中国香港	
	博硕士毕业人数/人	博硕士占毕业生比例/%	博硕士毕业人数/人	博硕士占毕业生比例/%
2017/18 年度	74 005	24.19	4 504	15.65
2018/19 年度	74 900	24.29	4 429	15.58

资料来源:香港大学教育资助委员会年度报告（2017～2019 年）、The Israeli Higher Education System-2010-2019

人才的国际化也可以从来港就读学生人数窥见一斑。从统计数据来看（表 9-9），2020 年，外地来港就读的学生占香港高校学生的 18.93%，这些学生中 67.20% 来自中国内地，95.49% 来自亚洲其他国家和地区，仅有 4.51% 来自世界其他国家和地区。从外地来港学生占学生的总体比例来看，中国内地来港的人数比例在 2013～2018 年，较为稳定，2018 年前后增加趋势略明显。亚洲其他国家和地区的来港学生比例一直稳步增加。世界其他国家和地区的来港学生总量小，占比小。这说明，尽管香港国际化水平较高，但是实际上区域性也较为明显，在亚洲地区的影响力较强，但是尚未成为汇聚全球科技创新人才的都市。

表 9-9　外地来港学生来源区域分布表

区域	学生来源	2013/14 年度	2014/15 年度	2015/16 年度	2016/17 年度	2017/18 年度	2018/19 年度	2019/20 年度
中国内地	中国内地学生人数/人	11 374	11 610	11 819	12 037	12 099	12 322	12 912
	占比/%	12.02	11.98	11.96	12.05	12.06	12.22	12.72
亚洲其他国家和地区	亚洲其他国家和地区学生人数/人	2 495	2 831	3 130	3 704	4 184	4 927	5 436
	占比/%	2.64	2.92	3.17	3.71	4.17	4.88	5.36
世界其他国家和地区	世界其他国家和地区学生人数/人	641	710	706	733	766	812	865
	占比/%	0.68	0.73	0.71	0.73	0.76	0.81	0.85
学生整体人数		94 635	96 911	98 842	99 901	100 315	100 866	101 480

资料来源：香港大学教育资助委员会年度报告（2013～2020 年），https：//www.ugc.edu.hk

9.3.3　香港高校集群的第三使命发挥不足

大学的"第三使命"是指大学在完成教学与科研基本使命前提下，为了进一步推动自身社会服务功能的显性化，依靠大学现有的人力资源、教学资源、科研资源，同产业、政府组织开展多维互动式交流与合作，努力开展技术咨询或转让、合作研究、大学衍生企业创办等与教学和科研相关联而又区别的知识创新及商业化应用活动。

通常大学的第三使命主要通过三条途径实现：知识扩散（Knowledge Dissemination）、技术转移（Technology Transfer）和技术商业化（Technology Commercialization）（Samuel Neaman institute for National Policy Research，2019）。知识扩散主要通过出版物、交流、人

才培养等途径实现。技术转移主要包括委托研发、合作研发、技术咨询、科技服务、设施共享；技术商业化主要是专利许可和创办企业等。本研究也主要从这三个方面解析香港高校的第三使命履行情况。

1. 香港高校的知识扩散

尽管香港高校在全球排名领先，但是在知识传播方面，香港的大学-企业合作论文量及其占总发文量的比例都低于以色列（表9-10）。

表 9-10 2001～2021 年大学-企业合作论文占总发文量比例

	SCI 产研合作论文量/篇	SCI 论文量/篇	产研合作论文占总体比例/%
香港	10 237	256 609	4
以色列	19 200	364 244	5.3

资料来源：Web of Science

经过筛选，并等距离观察阶段性趋势变化后，从大学-企业合作论文的覆盖面来看，香港高校的大学-企业合作覆盖面扩大很快，在 2015～2021 年有快速提升（表 9-11）。但是，值得注意的是，合作论文与合作企业的比值明显低于以色列，这反映出，在合作关系的稳定性上，香港仍然相对较弱。

表 9-11 大学-企业合作论文阶段性发展趋势

	合作概况	2001～2007 年	2008～2014 年	2015～2021 年
香港高校	合作企业数/家	804	1 448	3 922
	合作论文量/篇	1 423	2 341	6 373
	合作论文/合作企业	1.77	1.62	1.62
以色列高校	合作论文合作企业数/家	1 493	2 276	3 861
	合作论文量/篇	4 010	5 690	9 398
	合作论文/合作企业	2.69	2.50	2.43

另外，从以色列和中国香港高校-企业合作论文的国家分布来看（表9-12），以色列与美国的联系非常紧密，并且 20 年有增无减。在全球学术合作日益紧密的情境下，其与英国、德国、加拿大、法国、意大利等国的合作紧密度日益增加。相比较而言，中国香港与美国虽然合作也颇为频繁，但是在 2015～2021 年有明显的阶段性下降，与此同时，香港与中国内地的联系紧密度快速上升，而且香港重要的大学-企业合作国家/地区 TOP10 中，东亚地区的几个重要国家和地区名列其中。

表 9-12　大学–企业合作论文国家/地区分布

时间	排名	以色列高校			香港高校		
		国家/地区	发文量/篇	占总发文量比例①/%	国家/地区	发文量/篇	占总发文量比例/%
2001~2007 年	1	美国	2 288	57.06	美国	642	45.12
	2	德国	400	9.98	中国内地	316	22.21
	3	英国	322	8.03	加拿大	136	9.56
	4	加拿大	231	5.76	英国	113	7.94
	5	法国	213	5.31	日本	104	7.31
	6	意大利	177	4.41	新加坡	95	6.68
	7	日本	156	3.89	澳大利亚	78	5.48
	8	荷兰	151	3.77	法国	70	4.92
	9	瑞士	129	3.22	台湾	67	4.71
	10	西班牙	121	3.02	德国	64	4.50
2008~2014 年	1	美国	3 481	61.18	美国	1109	47.37
	2	德国	1 134	19.93	中国内地	937	40.03
	3	英国	778	13.67	英国	328	14.01
	4	意大利	692	12.16	加拿大	293	12.52
	5	法国	686	12.06	澳大利亚	249	10.64
	6	加拿大	614	10.79	德国	248	10.59
	7	西班牙	523	9.19	日本	220	9.40
	8	荷兰	497	8.73	台湾	211	9.01
	9	澳大利亚	451	7.93	—	208	8.89
	10	瑞士	448	7.87	意大利	178	7.60
2015~2021 年	1	美国	6 529	69.47	中国内地	3816	59.88
	2	德国	2 485	26.44	美国	2606	40.89
	3	英国	2 360	25.11	英国	1241	19.47
	4	法国	1 859	19.78	德国	1023	16.05
	5	意大利	1 773	18.87	澳大利亚	976	15.31
	6	加拿大	1 738	18.49	日本	933	14.64
	7	西班牙	1 680	17.88	台湾	879	13.79
	8	澳大利亚	1 291	13.74	加拿大	869	13.64
	9	荷兰	1 246	13.26	意大利	849	13.32
	10	瑞士	1 150	12.24	韩国	767	12.04

注：论文合作经常是多国共同合作，故而比例会大于 100%

2. 香港高校的技术转移

根据香港大学教育资助委员会的数据（表9-13），2012～2019年，香港高校的经费来源中，本地私人资金的占比为14%～17%，2012～2019年复合年均增长率为7.43%。香港以外的资金，2019年占比为2.64%，从年度趋势上看，基数较小，增速较快，2012～2019年复合年均增长率达到11.88%。据教育部的数据，2016～2019年，我国内地高校科技经费总额达到7820.8亿元，高校服务产业、企业和社会需求获得的横向科研经费总额超过2147亿元，横向合作经费的占比达到了27.45%。相比较而言，香港高校的横向合作经费比例显然离这一数据还有距离。综合来看，香港与内地的合作取得了进展且态势良好，但是从总量来看，还有很大的提升空间。

表9-13　香港高校研究与开发经费结构一览表　　　（单位：百万港元）

年份	教育资助委员会	研究资助局	政府其他资助计划	本地私人资金	香港以外的资金
2012	4 754.00	660.4	501.8	1 099.00	139.6
2013	4 962.00	702.1	528	1 216.00	168.2
2014	5 175.20	755.9	627.7	1 253.30	172
2015	5 618.20	843.4	724.5	1 256.20	189.4
2016	6 146.90	945.2	851	1 418.50	189.3
2017	6 547.00	998.3	940.5	1 569.20	215.9
2018	6 848.60	1 045.90	906.9	1 789.70	246
2019	7 481.20	1 021.90	964.5	1 815.40	306.3
复合年均增长率/%	6.69	6.44	9.78	7.43	11.88

另外，从授权许可所获经费占财政拨款的比例来看（图9-4），香港中文大学约为1.19%，与以色列特拉维夫大学水平相当。但是，香港其他高校与以色列两所高校的差距明显。

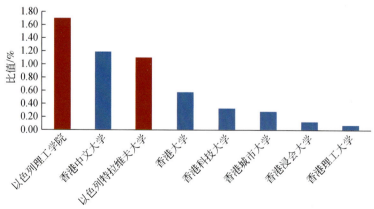

图9-4　香港高校与以色列高校授权许可所获经费占财政拨款比例对比

资料来源：香港各高校技术转移报告（2010～2020年），https：//www.ugc.edu.hk/eng/ugc/activity/knowledge.html

综合合作研究、委托研究、科技咨询等横向研究的经费总额来看（图9-5），香港大学、香港科技大学、香港中文大学、香港理工大学位居技术转移第一梯队，与香港城市大学、香港教育大学、香港岭南大学、香港浸会大学拉开明显差距。

图9-5　香港高校历年横向研究情况

1）合作研究

据香港大学教育资助委员会出版的各高校技术转移报告数据（图9-6），2011～2020年，香港科技大学、香港理工大学、香港中文大学的合作研究位居前三位。香港科技大学自2011年以来进展明显，近年来增速位居第一位。香港理工大学在2011～2015年经历了蓬勃发展，在2015～2016年迅速下降，在2017年后，再次进入了稳步上升的周期当中。香港中文大学则一直处于稳步、缓慢上升过程当中。其他高校的合作研究开展不多。

图9-6　香港高校历年合作研究情况

2) 委托研究

从委托研究的情况来看（图9-7），香港大学远远领先于其他高校。2020 年，香港大学接受的委托研究共计 995 项，金额约 4.7 亿港元。

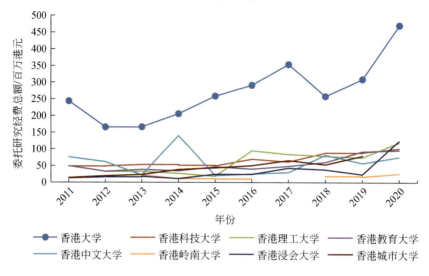

图 9-7　香港高校历年委托研究情况

3) 科技咨询

从科技咨询的情况看（图9-8），香港中文大学、香港理工大学和香港大学位居前三位。香港中文大学领先优势明显。香港理工大学的科技咨询趋势与合作研究趋势基本相同，在 2010～2015 年蓬勃发展，在 2015～2016 年突然下降，然后进入了新的增长周期。香港大学在 2010～2019 年稳步上升。2019～2020 年，香港主要高校科技咨询经费总额呈现下降趋势。

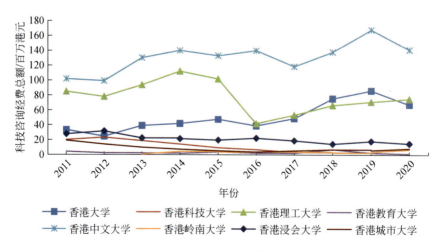

图 9-8　香港高校历年科技咨询情况

4) 设施共享

从设施共享的情况来看（表 9-14），香港科技大学、香港理工大学、香港浸会大学对外服务频次较高。香港理工大学、香港浸会大学近年的服务频次呈现明显的下降趋势。

表 9-14 香港各高校历年设施共享情况

年份	香港大学		香港科技大学		香港理工大学		香港中文大学		香港浸会大学		香港城市大学	
	对外服务频次/次	经费/百万港元	对外服务频次/次	经费/百万港元	对外服务频次/次	经费/百万港元	对外服务频次/次	经费/百万港元	对外服务频次/次	经费/百万港元	对外服务频次/次	经费/百万港元
2011	13	0.37	387	5.60	353	3.30			111	2.73	572	0.95
2012	13	0.58	451	4.80	820	7.50			127	5.57	428	0.79
2013	24	0.89	442	2.20	700	8.00	3	0.84	209	6.15	376	0.58
2014	18	0.26	524	2.60	679	7.83	1	0.04	245	7.10	224	0.42
2015	11	0.47	495	2.20	648	7.99	1	0.04	230	6.76	222	0.3
2016	14	0.70	475	3.00	291	4.84	1	0.04	233	7.59	153	0.29
2017	18	0.50	461	2.90	327	4.51	1	0.02	209	6.67	119	0.16
2018	39	0.91	835	5.60	337	5.05			205	6.81	86	0.11
2019	48	2.00	628	4.50	440	3.69			218	6.80	56	0.02
2020	38	1.48			178	3.54			139	3.93		

3. 香港高校的技术商业化

如前所述，技术商业化主要是专利许可和创办企业等。据香港大学教育资助委员会的技术转移数据（图 9-9），2011 ～ 2020 年，香港大学、香港科技大学、香港理工大学、香港中文大学、香港浸会大学、香港城市大学都在许可授权方面有所斩获。

图 9-9　香港高校历年授权许可数量

但从许可所获得的收入来看（图9-10），香港中文大学遥遥领先。

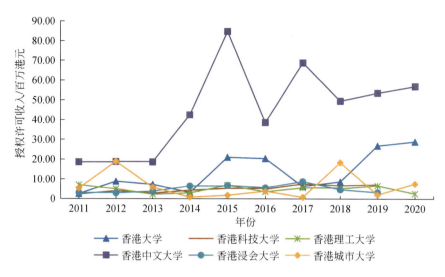

图9-10　香港高校历年授权许可收入情况

从衍生企业产生的收入来看（表9-15），各高校起伏不定、艰难求存。2020 年，香港大学衍生企业的收入较 2019 年增长了约 5 倍，表现相对突出。其次是香港理工大学，该校尽管数额不大，但近年在缓慢进步中。

表9-15　香港高校历年衍生企业产生的收入情况　　（单位：百万港元）

年份	香港大学	香港理工大学	香港中文大学	香港浸会大学	香港城市大学
2011	2.38	6.92	9.34	0.07	−0.28
2012	0.14	15.95	5.80	0.40	−5.63
2013	0.58	0.39	5.00	0.75	0.04
2014	0.78	0.35	17.60	1.22	0.93
2015	0.35	0.34	15.37	0.84	2.50
2016	0.82	0.28	2.34	0.37	
2017	5.23	0.06	9.97	0.25	
2018	1.11	0.13	15.59	0.50	
2019	9.40	0.60	15.75	0.08	
2020	55.70	0.66	−8.30		

专利也是重要的技术商业化基础，从近 10 年（2011～2020 年）来香港高校的专利申请情况看，尽管获授权专利占比高，但是总量十分少，7 所高校一年的申请量甚至不及国内 1 所高校的申请量。区域内部比较来看，香港中文大学在专利申请与授权上领先于香港其他高校，也表现出较为快速的增长趋势（表9-16、表9-17）。

表 9-16　香港高校历年专利申请情况　　　　　　（单位：件）

年份	香港大学	香港科技大学	香港理工大学	香港中文大学	香港浸会大学	香港城市大学	合计
2011	93	140	76	148	2	52	511
2012	71	136	66	146	21	53	493
2013	86	149	42	140	37	70	524
2014	94	195	67	166	47	116	685
2015	157	198	88	125	51	76	695
2016	129	157	79	165	56	78	664
2017	144	205	91	223	83	113	859
2018	132	244	131	327	61	94	989
2019	206	270	130	315	60	94	1075
2020	186	286	129	386	31	121	1139

表 9-17　香港高校历年专利授权情况　　　　　　（单位：件）

年份	香港大学	香港科技大学	香港理工大学	香港中文大学	香港浸会大学	香港城市大学	合计
2011	31	33	43	68	3	17	195
2012	24	50	50	41	2	41	208
2013	33	52	57	65	4	19	230
2014	24	80	46	136	6	22	314
2015	50	80	73	58	6	32	299
2016	60	93	54	83	16	36	342
2017	64	162	43	132	29	57	487
2018	67	134	52	185	38	58	534
2019	66	143	55	202	45	45	556
2020	67	112	79	257	35	78	628

4. 小结

根据香港大学教育资助委员会的数据，各高校知识转移活动补助金占政府经常补助金的比例较低（表 9-18），仅为 0.26%~0.34%。这说明政府对高校知识转移活动的经费投入不足，对该项活动的重视程度较低。

根据前述香港第三使命的履行情况的研究结果，尽管香港近年来在知识扩散、技术转移及技术商业化方面做出了努力，也取得了一定成效，但是与领先的国家/地区，如以色列等相比，仍然存在明显差距，表现为校企合作面在快速拓展，但是还应开发紧密的校企合作关系；授权许可产生的收入偏低；衍生企业产生的收入尚不稳定；专利申请和授权总量很小。总之，香港高校服务经济发展的潜力还有待挖掘。

表 9-18　香港各高校知识转移活动补助金及占政府经常补助金的比例

高校	2019 年			2020 年		
	知识转移活动补助金/百万港元	政府经常补助金/百万港元	比例/%	知识转移活动补助金/百万港元	政府经常补助金/百万港元	比例/%
香港城市大学	8.1	2 637.30	0.31	9	2 738.60	0.33
香港浸会大学	3.7	1 283.70	0.29	4.2	1 350.90	0.31
香港岭南大学	1.2	443.80	0.27	1.4	465.80	0.30
香港中文大学	13.7	4 598.20	0.30	14.9	4 807.50	0.31
香港教育大学	2.4	921.80	0.26	2.8	1 005.20	0.28
香港理工大学	9.6	3 384.30	0.28	10.8	3 586.10	0.30
香港科技大学	8.9	2 616.00	0.34	9.1	2 732.50	0.33
香港大学	14.9	4 809.10	0.31	16.3	5 053.70	0.32

9.4　对香港建设科技创新枢纽的对策建议

9.4.1　利用"飞地"模式双向拉动科技创新

　　香港科技创新投入低与香港的产业结构密切相关。以色列服务业占 GDP 比例 77.9%[①]，香港为93.5%[②]。目前，香港经济的四大支柱产业是贸易及物流业、金融业、专业服务及其他生产性服务和旅游业，2018 年这些产业的增加值占本地 GDP 的比例分别为21.16%、19.74%、11.96%和4.48%，这些产业的创新需求不高。以色列科技创新的快速发展得益于其通过全球化，摆脱了本土市场狭小的禁锢，与世界其他国家或地区有效连接。而香港尚未同以色列那样通过国际化，带来"飞地"创新需求。

　　目前，香港正在实施再工业化战略，对产业结构进行调整，然而这不是一蹴而就的。在需求端，应主动出击，面向全球开发"飞地"市场，从"飞地"获取创新需求，从而使科技创新有的放矢。不过，当前全球出现逆全球化的思潮，在此背景下，香港加强与中国内地的联系既符合国家推动港澳融入祖国发展大局的指导思想，也符合香港本身经济发展的诉求。

　　香港可在珠三角及周边空间承载力强的区域探索共建制造业"飞地"，促进香港再工业化；推动香港与内地一线或新一线城市设立工业研究开发基金，促进香港研发投入多元化，瞄准区域头部企业开展专门技术对接，提升香港对中国内地"飞地"市场需求的关注

---

　　① 香港贸发局 . 2021. 以色列 . https://hktdc. infogram. com/ilsc-1h8n6m3pd89xj4x [2021-09-14].
　　② 政制及内地事务局 . 2020. 香港主要社会经济指标（2020）. https://www. bayarea. gov. hk/sc/about/hongkong. html [2021-09-14].

度。在供应端，推动香港高校与粤港澳大湾区更广泛地建立就业实训基地等，推动香港高等教育的产教融合，提升人才培养与大湾区产业的匹配度。与此同时，深入推进异地办学，将在大湾区已经布局的高校分点做好做实，扩大硕士博士培养规模，并精准服务粤港澳大湾区的需要，缩小办学质量与总校的差距，实现名副其实的"高水平、高标准、高质量"的目标，从真正意义上成为香港高校整体发展的一个重要环节和重要组成部分，改善香港就业劳动力结构和质量。

从香港高校与国内创新主体的知识传播来看，香港与珠三角的合作在突飞猛进地发展，与国内领先区域的合作虽然也在增加，但增速有明显的差异，与湖北、陕西、四川等数个高校密集区域的联系紧密度还有很大提升空间。香港应该通过自上而下、自下而上的政策和行动，促进与内地交通便利、高校林立的城市深化科技合作。

9.4.2 吸引境内外机构在港设立研发机构或转化机构

研发国际化是跨国公司实施全球化战略的重要组成部分，是其为了在全球范围内寻求资源，充分利用各东道国在人才、科技实力、科研设施以及优惠政策方面的比较优势，降低科研活动的成本与风险，在全球设立科研机构进行新产品的研究与开发。依据知识转移程度和知识创造程度这两个维度可将跨国公司研发中心分为生产支撑型、市场寻求型、本地创新型、研发中心型四种战略角色。其中，本地创新型是为适应当地市场需求而进行的适应性开发；研发中心型目标是获取全球范围内的知识，进行较为高端的开发和研究活动，这类研发型机构往往与母公司研发活动有密切联系，研发层次较高。

以色列跨国公司研发机构的密集部署是以色列高研发投入的重要支撑。以色列发展成为了发达国家在中东的科技创新"飞地"，其技术创新与产品在起点定位上就是瞄准全球市场的。香港的低税政策、全球领先的高等教育、熟练使用英语的劳动力队伍，以及发展较好的律师、会计和分析等行业，使香港具备了发展成为全球重要科技创新枢纽的潜力。香港可探索将自身打造成为世界其他国家/地区在粤港澳大湾区的科技创新"飞地"，吸引全球高校及其技术转移机构、跨国企业研发部门在香港设立分支机构。一是将香港打造成为境外机构在东亚地区的"科创飞地"，重点是有选择地对研发中心型机构引进予以政策倾斜。二是设立对外科技合作专项，重点支持境外创新主体以独资新建、合资合作及其他方式在香港设立研发中心、联合实验室、分支研究机构、国际技术转移中心；鼓励香港的研究机构积极承担或参与我国与其他国家设立的双（多）边政府科技合作协定（协议）框架项目。三是采用软性措施，使香港作为桥接点，促进跨国企业与中国内地高校、研究机构、企业的对接合作，具体包括积极支持世界级学术研讨会、学术论坛、访问学习等，促进国内对境外研发机构的了解，提高境内外研发合作的可能性。

9.4.3 试点打造世界级"创业型大学"

香港高校普遍开展了创新创业活动，包括教学和培养高素质学生；提供专业教学和终身学习机会：提供传统课程以外的培训课程；开展创业教育，培养企业家精神；出版和传播科学信息（通过出版科技论文、书籍等，以及通过在非正式期刊上发表，传播知识和进行交流）；积极推行专利保护制度，推进大学研究成果和技术的商业化；为公共和企业提供咨询服务，帮助其改进运营；根据与公共和私营部门合作签订的合同开展研究；参与孵化器设施/科技园运营；组建分拆公司，推进成果自我转化；等等。但是从数据来看，香港高校的知识扩散、技术转移、技术商业化的成效大多不尽如人意。

从策略上而言，香港高校第三使命履行基本采用分割策略，即大学设立新的部门或机构专门从事技术商业化活动，以化解教育、科研和创造社会影响力等使命之间的冲突（李晓华等，2020）。典型的活动包括成立技术转移办公室、建立隶属于大学的公司，如大学孵化器、投资基金和大学控股公司等。香港高校对"研究型高校"的身份更具认同感，他们普遍注重科研与知识生产，强调学校和学科在国际上及区域内的排名与学术影响力，对满足经济社会发展需要的关注程度较低，这也导致其对经济社会发展需要的敏感性不足（蒋凯和王涛利，2020）。在制度上，香港高校教员的待遇丰厚而激励单一，研究项目和职级晋升大多仅以论文产出为要求。这直接导致大学的工作聚焦于理论研究，而从事工程技术类研究的人较少。

全球正在掀起创建创业型大学的热潮（张应强和姜远谋，2021）。不少高校评价体系将第三使命放在了比以往更重要的位置（付八军，2021；付八军和王佳桐，2020）。创业型大学的建立是将大学第三使命合法化的过程，身份认同的转变是关键要素（朱俊华和杨锐，2020）。成功从研究型大学向创业型大学转变不仅会改变大学的使命，也会改变大学内部个体（学生、教师和研究者等）的身份认同。香港高校集聚了香港58%的科研人员、政府50%以上的科技投入，但是在服务香港经济发展需要方面贡献不足，应在知识转移转化基础较好的几所大学，即香港大学、香港科技大学、香港中文大学、香港理工大学，通过设立"创业型"大学建设专项，推进有意愿的高校向创业型大学转型。通过创业型大学建设，将社会合作放在特定高校发展的重要位置，使其从办学定位、战略规划到决策架构均遵循新理念、新要求，重点包括建章立制，制定鼓励技术商业化的政策，如改革大学考核评价体系，科研绩效考评中适当加入科技成果转化指标，鼓励有能力的教授、博士生投身于学术创业；细化知识转移转化配套实施细则，推动创新创业活动有序运行和落实；探索效仿以色列经验，将学生成果的专利权完全下放由学生支配；革新创业教育体系，拓展创业教育的深度和广度。

9.4.4 结合软举措提升香港国际化的质量

就目前而言，香港国际化水平较高，但国际化的同时，其区域性也非常明显。香港在亚洲地区影响力较高，但是与全球其他国家的联系紧密度还有待加强。长远来看，香港需优化海外合作布局，提升国际化的质量和水平。

一是寻找更为高质量和恰当的国际合作伙伴，尤其是具备以下三个条件的城市——拥有能将技术智能转化为资本的研究密集型大学，拥有一些公司（这些公司的研发工作与大学研究有联系），以及拥有一批有创业、创新精神的人，应积极推动与其缔造科技合作伙伴关系，打造发展理念相通、要素流动畅通、科技设施联通、创新链条融通、人员交流顺通的创新共同体。实施更加积极的海外人才引进政策，围绕区域重大需求重点面向欧美发达国家和地区引进高层次科技创新人才。

二是推动重量级、有国际影响力的科技博览会，进一步发挥香港在粤港澳大湾区建设更高水平开放型经济新体制中的重要窗口功能。上海有中国国际进口博览会，广州有中国进出口商品交易会，香港需要重量级的博览会，提升城市对外交往功能，打造国际高端资源要素集聚地、国际科技交流合作重要承载地。

三是主动融入粤港澳大湾区国际化发展大局，广州、深圳、香港是粤港澳大湾区最重要的三个城市，三者的统筹协调有利于形成发展合力。在国际化方面，广州、深圳、香港应该有各自突出的角色和定位，错位发展。粤港澳大湾区虽然已有顶层设计，但是各城市也根据自身需要编制落实发展规划，香港需与周边城市加强人才引进、要素互通等实操方面的组织协调。

参 考 文 献

艾仁贵.2017. 以色列的高技术移民政策：演进、内容与效应. 西亚非洲，3：50-74.

陈龚，郑久良，范琼，等.2018. 以色列理工学院科技创新模式研究. 世界科技研究与发展，40（3）：328-332.

董洁，孟潇，张素娟，等.2020. 以色列科技创新体系对中国创新发展的启示. 科技管理研究，40（24）：1-12.

范鸿达.2017. 以色列国际移民：背景、政策、实践、问题. 宁夏社会科学，5：155-162.

付八军.2021. 学术创业：大学教师的职业属性——学术职业属性论. 教育发展研究，41（7）：77-84.

付八军，王佳桐.2020. 论创业型大学在中国实践的三个阶段. 现代教育管理，12：49-55.

胡海鹏，袁永，邱丹逸，等.2018. 以色列主要科技创新政策及对广东的启示建议. 科技管理研究，38（9）：32-37.

江沿.2007. 以色列农业科技创新对中国西部大开发的启示. 中国农村经济，S1：137-140.

姜勇，严婧，黄瑾.2013. 以色列高等教育体制改革的变迁与启示. 高教探索，5：72-76.

蒋凯，王涛利.2020. 融入国家发展大局——我国香港高等教育发展前景分析. 教育研究，41（12）：86-97.

李晓华，李纪珍，高旭东.2020. 大学的第三使命：从研究型大学向创业型大学的转型. 科学学研究，38（12）：2131-2139.

李晔梦.2017. 以色列的首席科学家制度探析. 学海，5：170-173.

李晔梦.2019. 以色列人才战略的演变. 中国科技论坛，8：179-188.

李晔梦.2021. 以色列科研管理体系的演变及其特征. 阿拉伯世界研究，4：101-118，159-160.

刘卿，翟东升.2004. 以色列国防工业发展的策略选择. 西亚非洲，1：30-34.

刘琼，温兴琦.2021. 以色列高校创新创业教育的经验借鉴. 中国科技产业，11：62-63.

潘光.2004. 试论以色列的文化发展和科教兴国. 世界经济研究，6：70-78.

潘光.2009. 中国–以色列关系的历史演进和现状分析. 社会科学，12：156-163，186.

普喜彬.1995a. 以色列的软件产业. 全球科技经济瞭望，12：29-31.

普喜彬 . 1995b. 以色列太阳能的研究与应用 . 全球科技经济瞭望，5（9）：30-32.

普喜彬 . 1995c. 以色列通信产业现状 . 全球科技经济瞭望，2：33-34.

普喜彬 . 1995d. 以色列的专利制度与专利 . 全球科技经济瞭望，1：63-64.

普喜彬 . 1995e. 以色列的高技术孵化器 . 全球科技经济瞭望，12：17-19.

普喜彬 . 1995f. 以色列科技工业园概况 . 全球科技经济瞭望，10：49-50.

苏启林 . 2001. 以色列创业投资发展现状与经验借鉴 . 外国经济与管理，12：13-17，47.

孙翠香 . 2018. "多层级"与"共治"：以色列职业教育与培训治理体系研究 . 比较教育研究，40（6）：84-89.

王志强，朱黎雨 . 2020. 以色列创新创业教育生态系统的构建及其启示——以以色列理工学院为例 . 河北师范大学学报（教育科学版），22（1）：67-74.

徐剑波，鲁佳铭 . 2019. 以色列国家创新竞争力发展的特点、成因及其启示 . 世界科技研究与发展，41（4）：429-438.

杨德广 . 2002. 高等教育学概论 . 上海：华东师范大学出版社 .

姚福根 . 2006. 从以色列孵化器模式看政府、孵化器及企业间的内在机制 . 科技管理研究，12：218-219.

余建华 . 2001. 以色列科教兴国战略的特点 . 西亚非洲，1：38-42，80.

张倩红，刘洪洁 . 2017. 国家创新体系：以色列经验及其对中国的启示 . 西亚非洲，3：28-49.

张琼妮，张明龙 . 2011. 以色列高效创新机制对我国的启示 . 经济理论与经济管理，2：87-92.

张应强，姜远谋 . 2021. 创业型大学兴起与现代大学制度建设 . 教育研究，42（4）：103-117.

朱俊华，杨锐 . 2020. 创业型大学的身份困境——基于文献分析的视角 . 清华大学教育研究，41（6）：43-52.

祝怀新，卢双双 . 2018. 以色列中小学环境教育多元化途径探析 . 比较教育研究，40（6）：45-51，83.

Bentur A，Zonnenshain A，Nave R，et al. 2019. University-Industry Relations：Evidence Based Insights. Haifa，Israel：Samuel Neaman Institute for National Policy Research. 2019. https：//www. neaman. org. il/Files/University-Industry%20Relations-Evidence%20Based%20Insights_20190603185633. 795. pdf.

Dyduch J，Olszewska K. 2018. Israeli Innovation Policy：an Important Instrument of Perusing Political Interest at the Global Stage. Polish Political Science Yearbook，47（2）：265-283.

EU. 2004. Private Sector Interaction in the Decision Making Processes of Public Research Policies（Country Profile：Israel）. https：//ec. europa. eu/invest-in-research/pdf/download_en/psi_countryprofile_israel. pdf.